財産犯バトルロイヤル
絶望しないための方法序説

高橋則夫
田山聡美
内田幸隆
杉本一敏
＝著

日本評論社

はしがき

　本書は、法学セミナー 720 号（2015 年 1 月号）から 745 号（2017 年 2 月号）にわたってほぼ休みなく連載した「財産犯バトルロイヤル——財産犯事例で絶望しないための方法序説」を体系的に整序し、一書にまとめたものである。
　財産犯は、刑法各論の中で最も重要な部分を占めており、また、財産犯の擬律は、刑事実務上重要かつ困難な問題となっている。司法試験その他の試験においても、財産犯をめぐる問題が多く出題されており、法科大学院生や法学部生も、日々財産犯の問題と格闘している。とくに、財産犯に関する総合的な事例問題について、何罪が問題となるかを見極めるためには、それぞれの財産犯の成立要件を正確に理解していることが前提となる。しかし、学生諸君の中には、各財産犯の成立要件や学説の対立について抽象的に理解しているために、具体的事実を提示されると、各犯罪同士で重なり合う成立要件に迷ったり、何罪が問題となるのかすらわからない学生もいる。規範を事実に適用することができなければ、法律学を学んだことにならないのであり、「規範と事実を架橋する力」を養わなければならない。
　そのためには、財産犯相互の関係を十分に理解することが必要である。すなわち、刑法各論の教科書において、各犯罪の末尾に言及されている「他罪との関係」や「罪数」などは、財産犯理解にとってきわめて重要な箇所なのである。
　そこで、本書は、財産犯相互の関係をメインテーマとして、財産犯に切り込むことを意図し、各犯罪同士の関係をさながら総当たり戦のように見ていこうとするものである。いわば財産犯相互の戦いという意味で「財産犯バトルロイヤル」が繰り広げられるのである。たとえば、窃盗罪 vs. 占有離脱物横領罪、窃盗罪 vs. 委託物横領罪、窃盗罪 vs. 毀棄・隠匿罪、窃盗罪 vs. 詐欺罪、恐喝罪 vs. 強盗罪、窃盗罪 vs. 強盗罪、詐欺罪 vs. 恐喝罪、詐欺罪 vs. 横領罪、横領罪 vs. 背任罪、背任罪 vs. 詐欺罪など、さらに、財産犯後の財産犯などのバトルなどがこれである。他方、財産犯をめぐる問題は、「振

り込め詐欺」などにおいて如実に示されているように、現代的な犯罪動向と密接に関連している。そこで、たとえば、預金をめぐる諸問題、電子マネー、カード犯罪、電子計算機使用詐欺罪、不動産をめぐる諸問題、担保権をめぐる諸問題、強盗・事後強盗罪・強盗致死ストーリー、盗品をめぐる諸問題、親族の財産をめぐる諸問題なども取り上げることにした。

　一書にまとめるに際して、財産犯バトルに関する部分を「第Ⅰ部　基礎編」、財産犯の現代的問題や個別的問題に関する部分を「第Ⅱ部　応用編」と2部構成にして、後者は、さらに、財産犯の縦断的側面にかかわる問題（タテの糸編）と、財産犯の横断的側面にかかわる問題（ヨコの糸編）とに区分した。2つの糸が織りなす布は、いつか誰かの財産犯理解を深めうるかもしれないわけである。

　これらの、財産犯をめぐるネバー・エンディング・ジャーニーを、読者のみなさんと共に歩んでいけたらと思う次第である。コンダクターは、田山聡美氏（早稲田大学法学部教授）、内田幸隆氏（明治大学法学部教授）、杉本一敏氏（早稲田大学大学院法務研究科教授）、そして私であり、この4名によるオムニバス形式を採用した。その際、「基本ツールのチェック」「規範と事実のブリッジ」「事実を処理するメソッド」という3本柱を設定し、できるだけ事例を多く取り上げることによって、読者の理解を容易にするための工夫を施した。

　このジャーニーによって、財産犯事例に絶望している学生諸君が、財産犯事例に対して自信をもって取り組むことができるようになれば、本書の目的は達成されたことになろう。最後になったが、法セミ連載から本書の刊行に至るまで大変お世話になった、連載開始当時の法学セミナー編集部の小野邦明氏（現在は、法律時報編集部）と法学セミナー編集長の柴田英輔氏に、この場を借りて感謝申し上げる次第である。

2017年4月1日

共著者を代表して
高橋則夫

目次

はしがき　i
凡例

第I部　基礎編

第 1 講　私のポジェットはどこ？——窃盗罪vs.占有離脱物横領罪…高橋則夫 002

第 2 講　裏切られた店主——窃盗罪vs.委託物横領罪…田山聡美 012

第 3 講　ボクが盗んだ理由(わけ)——窃盗vs.毀棄隠匿…内田幸隆 024

第 4 講　沈黙の 1 万円札——窃盗罪vs.詐欺罪…田山聡美 037

第 5 講　俺の凶器は、お前の恐怖心だ——強盗vs.恐喝、強盗vs.窃盗①…杉本一敏 049

第 6 講　反抗抑圧の「上書き更新」——強盗vs.窃盗②…杉本一敏 062

第 7 講　必殺集金人——お金頂戴いたします——詐欺vs.横領、詐欺vs.恐喝…高橋則夫 074

第 8 講　裏切りの代償——背任vs.横領…内田幸隆 084

第 9 講　嘘つきは裏切りの始まり——背任vs.詐欺…内田幸隆 097

第10講　盗んで、壊して、その手を上に——先行犯罪vs.後行犯罪①…田山聡美 108

第11講　1＋1＝1の仕組み——先行犯罪vs.後行犯罪②…田山聡美 120

第12講　すべてが 1 になる？——一罪vs.数罪…内田幸隆 133

第Ⅱ部　応用編

Ⅱ-1　タテの糸編

第13講　**窃盗から強盗へのアップグレード**──事後強盗罪の構造…高橋則夫 148

第14講　**強盗から強殺へのアップグレード**──強盗致死傷罪における「強盗の機会」…高橋則夫 160

第15講　**預金が増えているんです**──誤振込金の払戻し…杉本一敏 172

第16講　**騙し取ったものを騙し取る**──振り込め詐欺とその取得金の払戻し…杉本一敏 187

第17講　**人はだませてもワタシはだまされない**──電子計算機使用詐欺罪の構造…内田幸隆 201

第18講　**現金がなくてもイイんです!**──クレジットカードの不正使用…内田幸隆 214

Ⅱ-2　ヨコの糸編

第19講　**肝心な価値は目に見えない**──電子マネーをめぐる諸問題…内田幸隆 236

第20講　**奪えるけれど盗めない物って何だ?**──不動産をめぐる諸問題…田山聡美 248

第21講　**飽くなき追求の果て**──盗品をめぐる諸問題…田山聡美 260

第22講　**ルックス重視か、性格重視か**──担保権をめぐる諸問題…田山聡美 274

第23講　**私の物は家族の物?**──親族の財産をめぐる諸問題…内田幸隆 288

第24講　**「どのみち支払う金」は被害金か**──権利行使、被害の範囲をめぐる諸問題…杉本一敏 304

あとがき　319

事項索引　323

判例索引　327

凡例

裁判所名、判例、登載判例集、雑誌は以下のように略記した。

大判（決）	大審院判決（決定）
最大判（決）	最高裁判所大法廷判決（決定）
最判（決）	最高裁判所小法廷判決（決定）
高判（決）	高等裁判所判決（決定）
地判（決）	地方裁判所判決（決定）

刑録	大審院刑事判決録
刑集	最高裁判所刑事判例集
裁判集刑	最高裁判所裁判集刑事
民集	最高裁判所民事判例集
刑月	刑事裁判月報
高刑裁特	高等裁判所刑事判決特報
高刑判特	高等裁判所刑事裁判特報
高刑集	高等裁判所刑事判例集
東高刑時報	東京高等裁判所（刑事）判決時報
下刑集	下級裁判所刑事裁判例集

判時	判例時報
判タ	判例タイムズ
金判	金融・商事判例
金法	旬刊金融法務事情
銀法	銀行法務21
刑ジャ	刑事法ジャーナル
警研	警察研究
警論	警察学論集
現刑	現代刑事法
受新	受験新法
ジュリ	ジュリスト
捜研	捜査研究
判セレ	判例セレクト
法教	法学教室
法コン	法とコンピュータ
法セ	法学セミナー
最判解	最高裁判所判例解説

第I部 基礎編

[第1講]

私のポシェットはどこ？
―― 窃盗罪vs.占有離脱物横領罪

高橋則夫

1 問題の所在

　まずは、次の事例をご覧いただきたい。これは、最決平成16・8・25刑集58巻6号515頁の事案であり、いわゆる「公園ポシェット事件」である。

> [基本事例]
> 　公園のベンチで、傍らにポシェットを置いて友人と話していた被害者が、ベンチ上にポシェットを置き忘れたまま、友人と共にその場を離れて駅の方に向かい、公園出口の横断歩道橋を渡って約200メートル離れた駅の改札口付近まで2分ほど歩いたところで、ポシェットを置き忘れたことに気づいて走って戻ったが、その前に、隣のベンチから被害者の様子をうかがっていた被告人が、被害者が公園出口の横断歩道橋を上り、元いたベンチから約27メートルの距離にある同横断歩道橋の踊り場まで行ったのを見たときにポシェットを持ち去った。被告人は、同公園内のトイレに入ってポシェットの中から現金を抜き取ったが、被害者の後を追って公園に戻った友人が被害者の携帯電話に電話をかけたところ、近くの公衆トイレの中から被害者の携帯電話の着信音が聞こえるとともに、被告人が同トイレから出てきたため、トイレ内を探してポシェットを発見し、犯行を認めた被告人を、駆けつけた警察官に引き渡した。

　[基本事例]における「ポシェット持ち去り行為」につき、窃盗罪が成立するのか、それとも、占有離脱物横領罪が成立するのかが問題となる。
　窃盗罪の客体は、他人の占有にある「他人の財物」(刑236条)であり、

占有離脱物横領罪の客体は、「占有を離れた他人の物」（刑254条）である[1]。占有が他人にあるか否か、すなわち、「占有を離れた」か否かが、窃盗罪か占有離脱物横領罪かの分かれ道であり、今回は、この「占有の存否」について考えてみたい。

2　基本ツールのチェック

[1] 刑法における占有概念

　窃盗罪が成立するためには、財物が「他人の占有」下にあり、その占有を移転し、取得することが必要である。ここにいう「占有」とは、財物に対する「事実的支配」あるいは「事実上の支配」と意味づけられており、民法における占有とは異なり、事実的・現実的概念である。「占有」という用語に代えて「所持」という用語が使用されることもあるが、こちらの用語の方が実態に相応するかもしれない。もっとも、占有は、「握持」とは異なるのであり、握持をしていても占有が否定され、握持をしていなくても占有が肯定される場合があるのが厄介である。この点で、占有は、事実的・現実的概念であるとしても、規範的・社会的な要素を排除することはできないのである。

　民法における占有とは、具体的には以下の点で異なる。すなわち、第1に、「自己のためにする意思」（民180条）を必要としない。第2に、代理占有（民181条）、占有改定（民183条）のような観念的な占有は含まれない。第3に、相続によって占有は移転せず、各人について独立に占有が論じられる。第4に、占有権のような法律的支配を含まないことがこれである[2]。

[2] 窃盗罪における占有の要件

　窃盗罪における占有は、客観的要件として、財物に対する事実的支配（占有の事実）と、主観的要件として、財物に対する支配意思（占有の意思）が

---

1) 刑254条に規定されている「遺失物」、「漂流物」は、「占有を離れた他人の物」の例示であり、占有離脱とは、占有者の意思に基づかずに占有を離れ、何人の占有にも属さない物をいう。もっとも、偶然に自己の占有に属した物であっても、占有離脱物であり、たとえば、たまたま物を拾い、その時には領得の意思がなくても、その後、領得した場合には、占有離脱物横領罪の成立が認められる。なお、他人の所有に属することが要件であるから、たとえば、他人が捨てた物のような無主物については、本罪は成立しない。

ある場合に認められる。

　まずは、後者の「占有の意思」であるが、これは、個々の財物に向けられた具体的な意思のことではないことに注意しなければならない。すなわち、[基本事例]において、被害者がポシェットを意識的にベンチにおいて、たとえば、売店でアイスを買いに離れた場合には占有の意思があって、[基本事例]のように、置き忘れた場合には、占有の意思がないということではない[3]。占有の意思は、時間的および場所的に、包括的なものであれば足りるのであり、自宅でまったく忘却していたタンス内の現金にも占有の意思はあり、こそ泥（こそとは、こっそりの意である）がたまたまそれを見つけて奪ったときにも、窃盗罪が成立する。また、占有の意思が認められるために意思能力や管理能力などは必要ではなく、幼児や心神喪失者にも占有を認めることができる。となると、占有の意思は、心理的事実ではなく、擬制的な意思として捉えられており、次の客観的要件である事実的支配が存在すれば、それに伴って存在する意思と解することが妥当であろう[4]。

　したがって、占有の要件としては、もっぱら事実的支配（占有の事実）の存否が重要となる。事実的支配が認められるか否かは、後述する「バス・ストップ事件」において最高裁が言明したように、「通常人ならば何人も首肯するであろうところの社会通念によって決」せられるが、これでは判断基準として不明確であり、いかなる場合に事実的支配が認められるかは、占有の存否が問題となる類型ごとに具体的に判断されなければならないのである。

---

2) もっとも、（委託物）横領罪における占有には、事実的支配のみならず、法律的支配も含まれる。これは、横領罪における占有のもつ意味が、その排他力にあるのではなく、濫用のおそれのある支配力にあることに理由がある（自己の占有する他人の財物については、横領罪の成立の問題となる）。なお、自己の財物であっても、他人の占有に属し、または、公務所の命令によって他人が看守している場合には、他人の財物とみなされて窃盗罪の客体となり得る（刑242条）。
3) さもないと、置き忘れ事例がすべて占有離脱物横領罪になってしまうことになろう。
4) 占有の意思は、死者の占有の問題においてのみ機能する要件といってもよいだろう。

3 規範と事実のブリッジ

[1] 占有の存否が問題となる「場面の類型化」

　占有の有無は、財物の形態やその存在場所などによって異なることから、一般論で議論することは空虚であり、具体的な場面ごとに判断しなければならない。すなわち、占有の存否が問題となる「場面の類型化」が是非とも必要となる。

　この類型化をかつて提示したのは、中義勝先生であった。すなわち、①物に対する現実的握持・監視の存すること、②個々の物が包括的に自己支配内にあること、③物の自然的性質により自己占有より離脱することなしとされる事情の存在すること、④物に対する支配力推及上相当な場所的区域内に物が存在すること、⑤特別の事情が解消すれば直ちに現実的握持が予想される場合、⑥占有につき特別の慣習が存在すること、⑦特別の客観的事情が存在するための物の所在を意識するだけで足るとされる場合、⑧特別の客観的事情が存在するため時々監視することを以て足るとされる場合の8類型が提示された[5]。その後、各種のコンメンタールなどにおける類型も、ほぼこれに相応するものである[6]。

　これらを参考に若干モディファイすると次のように類型化できるであろう。

　第1に、物に対する現実的握持・監視がある場合には、原則として事実的支配を認めることができる[7]。

　第2に、財物が特定人の管理する空間内にある場合には、原則として、管理者の事実的支配を認めることができる。たとえば、神社の拝殿内部に施錠して備え付けられていた賽銭箱内の金銭の占有は、神社の管理者にあり（仙台高判昭和28・2・14高刑判特35号13頁）、通話者が取り忘れた公衆電話機内の硬貨の占有は、電話局長にある（東京高判昭和33・3・10高刑裁特5巻3号

---

5) 中義勝「刑法における占有の概念」『総合判例研究叢書［刑法］(4)』（有斐閣、1956年）98頁以下。

6) たとえば、大塚仁ほか編（佐藤道夫＝麻生光洋）『大コンメンタール刑法〔2版〕』12巻（青林書院、2003年）193頁以下など参照。

7) もっとも、たとえば、店員が店主の財物を握持している場合であっても、単なる占有補助者にすぎない場合は、店員がこれを奪う行為には、窃盗罪が成立し得る。

89頁)。財物が室内・屋内にある場合として、宿泊客が旅館内の便所に遺失した財布の占有は、旅館主がその事実を知らなくても旅館主にあり（大判大正8・4・4刑録25輯382頁）、宿泊者が旅館の脱衣場に置忘れた腕時計の占有は、旅館主の占有にある（札幌高判昭和28・5・7高刑判特32号26頁）。財物が屋外の一定区域内にある場合として、甲会社がクレーンで船から陸揚げする際、川中に落下して水没した鉄屑でも、河底に沈下する金属類の無断拾得を禁ずる旨の注意があり、また常時会社の監視人が巡回し違反行為に対し警戒するなどしていた場合には、その占有は甲会社にあり（大阪高判昭和30・4・22高刑裁特2巻9号361頁）、ゴルフ場が、場内の池に打ち込まれたロストボールの回収、再利用を予定している場合、ロストボールの占有はゴルフ場の管理者にある（最決昭和62・4・10刑集41巻3号221頁）。これに対して、村役場事務室内に納税者が遺失した金員を収入役が拾得し領得した事案につき、村長は、村役場事務室内の遺失物については、役場の管守者としてその交付を受ける権限があるだけで、その物に対し当然占有者となるものではなく、収入役には遺失物横領罪が成立するとされ（大判大正2・8・19刑禄19輯817頁）、鉄道係員の乗務する鉄道列車内に乗客が遺留した物品を乗務員が領得した事例につき、遺失物横領罪が成立する（大判大正15・11・2刑集5巻491頁）[8]。

　これらの結論の差異は、基本的に、当該区域において一般人の出入りが予定されている場所であるか否かという基準の適用によるものと解することができよう。したがって、「置き忘れ事例」において、後述のように、置き忘れた場所がどのような場所かが問題とされなければならない。

　第3に、現実的握持の離脱が管理者の意思に基づく場合には、基本的に、権利者である所有者に占有が認められる。たとえば、看守者のいないお堂に安置された仏像（大判大正3・10・21刑録20輯1898頁）、震災の際に公道に搬出され、家人が一時他所に避難している間その場に置かれていた家具（大判大正13・6・10刑集3巻473頁）、落とし主の意を受けた者が、被告人らに位置を指示してその引き揚げを依頼したというその海中に落とした物（最決昭和32・1・24刑集11巻1号270頁）、所有者が約5分間店舗内にいる間、店

---

[8] なお、法人の所有物については、その機関である代表者等が法人のために占有していると考えるべきであろう。

舗の前7メートルの歩道にあるちり箱の上に置かれていたショルダーバッグ（最判昭和37・3・16裁判集刑141号511頁）、ファーストフード店内において、被害者が収納棚の上に置いていた携帯電話（東京高判平成21・7・1判タ1308号308頁）などである。これらの場合、所有者は財物の所在を認識しており、いつでも現実的支配を回復できることから、事実的支配を認めることができよう。

　第4に、特定人の管理下にあった動物については、神社の域外である他人所有林藪中にいた春日大社の鹿は神社の管理者の占有にあり（大判大正5・5・1刑録22輯672頁）、他人の居宅に入り込んでいた犬は飼い主の占有にある（最判昭和32・7・16刑集11巻7号1829頁）。これに対して、養殖業者の網生けすから湖に逃げだし、付近に設置されていた雑建網に入り込んだ鯉は占有離脱物である（最決昭和56・2・20刑集35巻1号15頁）。この差異は、帰巣本能などの点で財物の回復可能性があるか否かに基づいている。

　そして、第5に、置き忘れの場合であり、これを次に検討しよう。

[2] 置き忘れ事例

　問題は、**[基本事例]** のような、置き忘れの場合である。置き忘れ事例については、これまでにもいくつかの判例があるが、重要なのは、「バス・ストップ事件」である（最判昭和32・4・25刑集11巻12号3061頁）（これを **[事例A]** とする）。

[事例A]

　バス待合室通路でバスに乗るため行列に並んでいた被害者が、身辺の左約30センチメートルのコンクリート台の上にカメラを置いたまま行列の移動とともに改札口の方へと進み、改札口の手前でカメラを置き忘れたことに気づいて直ちに引き返したところ、すでにカメラは被告人によって持ち去られており、行列が動き始めてから被害者がその場所に引き返すまでの時間は約5分ほどで、カメラを置いた場所と被害者が引き返した地点との距離は約20メートルであった。

　[基本事例] と **[事例A]** との違いは、被告人の財物取得時点が前者では明らかであったのに対して、後者では明らかではなかったという事実関係が

ある。前者（**基本事例**）につき、最高裁は、「被告人が本件ポシェットを領得したのは、被害者がこれを置き忘れてベンチから約27ｍしか離れていない場所まで歩いて行った時点であったことなど本件の事実関係の下では、その時点において、被害者が本件ポシェットのことを一時的に失念したまま現場から立ち去りつつあったことを考慮しても、被害者の本件ポシェットに対する占有はなお失われておらず、被告人の本件領得行為は窃盗罪に当たる」と判示したのである。これに対して、後者（**事例Ａ**）は、時間的・場所的近接性のみならず、置き忘れの場所の状況、被害者の認識、行動なども判断資料として、占有の存否を検討し、窃盗罪の成立を認めている。もっとも、**[基本事例]** の控訴審判決は、被害者が被害品の現実的握持から離れた距離および時間がきわめて短かったこと、この間、公園内はそれほど人通りがなかったこと、被害者が置き忘れた場所を明確に認識していたこと、持ち去った者についての心当たりを有していたこと、直ちに携帯電話で所在を探り出す工夫をするなどして、まもなく被害品を被告人から取り戻すことができていることなどの事実から、被害者の占有の継続を肯定し、**[事例Ａ]** の最高裁と同様の判断枠組を採用した。しかし、**[基本事例]** の最高裁は、被害者が被害品を取り戻すまでの事情を検討することなく、端的に被告人が被害品を領得した時点の事情を問題として同様の結論に至ったわけである。

　占有侵害というためには、窃盗罪の実行行為と被害者の占有の存在とが同時存在しなければならず、またそれで足りるのであるから、端的に時間的・場所的近接性を重視する最高裁の立場が妥当であろう。**[基本事例]** の控訴審判決は、**[事例Ａ]** と同様に、他人の事実的支配の継続を推認させる状況があったか否かを問題とするが、被害者が引き返したか否かで、占有の存否が変化するとしても、いったん成立した窃盗罪あるいは占有離脱物横領罪が変化することはないのである。

　このように、置き忘れ事例においては、被告人の財物取得時点における被害者と財物所在との時間的・場所的近接性が基本となり、**[基本事例]** は、端的にそれを問題としたのに対して、**[事例Ａ]** は、財物取得時点を明らかにするために、その他の事情をプラスして判断するものであるが、両判断は矛盾するものではなく、原則・例外の関係にあるといえよう。

[3] 時間的・場所的近接性とは何か

　以上、置き忘れ事例における「事実的支配」の有無は、犯人の財物取得行為時に、当該財物が被害者の実力的支配内にあるか否かによって決せられるのであり、「被害者と財物所在との時間的・場所的近接性」が判断基準となる。

　時間的・場所的「近接性」（あるいは、時間的・場所的「離隔性」）は、「時間的」近接性と「場所的」近接性とに二分される。

　[基本事例] では、「時間的」近接性について言及するまでもないほど短時間であることから、[場所的」近接性（約27メートル）のみで占有の存在が根拠づけられている。これに対して、**[事例A]** では、「時間的」近接性については、約5分、「場所的」近接性については、約20メートルの間に窃取されたと認定している。基本的に、これらの範囲が基準となっているように思われる。

　占有の存在を否定したものとして、たとえば、東京高判平成3・4・1判時1400号128頁は、大規模スーパーマーケットの6階のベンチに札入れを置き忘れたまま、地下1階に移動して約10分後に置き忘れたことに気づき引き返した事案につき、「とくに、被害者が公衆の自由に出入りできる開店中のスーパーマーケットの6階のベンチの上に本件札入れを置き忘れたままその場を立ち去って地下1階に移動してしまい、付近には手荷物らしき物もなく、本件札入れだけが約10分間も右ベンチ上に放置された状態にあったことなどにかんがみると、被害者が本件札入れを置き忘れた場所を明確に記憶していたことや、右ベンチの近くに居あわせたA子が本件札入れの存在に気付いており、持ち主が取りに戻るのを予期してこれを注視していたことなどを考慮しても、社会通念上、被告人が本件札入れを不法に領得した時点において、客観的にみて、被害者の本件札入れに対する支配力が及んでいたとはたやすく断じ得ないものといわざるを得ない。」と判示し、占有離脱物横領罪の成立を認めた。さらに、アイスキャンディーの売り子が、午後7時半頃、泥酔して帰る途中で自転車もろとも路上に倒れ、自転車をそのまま放置してそこから約110メートル離れた知人方に立ち寄ったが、そのときには自転車のことを失念しその所在も分からなくなっていたところ、午後8時頃、被告人がこの自転車を領得した事案（仙台高判昭和30・4・26高刑集8巻3号423頁）、被害者が、友人と共に飲酒・酩酊して自転車を引いて帰宅途中の午前1時頃、

同人と口論となって路上に自転車を放置したまま同人の後にその場を立ち去り、後で自転車のないことに気づいたが放置場所を思い出せず、そのまま帰宅したところ、午前5時頃、被告人が、道路端に倒れている自転車を発見して持ち去った事案（東京高判昭和36・8・8高刑集14巻5号316頁）などは、「占有を離れた」として、占有離脱物横領罪の成立が認められている。

それでは、なぜ時間的・場所的近接性が重要となるのかというと、そのような状況であれば、財物の現実的支配の回復が容易だからである。すなわち、時間的・場所的近接性の根拠は、「現実的支配の回復可能性」にある（この場合に、実際に、被害者が回復に成功したかは関係ない）。

4　事実を処理するメソッド

以上のように、占有の存否は、まず第一に、どのような類型に該当するかが重要である。たとえば、財物を意識的に置いて離れた場合は、置き忘れ類型ではない。もっとも、置き忘れ「場所」を大体認識している場合などにおいては、財物の所在をまったく失念しているような置き忘れ類型よりも、時間的・場所的近接性は若干緩やかに判断されることとなろう。これは、現実的支配の回復可能性が、前者の場合、ある程度緩やかに認められるからである。なお、置き忘れた場所が特定人の管理する空間内にある場合には、その特定人の占有に移ることになる。

結局、置き忘れ類型は、一般人の出入りが予定されている場所において、財物の所在を認識していない場合ということになる。したがって、置き忘れ事例の処理方法としては、財物の所在を認識していないことを前提として、①財物の置かれている場所はどういう状況になっているか（一般人の出入りが予定されている場合に、②に進み、特定人の管理下にある場合には、その人に占有が帰属される）、②財物取得時点が明確か否か（明確でない場合には、被害者の気づいた時点、戻った時点などを判断資料として、取得時点の幅を確定する）、③財物取得時点と被害者の所在との間に、時間的・場所的近接性があるか否

---

9) なお、占有が他人に存し、窃盗罪の客観的構成要件に該当したとしても、行為者が占有離脱物と誤信している場合には、異なる構成要件間の錯誤（抽象的事実の錯誤）となり、判例・通説によれば、占有離脱物横領罪の限度で構成要件の実質的な重なり合いが肯定され、占有離脱物横領罪の成立が認められる。これに対して、行為者が無主物であると誤信している場合には、過失による窃盗であり、不可罰となる。

か（5分、20〜27メートルの範囲内であれば、占有の存在を肯定）ということになろう[9]。

[第2講]

裏切られた店主
―― 窃盗罪vs.委託物横領罪

田山聡美

1 問題の所在

　第1講では、窃盗罪と占有離脱物横領罪の区別に関して、「占有の存否」の問題を扱った。それに対して本講では、占有があることは前提としつつ、それが誰のもとにあるのか、すなわち「占有の所在」の問題を扱うこととする。

　領得目的物の占有が誰に帰属しているのかという点にスポットをあてることで、窃盗罪と委託物横領罪の線引きを明確にすることができる。窃盗罪（235条）の客体は、他人の占有する財物であり[1]、委託物横領罪（252条1項）の客体は、委託に基づいて自己が占有する他人の物である。つまり、窃盗罪が成立するためには、被害者が客体を占有している必要があるのに対して、委託物横領罪が成立するためには、行為者が客体を占有していなければならない。したがって、客体が被害者と行為者のどちらの管理・支配下に置かれているかを見極めることによって、窃盗罪か横領罪かを区別することができるのである。

　しかし、領得の対象となる客体の管理に関して複数の人間が関与している場合、占有の所在を決定することは容易なことではない。たとえば、次の事例を見てほしい。

---

1) 窃盗罪が占有侵害を本質とする犯罪であるという点については、いわゆる本権説に立つと、占有説に立つとにかかわらず、一致して認められている。ただ、本権説では侵害対象たる「占有」に、「正当な権限に基づく」という修飾語を付ける点に違いがあるだけである。本稿でも、そのような理解を前提に、窃盗罪の侵害対象としての「占有」を考えていくこととする。

> **[事例1]**
> 店主Aの隙を見て、店員Bが陳列棚の商品を領得した。

　この場合、商品の占有がAにあるとすれば、Aの占有を侵害するBの行為は窃盗罪となり得るが、商品の占有が仮にBにあるとすれば、それを領得する行為は委託物（業務上）横領罪とされる可能性が出てくる。このような事例において、どのような基準でどちらに占有を認めるべきか、それを見極める力をつけることが本講の課題となる。

2　基本ツールのチェック

[1] 3つの基本パターン
　財物の支配について複数人が関与する場合の処理について、まずは基本的な考え方を整理しておこう。前記**[事例1]**をベースに、典型的には以下の3つのパターンが考えられる。

> **[事例1-1]**
> 商店が、店主Aの自宅で開業している個人商店であって、店員BはAの命ずるままに個々の作業を行うだけであり、Bが自らの判断で商品を処分する権限を一切有していない場合。

　このように、一方の指揮監督によって、他方が機械的・補助的に関与しているにすぎない場合は、指揮監督者は他方を自らの手足として利用しているものとみることができ、商品に対する現実的な支配は指揮監督者に存在すると考えられる。すなわち、客観的な支配（占有の事実）も、さらには支配意思（占有の意思）も指揮監督者側にのみ存在するとして、指揮監督者側に単独の占有を認めることが妥当である。
　[事例1-1]では、BはAに命じられるままに作業をしているだけであり、自ら主体的に商品を支配している意思も認められないであろう。このような場合は、仮に直接商品を手に持って並べる作業をしているのがBであったとしても、それはAの手足として動いているだけであって、Aの単独占有を否

定する理由にはならない。したがって、この事例においてBが商品を領得すれば、Aの占有を侵害したとして窃盗罪が成立する。

> **[事例1-2]**
> 　Aは商店の単独オーナーであるものの、支店を出すにあたり、商才のあるBを支店長に据え、商品の仕入れや管理等も含め、支店の経営に関してはすっかりBに任せ切っている場合。

　このように、商品の所有者たる地位にある者が、商品に対する管理を信任関係ある他者に完全に委ね、自らはタッチしない場合には、管理を委ねられた者が商品に対する現実的支配者として占有の事実および占有の意思を有すると考えられる。
　[事例1-2] では、Aは最終的に帳簿の上で利益が出てくればよいのであって、支店の個々の商品の管理・支配については、完全にBを信頼して委ねている。すなわち、BはAの信任に基づいて商品を占有している立場にあるといえるから、その商品を勝手に私物化した場合には、委託物（この場合は業務上）横領罪となる。

> **[事例1-3]**
> 　名目上はAが店主とはいえ、BはAの懇願により経営に加わった友人であり、あらゆる決定は2人で相談し、対等の立場で店の経営を行っている場合。

　このように、複数人がそれぞれ財物の管理について権限を有しており、互いを排除せず、共同して管理している関係にある場合には、共同占有が認められる。共同占有下にあるものを、無断で単独占有に移せば、他の共同占有者の占有を侵害していることになり、窃盗罪が成立し得る。
　[事例1-3] では、AとBは対等な立場で商品を共同占有していると考えられるから、Bが店の商品を勝手に単独占有に移せば、Aの占有を侵害したとして、窃盗罪を構成する。
　以上のように、財物に対する占有をAが有しているのか、Bが有しているのか、両者とも対等に有しているのか、によって、Bの領得行為に対する罪

責が決定されるのが基本である。

[2] 2種類の占有の区別

ところで、ここで注意が必要なのは、**[事例1-1]** と **[事例1-2]** とでは、同じく占有といっても、その意味内容が微妙に異なる点である。すなわち、**[事例1-1]** で問題とされている占有は、窃盗罪を肯定するにあたって、侵害対象として被害者側に要求される占有であるのに対して、**[事例1-2]** で問題とされている占有は、横領罪を肯定するための前提条件として、行為者側に要求される占有であるという違いがある[2]。もっとも、一般に刑法上の占有は事実的・現実的意味での占有を指すとされており[3]、そのような占有が問題となる範囲では、両者は実質的に異なるものではない。したがって、事実的・現実的占有は、通常は（**[事例1-3]** のような場合を除いて）、AとBのどちらか一方が有するものと解することができ、それに従って、Bの領得行為が窃盗罪か横領罪かについても択一的に決定できるものと解してよい。

しかし、横領罪を基礎づける占有は、行為者が財物を領得するにあたって濫用のおそれのある支配力を意味することから、法律上の支配も含むとされ、結果として窃盗罪におけるそれよりも幾分広く解釈されている。そのため、Aが窃盗の侵害対象としての占有を有している場合であってもなお、Bが濫用の危険ある支配力を有していることも想定され、Bの領得行為につき、窃盗罪と横領罪の両者の要件が満たされる可能性も十分あり得るのである。

以上のように、占有の所在は一義的に決定できるものではなく、線引きが不明確であったり、場合によっては重畳的に存在したりする場合もある。そこで、以上の3つの基本パターンをベースにしながら、以下、区別の難しい事例の処理へ進んでみよう。

---

[2] 本文では、窃盗罪との対比において、客体に関する要件としての占有のみに着目しているが、横領罪における占有は、行為客体のみならず（その裏返しとして）行為主体をも規定することになる点で、窃盗罪にはない特徴を有する。すなわち、横領罪は、委託された他人の物の占有者のみが主体となれる構成的（真正）身分犯とされ、共犯の成立には65条1項の適用が必要となるのである。

[3] 占有概念については、第1講2[1]参照。

3 規範と事実のブリッジ

[1] 上下・主従関係がある場合

　占有の帰属が問題になる事例として、教科書等で必ず取り上げられるのが、上下主従の関係がある場合である。上位者のもとで下位者が財物の管理に関与する場合には、その関与の仕方によって、基本的には前記 **[事例1-1]** の場合と **[事例1-2]** の場合とに分けて考えることができる。ただし、実際の事例においては、そのような明確な分類は至って困難であり、その中間に位置するような事例が多数ある。

[事例2]
　店主Aのもとで普段は機械的・補助的な作業に従事している店員Bが、Aの入院に伴い、急遽、Aに代わって集金業務を行った際に、その集金した金員の一部を着服した。

　このような場合は、機械的・補助的な役割しか有していない下位者たる店員であっても、その集金業務に際しては、一定の信任関係に基づいて金員を託されているのであるから、その金員に対する占有を認めて、業務上横領とするべきであろう[4]。では、同じく一時的な委任関係が存在する、次の場合はどうだろうか。

[事例3]
　店主Aのもとで普段は機械的・補助的な作業に従事している店員Bが、Aの入院に伴い、急遽、単独での店番を頼まれた場合に、その売上金の一部を領得した。

　[事例3] は、設定の上で **[事例2]** とほぼ同じであるから、一時的な委任

---

4) 業務の意義に関する裁判例ではあるが、見習社員が、上司から集金の代行を命ぜられ集金を行った際、その金員を領得した場合に業務上横領罪を肯定した例として、福岡高判昭和25・7・21高刑判特11号146頁がある。

関係を根拠に業務上横領罪としてもよさそうに思える。しかし、**[事例3]**は、典型的に窃盗罪とされる**[事例1-1]**と同様に、窃盗罪で処理すべきであろう。**[事例2]**と**[事例3]**の決定的な差異は、**[事例3]**においては、店員Ｂの領得行為が、店主Ａの実力的支配の及ぶ場所的範囲内において行われているのに対して、**[事例2]**では、その場所的範囲を超えている点であるといえる。つまり、両事例とも、下位者の役割に大きな差はないが、領得目的物の存在する場所が、上位者の管理支配下といえるか否かに違いがあるのである。このように解するなら、上位者の占有（窃盗の侵害対象としての占有）を認めるか否かを決するにあたっては、下位者の役割が機械的・補助的なものであるか否かといった事情よりも、むしろ上位者の場所的な管理支配関係の方が強い意味を有しているといえそうである。

　では、場所的な支配圏内か否かだけで、窃盗か横領かを区別することができるだろうか。

[事例4]
　店長Ａのもとで店長代理Ｂが実質的に商品を管理している場合に、Ｂが商品の一部を領得した。

　これは、**[事例1-2]**の変形である。つまり、支店という一定程度独立した場所でなく、店長Ａの実力的支配が及ぶと考えられる領域内ではあるものの、Ｂも相当強い裁量権を持っている場合である。**[事例3]**で提示した基準からすると、上位者Ａの支配圏内であることから、窃盗の侵害対象としての占有を認めることができ、Ｂには窃盗罪が成立することになる。上下主従の力関係に着目して、そのような結論をとる見解が支配的と思われる。

　しかし一方で、横領罪を基礎づける占有の有無に着目すれば、下位者Ｂの有する財物に対する支配権も相当に強力であり、**[事例1-2]**と同様に、Ａからの信任に基づく商品の占有を肯定して、Ｂに横領罪を認めることもまた可能ではなかろうか。すなわち、仮にＡの占有を肯定したとしても、必ずしもＢの占有を排除する必然性はないのではないか、ということである[5]。

　もちろん、ここで窃盗罪と横領罪の２罪を別個に成立させることは、１つの財物に対する侵害を二重に評価することになり妥当でないから、窃盗罪１罪で評価する支配的見解にも合理性はある。しかし、以前のように横領罪よ

りも窃盗罪の法定刑の方が重いという前提に立つのであればともかく、現在のように、窃盗罪に罰金刑が加わり、業務上横領罪の方が重くなった状況のもとでは、とりわけ業務上横領罪よりも窃盗罪を優先適用すべき必然性はないであろう。

以上ように考えれば、**[事例4]** においては、Aの占有とBの占有をともに認め、Bの領得行為について、窃盗罪と業務上横領罪の両者の成立可能性を残したうえで、重い方の業務上横領罪で処理するのが妥当ではないだろうか[6]。

[2] 施設等の管理関係がある場合
(ⅰ) 店内で客に提供される財物

占有の帰属について争われる2つ目の類型として、来店した客に対して店が提供する財物に関するものが挙げられる。

[事例5]
旅館内で使用することを予定して貸し出している浴衣を着用した客が、そのままの姿で逃走した[7]。

この場合、客が現実に浴衣を着用している以上、当該浴衣の占有は客にあるといえそうである。しかし、その浴衣は、あくまでも旅館という範囲内で

5) なお、このように解すると、AにもBにも占有があることになるから、それを共同占有と呼ぶこともできるが、このような場合の共同占有は、厳密には **[事例1-3]** のような対等な関係における共同占有とは幾分意味合いが異なるように思われる。すなわち **[事例1-3]** における共同占有は、窃盗の侵害対象となる同質の占有がAにもBにも対等に存在していることを意味しているにすぎないのに対して、**[事例4]** における共同占有は、窃盗の侵害対象としてのAの占有と、横領の基礎となるBの占有とが、重畳的に存在していることを意味しているからである。
6) その場合、窃盗罪と業務上横領罪の関係を、法条競合と捉えるのが妥当と思われるが、考え方によっては、包括一罪、あるいは観念的競合として処理する立場もあり得るかもしれない。
7) なお、逃走する際に、「ちょっと友人を見送ってくる」などといって旅館の者を騙した場合に、詐欺になるのか、それとも窃盗にすぎないのか、という問題は、第4講3[1]参照。

のみ着用することを予定しているものであり、仮に多少の外出を許したとしても、短時間で旅館に戻ってくることを想定した範囲（ふつうは近所の散策程度）であって、いわば旅館の営業主の支配管理が及ぶ場所的範囲内での使用を認めているにすぎないといえる。その意味で、この旅館の浴衣は、[事例1-1]および[事例3]と同じく、旅館主の支配圏内にあり、それを侵害している点で窃盗と評価することができよう。

　なお、この場合、浴衣の使用を許可されている客の側に、横領を基礎づける占有が認められないかも問題になるが、この場合には否定するのが妥当であろう。成人式用に数日間レンタルした着物の場合には横領を基礎づける占有が認められたとしても、旅館の浴衣の場合にはそれに匹敵するほどの強い占有を認めることはできないと思われる。たとえば、図書館で貸出手続をして持ち出した本を領得する場合と、館内貸出の手続しかしていない本を無断で持ち去る場合につき、前者を横領罪、後者を窃盗罪と解するのと同様の判断である。

(ⅱ)　施設管理者の占有にまつわる若干の問題

　余談ながら、窃盗と横領の関係を考えるにあたって、周辺の問題との関係も整理しておこう。第1講のテーマであった窃盗罪と占有離脱物横領罪の区別に関連して、施設管理者の占有の話があったのを思い出してほしい[8]。たとえば次のような事例である。

> [事例6]
> 　宿泊客が旅館に忘れた財布を、第三者が領得した。

　このような場合は、当該忘れ物は占有離脱物とはされず、旅館主の占有に属するものとして窃盗罪の客体とされた。ここで認定される旅館主の占有も、まさに上述の場所的な支配関係を根拠とする占有である。遺失物が偶然にも施設管理者の支配下に存在することで、その施設管理者の占有が肯定され、窃盗の問題となり得るのである。もっとも、その場合、占有の侵害さえあれば窃盗罪が成立するのかという点は1つの問題である。[事例6]の場合、旅館主は財布の占有者であっても所有者ではなく、所有者はあくまでも忘れ

---

8)　第1講3 [1] 参照。

ていった客である。所有者でない者の占有を侵害しただけで窃盗罪になるか否かについては、窃盗罪の保護法益に関連して、もうワンステップの説明を要するであろう。

　いわゆる占有説によれば、何者かの占有下にある財物を領得すれば、少なくとも窃盗罪の構成要件に当たることは当然に肯定してよいことになる。しかし、本権説によれば、旅館主の占有は、保護に値するもの（本権に裏付けられたもの）でなければならない。したがって、窃盗罪を成立させるためには、忘れ物の保管に対して具体的な委任はなかったとしても、宿泊契約当事者としての信義則などを根拠として、客のために正当に占有する権限を旅館主に認める必要があろう。

　では、この点を踏まえて、少し事例を変形してみよう。

[事例7]
　宿泊客が財布を忘れて帰った場合に、旅館の主人がその財布を領得した。

　[事例6]のように、第三者の領得が問題になった場合には、旅館主の占有を根拠に窃盗罪を肯定することができた。しかし、占有者である旅館主が占有物を領得する場合は、他人の占有侵害がない以上、窃盗罪にはなり得ない。では、自己の占有する他人の物だ、ということで、委託物横領罪になるか。しかし、先ほども触れたように、宿泊客の忘れ物を保管することに対して具体的な委任はない。果たして、ここで横領罪における委託信任関係を基礎づけることができるだろうか。

　ひとつには、宿泊契約の内容を広く解することで委託信任関係を肯定し、委託物（ないし業務上）横領罪を成立させる見解もあり得るかもしれない。しかし、そのような漠然とした信任関係だけでは横領罪の委託信任関係を基礎づけるには弱すぎると考えるのであれば、占有離脱物横領罪の可能性が残るのみであろう。なお、旅館主は自ら占有を有しているのであるから、占有離脱物横領とはいえないのではないか、と疑問になるかもしれないが、占有離脱物とは、他人の占有を離脱している物を指すのであって、それがたまたま自己の占有に帰していたからといって、他人の占有を離脱していることに変わりはないから、占有離脱物横領を肯定することを妨げない。誤配された

郵便物を領得してしまう場合[9]と同じである。

[3] 封緘物

　占有の帰属について争われる3つ目の類型として、封緘物の占有の問題が挙げられる。封緘物とは、封を閉じたものを意味し、たとえば、財物を容器に入れて、それに封印・施錠をするなどし、容易に開封できない状態で他人に保管や運搬を依頼した場合に、その寄託物の占有は誰にあるといえるのかが問題となる。

> **[事例 8]**
> 　Aは手提げ金庫に現金を入れ、施錠したうえで、Bに保管を依頼した。Bは密かにその鍵をあけ、中身を使ってしまった。

　このような事例に対して、封緘物全体と中身とを区別して、封緘物全体（この事例では手提げ金庫全体）の占有は受託者（B）にあるが、中身（現金）の占有は委託者（A）に残っていると解する立場（区別説）がある[10]。この立場は、鍵をかけることによって、Aは中身についての現実の支配力を維持し続けるのに対して、一方のBは中身については自由に支配し得る状態にないということを根拠としている。このように考えれば、**[事例 8]** のBには窃盗罪が成立することになる。

　しかし、委託の際の当事者の意識としては、容器全体と内容物とを区別していないのが普通であろう。容器全体を委託する一方で、内容物の占有だけ委託者に留保するという解釈は技巧的すぎるのではないだろうか。何より、区別説によると、容器全体を領得すれば委託物横領罪となるのに対して、中

9）　大判大正6・10・15刑録23輯1113頁。
10）　判例は基本的に区別説に立っているとされ、重油船の船長が、蓋に封印のある船倉と封印のない船倉からそれぞれ重油を汲み取った行為について、前者を窃盗罪、後者を業務上横領罪とした大判昭和14・5・25刑集18巻294頁が、その考えを端的に示している。区別説をとる学説としては、井田良『講義刑法学・各論』（有斐閣、2016年）214頁、大谷實『刑法講義各論〔新版第4版〕』（成文堂、2013年）213頁、高橋則夫『刑法各論〔第2版〕』（成文堂、2014年）239頁、前田雅英『刑法各論講義〔第6版〕』（東京大学出版会、2015年）168頁など。

身の一部だけを抜き取った場合には、それより重い窃盗罪となってしまい、刑の不均衡が生じる点が批判される。

そこで、中身だけでなく封緘物全体の占有もAに残っていると考え、封緘物全体を領得した場合も、中身だけ領得した場合もともに窃盗罪を肯定する見解（窃盗罪説）も主張されている[11]。この立場からは、**[事例8]** の場合にも、当然窃盗罪が成立することになる。たしかに、重要なのは中身なのであるから、それを包んでいる包装物も含めてAが占有を留保する趣旨であると解することには一見説得力がある。しかし、次の場合との比較において、区別説だけでなく窃盗罪説もまた難点があるように思われる。

[事例9]
　Aが鍵のかかった鞄を公園のベンチに置き忘れたところ、Bがその鍵をこじ開けて中身の現金を奪った。

この場合は、鞄に対する持ち主の占有が失われていれば[12]、Bの行為は占有離脱物横領罪で評価されるのが通常であり、忘れ物の鞄に鍵がかかってさえいれば中身に関しては、あるいは鞄も含めてどこまでも持ち主の占有が続く、とは考えられていないであろう。区別説も窃盗罪説も、**[事例8]** において、少なくとも中身に関する占有が委託者に残ると解する根拠を、鍵をかけた趣旨に求めるならば、**[事例9]** の場合にも窃盗罪を認めるべきこととなってしまうのではなかろうか。しかし、それは、占有離脱物横領罪の一部を不当に格上げしてしまう結果となり妥当ではないように思われる。

そこで、**[事例9]** で占有離脱物横領罪を認める（つまり中身に対する持ち主の占有を否定する）ことを前提としたうえで、**[事例8]** と **[事例9]** とを比較してみよう。すると、両者の違いは、委託があるか否かの点に絞られてくることが分かる。つまり、**[事例8]** の方が **[事例9]** よりも厚く保護されるべきと考える根拠は、ひとえに委託信任関係に基づく占有である点に求められることになる。そうであるなら、**[事例8]** の場合は委託物横領罪によ

---

11) 窃盗罪説をとる学説として、団藤重光『刑法綱要各論〔第3版〕』（創文社、1990年）570頁、山口厚『刑法各論〔第2版〕』（有斐閣、2010年）182頁、山中敬一『刑法各論〔第3版〕』（成文堂、2015年）276頁など。

12) 第1講の基本事例（公園ポシェット事件）等参照。

って保護すればよいことになる[13]。

　いかに封印・施錠を施してあったとしても、一定の信頼に基づいて財物を委託する以上は、委託物横領罪の問題と解するのが妥当ではなかろうか。たとえ施錠した手提げ金庫に入れたとしても、金庫も含めて丸ごと持って行かれる危険性を考えれば、信頼関係のない人間に現金を預けることなどしないはずである。以上より、封緘物に関してもその占有は受託者に移ると考え、それを領得する行為には横領罪の成立を認める立場が妥当であるように思われる（横領罪説）[14]。

4　事実を処理するメソッド

　占有の存否と同様に、占有の所在もまた、最終的には、社会一般から見て目的物に対する支配が誰にあると考えられるか、ということによって決するほかない。ただ、その際に有用となる基準としては、まず、被害者の場所的支配圏内にあるか、という点が挙げられよう。ここで検討しているのは、窃盗の侵害対象としての占有の有無である。

　次に検討すべきは、領得行為者自身が有する占有の有無である。これは、委託物横領罪を基礎づけるだけの信任関係に基づく占有があるか否かの問題である。

　一般的には、被害者側の占有か、行為者側の占有か、どちらか一方が肯定されることが多いといえるが、両者の占有は決して両立し得ないものではなく、具体的な事情によっては、両者が重畳的に肯定される場合もあり得るというのが1つのポイントとなろう。

---

13)　松原芳博『刑法各論』（日本評論社、2016年）195頁。
14)　横領罪説をとる学説として、斎藤信治『刑法各論〔第4版〕』（有斐閣、2014年）111頁、中森喜彦『刑法各論〔第4版〕』（有斐閣、2015年）111頁、林幹人『刑法各論〔第2版〕』（東京大学出版会、2007年）189頁など。

[第3講]

ボクが盗んだ理由(わけ)
――窃盗vs.毀棄隠匿

内田幸隆

1　問題の所在

　前講までは、行為客体における「占有」の存否、所在といった財産犯における客観的要件について検討した。占有の有無を検討することによって、窃盗罪（235条）が成立するのか、それとも（占有離脱物）横領罪（252条、254条）が成立するのかにつき、区別することができるのである。
　これに対して、本講は、財産犯における主観的要件として問題となる「不法領得の意思」を主に扱う。従来から、判例・学説は、窃盗罪の主観的要件として不法領得の意思が必要であると解してきた。すなわち、(1)他人の財物の占有侵害・移転と(2)故意に加えて、(3)不法領得の意思があってはじめて窃盗罪の成立を認めるのである。他方で、(1)と(2)の要件を満たしたとしても、(3)の要件を満たさなければ窃盗罪の成立を否定し、別途、毀棄隠匿の罪の成立を検討することになる。すなわち、不法領得の意思は、窃盗罪をはじめとする領得罪と毀棄隠匿の罪、とりわけ器物損壊罪（261条）とを区別する機能をはたしている。たとえば、次の事例で確認してみよう。

> [事例1]
> 　学生Xは、友人のAが刑法の教科書の最新版をかばんの中に入れているのをみて、Aがかばんから離れたすきをつき、その教科書を取り出して自分のかばんに入れて持ち去った。

　[事例1]において、Xの教科書奪取行為についてみると、上記の(1)と(2)の要件を満たしている。さらに、この行為の際に、Xがその教科書を自分の

勉強のために使うつもりだった場合、あるいは古本屋に行って売却するつもりだった場合には、(3)の要件、すなわち、不法領得の意思が認められ、いずれの場合も窃盗罪が成立する。他方で、その行為の際に、XがAから最近、無視されていることに腹を立て、Aにいやがらせをするつもりであった場合には、不法領得の意思が認められず、窃盗罪の成立が否定される。この場合、Xがその教科書を持ち去った後に、たとえば、それをゴミ箱に捨てるなどすれば、別途、器物損壊罪の成否を検討することになる。

　ただ、人が他人の物を奪う動機は様々であるから、窃盗罪と毀棄隠匿の罪とを容易には区別することができない場合が実際にあらわれている。たとえば、次の事例をみてほしい。

[事例2]
　生活に困ったXは、刑務所に服役することを意図して、路上にとめられていた自動車からカーステレオ用品を取りだすと、その足で現場から約100メートル離れた派出所に出頭して警察官に自首した上で、当該物品を提出した。

　[事例2]においてXは、被害者に被害品を直接返還するつもりがなくとも、奪取行為後まもなく警察官に被害品を提出しており、しかも、奪取行為に及んだ目的は刑務所に服役することであって、被害品を自ら利用し、処分するつもりはなかったのである。このような場合にXに不法領得の意思を認めて窃盗罪の成立を肯定することができるであろうか。

2　基本ツールのチェック

[1] 窃盗罪における不法領得の意思

　以上の問題を検討するにあたって、まずは、窃盗罪における不法領得の意思の内容を確認する必要がある。リーディングケースとなった判例は、次のような事例において、それを「権利者を排除して、他人の物を自己の所有物として、その経済的用法に従い利用・処分する意思」であると定義した（大判大正4・5・21刑録21輯663頁）。この定義によると、不法領得の意思は、「権利者排除意思」と「利用処分意思」という2つの要素から成り立つこと

になる[1]。

> **[事例3]**
> 　尋常高等小学校の教員Xは、同校校長に責任を負わせるために、校長が保管していた教育勅語謄本を持ち出すと、自分の受け持ち教室の天井裏にこれを隠匿した。

　[事例3] において判例は、毀棄または隠匿の意思によって他人の物を奪取した場合には領得意思が認められないと判示して、教員Xの奪取行為に窃盗罪の成立を認めなかった。すなわち、判例は、**[事例3]** のように、他人に嫌がらせをする目的で財物を奪取する場合につき、「利用処分意思」を否定したと解することができる。このように不法領得の意思において利用処分意思が必要とされる根拠については、その場で財物を毀損する場合と、その場から財物を持ち去った上で毀損する場合を比較して、両者の場合ともに結果的には財物が毀損されるのであって当罰性の程度に著しい差異がなく、後者の場合に、より重い窃盗罪の成立を認めることは不当であるとの価値判断がある[2]。したがって、後者の場合において客観的には窃盗罪の成立要件を認めながら、結論的にその成立を否定するために、その主観的要件として利用処分意思を必要としたと解される。また、窃盗罪と毀棄隠匿の罪とは、いずれも被害者における財物の利用可能性を阻害する点で同一の不法内容をもつが、窃盗罪の法定刑がより重い根拠として、その利欲的動機に着目し、窃取行為の一般予防を図るために、利用処分意思があることによってより重い責任非難をなす点が指摘されている[3][4]。

1) これに対して、学説では、判例と同様に、権利者排除意思と利用処分意思を必要とする見解もあれば、前者のみを必要とする見解、後者のみを必要とする見解、両者ともに不要とする見解もあって、対立している。
2) 松原芳博『刑法各論』（日本評論社、2016年）208頁。
3) 利用処分意思を責任要素として理解するものとして、林幹人『刑法各論〔第2版〕』（東京大学出版会、2007年）195頁、山口厚『刑法各論〔第2版〕』（有斐閣、2010年）203頁、西田典之『刑法各論〔第6版〕』（弘文堂、2012年）158頁、大谷實『刑法講義各論〔新版第4版補訂版〕』（成文堂、2015年）196頁、高橋則夫『刑法各論〔第2版〕』（成文堂、2014年）224頁など。これに対して、利用処分意思を主観的違法要素として理解するものとして、中森喜彦『刑法各論〔第4版〕』（有斐閣、2015年）115頁。

[2] 毀棄隠匿の罪における毀棄概念

　さて、判例にしたがって、財物の奪取行為に際して不法領得の意思が認められず、窃盗罪の成立が否定された場合に、全く罪に問われないのかというとそうではない。たとえば、奪取行為後になってはじめて不法領得の意思が生じ、その物を利用・処分した場合には、占有離脱物横領罪の成立が考えられる[5]。他方で、財物の奪取行為に際して利用処分意思がない場合、その後、通常は、その物は毀損されるか、そのまま隠匿されるであろうから、財物の奪取行為自体に、あるいは奪取行為に続く毀損、隠匿行為について毀棄隠匿の罪が成立するか検討する必要がある。具体的には、その物が公用・私用文書であれば、公用・私用文書等毀棄罪（258条、259条）の成否を検討し、その物が信書であれば、信書隠匿罪（263条）の成否を検討し、それら以外の場合については器物損壊罪の成否を検討することになる。

　毀棄隠匿の罪の成否を検討するにあたっては、毀棄概念を明らかにしなければならない。判例・通説は、効用侵害説を支持して、物の物理的な毀損にとどまらず、物の効用を害する一切の行為が「毀棄」に当たると解している[6]。効用侵害説によると、財物を物理的に毀損する場合のほかに、財物を隠匿する場合、単に財物の占有を喪失させる場合、感情的・心理的に財物の利用を不可能にする場合が広く毀棄に当たるとされる[7]。したがって、不法

4) なお、判例は、横領罪の成立にも不法領得の意思が必要とするが、その内容について「他人の物の占有者が委託の任務に背いて、その物につき権限がないのに所有者でなければできないような処分をする意思」と定義しており（最判昭和24・3・8刑集3巻3号276頁）、この定義からは利用処分意思を不要としているようにみえる。しかし、横領罪も領得罪の類型にあってその利欲的動機に着目するべきであるならば、横領罪の成立にとって利用処分意思は必要になると思われる（高橋・前掲注3) 228頁）。

5) 行為者は、被害者の委託によらず目的物を占有していることから、横領罪の成立は否定される。なお、この具体例とは逆に、不法領得の意思をもって財物を奪取した後に、この財物を毀損した場合には、行為者が先行の窃盗罪で処罰される限り、後行の毀棄隠匿の罪は不可罰（共罰）的事後行為となって、窃盗罪とは別個に犯罪評価を受けることはないと解されている（第10講109頁以下参照）。

6) 最高裁判例として、最判昭和25・4・21刑集4巻4号655頁。学説では、浅田和茂＝井田良編『新基本法コンメンタール刑法』（日本評論社、2012年）591頁〔宮川基〕など。

7) 高橋・前掲注3) 427頁。これに対して、毀棄・損壊を物理的毀損の場合に限定する見解として、曽根威彦『刑法各論〔第5版〕』（弘文堂、2012年）199頁、松宮孝明『刑法各論講義〔第4版〕』（成文堂、2016年）323頁。

領得の意思なく財物を奪取したとしても、その持ち去りの結果、被害者がその財物を利用することができない状態を作り出せば毀棄隠匿の罪が成立することになる。たとえば、次のような事例をみてほしい。

> **[事例4]**
> 　労働争議中に、労働組合の組合員Xは、会社2階のひさしに登って、そこに掲げてあった、対立する別の労働組合の木製看板を取り外すと、そこから約140メートル離れた民家の板塀内にこれを投げ捨てた。

　[事例4] においてXは、自分たちの労働組合と対立する、別の労働組合に対する憤りから看板を持ち去ったといえるのであるから、不法領得の意思は認められず、他方で、その持ち去りの結果、その看板の効用が失われたとして器物損壊罪の成立が認められることになる（最判昭和32・4・4刑集11巻4号1327頁）。このように、窃盗罪の成立に不法領得の意思、とりわけ利用処分意思が必要と解するならば、処罰の間隙を作らないためにも、毀棄隠匿罪の罪において効用侵害説を支持するのは必然的な論理展開といえるだろう。

3　規範と事実のブリッジ

[1] 利用処分意思の内容の変遷

　以上を踏まえて、改めて **[事例2]** をみてみると、刑務所に服役するつもりで被害品を持ち去ったXには、利用処分意思を認めることができず、窃盗罪の成立が否定されることになり[8]、あとはせいぜい器物損壊罪の成否を検討することになる。ところが、近時の裁判例をみると、コンビニ強盗に及んだ理由として、被告人が刑務所に入るために当初から自首するつもりであったと弁解した場合につき、広島高松江支判平成21・4・17高刑速報（平21）205頁は、次のように述べた。すなわち、強盗罪（236条）の成立にも不法領得の意思が必要であるが、利用処分意思について単純な毀棄または隠匿の意思を除くという消極的な意義を有するにすぎないとして、奪った現金を自

---

8)　実際に **[事例2]** を扱った広島地判昭和50・6・24刑月7巻6号692頁は、利用処分意思、さらには排除意思についても認めず、被告人を無罪とした。

首の際にそのまま提出するつもりであったとしても、不法領得の意思を否定することにならないと判示した。

そもそも、「経済的用法」に従って他人の物を利用し、処分する意思とは、その財物の経済的価値に着目してその物について本来想定されている利用方法や交換価値の実現を目指すことと解されるが[9]、この理解からすると、前記広島高裁松江支部平成21年判決は、利用処分意思の内容を当初のものから変容させていることになろう。そこで、次に、判例において利用処分意思の内容が変遷するに至った過程についてみてみることにする。

[2] 本来的・非本来的用法による利用

判例は、実際に生じた事例に対応するために、当初から利用処分意思の内容を緩やかに解してきた。まずは、次の事例をみてほしい。

[事例 5]
　Xは、市議会議員選挙に際して特定の候補者を当選させることを意図して、投票所管理者が保管する投票用紙をひそかに持ち去った。

[事例 5] においてXは、物の経済的利益を得るために投票用紙を持ち去ったわけではない。その投票用紙を使って不正投票をするために持ち去ったのである。このような場合において、最判昭和33・4・17刑集12巻6号1079頁は、Xにおいて、投票用紙をあたかも自己の物として利用する意思があった点を捉えて不法領得の意思を認めた。この判例においては、厳密な意味で「経済的用法」とはいえなくとも、「本来的用法」に従って利用する意思がある場合にも利用処分意思の存在が認められたことになる。ただし、判例は、本来的用法に従って物を利用するつもりであった場合に限って、利用処分意思を認めたわけではない。それを次の事例で確認してみよう。

[事例 6]
　Xは、A所有の電線を切断すると、これを使って大水で漂流中の木材

---

9) 神山千之「専ら検挙されるためにした財物奪取行為と窃盗罪における不法領得の意思」判タ1336号28頁。

を係留した。

　[事例6] においてXは、電線の本来的用法にしたがって利用する意思なく、これを持ち去っている。この場合において判例は、不法領得の意思がないとすることはできないとして窃盗罪の成立を認めた（最決昭和35・9・9刑集14巻11号1457頁）。また、次の事例もみてほしい。

[事例7]
　Xは、自らの性的欲求を満足させるために、民家で干されていた異性の衣類、下着を持ち去って自宅のタンスにしまった。

　[事例7] においてXが、異性の衣類・下着を身につけたい、あるいは観賞したいと思ったとしても、おそらくこれらは本来的用法に従った利用意思とはいえない。しかし、判例はこの場合においても窃盗罪の成立を認めている（最決昭和37・6・26集刑143号201頁）。このように、判例は、本来的用法に従った利用のみならず、本来的用法とはいえない用法に従った利用であっても、その意思があれば不法領得の意思を認めている。結論的に妥当であるが、以上からすると、現在において判例は、利用処分意思の内容を「当該財物から何らかの効用を享受する意思」と理解していると思われるのであり、また、学説もこのような判例の立場を支持している[10]。このことを次の事例において確認してみよう。

[事例8]
　Xは、あるアイドルグループの熱烈なファンであるが、入手困難であった初回限定版のCDが中古屋に並んでいるのをみてほしくなり、手持ちの現金がないことからそのまま持ち去って自宅の本棚に封を切らないまま飾った。

---

[10]　佐伯仁志「不法領得の意思」法教366号81頁、松原・前掲注2) 209頁。なお、井田良『講義刑法学・各論』（有斐閣、2016年) 209頁は、「およそ財物から何らかの効用を引き出そうとする目的」があれば足りるという。

[事例 8] においてＸは、当該 CD を利用し、処分する意思すらなく、単に自宅に蔵匿して自己を満足させているにすぎない。**[事例 6]**、**[事例 7]** と並んで、この場合においても窃盗罪の成立を認めるべきであるならば、利用処分意思の内実について「主観的な効用を享受する意思」であると解する他ないと思われる。

[3] 直接的・間接的な利益・効用の享受
　これまでみたように、行為者が財物から直接的な効用を得ようとした場合には、いずれも利用処分意思を認めて窃盗罪の成立を認めるのが妥当と解される。他方で、行為者が奪取した財物を毀棄ないしは隠匿することによって間接的に利益・効用を得ようとした場合に、なお利用処分意思を認めることができるであろうか。たとえば、次のような犯行隠蔽事例が問題となる。

[事例 9]
　Ｘ、Ｙ、Ｚは、雇い主Ａに対する不満からＡを殺害したが、犯行の発覚を防ぐために死体から貴金属類をはがして持ち去った。

　[事例 9] においてＸたちは、貴金属類を死体からはがした際に[11]、その直接的な効用を得ようとしたわけではない。別の場所に投棄することを意図して貴金属類をはがしたのであり、これを投棄することによって間接的に犯行の発覚を防ぐという効用を得たいと考えていたのである。この場合において、東京地判昭和 62・10・6 判時 1259 号 137 頁は、不法領得の意思を認めるためには「財物から生ずる何らかの効用を享受する意思」が必要であると判示して、Ｘたちに不法領得の意思を認めず、窃盗罪の成立を否定した。この判決によると、財物から直接的な効用を得る意思があってはじめて利用処分意思が認められ、犯行の発覚を防ぐというような、財物から直接的に得ることのできない効用を享受する意思については、利用処分意思が否定されることになる。ところが、下級審の裁判例において、この判決とは異なる理解を示

11）　ここではいわゆる「死者の占有」も問題となる。判例は、被害者を死亡させた後に領得意思が生じて、行為者がその死体から財物を奪う場合につき、死者の生前の占有を侵害しているとして窃盗罪の成立を認める（最判昭和 41・4・8 刑集 20 巻 4 号 207 頁）。

すものがあらわれた。その事例は、**[事例 9]** と類似しているが、次のようなものである。

> **[事例 10]**
> Xは、長年交際して別れたAに対して報復する気持ちを持っていたが、Aに対する殴打行為を行った際に、物取りの犯行に見せかけるために、現金等の入ったバッグをAから奪ったが、現金以外のバッグ等は捨て、現金は自宅で保管した。

　[事例 10] においても、Xは現金を費消するなど財物から直接的な効用を得る意思を有していない。しかし、東京高判平成 12・5・15 判時 1741 号 157 頁は、Xが「単に物を廃棄したり隠匿したりする意思」から被害品を奪取したわけではないとして、不法領得の意思を認めて強盗致傷罪（240 条）の成立を認めた。この判決によれば、前記広島高裁松江支部平成 21 年判決と同様に、単なる毀棄・隠匿の意思による場合においてのみ利用処分意思が否定されるのであり、たとえば、刑務所に服役したい、犯行の発覚を防ぎたいといった、間接的な効用を得る意思であっても利用処分意思が認められることになろう。
　このような裁判例の動向について、実務家の中には、前記東京高裁平成 12 年判決を支持するものがある。すなわち、犯行の隠蔽を目的として財物の毀棄・隠匿を行う場合、これも財物利用の一形態であり、また、現金など経済的価値の高い財物については、毀棄・隠匿の意思をもっていても、その奪取後に所持すること自体から財物の客観的な利用可能性を得ており、さらにそのことを認識している以上、利用処分意思を肯定することができるという[12]。しかし、最高裁は、次のような詐欺罪の成否が争われた事例において、注目すべき判断を示した。

> **[事例 11]**
> Xは、支払督促制度を悪用して叔父Aの財産を得ようと企て、Aに対

---

[12] 木村烈「窃盗罪における『不法領得の意思』をめぐる理論と実務」『小林充先生・佐藤文哉先生古稀祝賀刑事裁判論集　上巻』（判例タイムズ社、2006 年）421 頁以下。

する内容虚偽の支払督促を裁判所に申し立てた上、裁判所からＡあてに発送される支払督促正本について、それを配達に来た郵便配達員からＡを装って受け取り、ただちにこれを廃棄した。

　[事例11] においてＸは、Ａに督促異議申立ての機会を与えることなく支払督促の効力を確定させようと企てており、受け取った支払督促正本自体から何らかの効用を享受するつもりはなかった。前記東京高裁平成12年判決の趣旨に従えば、この事例においてもＸに利用処分意思を認める余地があろう。これに対して、最高裁は、「交付を受けた支払督促正本等について、廃棄するだけで外に何らかの用途に利用、処分する意思がなかった場合には、支払督促正本等に対する不法領得の意思をみとめることはできないというべきであり、このことは、郵便配達員からの受領行為を財産的利益を得るための手段の一つとして行ったときであっても異ならない」と述べて、詐欺罪の成立を否定した（最決平成16・11・30刑集58巻8号1005頁）。

　領得罪においては、領得対象物自体から効用を得たいとする利欲的動機に着目すべきであると解する限り[13]、最高裁が示した判断は正当なものといえ、また、最高裁は、利用処分意思の内容についてある一定の限定をかけたとして評価されることになる[14]。すなわち、この決定を前提とすると、詐欺罪の成立に不法領得の意思が必要となるが、借金の返済を免れるために借用証書を奪取、詐取して、これを廃棄する場合であっても、利用処分意思を否定すべきことになろう[15]。また、**[事例2]** のような刑務所に服役することを意図した事例、**[事例9]**、**[事例10]** のような犯行を隠蔽することを意図した事例においても、この決定を前提とする限り、利用処分意思を否定すべきことになると思われる[16]。

---

13) 林幹人『判例刑法』（東京大学出版会、2011年）317頁、松原・前掲注2) 210頁、林美月子「判批」刑法判例百選Ⅱ各論〔第7版〕(2014年) 65頁。
14) 山口厚『新判例から見た刑法〔第3版〕』（有斐閣、2015年）194頁。
15) 松原・前掲注2) 210頁、林（美）・前掲注13) 65頁。これに対して、前記最高裁平成16年決定を前提としても、借用証書の廃棄と利益の取得の関係は直接的なものであるとして、利用処分意思を認める見解として、木村・前掲注12) 404頁、山口・前掲注14) 202頁、佐伯・前掲注10) 82頁参照。

[4] 毀棄概念の限界

　それでは、前記最高裁平成16年決定の立場に従って財物から直接的に効用を享受する意思が認められない場合に窃盗罪等の成立が否定されるとして、財物の奪取それ自体に毀棄隠匿の罪を認めることは可能であろうか。たとえば、次の事例をみてほしい。

> [事例12]
> 　Xは、強姦目的で自動車内に監禁した女性Aから携帯電話を取り上げ、約3分間、Aが携帯電話を利用して助けを求めることを妨げた。

　[事例12]においてXは、携帯電話それ自体の効用を得ようとしているわけではないから、前記最高裁平成16年決定の立場に従うと利用処分意思が否定されることになる。そして、携帯電話を取り上げたことによって、その効用を害したといえるのであれば、器物損壊罪の成立が認められることになると思われる。ところが、この事例において、実際には、Aが助けを呼ぶことのできない状況は約3分間しか継続していなかった。この点を踏まえて、大阪高判平成13・3・14高刑集54巻1号1頁は、財物の利用を妨げる行為がすべて「損壊」にあたるわけではなく、その程度によっては効用を失ったと評価することはできない場合があるとして、携帯電話を取り上げた時点ではなく、その後、これを川に投棄した時点ではじめて器物損壊罪が成立すると判示した。利用を妨げるために財物を取り上げる行為をすべて器物損壊罪で処罰することが妥当でないとすれば、この判決のように、効用侵害の程度を考慮せざるを得ない。しかし、どの程度に至れば毀棄・損壊とみなされるのか、その限界を設定することは容易ではないと思われる[17]。

4　事実を処理するメソッド

　以上みたように、近時において、最高裁判例、およびそれを支持する学説は、利用処分意思の内容について、経済的用法に従って利用・処分しようと

---

16) 冨高彩「判例における不法領得の意思の再点検」『刑事法・医事法の新たな展開　上巻（町野朔先生古稀記念）』（信山社、2014年）513頁は、これらの場合における行為者の意図した利益の実現は不確定的であって、財産犯で保護すべき利益とはいえないと指摘する。

17) 三原憲三ほか編『刑法ゼミナール（各論）』（成文堂、2006年）144頁〔内田幸隆〕。

する場合に限定することなく、財物自体から何らかの効用を得ようとする場合にまで拡張して理解している。他方で、利用処分意思が認められず、毀棄隠匿の罪の成否を検討するにあたっては、そこで問題となる効用侵害の程度を考慮せざるを得ないのであるから、利用処分意思を必要とする立場において処罰の間隙が生まれることはやむを得ないといえよう。

　さて、このような観点から、窃盗罪と毀棄隠匿の罪との区別について、形式的に図式化すると、次のようになる。すなわち、財物の奪取行為に際して、行為者に(1)経済的用法による利用・処分の意思がある場合、(2)本来的用法による利用・処分の意思がある場合、ないしは(3)非本来的用法によって利用・処分するつもりではあるが、財物自体から効用を得る意思がある場合には、（権利者排除意思もあることを前提に）不法領得の意思が認められて窃盗罪が成立する。他方で、財物の奪取行為に際して、行為者に(4)非本来的用法によって利用・処分するつもりであって、その利用・処分から間接的に効用を得る意思しかない場合、ないしは(5)単に毀棄・隠匿の意思しかない場合には、不法領得の意思が否定されて窃盗罪は成立せず、別途、毀棄隠匿の罪の成否を検討することになる。

　ただし、上記(3)の場合と(4)の場合との境界を明確に線引きすることは容易ではない。たとえば、家具を盗んで燃やした場合に、燃やすことでストレス解消をするつもりであれば利用処分意思を認め、嫌がらせをするつもりであればそれを否定すると区別することはできるであろうか[18]。両者において、財物の非本来的用法による利用・処分によって自身の満足を得るつもりである点は変わらないのであり、その動機に基づいて財物の奪取を意欲していることからすると利用処分意思が認められる実質があるともいえる。これに対して、後者の場合だけでなく、前者の場合についても、利用処分意思を否定すると、**[事例8]** についても利用処分意思を否定することになりかねず、不当と思われる。したがって、近時の最高裁判例を前提としても、利用処分意思には「単なる毀棄・隠匿の意思」の場合をのぞく意義しか認めないと解する余地は十分にあると思われる。ただし、財物を奪取する際には行為者に何らかの動機があるのであり、それが自らにとって利益になると思うからこそ奪取行為に及ぶのが通常だとすると、単なる毀棄・隠匿の意思による場合

18）佐伯・前掲注10) 82頁はこのような区別を肯定する。

とはほとんど想定され得ないものになろう。また、客観的・潜在的な利用可能性の取得とその認識によって利用処分意思を認めるのであれば、それはいわゆる利用処分意思不要説と同一の見地にたっているといえる[19]。すると、利用処分意思の内容が変遷するにしたがってその当初の意義は失われ、利用処分意思不要説の立場に接近することは避けようがないと思われる[20]。

---

19) 曽根・前掲注7) 123頁参照。
20) 内田幸隆「窃盗罪における不法領得の意思」刑法の争点（2007年）169頁参照。

[第4講]

沈黙の1万円札
──窃盗罪 vs. 詐欺罪

田山聡美

1　問題の所在

　本講では、窃盗罪（235条）と詐欺罪（246条）の区別をテーマとする。両罪を具体的にイメージするなら、窃盗罪は、知らない間に物を盗まれる場合、詐欺罪は、騙されたために自ら相手に物を渡してしまう場合、といった具合だろうか。このように、典型的には全く異なる犯罪類型のようにも見えるが、次のような事例ではその区別は容易ではない。

> **[事例1]**
> 　Aの所有する古本に1万円札が挟まっていることに気付いたXは、そのことを秘して、ちょうどほしかった本だと偽って、Aから100円で買い取った。

　この場合、1万円札についてはAの知らない間に奪われたと考えると窃盗罪になりそうであるが、価値の低い古本と騙されて「高価な」本を売り渡したと考えると詐欺罪ともいえそうである。もっとも、客体が財物の場合には、いずれにせよどちらかの罪が成立するので罪名の違いに過ぎないともいえるが、2006年の改正により窃盗罪の法定刑にのみ罰金刑が加わったことで、両罪を区別する意義は格段に大きくなったといえよう[1]。
　さらに、**[事例1]** とは異なり、客体が財物ではなく財産上の利益であった場合、詐欺罪には2項の規定があるのに対し、利益窃盗は不可罰であるから、両罪の区別はすなわち処罰の限界を画する重要な意義を有する。
　以上のような観点から、窃盗罪と詐欺罪の違いを見極める力を養うことが

本講の課題となる。

2 基本ツールのチェック

[1] 窃盗罪と詐欺罪の比較

　窃盗罪は財物のみを客体とし、相手の意思に反して占有を移転する罪である。一方、詐欺罪は、財物のみならず財産上の利益をも客体とし、欺く行為によって相手を錯誤に陥れ、その瑕疵ある意思に基づいて処分行為（交付行為）を行わせる罪である。両罪とも同じく占有移転罪であるが、その占有移転が相手の意思に基づくか否かで区別される。

　そこで、窃盗罪と詐欺罪を実質的に区別する基準として「意思に基づく処分行為」の有無がクローズアップされることが多いが、実は「欺く行為」の要件も大変重要な役割を担っていることには注意が必要である。というのは、処分行為の要件が欠ける場合には2種類あり、処分行為に向けた欺く行為は完全に存在するにもかかわらず、何らかの事情で処分行為にまで至らなかったに過ぎない場合と、そもそも処分行為を導くような欺く行為自体が存在しなかったとみられる場合とがあり得る。前者の場合には、詐欺罪の実行の着手は認められることになるから詐欺罪の未遂が問題になるが、後者の場合には詐欺罪の領域の問題ではないことになり、窃盗罪の可能性が検討されることになる。

　これは、欺く行為が処分行為を導くような性質のものでなければならない、と説明されていることと関連する。たとえば、人の注意を逸らすために騙す行為は、相手方の処分行為を導くための欺罔ではないから、そもそも詐欺罪の欺く行為に該当しないとされる。「処分行為がないから詐欺罪ではなく窃盗罪」という言い方がされる場合も、実は処分行為がないという判断からさかのぼって、「そもそも処分行為に向けた欺く行為自体が存在しない」とい

---

1) 窃盗犯人のみが事後強盗罪（238条）の主体となる点も一つの違いとして挙げられるが、詐欺犯人が暴行・脅迫によって物の返還を免れた場合も、2項強盗罪（236条2項）の成立可能性があることを考えれば、結論として大きく異なるものではない。なお、特別法も視野に入れると、盗犯等防止法には、窃盗罪の加重類型として常習特殊窃盗（2条）、常習累犯窃盗（3条）が存在し、一方、組織的犯罪処罰法には、詐欺罪の加重類型として組織的詐欺罪（3条1項13号）が存在するという違いもある。

うフレーズが省略されているといえる[2]。

　また、処分行為の要件からさかのぼることなく、欺く行為の要件自体が直接に窃盗罪との区別基準を提供してくれる場合もある。たとえば、欺く行為は、「人」を欺く行為でなければならず、機械を欺いても246条の詐欺罪にはならないとされている。したがって、自動販売機などの機械を欺いて、偽のコインでジュースを得るような場合には、詐欺罪は成立せず、販売機設置者の意思に反してジュースを奪ったと構成して窃盗罪を肯定することになる。また、機械を騙した結果、財産上の利益を得た場合には、窃盗罪も成立し得ないから、電子計算機使用詐欺罪（246条の2）に該当する場合以外は不可罰となる。

[2] 処分行為の客観面と主観面

　以上の点に留意しつつ、改めて「処分行為」の要件にスポットを当ててみよう。錯綜する議論を少しでも理解しやすくするために、その客観面と主観面を分けて整理してみる。

(i) 客観面 – 支配の移転

　処分行為とは、客観的には、財物・財産上の利益を相手方に移転させる行為のことをいう。これは、財物を売り渡すといったような法律行為の形式をとる必要は必ずしもなく、財物・利益の支配を事実上相手に移転させる行為であれば十分である。したがって、所有権の移転を内容とした行為である必要もなく、貸すだけのつもりで渡す行為ももちろん含まれる。

　しかし、その場合、当該処分行為によって、財物・利益が相手方に終局的に移転する必要がある。たとえば、被欺罔者が、騙されたことによって支配を「緩めた」状態になったとしても（それを一般に「占有の弛緩」と表現する）、いまだ相手方に支配が「移転」しているとはいえない場合には、処分行為とは認められない。つまり、客体がいまだ自分の支配圏内にとどまっているのか、相手の支配圏に移ったと認定できるか[3]が、処分行為の客観面認定の鍵

---

2) 通常は、処分行為の有無がそのまま欺く行為の有無に結びつき、結果として窃盗罪と詐欺罪との区別に直結することが多いので、省略しても構わないが、場合によっては欺く行為が存在することもあるのでやや注意が必要である。後述 **【事例2】** 参照。

3) その認定には、第2講でも指摘した、場所的支配圏内か否かという点が一つの大きなポイントとなろう。

となる。

　さらに、処分行為は、被欺罔者が積極的に客体を移転させる作為による場合はもちろん、不作為の場合をも含むとされている。なぜなら、騙された末、相手方が客体を持ち去ることを認容する場合に、詐欺罪を不成立とする理由はないからである。しかし、相手が持ち去ることを止めないという客観面のみでは、いわゆる典型的な窃盗罪の場合と何ら変わりがないのではないか、という疑問が生じる。

(ⅱ) 主観面－処分意思

　そこで、処分行為の要件は、その主観面、すなわち何からの意思的要素（以下、「処分意思」とよぶ）を排除して考えることはできないといえよう[4]。一般的に、詐欺罪を意思に基づく占有移転の場合であるとして、意思に反する占有移転である窃盗罪と区別しているのはそのような意味を有する。問題は、どの程度の処分意思が、どの範囲で必要か、ということである。

　とりわけ、客体が財産上の利益の場合には、窃盗罪成立の可能性はなく、処分行為の要件が否定されて2項詐欺罪が成立しなければ不可罰となることから、不当な処罰の間隙を作らないよう処分行為の範囲を幾分拡張して解釈する必要性を強調すれば、処分意思の内容は極力緩和されたものとなっていく。

　ところが、処分意思の内容を緩めれば緩めるほど、意思的要素を要求しない場合に近づくことを意味するから、客体が財物の場合には、窃盗罪との判別がつかなくなってくる。気が付かない間に物を奪われるような、従来、窃盗とされて疑われていなかった領域のものまでが、（不作為の処分行為があるとして）詐欺とされる可能性が出てくることを認めざるを得ないことになる。

　そこで、客体が財物の場合と、財産上の利益の場合とを正面から分けて考え、処分意思の内容を二元的に構成する考え方もあり得る[5]。すなわち、1項詐欺罪においては処分意思を比較的厳格に要求する一方、2項詐欺罪においては緩和して考える方法である。たしかに、処分行為の要件が担っている二つの役割（1項詐欺罪と窃盗罪とを区別する役割[6]）と、2項詐欺罪と不可罰な利

---

[4] ただし、処分行為の客観面にのみ意義を見出す見解として、内田文昭『刑法各論〔第3版〕』（青林書院、1996年）309頁参照。

[5] 井田良『講義刑法学・各論』（有斐閣、2016年）266頁、佐伯仁志「詐欺罪(2)」法教373号（2011年）119頁。

益窃盗とを区別する役割[7]）を、両者ともに全うさせるためには、大変魅力的な考え方ではある。しかし、1項詐欺罪と2項詐欺罪の相違は、客体が財物か利益かという点にのみ存在するに過ぎず、他の成立要件は同一であると考えるべきであるとするなら[8]、そのような見解は採り得ない。

そのようなせめぎ合いの中で、どこに着地点を見出すかが、処分行為を考えるうえでのポイントとなるのである。

以上の問題意識を前提としながら、具体的な事例における処分行為の有無を検討していこう。議論をわかりやすくするため、以下では、交付の対象となる客体そのものについての錯誤がない場合と、客体そのものに関する錯誤がある場合とに分けて論じる。

3 規範と事実のブリッジ

[1] 占有の弛緩と支配の移転

まず、客体そのものに関しては錯誤がないことを前提とした場合に問題となるのが、その客体に関して「支配の移転」が認められるか、という点である。これは主として処分行為の客観面にかかわるものといえるが、先に見たように、それが被欺罔者の「意思に基づく」ものでなければならないので、客観面に対応した主観面も重要な要素となる。

> [事例2]
> AはXの虚言を信じて、自ら某所に現金を持参するため、現金の入った風呂敷包みを自宅の玄関の上り口においたまま、Xだけを残して便所に行ったところ、Xはその隙に現金を持って逃走した。

---

6) 多数説は、処分行為の有無で両罪を区別し、両罪の競合を認めないことを前提としているが、この点に疑問を投げかけ、窃盗罪と詐欺罪が競合する範囲の存在を正面から認め、罪数論で処理する見解として、林幹人『刑法各論〔第2版〕』（東京大学出版会、2007年）235頁。

7) 詐欺罪における処分行為の要件が担っている役割としては、他に、2項詐欺罪における利益移転を明確にする役割も存在する。

8) この点は、多数の学説が当然の前提としているものと思われる。山口厚『問題探究刑法各論』（有斐閣、1999年）148頁参照。

最判昭和26・12・14刑集5巻13号2518頁の事案である。この場合、Aの占有が弛緩しているに過ぎないとしてAの処分行為を否定するのか、それともAからXへの支配の移転があるとして処分行為を肯定するのかが問題となる。本件に関し最高裁は、1項詐欺罪を認めた原審を是認しているが、学説は、この場合は処分行為を否定すべきとするのが多数といってよいであろう。A宅の玄関先はいまだAの場所的支配圏内であると認められるし、Aもすぐに戻って来るつもりであるうえ、何より自ら持参するつもりで用意しているものであるから、Aの認識としてもXに支配を移転したつもりはないと考えるのが自然である[9]。最高裁も、判示の中で、「原判決が……現金をXの自由に支配できる状態に置く意思で判示の玄関上り口に置いたものと認定したことの当否は格別」という留保をつけていることから、積極的に処分行為を肯定した判例と読むことは妥当ではない[10]。

［事例3］
　Xは試乗車の乗り逃げをたくらみ、購入客を装って自動車販売店を訪れ、試乗を申し出たところ、販売員Aが単独試乗を勧めてくれたので、計画通り乗り逃げした。

この事例で、店側が車の所有権移転を目的とせず単に貸与するだけのつもりであることは、占有の移転を認定するにあたり、何ら妨げにならないことは先に確認した通りである。問題は、目的物を相手の現実的支配下に移した

---

[9] 学説からは一般的に、この事例については窃盗罪とすべきだったという指摘がなされているが、虚言の内容（判決文からは不明）によっては、欺く行為までは肯定され、詐欺罪の未遂までは成立する余地があるかもしれない。一般論としては窃盗罪と詐欺罪の競合を認めない多数説の立場（注6）参照）に立ったとしても、そのような場合には、詐欺未遂と窃盗既遂の両者が成立し得ることになり、罪数関係が問題となる（おそらくは包括一罪と考えることになろう）。

[10] 両罪の法定刑が異なる現在とは違い、本件当時は窃盗罪であろうと1項詐欺罪であろうと、被告人にとって大差なかったために、原判決を破棄するには至らなかっただけであろう。それに対し、後述の**［事例3］**と**［事例4］**に挙げた裁判例はともに、窃盗であれば常習累犯窃盗（盗犯等防止法3条）が問題となる事案であった点で、認定がより厳密になっている可能性もある。なお、**［事例3］**と**［事例4］**の事案も、最終的には詐欺罪を認定したうえで、刑法59条、56条1項、57条の適用による累犯加重を行っている。

かどうかである。その点、自動車の単独試乗を行うということは、販売員Aの支配の及ぶ範囲から外に出ることを意味している点で、**[事例2]**とは大きく異なるといえる。この場合は、主観的にも、相手方への占有移転を認識しているものとして、処分行為を肯定するのが妥当であろう。同様の事案につき、東京地八王子支判平成3・8・28判タ768号249頁も1項詐欺罪を肯定している。

[事例4]
Xは、テレホンカードを騙し取るため、あらかじめ注文をしたうえで店に赴き、店員Aから枚数の確認を求められた際、「今若い衆が外で待っているから、これを渡してくる。お金を今払うから、先に渡してくる」と虚言を申し向け、そのまま逃走した。

[事例4]は、店先に出ることを許したに過ぎない点で、**[事例3]**とは異なる。むしろ、場所的な支配という観点からすると、**[事例2]**の玄関口に近い事案であって、いまだ処分行為は認められないと考えることも可能であろう。しかし、同様の事案につき東京高判平成12・8・29東高刑時報51巻1～12号93頁は、窃盗罪とした原判決を破棄して1項詐欺罪を肯定しており、その結論は支持し得るように思われる。

[事例4]の場合、当該商品はあらかじめ注文を受けてXに渡すために取り置いていたものであること、商品が比較的小さなものであることなどを勘案すると、店舗内でXに商品を渡した段階ですでに、Aには当該財物の支配をXに移転させる意識があったと考えられるのではないだろうか。少なくとも、商品を店舗外で待っている仲間に渡しに行くことを止めない行為は、目的物に対する支配を完全に相手に移行する意味を持つ行為であるといえ、それを認識したうえで許容している以上、処分行為は肯定できるであろう。したがって、代金を支払ってくれると誤信して目的物を交付してしまったものとして、1項詐欺罪を肯定できるのである。

ところでこの場合、Aは、Xが代金を支払いに戻って来ると信じて店舗外に出ることを許可したのに、結局支払ってもらえなかったことから、代金債務免脱に関する2項詐欺罪の成立も問題になるだろうか[11]。ほんの少し店先に出るという点に関して**[事例4]**と類似の事案につき、2項詐欺罪の成否

を論じている判例として次のものがある。

> [事例5]
> Xは料亭で無銭飲食・宿泊をしたのち、「知人を見送る」と嘘をいって店先に出たまま逃走し、宿泊代金等の支払いを免れた。

　ここでは、知人を見送るために店先まで一寸出ることを許す行為が、債務免脱に関しての処分行為といえるかが問題となる。債務免脱等の財産上の利益についても、財物と同様に「支配の移転」を基準に考えることができる。
　たとえば、代金債務の履行については、店側が債務者を店内にとどめておいたり、商品交付との同時履行を求めたり、その他債権回収のための担保となるような何らかの手段を確保しているような場合であれば、その履行実現に関する支配（支払いを事実上確保し得る状態）は店側にあるといえよう。また、常連客のように身元をしっかり把握できている場合も同様に解することができる。逆に、それらの担保が否定されるような事態に至れば、代金を支払うか否かが債務者側の自由に委ねられてしまう状態となり、債務の履行実現に関する支配は債務者側に移ったと認定できよう[12]。
　[事例4] や [事例5] のように店先まで一寸出るだけの場合は、店員としては、債務者をいまだ自己の支配下に置いている意識があり、債務の支払いを事実上債務者側の自由に委ねる意識は認められないといえよう。したがって、店員の処分行為があるとはいえず、代金債務免脱についての2項詐欺罪は成立しないものと考える。最決昭和30・7・7刑集9巻9号1856頁も、[事例5] の事案について、傍論ではあるが処分行為を否定している[13]。
　一方、店側に確実な債権回収を担保する手段がない中で、店員の支配圏外へ債務者が出ていくことを許す行為は処分行為にあたることになる。そのよ

---

11) 仮に代金債務免脱についても2項詐欺罪が成立するとするなら、先の財物に対する1項詐欺罪との罪数関係が問題となる。このような場合の罪数関係については第11講参照。
12) 松原芳博『刑法各論』（日本評論社、2016年）272頁参照。
13) 本件では、債務免脱に先立つ無銭飲食・宿泊そのものについて詐欺罪の成立を肯定しているので、被告人が不可罰になっているわけではない点、注意を要する。本件昭和30年決定の表現を根拠に、判例は厳格な意識的処分行為説（後述）に立っていると評されることも多いが、そのように言い切れるかは慎重な検討が必要である。

うな場合にあたると思われるのが次の例である。

> [事例6]
> Xは4日間にわたって旅館に滞在したのち、「今晩必ず帰ってくるから」と嘘をいって外出したまま逃走し、宿泊代金等の支払いを免れた。

東京高判昭和33・7・7東高刑時報9巻7号179頁の事案である。この事案において、何らかの担保的手段があったかは定かではないが、おそらくXが逃走してしまえば事実上代金の回収は不可能になる場合であったと推定され、そのような状態で外出を許可する行為には、債務の履行実現に関する支配を失う意識があったとみて2項詐欺罪を肯定してよいと思われる。

この事案に関し、東京高裁は「支払を少くとも一時猶予する旨の意思を暗黙に表示させた」として2項詐欺罪の成立を肯定した。2項詐欺を肯定した結論は支持できるが、一時猶予の意思を根拠としたことにはやや疑問が残る。ここで注意したいのは、被害者が処分した客体と、行為者が領得した客体とは一致すべきである、という点である。この事例において、Xが最終的に得ようとしている利益は単なる債務の一時猶予ではなく、事実上の支払免脱である。したがって、処分行為を認定する根拠も、一時的な支払猶予を認めている点にではなく、債務の履行実現に関する支配を事実上債務者に委ねてしまった点に求めるべきであろう。

[2] 客体の抽象化と交付対象の認識

[1]では、交付の客体そのものに関しては特に錯誤がないことを前提にしてきたが、詐欺罪においては、処分行為者が客体の価値や数量等に関して欺かれている場合も多く、そのような場合に、客体に関してどこまで正確な認識がなければ処分意思を肯定し得ないのかが次に問題となる。

このような事例に関して、従来二つの考え方が対立的に捉えられてきた。一つは、認識していない客体につき自らの意思で処分することはできないという点を強調し、処分行為を肯定するためには、特定の客体を相手方に移転させることの認識まで必要とする立場であり、「(厳格な)意識的処分行為説」と呼ばれるものである[14]。他の一つは、移転する客体の価値や存在を被欺罔者に認識させないやり方は詐欺罪の典型例であって、そのような場合を

第Ⅰ部 基礎編 045

詐欺から除外するのは妥当でないとして、個々の客体の存在についての認識までは要求しない立場であり、「無意識的処分行為説」と呼ばれるものである[15]。しかし、ここでいう意識・無意識の対象は必ずしも明確ではなく[16]、処分意思として何を意識している必要があるのかは、客体の抽象化・概括化との関係で整理し直してみる必要がある。客体についての認識を厳格に要求するとされる意識的処分行為説に立っても、客体を一定程度抽象的・概括的に捉えることで、かなりの範囲で処分行為を肯定することができるからである。

たとえば、高価な希少本であるのに、安価な古本であると騙して譲り受ける場合のように、客体の価値についての錯誤があるに過ぎない場合には、当該客体そのものの移転に関する認識に欠けるところはないので、いずれの立場からも処分行為を肯定するのが一般的である。

また、数量に関する錯誤についても、たとえば教材として10冊注文しておいた本が入っている箱へ、密かにあと2冊ばかり忍ばせて、10冊の値段で購入した場合にも、「その箱に入っている本」という形で抽象化することにより、当該客体に対する処分意思を肯定することができよう。

それでは、冒頭に掲げた**[事例1]**の古本の中に挟まっている1万円札については、どこまで抽象化できるだろうか。この事例では、価値や数量に錯誤がある場合と異なり、取引としての同一性の範囲を超える離隔が生じているから、抽象化・概括化し得ないと考えれば[17]、1万円札という客体に対する処分意思を肯定することはできず、窃盗罪のみが問題となる。しかし、どの範囲であれば取引としての同一性があるといえるのか、また、先に検討した価値や数量の錯誤もそれが大きくなれば取引としての同一性を超える場合があるのではないかとの疑問も生じる。

そこで、古本も1万円札も同一人の財物である限りその差異は構成要件的

---

14) 曽根威彦『刑法各論〔第5版〕』（弘文堂、2012年）149頁、山中敬一『刑法各論〔第3版〕』（成文堂、2015年）367頁など。

15) 大谷實『刑法講義各論〔新版第4版〕』（成文堂、2013年）278頁、西田典之『刑法各論〔第6版〕』（弘文堂、2012年）196頁など。

16) この点を指摘するものとして、鈴木左斗志「詐欺罪における『交付』について」『松尾浩也先生古稀祝賀論文集上巻』（有斐閣、1998年）517頁以下参照。

17) 松原・前掲注12) 268頁。

に重要でないと解すれば、両者を含む交付対象物を概括して、その全体についての移転意思をもって処分行為を肯定することができるように思われる[18]。

　客体の存在に関する認識の有無が、可罰性を限界づけるものとして、より重要な意味を有してくるのが、財産上の利益に関する事例である。たとえば、キセル乗車の下車駅での債務免脱につき、客体の存在に関して厳格な認識を要求する立場に立てば、下車駅の改札係員は未払い運賃の存在自体を認識していないから、処分行為を肯定することはできず、刑法上は不可罰とされる。逆に、客体の存在についての認識は不要であり、改札出場という外形的事実さえ認識していれば処分行為を認めてよいとする立場からは、債務免脱につき2項詐欺罪を肯定し得ることになる。

　前者の見解に対しては、客体の「価値・数量」と「存在」との間に決定的な差を見出すのが困難であることから、その「存在」に関してのみ厳格な認識を要求するのは妥当でないように思われる。また後者の見解についても、客体の存在に関する認識を全く欠く場合にそれに対する処分意思を肯定することは困難であるとの批判が向けられよう。不可罰の利益窃盗との限界づけのためにも、少なくとも何らかの形で抽象化された客体についての認識は要求すべきである。

　以上のような観点から、処分行為を認めるためには、財物・財産上の利益を問わず、一定程度抽象化・概括化された「客体」の認識とその「移転」の認識の双方が必要であると解すべきであろう。キセル乗車の場合、改札を通過させることで未精算運賃の支払いを免れさせてしまう可能性は認識しているので、その限りで概括化された客体の認識はかろうじて肯定できるのではないか。そして、その客体（概括化された請求可能性のある債権）につき、改札の通過によって決済することとなる認識（それ以降、請求が不可能になることの認識）[19]をもって処分意思を肯定することができるように思われる[20]。

4　事実を処理するメソッド

　何らかの騙す行為によって財物・財産上の利益を移転させる事例に関して、

---

[18] 山口・前掲注8）152頁。このように、意識的な処分行為を必要としながらも、抽象化・概括化の範囲を広めに考える立場を「緩和された意識的処分行為説」と呼んでいる。

[19] 山口・前掲注8）153頁、高橋則夫『刑法各論〔第2版〕』（成文堂、2014年）315頁参照。

第Ⅰ部　基礎編　047

窃盗罪と詐欺罪を区別するには、まずは詐欺罪の構成要件を、欺く行為から一つひとつ丹念に確認していく作業が大切である。そのうえで、処分行為の問題にもつれ込んだときは、まずは①交付の対象となる客体が財物か財産上の利益かを確定し、②それに対する支配が、被欺罔者の行為によって欺罔者側に終局的に移転しているかを見極めることになる（終局的移転がなければ窃盗罪ないしは不可罰、ただし欺罔行為があれば詐欺未遂の可能性あり）。その際、③当該客体とその移転についての被欺罔者の認識（処分意思）が必要か不要か、必要として、どの程度の認識が必要かで意見が分かれることになろう。

20)　なお、キセル乗車については、近時の自動改札化に伴って、詐欺罪が成立する余地は失われつつあるが、電子計算機使用詐欺罪の適用を認めたものとして、東京地判平成24・6・25判タ1384号363頁がある。詳しくは、第17講3［2］参照。

［第5講］

俺の凶器は、お前の恐怖心だ
―― 強盗 vs. 恐喝、強盗 vs. 窃盗 ①

杉本一敏

1　問題の所在

今回は、客体が財物である場合（1項犯罪）に絞って、強盗罪（236条1項）と恐喝罪（249条1項）、強盗罪と窃盗罪（235条）の区別について考えよう。

[1] 強盗と恐喝の区別

強盗罪は、明文上「暴行又は脅迫」を成立要件とする。他方、恐喝罪にいう「恐喝」も暴行又は脅迫を手段として相手を畏怖させることを意味し、財物奪取の手段として暴行又は脅迫が用いられる点では両罪の間に共通性がある。下の2件は、Xらが暴行・脅迫によって財物を取得した事例を挙げたものだが、【事例1】に関する東京高判昭和38・6・17東高刑時報14巻6号95頁は強盗の成立を認め、【事例2】に関する岡山地判昭和44・8・1刑月1巻8号813頁は恐喝と傷害を認めるに止まっている。両事例の間に、強盗と恐喝を分けるどのような違いがあるのだろうか。これが今回の第1の問題である。

[事例1]
　XとYは、午後9時過ぎ、人影も少ない公園内で立ち話をしていたA（24歳男性）とB（21歳女性）を両側からはさみ、「金を貸してくんないか」と要求してAの顔面を手拳で殴打し、みぞおちを突いて座り込ませ、更にBの頭髪をつかんで座らせ、「静かにしろ」「刺すぞ」などと言ったうえ、AとBの財布を奪った。

[事例 2]

　　Ｘ・Ｙ・Ｚら６名は、Ａの自動車が自車に接触したと因縁をつけて修理代の名目で金を奪おうと考え、午後10時半過ぎ、国道上でＡとＢが乗る自動車を停車させ、ＸがＡとＢの顔面を数回殴打するなどの暴行を加え（Ａ・Ｂ両名は加療５日間の挫傷を負った）、Ｘ・Ｙにおいて自車の古傷を見せ「弁償せえ」「わしらは、銭の千円、二千円が欲しゅうて言いよるんじゃねえぞ」と言い、Ａらが金を出さないでいるとＺが「金を持っていないんならスペアでも置いていけ」などと言い、その結果Ａ・Ｂから現金1,700円を受け取った。

[2] 強盗と窃盗との区別

　他方、強盗罪は、窃盗罪とともに理論上「盗取罪」と性格づけられ、「交付罪」である詐欺罪・恐喝罪から区別される。盗取罪においては、財物の占有移転に際して、被害者自身の手による「交付行為」が予定されていない。つまり盗取罪は、行為者側が一方的に財物の占有を移転する行為を担い、被害者側はその間、財物の占有移転という事態（被害）をただ忍受しているにすぎない、と評価できる場合を想定しているのである。では、そのような場合のうち、窃盗と強盗とを分ける基準はどこにあるのだろうか。これが今回の第２の問題である。強盗は「暴行」を手段とするのだから、窃盗との区別は明白だと思われるかもしれない。しかし、暴行を「有形力・物理力の行使」という定義で捉えるならば、窃盗における財物の占有移転も、財物が物理的に移動する以上、当然何らかの「有形力・物理力の行使」は伴っているのである。下の２件では、Ｘが財物の占有移転のために有形力を行使しているが、**[事例３]** に関する最決昭和45・12・22刑集24巻13号1882頁は強盗致傷罪の成立を肯定し、**[事例４]** に関する大阪地判昭和47・3・22判タ283号329頁は窃盗と傷害を認めるに止まっている。この結論の違いは一体どの点に起因するのだろうか。

[事例 3]

　　Ｘは、歩行中のＡ（30歳女性）のハンドバッグを奪おうと考え、自動車を運転して近づき、バッグに手をかけたが、Ａが離さなかったため、

バッグの紐をつかんだまま自動車を進行させ、バッグを離さないAを引きずって転倒させ、電柱に衝突させたりして（その結果Aは負傷した）、バッグを奪取した。

[事例4]

　Xは、歩行中のA（26歳女性）のハンドバッグを奪おうと考え、後方から近づいてAの肩に手をかけた。Aが逃げようとしたので、XはAの首に自分の手を回して制止し、その結果Aは道路脇の側溝に足を突っ込んで転倒し、負傷した。その間Xはバッグを奪おうと引っ張ったが、Aが奪われまいと腕を曲げて抵抗したため、バッグの紐が切れてバッグ本体が地面に落ち、Xはそれを拾って逃走した。

　強盗罪の法定刑（5年以上の有期懲役）は恐喝罪・窃盗罪と比べてずっと重く、また、強盗を基本犯として致死傷結果を生じた場合には強盗致死傷罪（240条、法定刑は無期又は6年以上の懲役〔致傷〕、死刑又は無期懲役〔致死〕）が成立することから、強盗と恐喝・窃盗の区別は実践的にも極めて重要である。以下これらの区別について検討していこう。

2　基本ツールのチェック

　強盗罪は、手段としての「暴行又は脅迫」に出たことで未遂となり、その結果、財物の占有を取得したこと（「強取」）で既遂となる。未遂要件である「暴行又は脅迫」と、既遂要件である「強取」の内容・認定基準について見てみると、それぞれについて見解の対立があることがわかる。

[1]　強盗未遂の要件：「暴行又は脅迫」

　まず、強盗罪にいう暴行・脅迫はどんな種類・程度のものが要求されるのだろうか。これについては、次の①・②の見解がある。

　①「反抗抑圧」を基準とする見解　　最判昭和24・2・8刑集3巻2号75頁は、強盗罪にいう暴行・脅迫は「具体的事案の被害者の主観を基準としてその被害者の反抗を抑圧する程度であったかどうか」ではなく、「社会通念上一般に被害者の反抗を抑圧するに足る程度のものであるかどうかと云う客観的基準」によって判定される、との一般論を示し、匕首を示して脅迫し、被害者が差し出した現金を取得した事案で強盗を認めた。学説上の多数説も

ここに示された一般論を支持する。この①説のポイントは、強盗の暴行・脅迫要件について「反抗を抑圧するに足る」という定義内容を示している点、そして、反抗抑圧に足りるかの判定は「被害者」本人ではなく「社会通念上一般に」照らして類型的に行う、とする点にある。しかし後者の、被害者本人を基準としないという点は、実はそれほど強調する意味はない。というのも、①説も、当該事案の被害者の属性や立場（性別、年齢、体力、状況等）をもとに、例えば「夜間1人で帰宅中の小柄な女性の被害者」といった形で、当該事案に即した類型的な被害者を想定して「反抗抑圧に足るか」を判定するので、被害者本人を基準にして考えた場合と大きな違いが出るわけではないからである[1]。

実践的に問題となるのは、①説のいう「反抗抑圧」の意味内容の方である。被害者の反抗抑圧とは、被害者が「精神及び身体の自由を完全に制圧されること」までは必要とせず（最判昭和23・11・18刑集2巻12号1614頁）、「抵抗しようと思えばできるが、通常人なら、蛮勇をふるって敢えて抵抗するよりも犯人の要求に応じた方が安全だと判断して抵抗をあきらめる程度に意思を圧迫する」こと[2]、「抵抗不可能ではないとしても抵抗を思いとどまらざるをえないと判断するであろう」場合[3]、「財物の奪取を防ぐか否かの自由が侵害された状態」[4]、などと説明される。**【事例1】**に関する東京高裁判決も、Aらが「何をされるか……心配で、逃げるには逃げられず、抵抗をしない方がよいと思っていたことが明らか」であり、「身体および精神の自由を著しく制圧」したとして、Xらに反抗抑圧に足る暴行・脅迫を認めている。しかし、これらの説明だけでは、「身体の自由」「精神の自由」の制圧・侵害というのがどういうことなのかはっきりしない。

何かをする（しない）「自由」の侵害には、物理的強制（絶対的強制）と心

---

1) 西正敏「強盗罪における暴行・脅迫」佐藤道夫編『刑事裁判実務大系第8巻 財産的刑法犯』（青林書院、1991年）211-212頁、佐伯仁志「強盗罪(1)」法教369号（2011年）138頁、石川さおり「強盗罪における暴行・脅迫の程度」研修772号（2012年）71-72頁、芥川正洋「強盗罪における暴行・脅迫の判断構造」早稲田大学大学院法研論集145号（2013年）6頁等参照。
2) 藤木英雄『刑法講義各論』（弘文堂、1976年）292頁。
3) 曽根威彦『刑法各論〔第5版〕』（弘文堂、2012年）128頁。
4) 芥川・前掲注1) 16頁。

理的強制の2種類がある[5]。いま問題となっている、「被害者が、財物の占有移転に抵抗する自由」が、どのような形で侵害されうるかについて考えてみよう。

> **[事例5]**
> Xは、金品を奪う目的で、背後からAに近づいてその頭部を野球のバットで殴打し、Aを失神させ、Aのポケットから財布を奪った。

[事例5] は当然、強盗に当たる。この場合、Aは、失神させられたことで、「財布の占有移転」という事態の推移をいやおうなしに忍受している状態にある。このように、事態の推移を自ら左右する「行動」が端的に不可能である場合、つまり、自分が望むように体が動かない場合、その間の事態の推移はその者にとって物理的な強制でしかない。これは絶対的強制などと呼ばれ、この場合のXの手段は物理的強制手段としての「暴行」（有形力の行使）である。これに対して、**[事例1]** のXらが手段とした暴行・脅迫は、このような物理的な強制ではない。この暴行・脅迫は、現に殴ったり「刺すぞ」と告げたりすることで、今後の害悪を予告し、Aらを「これ以上殴られる（更には刺される）か、それとも金を出すか」という二者択一の前に立たせ、より「まし」な後者を選ぶ意思決定をせざるを得ない心理状態に追い込む、という効果を発揮しているに止まる（心理的強制）。心理的強制の場合、被害者側は、むしろ自分の「体の動き」によって財物の占有移転に物理的に関与していたり（自ら財布を差し出した場合）、あるいは少なくとも、事態を左右するだけの「体の動き」が可能な状態にある（動くことはできたが、抵抗すると相手の反撃が怖いので、相手が財布を抜き取って行くのを黙認していた場合）。・説のいう「反抗抑圧」には、この物理的強制と心理的強制の両方の場合が含まれているのである[6]。

しかし、このように強盗にも心理的強制の場合が含まれるとすると、強盗

---

5) 詳しくは杉本一敏「『帰属を阻害する犯罪』の体系と解釈(1)」愛知学院大学論叢法学研究48巻1号（2007年）17頁以下参照。
6) 長井秀典＝田中伸一＝安永武央「強盗罪（上）」判タ1351号（2011年）80頁以下は、物理的強制を「身体抑圧型の強盗」、心理的強制を「意思抑圧型の強盗」と呼んで区別している。

罪と恐喝罪の違いは質的なものでなく、せいぜい「程度の差」ということになる。というのも、恐喝罪の暴行・脅迫も、被害者に害悪を予告することで、より「まし」な「財物の交付行為に出る」という選択をさせるという心理的強制手段に他ならず、その点で両罪の構造は同じだからである。その限りで、「強盗＝盗取罪」「恐喝＝交付罪」という対比は十分機能しないのである。他方、強盗罪は物理的強制手段を用いた場合に限って成立する（脅迫による強盗も、被害者が恐怖心から「体が全く動かなくなってしまった」ような場合に限る）と考えて、心理的強制手段による恐喝罪との質的な違いをはっきりさせる、といった解釈論もあり得なくはない。しかし、このような解釈論は、従来からの強盗罪の成立範囲に根本的な変更を求めるもので、簡単には採用し得ないだろう。そこで、・説に立つ場合には、強盗罪にいう「強い」心理的強制と恐喝罪にいう心理的強制との「程度の差」を何とか明確に基準化することが最重要の課題となる。これは、区別の手がかりが「心理的強制の強さ」という「程度の差」にしかないという点で、相当困難かつ細かい作業になる。

②「人身危険」に着目する見解　以上に対し、近時、反抗抑圧（自由侵害）という側面ではなく、強盗罪がもつ「人身（生命身体）に対する危険」という側面に着目して、強盗罪に固有の暴行・脅迫の内容を定義づける見解が主張されている[7]。この見解によれば、強盗罪における「暴行」は生命身体に対する危険性が高いものであることを要し、強盗罪における「脅迫」は、(1)告知した害悪の内容が、被害者の生命身体に対する危険性の高い暴行行為であって、その準備も整っている（したがってその暴行が現実化する可能性が高い）場合か、または、(2)その脅迫によって「心理的に追い込まれた被害者側が物理的な抵抗行為に出る」ことで「行為者との間で重大な衝突が生じ、その中で被害者が死傷する危険性がある」というような、行為者と被害者との間の「近接した対立衝突状況」が生まれる場合[8]に認められるという。この②説に従うと、被害者側の人身危険が伴うような手段のみが強盗を基礎づけるのだから、「人身の危険の存否」という、（①説よりも）明確な基準で強

[7] 嶋矢貴之「強盗罪と恐喝罪の区別」『山口厚先生献呈論文集』（成文堂、2014年）334頁以下。強盗の暴行・脅迫に、反抗抑圧の可能性と生命身体に対する危険の両方を要求する見解として、松原芳博『刑法各論』（日本評論社、2016年）232-233頁等。

[8] 嶋矢・前掲注7) 338頁以下、和田俊憲「演習」法教379号（2012年）128頁。

盗と恐喝を区別することができる。またこの見解は、従来の裁判例が、「名誉」「財産」「業務」等の利益に対する害悪を告知した場合に、（これらの利益が被害者本人にとっては如何に重要で、被害者本人はその害悪告知により反抗抑圧ともいいうる心理状態に陥っていたとしても）強盗ではなく恐喝しか認めてこなかった[9]、ということを理論的に説明できる点でも優れている。

[2] 強盗既遂の要件：「強取」

次に、強盗が既遂となるためには、[1]で見た暴行・脅迫の要件を充足した上で、更に、「強取」と言えるような財物の占有移転の過程が認められなければならない。前出・最判昭和24・2・8は、被害者本人は反抗抑圧と言える程には畏怖していなかったとの弁護人の主張に対し、手段としての暴行・脅迫が「社会通念上被害者の反抗を抑圧するに足る程度のもの」であった以上、「仮に……偶々〔被害者本人〕の反抗を抑圧する程度に至らなかったとしても」強盗罪になる、と判示する。現実の被害者が反抗抑圧されたか否かを捨象するこの判例の論理を徹底すれば、a 強盗の手段といえる程度の暴行・脅迫がなされ、それと条件関係がある形で財物の占有移転が生じる限り、例えば「被害者がたまたま反抗を抑圧されるに至らなかったが、そこまで金が必要な行為者に同情して現金を差し出した」という場合でも強盗既遂になるはずである。しかし、判例に賛同する見解の多くは、b 少なくとも被害者側の「畏怖」を介して財物の占有移転に至ったことが必要であり、同情・憐憫による場合は強盗未遂に止まるとする[10]（筋が通っているかは疑問である）。これに対し、学説上の多数説は、c 被害者本人が現実に反抗を抑圧されなかった以上、強盗罪にいう「強取」という占有移転過程は実現していないのであり、強盗は未遂に止まる（恐喝既遂と観念的競合になる）と考える[11]。もっとも、abcは、類型的に強盗に当たる暴行・脅迫が認められたが、被害者当人との関係ではその効果が生じなかった場合に関わる諸説であ

---

9) これらの裁判例について、嶋矢・前掲注7) 324頁以下等を参照。
10) 寺尾淳「判研（最判昭和24・2・8）」研修370号（1979年）88頁、西・前掲注1) 213-214頁、前田雅英『刑法各論講義〔第4版〕』（東京大学出版会、2007年）233頁等。
11) 伊藤渉「強盗罪」法教292号（2005年）83頁、山口厚『刑法各論〔第2版〕』（有斐閣、2010年）217、220頁、西田典之『刑法各論〔第6版〕』（弘文堂、2012年）169頁、佐伯・前掲注1) 139頁等。また大阪地判平成4・9・22判タ828号281頁。

り、以下で専ら検討する問題（その暴行・脅迫が強盗に値するか）には直接関わらない。

3 規範と事実のブリッジ

[1] 強盗か恐喝か
　以上で見てきた考え方をもとに、強盗と恐喝の区別を具体的事例に即して考えてみよう。両罪の区別が問題となるのは、専ら暴行・脅迫の「心理的強制」の効果が手段として用いられる場合である。

> **［事例6］**
> 　X（72歳）は、クリーニング店で店員A（59歳女性）に刃体の長さ13・のナイフを突きつけ「金を出せ」「警察に言ったら殺すぞ」と言い、更に応対に出た店員B（61歳男性）にも同じことを言って、Bから現金5万円を手渡された。

　［事例6］は、殺傷能力ある凶器を示した場合であり、大阪地判平成9・6・11判時1658号190頁はXを強盗罪としている。同判決は、本件Xは「老齢で……歯が抜けて話し方に多少迫力を欠いていた」、Xの「年齢や健康状態からするとナイフを持った手が多少震えていた可能性も十分ある」とし、X自身の挙動の迫力に若干の留保をはさみながらも、使用された凶器に「十分な殺傷能力があることも合わせ考えると、Xの脅迫行為は客観的に被害者の反抗を抑圧するに十分なもの」だとする。上記の①説からすれば、この結論は、殺傷能力の高い凶器を示された場合には、「生命や身体に対する重大な加害と犯人の強い加害意思を感じて恐怖心を抱く」のが通常であって[12]、心理的な反抗抑圧が「類型的に」認められる、と説明されよう。②説からは、殺傷能力ある凶器の提示・使用（予告）がまさに生命身体の危険を意味し、強盗を基礎づける。
　また、心理的な反抗抑圧を問題とする①説からは、行為者が実際に殺傷能力のある凶器を提示・使用していなくても、そうしているかのように被害者

---

[12] 長井ほか・前掲注6) 83、88頁。

に感じられる状況があれば、やはり「類型的に」強盗が認められ得る。

> **[事例7]**
> 　XがAに「時計を出せ」と迫ったが、Aは応じなかった。そこでYが、「早く出せ」と言って白光りし先端が尖った靴べらをAの胸に突きつけ、刃物を突きつけられたと思って恐怖を感じたAの腕からXが腕時計をもぎ取った。
>
> **[事例8]**
> 　X（34歳男性）は、弁当店で、ポケットに入っていた金属製の毛抜きをその先が少し出るようにして左手で握り、それを店員A（62歳女性）の顔面近くに勢いよく突き出し、「金を出せ」と言ってレジカウンター内に飛び込み、Aが悲鳴を上げて逃走した隙に現金を奪った。なお、Aには毛抜きがよく見えていなかった。

　[事例7] に関して、東京高判昭和41・9・12東時17巻9号179頁は、靴べらを突き付ける行為は社会通念上反抗抑圧に足る行為でないとの主張に対し、「Yはこれを刃物に擬してAの胸部に突きつけ、同人をして刃物を突きつけられたものと認識させるに足る状況にあった」から、Yの行為は反抗抑圧に足るものだとして、強盗を認めている。・説の観点からは、当該行為が被害者に対して専ら強度の「心理的強制効果」を持ち得るかが問題なのだから、この結論は支持されよう[13]。・説からは、生命身体に対する危険が「客観的に」微弱な物を使用した脅迫行為は強盗罪の脅迫に当たらず[14]、恐喝罪の成立（仮に、被害者が極度の恐怖心から体が麻痺したり意識状態に異常を来すなどして、およそ被害者側の「不作為〔黙認〕による交付行為」さえも観念できないような場合であれば、窃盗罪の成立）を認めるべきことになろう。

　[事例8] も、殺傷能力の極めて微弱な物を殺傷能力ある凶器に見せかけようとした事例であるが、とっさのことで被害者側がその物の存在を認識できておらず、物の提示が心理的強制効果につながっていない。このように、

---

13) モデルガンを本物の銃のように見せる場合も同様（広島地判平成26・8・5 LEX/DB 25504745 等）。
14) 嶋矢・前掲注7) 350-351頁参照。

被害者側が"殺傷能力ある凶器"を突きつけられていることを十分「誤信する」に至らないような行為態様は、・説からも強盗罪の脅迫とはいえない。・説の観点からは、体格に勝る男性がいきなり拳を勢いよく突き出し「金を出せ」と言ってレジカウンターを乗り越えてきた状況下では、特に「ひとりで店番をしていた高齢で小柄な女性」にとってみれば、それだけで当然に心理的な反抗抑圧に至るとして、本件で強盗罪の脅迫を認める見方もある[15]。しかし、本件のように「行為者の勢いにびっくりして気が動転し、反射的に財物の占有を放棄してしまった」と評すべき心理状態を強盗罪にいう「心理的な反抗抑圧」に含めることは、窃盗罪と脅迫罪に止めるべき場合との区別を失わせる解釈であり、疑問がある。なお、・説の観点からは、脅迫が行われた「周囲の状況」次第では（「崖や交通量の多い道路の傍」というような「いわば、周囲状況そのものが強力な凶器として機能する場合」）には[16]、脅迫に対する被害者側の抵抗やパニック的な反応を介して被害者の生命身体になお危険が生じ得るとして、強盗罪の脅迫を肯定する余地があるが、**[事例8]**（弁当店の店内）においてはその種の状況はない。

> **[事例9]**
> Xは、すれ違いざまにAの顔面に正面から催涙スプレーを噴射し、Aが目に激痛を感じ、涙が出て目が開けられない状態になったので、その隙にAの鞄を持ち去った。

[事例9]は殺傷能力のない道具使用の事例である。Aが（心理的にではなく、生体反応として）目を開けられず、およそ自分の体では鞄の占有移転の過程を左右できない状態に陥ったならば、これは「絶対的強制」の事例であり（上記**[事例5]**参照）、当然強盗になる。これに対し、被害者が薄目を開けることができ、抵抗する身体能力も保持していた場合は、強盗の成立に別

---

15) 石川・前掲注1) 72頁参照。同文献の紹介によれば、**[事例8]**に関する東京高判平成23・10・19（公刊物未登載）もXの強盗成立を認めた。類似事例（玩具のピストルを脇に突きつけて脅迫したが、被害女性がそれに気づかなかった事件）で強盗を認めた判例に東京高判昭和37・4・12東京刑時報13巻4号81頁があるが、同事件では見通しの悪い場所で被害女性を男3人で取り囲む状況があった。

16) 嶋矢・前掲注7) 354-355頁参照。

の根拠が必要となる。東京高判平成7・11・14東高刑時報42巻1＝12号84頁は、外用鎮痛鎮痒消炎薬とコーラを混ぜた液体をかけられた被害者Aが、若干開いた右目で、行為者Xらがバッグを持ち去ろうとするのを見て「それはちょっと」と言ったが、Xに怒鳴られたので抵抗しなかった事件で、Aは「深夜、人通りが少なく薄暗い裏通りにおいて……男性犯人二名に突然強い刺激臭のする得体の知れない本件液体を浴びせられて驚愕するとともに恐怖心を抱き、……犯人が刃物を持っているかもしれないとの思いも頭をかすめ」たのであるから、Xらの行為は反抗抑圧に足りる暴行、脅迫に当たるとしている。これは、時間・場所・人数等の犯行状況に照らし、AがX側の殺傷能力ある凶器携帯を推測したことも含めて、Aの心理的な反抗抑圧を認定したもので、①説からは支持されよう。②説の観点からは、スプレーや液体の成分・効果に照らして生命身体に対する危険（少なくとも傷害発生の類型的可能性）がなければ強盗の成立は否定され、目が開けられない絶対的強制の場合は窃盗罪と暴行罪、目が開けられ身体的に抵抗できる場合は、恐怖心に基づく不作為の交付（黙認）を観念して恐喝罪の成立を認めることになろう。

　行為者側の手段が凶器・道具を使用しない暴行・脅迫だった場合も、①説からは、当該手段が被害者の心理的な反抗抑圧に足りる否か、②説からは、当該手段に人身危険が認められる否かが、強盗と恐喝を分ける基準となる。①説からは、㈦暴行の程度（強さ、執拗さ、狙った身体の部位）、脅迫の程度（告知された害悪の重大性と切迫性、行為者側の言動が持つ緊迫度）はもちろんのこと、それに加えて、㈣行為者側と被害者側の力関係（相互の人数、性別、体格、年齢がその間接事実となる）、㈥被害者側が「他人に助けを求めるなどして加害を回避できる」と感じる状況の存否（犯行時刻と場所、周囲の人通り、財物移転までに認められた時間的猶予の存否がその間接事実となる）に基づき[17]、被害者の心理的窮状の度合いを推し量ることになる。上記の **[事例1]** において、被害者の心理的な反抗抑圧を裏付ける事情となるのは、顔面・腹部への暴行、「刺す」旨の（生命身体に向けた）害悪の告知という点に加え、人数は2対2でも被害者側に女性がいたこと、周囲に助けを求める余裕のない緊迫したやりとり、他に人のいない時刻・場所、という状況であろう。これに

---

17) 長井ほか・前掲注6) 84頁以下、西田眞基「恐喝と強盗との区別」小林充＝植村立郎編『刑事事実認定重要判決50選（下）〔第2版〕』（立花書房、2013年）19頁以下参照。

対して**[事例2]** の事件では、暴行自体は必ずしも軽微でなかったが、生命身体に向けた重大な害悪の告知はなく、現場は国道上で通行量及び付近の人家も多く、行為者側の態度も、被害者の応答に即して要求を変化させるなど交渉の余地を感じさせ（更に行為者側の1人は、途中でハンカチを出しBに鼻血を拭くよう勧めた）、被害者の心理的反抗抑圧を裏付けるほどの緊迫度がなかった、と評価できる余地があった。

[2] 強盗か窃盗か

強盗と窃盗との区別が問題となる典型的場面が、いわゆる「ひったくり」である。

> **[事例10]**
> Xは、Aのハンドバッグを奪おうとその紐を引っ張り、Aも奪われまいと引っ張り返したが、Xの力の方が強く、紐がAの手から外れ、Xがバッグを持ち去った。

[事例10] におけるバッグの占有移転は、Aの身体能力では対抗できない物理力によるものであり、これは上述の絶対的強制（物理的な反抗抑圧）である。しかし、このXが窃盗罪に止まるという結論に異論はないだろう。つまり、行為者が財物を取得する時に「物理的強制手段」としての有形力（暴行）を用いることは、窃盗の場合でもあり得ることであって、「財物が物理的に抵抗不能な力で奪われた」という事情を指摘することでは、強盗を窃盗から区別できないのである。したがって、このように、「財物を奪取するために行使された有形力」とは別個に「専ら反抗抑圧に向けた有形力の行使」というものを観念できない「ひったくり」の事例においては、窃盗ではなく強盗の成立が認められる根拠は、物理的な反抗抑圧ということ「以外」の何らかの事情でなければならないと考えられる。**[事例3]** が強盗致傷になる理由は、上の①説からすれば、Xの車での走行継続という行動が、「Aがバッグを手離さなければ、そのまま車で引きずってAの生命身体に重大な危害を加えることも辞さない」という害悪の告知として、Aを「心理的な反抗抑圧」の状態とするに足りる、という点に求められるのではないだろうか。**[事例4]** においても、Xの行為が、上に挙げたアイウの諸事情に照らして、

強盗に値する「強い」心理的強制効果を発揮したといえるかが問題となるだろう。他方、②説からすれば、**[事例3]** が強盗致傷になる理由は、車を走らせながら去り際に引っ張る、という暴行が「重大な人身危険」をはらんでいる点に求められる。これに対し、**[事例4]** の暴行にはこの種の人身危険がないから、強盗にいう暴行は否定され、Xは窃盗罪と傷害罪に止まることになるだろう。

　これに対して、例えば、バッグをつかんでいる被害者の腕を鉄パイプで殴りつけて骨折させ、被害者の腕に力が入らなくなったところでバッグをひったくった、というような場合であれば、鉄パイプで殴って腕を骨折させる暴行を、（バッグをひったくって取得するための有形力の行使とは別個独立に）「専ら反抗抑圧に向けた」物理的な強制手段と認めることができ、強盗罪の成立を認めることができる。

4　事実を処理するメソッド

　以上、強盗罪には「物理的強制」と「心理的強制」の類型があること、通説である①説はいずれの場合も「反抗抑圧」という要件論でもって強盗罪を他罪から区別してきたことを確認した。しかし、「物理的な反抗抑圧」の存否ということでは原理的に窃盗罪との区別がつかない。また「心理的な反抗抑圧」の認定においては、同じく心理的強制の構造を持つ恐喝罪との区別が「程度問題」になってしまった。これらの問題を一気に解消するのが「人身危険」に着目する②説であり、注目されるが、この説は凶器の仮装事例で強盗罪を否定するなど、従来の強盗罪の成立範囲に大きな変動をもたらす可能性もあり、その妥当性はなお検討を要する。

[第6講]

反抗抑圧の「上書き更新」
―― 強盗vs.窃盗②

杉本一敏

1　問題の所在

　今回も1項強盗罪（236条1項）の成立の限界について考える。検討するのは「暴行脅迫後の奪取意思」と呼ばれる諸事例である。まずは具体的な事例を挙げてみよう。

> [事例1]
> 　Xは、A（24歳女性）の家を訪ねた際に強姦を決意し、Aを倒して馬乗りになり、首を絞めるなどの暴行を加えてその反抗を抑圧したが、Aから「お金をあげるから放して下さい」と求められ、Aを放して立ち上がったところ、Aから5千円を差し出された。そこでXは、現金奪取の意思を生じ、これを受け取って逃走した。
>
> [事例2]
> 　Xは、スナックでの支払いの際、Aのために千円を立て替えたが、店を出るとAがXの立替払いを否定して逃げ出したため、Aをつかまえ、暴行を加えて傷害を負わせた。Aが抵抗の気力を失ってうずくまったので、Xは財物奪取の意思を生じ、「金はどこにあるのか」などと言ってAのポケットに手を差し入れ、1万円と腕時計をとり上げた。

　これらの事例で、Xは、反抗抑圧状態のAから財物を奪取している。しかし、財物奪取の時点におけるAの反抗抑圧状態は、Xが財物奪取以外の目的でAに加えた「先行する暴行脅迫」から既に生じていたものであり、Xが財物奪取の故意を生じた後には、Aの反抗を抑圧するための「新たな暴行脅

迫」は何も行われていないように見える。この場合、Xに強盗罪の成立を認めることができるだろうか。それともXの罪責は、単に被害者の意思に反する財物奪取を犯したものとして、せいぜい窃盗罪（235条）に止まるのだろうか。これが今回の問題である。上の2件の事例に関し、裁判所は強盗（致傷）罪の成立を認めている。

　[事例1] に関する東京高判昭和37・8・30高刑集15巻6号488頁（判例1）は、次のように述べて強盗罪を肯定した。「強姦の目的で婦女に暴行を加えたものがその現場において相手方が畏怖に基いて提供した金員を受領する行為は、自己が作為した相手方の畏怖状態を利用して他人の物につき、その所持を取得するものであるから……暴行又は脅迫を用いて財物を強取するに均し」い。このように、強姦目的で暴行脅迫を受けた被害者が「畏怖状態に陥っているのに乗じ……金品を奪取する」場合には、「先になされた暴行脅迫は財物を奪取する為の暴行脅迫と法律上同一視され」る[1]。

　他方、**[事例2]** に関する東京高判昭和48・3・26高刑集26巻1号85頁（判例2）は、強盗罪は暴行脅迫を財物奪取の「手段」とする犯罪であり、「暴行または脅迫は財物奪取の目的をもってなされるものでなければならない」から、暴行脅迫の後に財物奪取の意思を生じた場合には、「その意思を生じた後に改めて被害者の抗拒を不能ならしめる暴行ないし脅迫に値する行為が存在してはじめて強盗罪の成立がある」、との原則論を述べる。その上で、しかし行為者から暴行脅迫を受けた者は「すでにある程度抵抗困難な状態に陥っているのが通例」であるから、行為者が財物奪取の意思を生じた後に新たに加える暴行脅迫は、「通常の強盗罪の場合に比し程度の弱いもの」であっても強盗罪の成立に「足りることが多い」（被害者は「さらに暴行…を加えられるかもしれないと考え易い状況にある」から、行為者の「ささいな言動もまた被害者の反抗を抑圧するに足りる脅迫となりうる」）と述べて、本件では、Xが「金はどこにあるのか」などと言いながらAのポケットに手を差し入れた態度が、「もしその財物奪取を拒否すればさらに激しい暴行を加えられるものとAを畏怖させて脅迫し、その反抗を抑圧した」行為に当たる、と認定した。

　2件の判例はいずれも強盗の成立を認めているが、理由づけに違いがある。

---

1) 判例1とほぼ同じ論理は、既に大判昭和19・11・24刑集23巻252頁でも示されていた。

第Ⅰ部　基礎編

判例１は、「先行する暴行脅迫」に強盗罪の暴行脅迫を求めている。判例２は、財物奪取の意思を生じた後に行為者の「新たな暴行脅迫」があったことを要求し、これを認定している。この種の事例で強盗罪の成立が認められるには、このように、①先行する暴行脅迫が強盗罪の要求する暴行脅迫に当たると解するか、②後行の財物奪取の時点で、強盗罪が要求するような（新たな）暴行脅迫があると認めるか、いずれかの理論構成の可能性を探るしかない。①の理論構成をとり、後の新たな暴行脅迫は強盗罪の成立にとって不要だとする見解を、（新たな暴行脅迫）不要説、①の理論構成は採用できず、②の理論構成に従って、財物奪取の意思を生じた後の新たな暴行脅迫の存否を問題にするしかない、と考える見解を、（新たな暴行脅迫）必要説と呼んでおこう。②の必要説が現在の通説だが、・の不要説に立って考えることが許されれば話は早い。行為者による暴行脅迫があり、行為者がそれを後の財物奪取に利用すれば、強盗罪の成立が基礎づけられるからだ。

2　基本ツールのチェック

[１]「不要説」の論理は採用可能か
（ⅰ）「利用」行為の処罰可能性

　そこでまず、不要説を採用できるかを考える必要がある。不要説は、自己の先行する暴行脅迫によって生じた反抗抑圧状態を財物奪取に「利用する」行為も、新たに反抗抑圧状態を作出するために暴行脅迫を用いた場合と「同視するに値する」[2]、と主張する（利用類型と作出類型との価値的な同視）。しかし、反抗抑圧状態を「作出する」ことと、既発の反抗抑圧状態を「利用する」ことは、解釈論上、簡単には同視できない。既発の反抗抑圧や判断能力欠如の状態を「利用する」類型は、刑法上、例えば準強制わいせつ罪・準強姦罪（178条）、準詐欺罪（248条）のような特別の規定によってその処罰が明示されている。それにもかかわらず、強制わいせつ罪、強姦罪の規定

---

2) 団藤重光編『注釈刑法(6)各則(4)』（有斐閣、1966年）95-96頁〔藤木英雄〕参照。「他の目的で被害者に暴行脅迫を加えたところその為極度に畏怖して犯行不能の状態にあるのを看て、その機を利用して金品を強奪しようと決意し……たような場合は、その時強盗の着手があった」、とする高松高判昭和31・5・22高刑裁特3巻11号575頁にも同種の発想が見られる。

(176条、177条)と同じく「暴行又は脅迫を用いて」とだけその手段を定める強盗罪規定において、その適用対象に「利用する」類型を含めるのは、解釈論として疑問が残る[3]。

(ii)「法定的符合」の発想？

では、何か他の論理で不要説を基礎づけることができないか。東京高判昭和57・8・6高刑速昭和57年度339頁は、強姦の故意で暴行脅迫に出て相手の反抗を抑圧した後、その状態を利用して財物を奪取した事案につき、次のように述べて強盗罪を認めている。「強姦罪と強盗罪とは……暴行、脅迫を手段として被害者の意思を制圧し、その意思に処分を委ねられた法益である貞操又は金品を奪うという点においては共通しており……暴行、脅迫の点で重なり合いがある」。したがって、強姦の故意で行った「暴行、脅迫をそのまま強盗の手段である暴行、脅迫と解してさしつかえがなく……暴行、脅迫を行った際の具体的な犯意が異なるからといって強盗の故意がなかったとして強盗罪の成立を否定するのは相当でない」。この論理は、先行する暴行脅迫の時点で、行為者に既に「強盗の故意」が認められる、と言っているようだ。その根拠は、「相手の意に反した事態を実現させるために、相手の反抗を抑圧する」という「手段」の部分に関しては、強姦罪と強盗罪との間に構成要件的な重なり合いがあるので、強姦の手段に出ている自覚があった者には、強盗の手段の自覚もあったと言える、という一種の「法定的符合説」的発想にあるのだろう。判例は、先行する暴行脅迫が「強制わいせつ」や「強姦」の目的でなされた場合には不要説の論理を用い（判例1の論理を参照）、それ以外の目的（例えばけんかなど、単なる暴行目的）でなされた場合には必要説の論理を用いている（判例2の論理を参照）、と分析されることがある[4]。この判例の論理の使い分けも、先行する暴行脅迫が、「後に控えた第2行為のために、相手の反抗を抑圧する」という強盗罪の手段と法定的に符合する種類のものか（強制わいせつ・強姦目的）、符合しない種類のものか（単なるけんか目的）という違いに起因している、と説明できるかもしれない[5]。

3) 西田典之『刑法各論〔第6版〕』（弘文堂、2012年）172頁等。
4) 大塚仁ほか編『大コンメンタール刑法〔第二版〕第12巻』（青林書院、2003年）338-339頁〔河上和雄＝高部道彦〕、長井秀典＝田中伸一＝安永武央「強盗罪（中）」判タ1352号（2011年）109頁。
5) 只木誠編『刑法演習ノート』（弘文堂、2013年）338頁〔和田俊憲〕も参照。

しかし、この「法定的符合説」類似の論理も、不要説を正当化できないだろう。強姦目的で暴行脅迫を加えた行為者には、確かに「後に控えた第2行為のために、相手の反抗を抑圧する手段に出る」という限度で、強盗罪の一部分にも該当するような故意があると言える。しかし、この行為者には、強盗罪の第2行為に当たる「財物奪取」の部分の故意はなかったのだから、当初の強姦罪の故意をそのまま強盗罪の故意に「転用する」ことはやはりできないのである[6]。また判例は、強盗強姦罪（241条）に関して、まず強盗の故意でその実行に着手した者が、その後で強姦に出た場合にだけ同罪の成立を認め、順序が逆の場合には同罪を認めない（強姦罪と強盗罪とする）[7]。しかし、もし仮に、手段としての暴行脅迫が強盗罪・強姦罪において同一で、その故意を相互に転用することができるというのであれば、今回検討している「強姦の後の財物奪取」の事例においても行為者は当初から「強盗の故意」をもって同罪の実行に着手していたということになり、強盗強姦罪にいう強盗犯人には強盗未遂犯人も含まれると解されていることからすれば、この場合にも同罪の成立が認められることになってしまうのではないだろうか。

[2] 必要説の前提に立って

以上から、不要説の論理はとりえない。強盗罪の成否は、上記②の必要説の理論構成に従い、「財物奪取の手段」としての新たな暴行脅迫が存在するか否か、言いかえれば、「財物奪取の故意がある時点で（新たに）暴行脅迫がなされているか否か」[8]によって決まる、と考えなければならない。前回見たように、強盗罪の暴行・脅迫は「被害者の反抗を抑圧するに足りる程度のもの」をいうとする通説的な理解を前提にすると、財物奪取の故意でなされる「新たな暴行脅迫」が、「被害者の反抗を抑圧するに足りるもの」でなければならない、ということになる。

ここで重要なポイントとなるのは、被害者が先行する暴行脅迫によって既

---

6) 西村克彦「判研（東京高判昭和57・8・6）」判評298号（1983年）222頁、井田良ほか編『事例研究刑事法Ⅰ刑法』（日本評論社、2010年）236頁〔島戸純〕参照。
7) 最判昭和24・12・24刑集3巻12号2114頁。通説も同じ理解である（大塚ほか編・前掲注4）421-422頁〔日置正晴〕参照）。
8) 芥川正洋「強盗罪における暴行・脅迫と財物奪取の意思」早稲田大学大学院法研論集143号（2012年）7頁参照。

に陥っていた反抗抑圧の状態がどんな種類のものか、という点である。これも前回見たように、暴行脅迫によって「人の反抗を抑圧した」といえる場合には、2種類のものがあった。第1に、被害者に（態度や言葉で）重大な害悪を告知することで、その害悪を回避するために財物を差し出すという被害者側の意思決定（選択）を心理的に強制するという効果を持つ場合（心理的反抗抑圧）、第2に、端的に被害者の身体の「行為能力」を喪失させ、財物の占有移転を左右すること（抵抗すること）を物理的に不能にするという効果を持つ場合（物理的反抗抑圧）である。被害者が既に陥っている状態が、心理的反抗抑圧か、物理的反抗抑圧かによって、「行為者が改めて被害者の反抗を抑圧する余地がおよそあるのか否か」が、当然変わってくるのである。以下、場合を分けながら、被害者の反抗を抑圧する新たな暴行脅迫があり得るか、を考えてみよう。

3　規範と事実のブリッジ

[1]　既存の状態が「心理的反抗抑圧」の事例

　先行する暴行脅迫によって反抗抑圧状態に陥った被害者が、その後「改めて反抗を抑圧された」と言えるのは、最初の反抗抑圧状態が「そのまま放置すれば解消してしまう」性質のものであり、行為者側がその状態を「維持」するためにはその解消を阻止する手段の再投入が必要だった、という場合に限られる[9]。被害者が先行する暴行脅迫によって「心理的反抗抑圧」の状態に陥っている場合には、原則として（類型的に）、その状態の解消可能性と、解消を阻止するための再度の反抗抑圧とを観念することができる。人の「心理状態」は状況の推移（行為者側の態度の軟化など）によって変化する余地があり、いったん反抗を抑圧された被害者が、その後で反抗に出る決意を固め直す可能性は常に残っているからである。そうすると、次に、どの程度の暴行脅迫ならば「心理的な反抗抑圧状態の解消を阻止するに足りるもの」と言えるかが、具体的に問題となる。

---

9)　酒井安行「暴行・脅迫後の財物奪取」阿部純二ほか編『刑法基本講座　第5巻　財産犯論』（法学書院、1993年）110頁、芥川正洋「強盗罪における暴行・脅迫の判断構造」早稲田大学大学院法研論集145号（2013年）16頁参照。

(i) 財物を要求・物色する場合

> [事例3]
> Xは、海岸沿い道路を1人で歩行中のA（21歳女性）を強姦しようと考え、Aを突き飛ばして海岸に転落させ、上に乗って強姦し、その後で現金奪取の意思を生じ、「金を持っているか、その金をよこせ」と言ってAの現金を奪った。
>
> [事例4]
> Xは、A（16歳男性）にからかわれた腹いせに十数回殴る蹴るの暴行を加えてAに傷害を負わせ、そこで奪取の意思を生じて、反抗を抑圧されたAに「時計をよこせ」と要求し、時計を受け取った。

 [事例3]につき、最判昭和24・12・24刑集3巻12号2114頁は、Xの現金奪取が強盗を構成することを認めている。このように、「金をよこせ」などと財物を要求した場合は、この言動が新たな「挙動による脅迫」として強盗を基礎づける余地がある[10]。本件のように、身体に暴行を加えた上で強姦がなされ、それによって被害者が心理的反抗抑圧の状態に陥った直後に、その状況に乗じて更に財物を要求する行為は、通常（類型的に）、「拒絶すれば更に（性的）暴行を受ける」と被害者を怯えさせ、無抵抗の態度を決意させるに足りる行為と認められるからである。先行する暴行脅迫が「強姦目的以外」だった場合も、考え方は同じである。[事例4]に関する福島地判昭和38・2・12下刑集5巻1＝2号88頁も、要求を受けたAが「〔拒絶すれば〕もっと殴られるのではないか」と感じる状況だったことから、Xの要求自体が「通常その抵抗を抑圧するに足る脅迫を加えたものと同視すべき」ものだとして強盗罪を認めている。もっとも、強姦・強制わいせつ以外の目的でなされる暴行脅迫は、行為者の目的しだいで、その程度や、その後の心理的影響の持続いかんも様々であり得る。そのため、この場合は類型的な処理になじまず、事例ごとに、その行為者の挙動が当該状況下で「心理的反抗抑圧の解消を阻止するに足りるか」を問題にしていくほかない。また、財物を要求する明示的な言葉を発しなくても、行為者の何らかの行動が財物の要求を含

---

10) 長井ほか・前掲注4) 108頁参照。

意し、ひいては、その行動が相手の心理的反抗抑圧を持続させる「挙動による脅迫」と認められる場合もあり得る。**[事例2]** のXのように、相手に暴行を加えてその反抗を抑圧した行為者が、その相手が見ている中、悠然と相手のポケットに手を突っ込んで財物を物色する行為は、通常、「何か口を挟めば、更に暴行を加える」という脅迫の含意を相手に感じさせるものだといえる。

　これらの行動は、それ自体はささいなものである。しかし、暴行脅迫が「被害者の反抗を抑圧するに足りるもの」か否かは、挙動それ自体を取り出して判定するのではなく、被害者の備えていた属性、置かれていた状況等をもとに、その種の条件下で当該挙動がどのような効果を持ち得たか、という観点から判断される。したがって、「行為者から激しい暴行を受けた直後」の被害者との関係で見れば、それ自体としては軽微に見える暴行脅迫でも、「心理的反抗抑圧の解消を阻止するに足りる」と認められることは当然あり得るのである[11]。

(ⅱ)　被害者に財物提供を申し出させた場合

　議論があるのは、心理的反抗抑圧に陥った被害者側が、行為者に強姦・強制わいせつの行為を止めることを懇願して財物の提供を申し出、行為者側がそれを受領したという場合である。**[事例1]** がこれに当たる。判例1が述べた不要説的な論理は支持できないから、必要説に立って考えるしかないが、この場合、行為者側には要求・物色行為が一切ない。そこで、およそ「新たな脅迫」がなく、強盗は不成立という結論にもなりそうだが、判例の結論を支持する立場からは、いったん強姦等の目的で暴行を加えてきた行為者が「現場にとどまっていること自体」、「財物を交付しなければ生命、身体等に重大な危害を加えられると思わせるに十分な挙動」として「強盗の積極的な脅迫行為であるとみられる」[12]という理論構成が示されている。確かに「滞留」も1つの行為ではある。しかしこの構成は、行為者の「無言の滞留」が、

11)　島戸・前掲注(6)238-239頁、山口厚「判研（大阪高判平成元・3・3）」刑法判例百選Ⅱ各論〔第6版〕(2008年) 81頁、中空壽雅「判研（東京高判平成20・3・19）」刑ジャ14号 (2009年) 83頁。大阪高判平成元・3・3判タ712号248頁は、「自己の先行行為によって作出した反抗抑圧状態を継続させるに足りる暴行、脅迫があれば十分であり、それ自体反抗抑圧状態を招来するに足りると客観的に認められる程度のものである必要はない」との一般論を提示する。

どうして被害者に「財物の提供」という特定の行動を強制する行為だと評価できるのか、という点に疑問が残る。強姦等を中止する見返りとして手近にある財物を提供することくらいしか被害者にとり得る回避策がない状況下では、行為者の滞留は、暗黙のうちに被害者に「財物の提供」を要求していることになる、と考えるのだろうか。

[2] 既存の状態が「物理的反抗抑圧」の事例
　続いて、被害者が既に物理的反抗抑圧の状態に陥っていた場合を考えよう。
(i) 被害者が失神・死亡していた場合

> [事例5]
> 　Ｘは、Ａの顔面を手拳で殴り、倒れたＡの頭を蹴りつけてＡを失神させた後、奪取の意思を生じ、Ａが着ていた背広をはぎ取った。

　[事例5]では、[事例2]と同じく、暴行によって反抗を抑圧された被害者が、財物を物色されて奪われている。しかし、[事例5]のＸの物色・奪取行為は、強盗罪を基礎づける「新たな暴行脅迫」とはなり得ない（[事例5]に関する旭川地判昭和36・10・14下刑集3巻9＝10号936頁も同趣旨を述べる）。物色行為が持ち得る心理的な脅迫効果は、既に意識のないＡには全く及ばないからである[13]。ＡがＸによる財物移転に抵抗できなかった理由は、既に失神して意識と行為能力を失い、物理的反抗抑圧の状態にあったこと以外にはない。したがって、この状態のＡの反抗を「新たに」抑圧した（言いかえれば、その時点でＡの反抗抑圧の理由を「塗り替えた」）と言える場合があるとすれば、それは、失神中のＡを殺害した場合だけだろう（この場合は、強盗殺人罪が成立し得る）[14]。

---

12) 判時1217号143-144頁（大阪高判昭和61・10・7の匿名解説）、長井ほか・前掲注4) 110頁。また甲斐行夫「暴行・脅迫と財物奪取との因果関係」佐藤道夫編『刑事裁判実務大系　第8巻　財産的刑法犯』（青林書院、1991年）226-227頁、木村栄作「判研（東京高判昭和47・8・24）」警論26巻12号（1973年）201頁、河上＝高部・前掲注(4)339頁等。

13) 札幌高判平成7・6・29判時1551号142頁も、「失神した状態にある被害者」を脅迫することは反抗抑圧の継続にとって「全く無意味」と判示する。

同じく、先行する暴行によって「既に死亡した」被害者から財物を取得する場合も、（死者の占有を認める限りで）窃盗罪を構成するに止まり、強盗罪は成立し得ない。著名な最判昭和41・4・8刑集20巻4号207頁は、強盗の成否に直接触れたものではないが、Xが女性Aを強姦した直後、発覚を恐れてAを絞殺し、その死体を地中に埋める際にAの腕から腕時計を奪い取った事案で、Xに窃盗を認めている。Aは「死亡」したことによって（当然ながら）既に物理的反抗抑圧の状態にあるので、その後Aの反抗を「新たに」抑圧し、反抗抑圧の理由を「塗り替える」暴行脅迫はおよそ観念できない。

(ii) 被害者の身体を緊縛していた場合

[事例6]
　Xは、Aに暴行を加え、Aに目隠しをしてその両手を後ろ手に縛り、わいせつ行為をした上、Aの両足を縛って逃走した。Xは逃走の際に奪取意思を生じ、Aの下着を持ち去った。

次に、先行する暴行が「被害者の身体の緊縛」であり、そのために、被害者が動作によって財物移転を阻止することがおよそできない状態（物理的反抗抑圧）に陥っていた場合には、その状態の被害者から財物を奪う行為に強盗罪が成立し得るだろうか。この場合、被害者が財物の奪取に逆らえない理由は、専ら「物理的な行動不能」という点にある。被害者が畏怖していようと、反抗意思にあふれていようと、どのみち「身体が動かない」のだから、被害者の心理がどんな状態かは反抗抑圧状態の持続に関係がない[15]。したがって、緊縛によって物理的に身動きできない被害者に新たに心理的な脅迫を加えても、それによっては、被害者が反抗を抑圧されている理由が何ら「更

---

14) 嶋矢貴之「判研（東京高判平成20・3・19）」刑法判例百選Ⅱ各論〔第7版〕（2014年）85頁参照。

15) 古谷伸彦「窃盗罪の被疑事実で送致された事案を強盗罪で起訴した事例」研修680号（2005年）85頁以下は、XがAの財物を奪取する意図を隠し、「SMプレイ」だと称してAの同意を得てその手足を緊縛し、身動きがとれない間にAのバッグを持ち逃げした（Aはそれに気づいて悲鳴を上げ、Xに立ち止まるよう懇願した）という事案で、Xに強盗罪が認められた裁判例（福島地いわき支判平成16・7・27）を紹介する。この事案では、Aが心理的に畏怖していなかったとしても強盗罪の成立に異論はない。

新」されず、強盗罪は基礎づけられない。この場合に強盗罪の成立が認められるのは、「身体の緊縛」という、物理的反抗抑圧を生んでいる暴行（逮捕）行為それ自体が、緊縛の間ずっと続いていると観念されるからである[16]。

[事例6] に関する東京高判平成20・3・19判夕1274号342頁は、「緊縛状態の継続は……厳密には暴行・脅迫には当たらないとしても、逮捕監禁行為には当たりうるもの」で、「実質的には暴行・脅迫が継続していると認められる」として、強盗を認める。微妙な言い方だが、その真意は結局、緊縛の場合は物理的反抗抑圧を持続させる暴行としての逮捕行為それ自体が続いている、ということに他ならないと思われる（そういう趣旨でないとすれば、強盗罪の基礎づけとして疑問がある）。

4　事実を処理するメソッド

以上で見た通り、「暴行脅迫後の奪取意思」の問題は、「行為者に財物奪取の故意が生じた段階で、被害者の反抗を抑圧する暴行脅迫がなされているか」という点に尽きるといえる。そして、この新たな暴行脅迫が観念されるかは、被害者が既に陥っているのが心理的反抗抑圧（畏怖状態）、物理的反抗抑圧（死亡、失神、緊縛等）のどの状態なのかによって、事実上左右されることになるのである。

最後にもう1つだけ、結びにかえて、「共犯者による暴行脅迫の継続中に、財物奪取の意思を生じた」という応用事例を見ておきたい。

[事例7]
　X・Yは、強姦目的で女性Aを車に同乗させ、山中でAを降車させ暴行を加えて交互に強姦を行ったが、Yの強姦行為の最中にXが奪取意思を生じ、車内に残されたAの財布から現金を奪った。

この場合、Xは、共謀によって共同正犯者Yに強姦を行わせ、それによってAの反抗抑圧状態を生じさせているわけだから、Xの財物奪取の時点でな

---

16) 長井ほか・前掲注4) 110頁、島戸・前掲注(6)242頁、河村博「判研（札幌高判平成7・6・29)」警論49巻6号（1996年）223頁、佐伯仁志「強盗罪(2)」法教370号（2011年）85頁等。反対として、永井善之「判研（東京高判平成20・3・19)」判セ2008（2009年）37頁、松原芳博『刑法各論』（日本評論社、2016年）239-240頁等。

お継続していたＹの強姦行為による反抗抑圧状態の作出（新たな暴行）は、Ｘ自身の手によるものと評価することができる[17]。したがって、Ｘには強盗罪が成立することになる（**[事例7]** に関する東京高判昭和30・7・19高刑集8巻6号817頁も同趣旨）。しかし、ここで問題となり得るのは、被害者Ａが、Ｘによる財物奪取を認識していなかった点である。もちろん、被害者を殴って失神させ、その間に財物を奪取する行為は当然に強盗となるのであって、強盗罪の成立に「被害者による財物奪取の同時認識」は不要だと一般に言われる。しかし、常にそう言いきれるだろうか。

[事例8]
　Ｘ・ＹはＡに謝罪を強要しようと共謀し、ＹがＡに暴行を加えて土下座をさせている間に、Ｘは奪取意思を生じ、Ａが見ていない間にＡの財物を奪った。

架空の極端な事例だが、例えば **[事例8]** で、奪取された財物がＡにとって極めて大事なものであり、もしＡがＸの奪取行為に気づいたらＸに飛びかかってでも奪還を試みただろう、という場合を考えよう。この場合、Ａが財物奪取に抵抗できなかったのは、Ｙの暴行による心理的反抗抑圧のせいではなく、Ｙの暴行に注意を奪われて財物奪取の事実に気づかなかったからである。この場合のＸは、共犯者Ｙの暴行を手段として強盗を遂げたとは言えず、罪責は窃盗に止まるのではないだろうか。そうすると、共犯者を通じた暴行脅迫が強盗手段となるためには、それが被害者の物理的反抗抑圧（端的に身体を動かせない状態）を生じさせるか（**[事例7]** もそのような事例だと思われる）、又は、心理的反抗抑圧に陥った被害者が、現に財物奪取に気づいたが、やはり心理的に抵抗できなかった、という場合に限られるように思われる。

17）　松尾誠紀「共犯者を介して有する心理的・物理的因果は強盗構成要件を充足するか」法と政治58巻1号（2007年）99-101頁、吉野通洋「判研（大阪高判平成11・7・16）」研修641号（2001年）26頁参照。

[第7講]

必殺集金人 − お金頂戴いたします
―― 詐欺vs.横領、詐欺vs.恐喝

高橋則夫

1　問題の所在

　今回は、2つのバトルを展開することにしたい。

　第1は、詐欺罪と横領罪のバトルである。詐欺罪は、他人の占有下にある他人の財物（財産上の利益）を、欺罔を用いて移転させる占有移転罪としての領得罪であり、横領罪は、委託されて自己の占有下にある他人の財物を、領得意思の実現によって領得する占有不移転罪（所有権侵害）としての領得罪である。それでは、「他人の物の占有者」が欺罔行為を用いて財物の返還を免れたり、あるいは、着服する意図で欺罔行為を用いて財物を取得した場合などにおいて、横領罪と詐欺罪が競合することになるが、その擬律はどうなるかが問題となる[1]。

　第2は、詐欺罪と恐喝罪のバトルである。詐欺行為と恐喝行為が併用された場合、すなわち、「詐欺的手段を用いた恐喝」の場合など、どのように処理すべきかが問題となる[2]。今回は、主たる行為者として、「集金人」に登場してもらい、彼の様々な行為態様について検討を加えていくことにしたい。

---

1) 詐欺罪と横領罪の限界問題については、本江威憙監修『民商事と交錯する経済犯罪Ⅰ〔横領・背任編〕』（立花書房、1994年）77頁以下、129頁以下、片岡聰『続　民・商事をめぐる犯罪200問』（東京法令出版、1990年）172頁以下、222頁以下参照。
2) 詐欺罪と恐喝罪の限界問題については、渡辺靖明「詐欺罪と恐喝罪との関係をめぐる考察――「虚喝」と「財産交付罪」の立法史的研究」横浜国際社会科学研究18巻3号（2013年）13頁以下参照。

2　基本ツールのチェック

[1] 詐欺 vs. 横領

まずは、典型的な（業務上）横領罪の事例を見てみよう。

> [事例1]
> 　新聞販売店の集金人甲は、その日集金した50万円を持って新聞販売店に帰る途中、突然嫌気がさし、販売店に戻らず、そのまま新宿に行って、飲み代に費消した。

　横領罪の客体は、「自己の（委託関係に基づいて）占有する他人の物」であり、物であること、占有が委託に基づくこと、自己が占有していること、それが他人の物であることが必要である。そして、このような客体の占有者が横領罪の行為主体であり、したがって、横領罪は、65条1項の真正（構成的）身分犯である。これに対して、業務上占有している場合には、占有者という身分と業務者という身分を持ち、非占有者からすれば、真正身分であり、占有者からすれば、不真正身分である[3]。

　[事例1] における50万円は、自己の（委託関係に基づいて）占有する物であることについては問題はないが、「他人の物」か否かが問題となる。判例は、一定の目的・使途を定めて寄託された金銭は、特別の事情のない限り、寄託者の所有に属すると解している。たとえば、商業使用人が主人のために売掛代金の取立てをした場合、その金銭の所有権は主人に属するとされ（大判大正11・1・17刑集1巻1頁）、債権の取立てを委任された者が取立てた金銭は、債権者の所有に属する（大判昭和8・9・11刑集12巻1599頁）。したがって、**[事例1]** の50万円の所有権は新聞販売店社長に帰属することになるが、この処理は、民事法上の金銭についての「占有と所有の一致」原則に反することになる点が問題となる[4]。しかし、この原則は、金銭の流通に関す

---

[3] 業務上横領罪における「業務」とは、社会生活上の地位に基づいて反復・継続して行われる事務をいい、その性質上、委託を受けて他人の財物を占有・管理することを内容とするものをいう。

る取引の安全（動的安全）を保護するものであり、寄託者と受寄者との間の内部的な所有関係（静的安全）を保護する刑法にそのまま適用すべきでないことから、金銭の所有権は寄託者にあり、受寄者による不法処分は横領になるという判例・通説の立場が妥当であろう。もっとも、この場合、寄託された金銭自体の特定性には意味がないから、特定された金銭についての所有権ではなく、「金額所有権」という概念を認めるべきことになる[5]。さらに、領得意思の実現行為も肯定される結果、**[事例1]** における甲には、業務上横領罪の成立が認められる。

次は、典型的な詐欺罪の事例を見てみよう。

> **[事例2]**
> 新聞販売店の集金人甲は、自分の小遣い稼ぎのため、新聞を購読していないAから、何食わぬ顔をして、言葉巧みに騙して、新聞代を徴収した。

[事例2] においては、甲の行為につき、1項詐欺罪の成否が問題となる。欺罔行為が存在し、本来支払う必要がないにもかかわらずAは錯誤に陥り、新聞代を甲に支払ったことから、交付行為に基づく財物の移転も肯定され、甲には1項詐欺罪の成立が認められる。甲の徴収した新聞代は、Aが本来支払う必要のない金銭であり、委託に基づく占有ではないことから、その金銭の所有権は新聞販売店社長に帰属するものではない。したがって、甲には、業務上横領罪は成立せず、1項詐欺罪だけが成立する。

[2] 詐欺 vs. 恐喝

詐欺罪と恐喝罪とは、相手方の瑕疵ある意思に基づいて、財物あるいは財産上の利益を交付・処分行為を行わせる点で共通性を有する。しかし、恐喝罪は、人を恐喝して財物または財産上の利益を領得する犯罪であり、詐欺罪との違いは、脅迫的・暴力的な手段により、身体・意思の自由を害する点に

---

4) この問題につき、佐伯仁志＝道垣内弘人『刑法と民法の対話』（有斐閣、2001年）1頁以下参照。
5) 金額所有権につき、島田聡一郎「いわゆる『刑法上の所有権』について－財産犯における『刑事法と民事法の相関』の一断面」現刑62号（2004年）15頁以下参照。

ある。また、恐喝罪には、準詐欺罪にあたる規定はない。暴力的手段を用いる点で、強盗罪との区別、すなわち、相手方の反抗を抑圧する程度の暴行か否かが問題となる犯罪である[6]。さらに、脅迫・暴行により意思決定の自由を侵害する点で強要罪とも共通するが、財物・財産上の利益を提供させる点で非財産的行為を行わせる強要罪と異なる。

典型的な恐喝罪の事例を見てみよう。

[事例 3]
新聞販売店の集金人甲は、新聞を購読しているAが新聞代を支払わず、債務が20万円に達したので、真夜中にA宅を訪ね、Aを脅かして25万円を回収した。

この場合、甲には、20万円につき債権を有しているが、判例によれば[7]、恐喝による財物（利益）の移転があれば、恐喝罪の構成要件該当性が肯定され、権利の範囲内であり、用いた手段が権利の行使として必要かつ相当なものであれば、違法性が阻却されると解されており、[事例 3]においては、権利の範囲外であるとともに、権利の行使方法の相当性も欠くことから、25万円についての恐喝罪の成立が認められる。

3　規範と事実のブリッジ

[1] 詐欺 vs. 横領
(i) 集金前からの着服計画

[事例 4]
新聞販売店の集金人甲は、集金した新聞代を自己の借金に充てる意思で、購読者Aから新聞代を集金した。

---

6) 強盗罪と恐喝罪との区別につき、第5講（杉本一敏）49頁以下参照。
7) 最判昭和30・10・14刑集9巻11号2173頁。本件につき、末道康之・刑法判例百選Ⅱ各論〔第7版〕(2014年) 122頁参照。

[事例4] において、甲には、販売店から集金業務を委託されていることから、集金の権限がある。したがって、Aは集金の権限のある者に支払ったのであるから、その債務の支払いは有効である。集金人が私的な用途に当てる意思であろうと、会社に納入する意思であろうと、それらは債務の支払いにおける「重要事項」とはならない結果、甲の行為は欺罔行為にならないと解するべきであろう。したがって、1項詐欺罪は成立しない。

　甲は、客観的には、会社の業務を行っているわけだから、甲が集金した金銭は販売店社長に帰属し、したがって、甲の行為に横領罪が成立するか否かだけが問題となる。甲の行為が「領得意思の実現」と判断できる段階に達すれば、業務上横領罪が成立することになろう。たとえば、甲が、新聞代を受け取った段階では、まだ「領得意思の実現」とはいえないが、集金した金銭を自分の財布に入れたなどの段階に至れば、「領得意思の実現」といえるだろう。

> **[事例5]**
> 　新聞販売店の集金人甲は、日頃の勤務態度が悪いことから解雇されたにもかかわらず、何食わぬ顔をして購読者から集金を行い、それによって50万円を取得し、そのまま新宿に行って、飲み代に費消した。

　[事例5] においては、甲は会社から解雇されたことから、甲には集金の権限がない。すなわち、会社から集金の委託を受けていない者である。したがって、集金した金銭は販売店社長に帰属しないことから、業務上横領罪が成立することはない。むしろ、無権限者の甲に支払っても、債務の支払いの効力がないことから、集金人に権限があるか否かは「重要事項」にあたり、甲の行為には、1項詐欺罪の成立が認められるであろう。

　千葉地判昭和58・11・11判時1128号160頁は、当初から費消する意思であるのにその情を秘して集金する行為は、本来集金先に対する詐欺罪を構成すべきものであるが、外形的には正常な集金業務と区別できず、不法領得の意思を外部からうかがい知ることができないうえ、その段階ではそのような意思が不確定であるから、勤務先に対する業務上横領罪として処理すべきであり（東京高判昭和28・6・12高刑集6巻6号769頁）、これに対して、外形的にも正常の集金業務と明確に区別され、不法領得の意思が外部的にも発現し

ており、個別的・具体的な集金権限が与えられていないような場合には、当然、詐欺罪の成立が認められると判示した[8]。

(ii) 集金後からの着服行為

> **[事例6]**
> 　新聞販売店の集金人甲は、その日集金した50万円を持って会社に帰る途中、突然嫌気がさし、会社に戻らず、そのまま銀座に行って、高級クラブに入ったところ、会社の社長から電話があり、「どうした」と聞かれたので、「今日は体調が悪いから帰宅し、明日、集金した50万円を持って行きます」と言い、社長から「しょうがないな。明日必ずな」と言われたが、50万を飲み代に費消した。

[事例6] においては、会社の委託に基づいて集金したことから、集金した金銭は販売店社長に帰属し、したがって、それを会社に納入せず、クラブに入った行為には、業務上横領罪の成立が認められる。その後、社長から問われ、この返答として嘘をついた行為について、集金した金銭の返還債務という財産上の利益に関する2項詐欺罪の成否が問題となる。この場合、一般に、甲は、自己の占有する他人の財物を領得するために欺罔手段を用いたのであり、その結果として、財産上の利益を得たとしても、別に2項詐欺罪は成立しないと解されている。

たとえば、大判大正12・3・1刑集2巻162頁は、Aから手形譲渡の周旋依頼を受けた甲が、Bに対価550円で譲渡したのに450円で譲渡した旨Aに嘘を言い、差額100円を領得した事案につき、「他人の物の占有者がその物を自己に領得する意思でたまたま真実でない事実を告げ相手方を錯誤に陥らせたとしても、これによりその物の領得行為を完成したにすぎないから詐欺罪は成立することなく、横領罪を構成する。この場合他人を欺罔して錯誤に陥らせて占有中の他人の物を自己に領得したにとどまり、相手方から財物の交付を受け又は財産上不法利益を得たわけではないからである。」と判示した。また、大判大正3・5・30刑録20輯1062頁は、「他人の委託により取り

---

8) 両判決につき、丸山雅夫「集金人による金員領得と横領罪、詐欺罪〔判例研究〕」商学討究36巻4号（1986年）131頁以下参照。

立てた賃料について、これを費消してしまったため欺罔手段を用いてその支払義務を免れようとする行為、また、まだ賃料を占有中にこれを引き渡さないですませるため欺罔手段を用いてその引渡義務を免れる行為は、いずれも横領罪を構成し、別に詐欺罪は構成しない」と判示した。これに対して、所有者側が、たとえば、返還請求権の放棄、損害賠償請求権の放棄等の意思表示をした場合には、2項詐欺罪が成立し、横領罪との観念的競合になるという見解もある[9]。

　このような事案については、横領罪と同一の被害者に対するものであるから、横領物の確保のためになされた欺罔行為は詐欺罪を構成せず、不可罰的事後行為と解するべきである[10]。他方、2項詐欺罪の成立を肯定する場合には、横領罪と2項詐欺罪の包括一罪となり、前者が単純横領罪であれば、詐欺罪に吸収され（前者は共罰的事前行為）、前者が業務上横領罪であれば、詐欺罪は前者に吸収される（後者は共罰的事後行為）ことになろう。

　これに対して、他人から借りた物を自分の物のように装い担保に供して金銭を借り受ける行為は、異なる被害者に対する新たな法益侵害を伴うから、横領罪と1項詐欺罪が成立し、両者は観念的競合となる。東京高判昭和42・4・28判タ210号222頁は、他人の依頼を受けて業務上保管していた定期預金証書につき、処分権限あるもののように装ってそれを担保に供し、貸付け名下に金員を騙し取った事案につき、業務上横領罪と詐欺罪の観念的競合の関係に立つと判示した。

[2] 詐欺 vs. 恐喝

> **[事例7]**
> 　新聞販売店の集金人甲は、日頃の勤務態度が悪いことから解雇されたにもかかわらず、正規の集金人を装い、代金を滞納していた購読者Aに対して、「これまでの代金とこちらが被った損害の賠償金を支払わないと告訴するぞ。」と脅かしたことから、Aは畏怖すると同時に、錯誤に

---

9) 藤木英雄『刑法講義各論』（弘文堂、1976年）342頁参照。
10) 西田典之『刑法各論〔第6版〕』（弘文堂、2012年）248頁、山口厚『刑法各論〔第2版〕』（有斐閣、2010年）313頁、高橋則夫『刑法各論〔第2版〕』（成文堂、2014年）386頁参照。

陥って、新聞代の他に10万円を交付した。

[事例7]のように、「詐欺的手段を用いた恐喝」の事案について、詐欺罪の成否と恐喝罪の成否が競合することになる。最判昭和24・2・8刑集3巻2号83頁は、Xが窃取した綿糸を運搬しているところに、「警察の者だが、この綿糸はどこから持ってきたか。」と尋ね、Xが「火薬廠から持ち出した。」と答えると、その氏名、年齢、職業を聞いてこれを紙に書き留めるふりをして、「取調べの必要があるから差し出せ。」と言い、これに応じなければ、直ちに警察署へ連行するかもしれないような態度を示してXを畏怖させ、Xをして綿糸20梱を交付させた事案につき、「被告人の施用した手段の中に虚偽の部分即ち警察官と称した部分があっても、その部分も相手方に畏怖の念を生ぜしめる一材料となり、その畏怖の結果として相手方が財物を交付するに至った場合は、詐欺罪ではなく恐喝罪となる」と判示した。このように、詐欺的手段が恐喝の一部を形成していると評価できる場合には、恐喝罪のみの成立が認められることになる。

これに対して、欺罔と恐喝の両手段を併用した行為の場合は、どのように考えるべきであろうか。大判昭和5・5・17刑集3巻2号83頁は、資産家Xから金額8万円の為替手形を取得するべく、Xの詐欺的行為につき告訴する旨脅かしてXを畏怖させ、また、某銀行より借り受け、Xに迷惑をかけない旨偽って錯誤に陥らせて、前記為替手形の交付を受けた事案につき、次のように判示した。すなわち、詐欺の手段である欺罔と強盗の手段である脅迫とは意思の自由の喪失の有無で異なり、両方の手段を併用してもその効果が共に生じることはないが、「詐欺と恐喝との関係は全く之と異りて、欺罔と恐喝とを併せて之を被害者に施したる場合に於て、或は時として事実上其の中一方が効果を生じ他方が未遂に止まる場合も存し得べしと雖、元来欺罔に因る誤信と恐喝に因る畏怖との被害者の意思に及ぼす効果は孰れも其の意思表示に瑕疵あらしむるを免れざると同時に、決して完全に其の自由を喪失せしむべきものにあらざるが故に、此の両手段は性質上毫も背戻するものにあらずして、相並びて其の効果を生じ得べきことは疑を容れず。欺罔に因る誤信の意思を以て何等瑕疵なき自由任意の状態に在るものの如く論じ、又恐喝に因る畏怖の意思状態を目して自由を奪はれたる不任意の境遇に在るものの如く看做し、之を根底として欺罔と恐喝との関係を欺罔と脅迫との関係と同

一視し去らんとするの論は其の当を得ず而して犯人に於て、若も一の財物取得の手段として恐喝若は欺罔を加へ其の数を生ずる能はざるに際り、一旦犯意を止め更に新なる領得の意思に基き欺罔若は恐喝を施し、因て以て其の目的を達したりとせば、被害者及目的物は一なるに拘らず犯意行為は明に二個独立の存在を有するや論を俟たずと雖、その領得の手段として欺罔及恐喝の両手段を併せ施し、因って目的物を交付せしめたる場合に在りては、其の欺罔手段の方面より之を看れば、詐欺の罪名に触れ更に恐喝手段の側より之を看れば恐喝の罪名に触れる一個の行為に過ぎざるが故に、茲に刑法第54条第1項前段を適用して一の重しと認むる刑を以て処断すべきのみ。」と判示した。

このように、本判決によれば、恐喝と欺罔が併用された結果、相手方に錯誤と畏怖を生じさせた場合、1個の行為と捉えて、恐喝罪と詐欺罪の観念的競合となる[11]。これに対して、一個の財産しか侵害されていないとすれば、2個の財産犯の成立を認めるのは不当であるとして、包括一罪とする見解[12]、さらに、恐喝罪一罪説[13]もある。

この点については、恐喝の実行行為と詐欺の実行行為、および、畏怖あるいは錯誤という中間結果との関係をどのように考えるかが問題となろう。詐欺罪と恐喝罪とは法定刑が同一であり、どちらかが重いというわけではないから、たとえば、詐欺と恐喝の錯誤は、38条2項の適用あるいは準用の範囲外であり、同一構成要件内の行為態様の錯誤となり、判例によれば、客観的に生じた犯罪の成立が肯定される[14]。したがって、恐喝の意図で実行したが、相手方の錯誤を生じさせた場合には、詐欺罪が成立し、詐欺の意図で実行したが、相手方の畏怖を生じさせた場合には、恐喝罪が成立する。

11) 通説である。
12) 林幹人『刑法各論〔第2版〕』(東京大学出版会、2007年) 265頁参照。
13) 中森喜彦『刑法各論〔第3版〕』(有斐閣、2011年) 127頁参照。
14) これに対して、強盗の意図で実行し、恐喝になった場合の処理としては、38条2項を準用して、錯誤論によって恐喝既遂罪とする見解、強盗行為と結果の因果関係を肯定して強盗既遂罪とする見解、強盗未遂罪と恐喝既遂罪の観念的競合とする見解に分かれている。私見によれば、強盗の実行行為の存在を否定し得ないが、財物奪取は喝取の結果であることから、強盗未遂罪と恐喝既遂罪の観念的競合と解するのが妥当であろう。判例は、基本的に強盗既遂罪の成立を認めているが、大阪地判平成4・9・22判夕828号281頁は、このような事案につき、強盗未遂と恐喝既遂の観念的競合に立つと判示した。

私見によれば、実行行為が欺罔行為か恐喝行為かがまず確定され、その後、相手方がどのような状態になったかを判断すべきであり、相手方の畏怖があれば恐喝罪、相手方の錯誤があれば詐欺罪というように、事後的な結果から実行行為性が判断されるわけではないだろう。もっとも、相手方がどういう状態に陥ったかは、実行行為性判断の間接事実になることはいうまでもない。したがって、大審院昭和5年判決については、恐喝行為と詐欺行為が1個の行為と評価できれば、それぞれの中間結果（畏怖と錯誤）が発生していることから、恐喝罪と詐欺罪の観念的競合ということになり、畏怖と錯誤のどちらか一方しか生じなかった場合には、生じない方は未遂罪にとどまることになろう。

　[事例7] については、損害賠償義務が発生しているかのように欺罔し、告訴する旨脅迫していることから、大審院昭和5年判決と同様に、詐欺罪と恐喝罪の観念的競合が認められるであろう。

4　事実を処理するメソッド

[1] 詐欺 vs. 横領

　行為主体が、「他人の物の占有者」という身分を有することが、このバトルの前提である。したがって、まずは、既に身分者となった後の欺罔行為か否かが問題となり、その欺罔が第3者に対して向けられたのであれば、問題なく、その第3者に対して詐欺罪が成立する。本人に対して向けられた場合、横領後の行為として、不可罰的事後行為として詐欺罪不成立とするか、共罰的事後（事前）行為として包括一罪とするかという問題が生じることになる。

　次に、「他人の物の占有者」になるプロセスにおいて欺罔行為が行われた場合、詐欺が成立するようなときには、委託関係がないとか他人の所有にないなどから、横領罪の主体とならない場合があるので、横領罪の成立は認められないことになる。

[2] 詐欺 vs. 恐喝

　欺罔が恐喝の一手段として恐喝の内容に包含される場合には、恐喝罪のみが成立するが、欺罔と恐喝の両手段が併用され、錯誤と畏怖の両方が生じた場合には、1個の行為と評価して詐欺罪と恐喝罪の観念的競合となる。

[第8講]

裏切りの代償
―― 背任vs.横領

内田幸隆

1　問題の所在

　本講では、背任罪（247条）と横領罪（252条）の区別をテーマとする。両罪は、本人から財産の管理を委ねられた者が、本人の信頼を裏切って、その財産を不当に処分する点で共通の性格を有している。ここでは、両罪が同時に成立しているようにみえても、本人の財産侵害という点では1個の法益侵害があるに過ぎず、どちらか一方の罪の成立を認めるのが妥当である[1]。例えば、次の事例で確認してみよう。

[事例1]
　Xは、Aから金銭を預かって、Aのために資金の運用管理を行っていたが、自分自身の借金の返済に当てるために、Aには無断でその金銭を持ち出した。

　背任罪が成立するためには、事務処理者が図利加害の目的をもって任務違背行為をなし、本人に損害を与えることが必要であり、横領罪が成立するためには、他人の物の占有者がその物を横領することが必要である。そこで[事例1]をみてみると、Xには、事務処理者としての地位、およびAの金銭を占有する地位が認められ[2]、さらに、金銭の無断持ち出しという点に、自己図利目的に基づく任務違背と損害の発生、および金銭の横領が認められ

---

1) 罪数としては、両罪は法条競合の関係にあるとみることができる。小林充「横領罪と背任罪との関係」『植村立郎判事退官記念論文集　第1巻』（立花書房、2011年）224頁参照。

よう。このように **[事例1]** では両罪が同時に成立しているようにみえるが、この事例は横領罪が成立する典型例といえることから、結論的に横領罪が優先的に成立すると解するべきであろうか。他方で、次の事例では結論が異なるように思われる。

> **[事例2]**
> Xは、Aから金銭を預かって、Aのために資金の運用管理を行っていたが、知人のBに対して当該金銭をAに無断で貸し付けたところ、結局、貸付金のほとんどを回収できなかった。

この事例において、仮にXに横領行為が認められないとすると、横領罪の成立ではなく、背任罪の成立を検討するべきなのであろうか。**[事例1]** と **[事例2]** において結論が異なるのであれば、まさに両罪の区別基準を明らかにする必要がある。

ただし、両罪は完全に重なり合う関係にあるわけではない。すなわち、客体が「財産上の利益」である場合には、背任罪の成立を認める余地しかなく、逆に、行為者が占有者であっても、事務処理者としての立場にない場合には、横領罪の成立を認める余地しかない。したがって、両罪は、一部が交錯する二つの円の関係にあると考えられている[3]。問題は、この二つの円が交錯する領域において、どちらの罪を認めるべきなのかということになる。

2 基本ツールをチェック

[1] 判例の基本的立場

両罪の関係について、判例は、次のような事例において、ある一定の区別基準を提示している。

---

2) ここでは、寄託された金銭について、その所有権が委託者にあることが前提となる。この問題について、詳しくは、佐伯仁志＝道垣内弘人『刑法と民法の対話』（有斐閣、2001年）1頁以下参照。
3) 平野龍一「横領と背任、再論」『刑事法研究　最終巻』（有斐閣、2005年）35頁。

[事例 3]
　Xは、Aの負債を整理する業務を行っていたが、Aから委ねられたA所有の不動産を売却し、そこで得られた金銭をAの負債償却に当てるべきところ、その金銭の一部を着服した。

　この事例において、判例は、他人の物の占有者がその物を横領したのであれば横領罪の成立が認められるとした上で、横領行為が認められる場合を除き、事務処理者が自己の占有する他人の物につき、その他の方法をもって本人に財産上の損害を加えたのであれば背任罪の成立が認められると判示して、結論的に横領罪の成立を肯定した（大判明治43・12・16刑録16輯2214頁）。また、判例は、[事例 2]と類似する事例において、事務処理者がその事務を処理するに際して、自己の占有する本人の物を不正に「領得」することなく、第三者の利益を図る目的で任務違背行為をなし、本人に財産上の損害を加えたときは、背任罪の成立を認めるべきであって、横領罪に問うべきでないとした（大判昭和8・3・16刑集12巻275頁）。これらの判例によると、領得行為が認められて横領罪が成立する場合にはその規定が優先的に適用され、それが成立しない場合に背任罪の規定が適用されるべきかを検討するということになろう[4]。その後、判例には、前記大審院昭和8年判決を明示的に引用しつつ、事務処理者が「本人の計算」において本人の財産を処分したことを根拠に背任罪の成立を認め、領得行為の存在を否定したものや（大判昭和9・7・19刑集13巻983頁）、村の収入役が村の「名義」でもってその保管にかかわる村の公金を貸し付けたのであれば背任罪の成立が認められるが、そうではなく貸し付けた相手の利益のために処分したにすぎない場合には横領罪の成立が認められると判示したものがある（大判昭和10・7・3刑集14巻745頁）。以上から、今日において判例は、「自己の名義・計算」による処分の場合には横領罪の成立を優先的に認め、「本人の名義・計算」による場合には背任罪の成立を認めるものと理解されている。したがって、判例によると、[事例 1]においては、X自身の借金返済という点を捉えて「自己の計算」に基づく領得行為を認めて横領罪の成立を肯定し、[事例 2]において

---

[4]　照沼亮介「判批」刑法判例百選II各論〔第7版〕（2014年）136頁参照。

は、当該貸付けがX自身の「自己の名義・計算」に基づくものではなく、あくまでAという「本人の名義・計算」に基づくものであったならば、領得行為を否定して背任罪の成立を肯定することになろう。しかし、両罪の関係において、なぜこのように段階的に区別されるべきなのかにつき、その実質的理由はなお明らかではない。

[2] 学説の対立状況

　学説をみてみると、客体に着目して両罪の区別基準を明らかにしようとするものがある。この見解は、財物に関する背信行為が横領罪となり、その他の財産上の利益に関する背信行為が背任罪になるという[5]。しかし、背任罪の客体には、財産上の利益だけでなく財物も含まれると解されることから、財物に関する背信行為がただちに横領罪になると解することはできない。したがって、両罪はいわゆる1項・2項犯罪の関係にあるともいえない。また、前述したように、背任罪の成立領域が横領罪の成立領域を包摂すると解し得ないことから、両罪はいわゆる一般法・特別法の関係にあるともいえない。

　今日において学説は、行為の性質に着目して両罪の区別基準を明らかにしようとしている。具体的にみると、行為者による権限逸脱の場合に横領罪が成立し、権限濫用の場合に背任罪が成立するという見解がある[6]。この見解によると、両罪は重なり合うことなく区別されることになる。他方で、物の不法領得がなされた場合に横領罪が成立し、その他の背信行為がなされた場合に背任罪が成立するという見解がある[7]。この見解は、両罪が重なり合う領域において両罪を区別すること自体には意義はなく、より重い横領罪の成

---

[5] 小野清一郎『新訂刑法講義各論』（有斐閣、1949年）274頁、牧野英一『刑法各論　下巻』（有斐閣、1951年）760頁、岡野光雄『刑法要説各論〔第5版〕』（成文堂、2009年）196頁。

[6] 内田文昭『刑法各論〔第3版〕』（青林書院、1996年）345頁、大塚仁『刑法概説（各論）〔第3版増補版〕』（有斐閣、2005年）320頁。同様の区別基準を採用するが、横領罪の成立に不法領得の意思を必要とするものとして、伊東研祐『刑法講義　各論』（日本評論社、2011年）219頁以下、235頁、佐久間修『刑法各論〔第2版〕』（成文堂、2012年）251頁参照。

[7] 山口厚『刑法各論〔第2版〕』（有斐閣、2010年）334頁、西田典之『刑法各論〔第6版〕』（弘文堂、2012年）266頁、曽根威彦『刑法各論〔第5版〕』（弘文堂、2012年）184頁、高橋則夫『刑法各論〔第2版〕』（成文堂、2014年）410頁。

立が認められるのであれば横領罪が優先的に成立し、横領罪の成立が認められないのであれば背任罪が成立すると指摘する。

　さて、行為の性質に着目する見解から判例の区別基準をどのように理解すればよいであろうか。権限逸脱・濫用によって区別する見解は、「自己の名義・計算」による処分は権限逸脱を基礎づけ、「本人の名義・計算」による処分は権限濫用を基礎づけると理解している[8]。ただし、保管している財物の毀棄隠匿について、「本人の名義」においてその処分をなしたとしても、権限逸脱を認めて横領罪で処罰するのであれば、この見解にとって「名義・計算」による区別基準は一応のものでしかないことになる。なお、いわゆる二重抵当の事例において[9]、権限の逸脱に当たるにもかかわらず、背任罪の成立を認める見解がある[10]。この見解は、両罪の競合が認められない「財産上の利益」を客体とする領域において、背任罪の本質につき、権限濫用からその逸脱にまで拡張して理解していることになる。

　次に、横領罪の成立を優先的に認める見解によると、「自己の名義・計算」による処分は、その経済的効果が行為者に帰属することを意味することから、領得行為、ないしは不法領得の意思を基礎づけ、横領罪の成立を肯定することになる。他方で、「本人の名義・計算」による処分は、その経済的効果が本人に帰属することを意味することから、領得行為、ないしは不法領得の意思を基礎づけることができず、背任罪の成立を肯定することになる[11]。ただし、「自己の名義・計算」による処分と「本人の名義・計算」による処分とが排他的な関係にあって両立しないとすれば、この見解が両罪の重なり合いを認める前提と整合性をもたない[12]。したがって、この見解にとっても、

---

8) 川端博「判批」刑法判例百選Ⅱ各論〔第5版〕(2003年) 127頁。

9) 二重抵当とは、自己の不動産に抵当権を設定した者が、抵当権者にまだ登記がないことに乗じて、さらに第三者に対して当該不動産の抵当権を設定する場合である。この事例につき、詳しくは、曽根威彦『刑法の重要問題〔各論〕〔第2版〕』(成文堂、2006年) 248頁以下、第22講 276頁以下参照。

10) 内田・前掲注6) 344頁、大塚・前掲注6) 324頁。これに対して、高橋・前掲注7) 396頁注(11)は、(背信的) 権限濫用説による限り、二重抵当の事例において背任罪の成立は認められなくなると指摘する。

11) 大塚仁ほか編『大コンメンタール刑法　第13巻〔第2版〕』(青林書院、2000年) 221頁〔日比幹夫〕。

12) 内田幸隆「横領罪と背任罪との区別」法教359号 (2010年) 40頁参照。

横領罪が否定される場合において補充的に背任罪の成立を認めるのであれば[13]、「名義・計算」による区別基準は一応のものでしかないことになる。また、二重抵当の事例において、「自己の名義・計算」による処分があるにもかかわらず、この見解が背任罪の成立を肯定するのであれば、やはり両罪の競合が認められない「財産上の利益」を客体とする領域において、背任罪の本質につき、その背信行為の中に「財産上の利益」の領得行為も含んで理解していることになる[14]。実際に判例も二重抵当の事例において背任罪の成立を肯定することから（最判昭和31・12・7刑集10巻12号1592頁）、判例の立場においても「名義・計算」による区別基準は「財物」を客体とする領域においてのみ意義が認められることになろう[15]。

3　規範と事実のブリッジ

[1] 名義と計算の関係

両罪の区別を判例の基準にしたがって判断するならば、名義と計算が食い違う場合に、いかに解決するべきであろうか。また、前記大審院昭和10年判決のように、計算ではなく名義だけで両罪の区別をすることは可能であろうか。[事例2]に具体的な事実をさらに付け加えて考えてみたい。

[事例2-1]

Xは、Aから金銭を預かって、Aのために資金の運用管理を行っていたが、知人のBに対して当該金銭をA名義で貸し付けたところ、Bにはその返済に当たってXの口座に元本と金利分の金額を振り込むよう指示した。

---

13) 松原芳博『刑法各論』（日本評論社、2016年）351頁注(30)は、背任罪と横領罪との競合の可能性を完全に排除すべきでないと指摘する。
14) 松原・前掲注13) 339頁は、背任罪を2項横領罪（利益横領罪）として位置づけることに対して批判し、本人の財産的事務を処理する権限が与えられた者による不正な権限の行使を必要とする観点から背任罪の成立領域を限定するべきとする。
15) 林幹人『財産犯の保護法益』（東京大学出版会、1984年）255頁、曽根・前掲注9) 239頁参照。

[事例 2-2]
　Xは、Aから金銭を預かって、Aのために資金の運用管理を行っていたが、知人のBに対して当該金銭を貸し付けようとしたところ、表向きはX名義によりXから貸付けを行ったように装って、その返済に当たっては元本のみを受け取って元の保管場所に戻し、帳簿上は金銭の貸し借りがなかったかのようにした。

　[事例 2-1]では、A名義による貸付けという体裁をとることによって、あくまでAのために資金の運用管理をなしているかのようにみえる。しかし、その実態をみると、Xは自己の計算によって当該金銭を貸付けたことにより、当該金銭を着服したのであって、横領罪の成立を肯定するべきであろう。逆に、[事例 2-2]では、Xは当該金銭を自己の名義によって貸し付けたことにより、形式的には当該金銭を着服したかのようにみえる。しかし、Aに無断とはいえ、Aの計算に基づいて当該金銭が処分されたにすぎず、背任罪の成立を検討するにとどまるとも考えられる。こうしてみると、当該処分が実質的に誰の計算によるものなのかが重要なのであって、誰の名義によるものなのかは「計算」の帰属を判断する一つの事情に過ぎないと解される[16]。

[2] 計算の意義
　判例を基礎として、ある処分が誰の計算に基づくのかが両罪を区別する上で重要であると解するならば、計算の意義を明らかにする必要が生じる。そこでは一般的にみて、財産の処分によって生じる経済的利益・損失といった効果の帰属を問うことになろう。ただし、本人の財産に対する処分が問題となることから、いずれにせよ最終的には本人にその処分の経済的効果が帰属することになる。したがって、両罪の区別基準でいうところの「本人の計算」とは、行為者による処分があったとしても行為者にはその経済的効果が帰属しないこと、すなわち、「自己の計算」がなかったことを消極的に意味する意義しかないように思われる。
　ところで、判例の中には、計算の意義につき、経済的効果の帰属とは異な

---

16) 日比・前掲注11) 222頁以下、島田聡一郎＝小林憲太郎『事例から刑法を考える〔第3版〕』（有斐閣、2014年）458頁以下〔島田〕参照。

る理解を示すようなものがある。具体的には、次の事例において問題となった。

> [事例4]
> 森林組合の組合長であるXは、組合員に転貸交付すること以外に流用支出することが許されない政府貸付金を保管していたところ、Y町からの要請に基づき、組合名義をもってY町に当該金銭の一部を貸し付けた。

この事例につき、最判昭和34・2・13刑集13巻2号101頁は、当該貸付けが「何ら正当権限に基かず、ほしいままにXら個人の計算において」、Y町の利益を図ってなされたものと認め、たとえその貸付けが組合名義をもって処理されているとしても、「保管方法と使途の限定された他人所有の金員につき、その他人の所有権そのものを侵奪する行為に外ならない」として不法領得の意思を認めて横領罪の成立を肯定した。この判例に基づくと、法令に違反してなされる、権限逸脱的な処分は横領罪を構成することになろう。この点を前提として、この判例で述べられた「計算」の意義につき、「名義とも異なるし、自己の利益を図るという意味でもない。むしろ委託の趣旨からいって絶対に許されない行為か否かを判断する基準である」と理解する見解がある[17]。この見解は、両罪を権限逸脱・濫用によって区別すると指摘しつつ、形式的には一般的・抽象的権限内で行為した場合でも「委託の趣旨から絶対に許されない行為」については実質的にみて権限逸脱に当たるとして横領罪の成立を認める[18]。しかし、このように解すると、両罪を形式的に権限逸脱・濫用で区別するという前提を覆すだけでなく、「計算」の一般的な語意から外れる理解を示す点において疑問であり、さらに「委託の趣旨から絶対に許されない行為」とはどのような場合をさすのかが明らかでない。

この判例を権限逸脱という観点から理解する立場に対して、この判例には、次のような河村大助裁判官による少数意見が付されている。すなわち、その意見は、本件において背任罪の成立を検討することは別としても、流用禁止

---

17) 木村光江『刑法〔第3版〕』（東京大学出版会、2010年）388頁。さらに、前田雅英『刑法各論講義〔第6版〕』（東京大学出版会、2015年）292頁参照。
18) 木村・前掲注17) 387頁、前田・前掲注17) 290頁以下。

違反があるからといって、ただちに業務上横領罪の成立を認めることは、横領罪における不法領得という本質を逸脱するものであって、到底これを是認しえないと指摘するものである。権限逸脱に当たる処分があったからといって必ずしも領得行為が認められるわけではなく、また、横領罪の成立において領得行為、ないしは不法領得の意思を必要とするのであれば、**[事例 4]** では河村意見にしたがって横領罪の成立を否定し、背任罪の成否を別途検討することが妥当であろう[19]。

なお、近時の判例によると、前記最高裁昭和34年判決が本人の財産処分につき法令に違反しているか否かに着目している点を維持できるかについては疑問が提示されている。その近時の判例は次のような事例に基づくものであった。

[事例 5]
　A社の取締役経理部長Xは、A社株の買占めに対抗するための工作資金として会社資金を第三者に交付したが、その支出は高額なもので会社にとって重大な経済的負担を伴い、また、それは違法行為を目的とするおそれもあった。

この事例につき、最決平成13・11・5刑集55巻6号546頁は、結論として、Xに不法領得の意思を認めて業務上横領罪の成立を肯定したが[20]、その支出の目的において商法その他の法令に違反することが認められたとしても、そのことからただちに不法領得の意思を認めることはできないと判示した。この判示の限りにおいて、前記最高裁昭和34年判決は、実質的に判例変更されたと理解できよう[21]。

以上から、本人によって行為者に与えられた権限の内容、範囲、さらに処分行為の名義、態様などを総合的に考慮するにしても[22]、その処分行為によ

---

19) 日比・前掲注11) 224頁。
20) この判例では、行為者において専ら「本人のためにする意図」があったといえるか否かが主に争われた。本人図利の目的がある場合には不法領得の意思が否定されると解されているからである。この点につき、詳しくは、内田幸隆「判批」刑法判例百選Ⅱ各論〔第6版〕(2008年) 130頁以下参照。
21) 高橋・前掲注7) 413頁。

って本人の財物をいわば自己の物とする場合に横領罪を認め、本人のための事務処理に際して任務違背に基づく処分行為により本人に損害を加える場合に背任罪を認めることが妥当と思われる[23]。ここでは、前者が自己の計算に基づく場合に当たり、後者が本人の計算に基づく場合に当たると解されよう[24]。

[3] 両罪における罪の重さ

ところで、両罪における罪の重さを比較すると、両罪の法定刑の上限は同じく5年の懲役であるのに対して、背任罪には懲役と罰金が選択刑となっているために、下限が罰金となり得る背任罪の方が軽いと解される。このことから、両罪が重なり合う領域において、より重い横領罪の限界によって両罪の区別が画されることになる。ところが、特別背任罪（会社法960条）の法定刑においては、たしかに上限が10年の懲役と罰金が選択刑となっているが、両者は併科することも可能であるために、上限が10年である懲役しか予定されていない業務上横領罪（253条）よりも特別背任罪の方が重いのではないかという疑問が生じる。例えば、次の事例をみてほしい。

[事例6]
株式会社の取締役Xは、自己の借金の返済に当てるために、自己が管理する同社の資金を勝手に持ち出した。

この事例においてXが、特別背任罪の身分を有しており、かつ、業務上、会社の資金を占有する立場にあることを前提とすると、Xには、特別背任罪と業務上横領罪とをくらべて、どちらの罪を認めるべきであろうか。特別背任罪にも選択刑が規定されていることに着目して、あくまで（業務上）横領

22) 日比・前掲注11) 222頁、小林・前掲注1) 232頁参照。
23) 内田幸隆「背任罪と横領罪との関係」早稲田法学会誌52巻（2002年）80頁。さらに、浅田和茂「判批」刑法判例百選II各論〔第6版〕（2008年）135頁、島田・前掲注16) 459頁参照。
24) この観点からすると、[事例5] について、行為者が会社の資金を自己の物にしているかについては若干の疑問があり、むしろ背任罪の成否を検討するべきではなかったかと思われる。

罪よりも（特別）背任罪の方が軽いという理解もあり得よう[25]。しかし、この理解に従うと、特別背任罪における併科の可能性を考慮しない根拠が明らかでない。これに対して、特別背任罪は（業務上）横領罪よりも重く、かつ、両罪が重なり合うことを認めるのであれば、特別背任罪と業務上横領罪が競合する場合には、特別背任罪が優先的に適用されるとの理解もあり得よう[26]。重いか軽いかにかかわらず、両罪の構成要件がそれぞれ充足されるのであれば、どちらの罪を認めても構わないとの指摘もあるが[27]、いずれにせよ後者の2つの見解に従う場合、より重い（業務上）横領罪の限界でもって両罪の区別を判断するとの前提がとれないことになる[28]。また、そもそも（特別）背任罪の限界が明らかでなければ、これを優先的に適用することもできない。

[4] 横領未遂の可罰性

ところで、横領罪の未遂犯処罰規定はない。しかし、両罪が重なり合う領域があることを前提とすると、横領罪が未遂に終わった場合に背任未遂を成立させても構わないだろうか。例えば、次のような事例において問題になる。

> [事例7]
> Xは、自己の所有する不動産をAに売却してその代金を受領したが、Aに対する登記の手続きが済んでいないことに乗じて、当該不動産をさらにBに売却した。ところが、Bに対する登記の手続きが済む前にXの犯行が発覚した。

---

25) 山口・前掲注7) 333頁注(145)、落合誠一編『会社法コンメンタール第21巻』（商事法務、2011年）90頁〔島田聡一郎〕、山口厚編『経済刑法』（商事法務、2012年）21頁注(41)〔古川伸彦〕。

26) 平野・前掲注3) 38頁注(2)、斉藤豊治「背任罪の諸問題」現刑2巻4号（2000年）66頁注(17)、伊藤渉ほか『アクチュアル刑法各論』（弘文堂、2007年）258頁注(96)〔鎮目征樹〕、井田良ほか『刑法事例演習教材〔第2版〕』（有斐閣、2014年）71頁、髙橋・前掲注7) 410頁注(46)。さらに、松宮孝明『刑法各論講義〔第4版〕』（成文堂、2016年）304頁、松原・前掲注13) 350頁参照。

27) 佐伯仁志「背任罪」法教378号（2012年）112頁。なお、小林・前掲注1) 227頁は、背任と横領罪との間に刑の軽重はないと理解した上で、当然に横領罪の成否を先に検討する必要はないと指摘する。

28) 伊東・前掲注6) 235頁注(49)参照。

横領罪における既遂時期について、領得行為説にしたがうと、不法領得の意思の発現によって横領行為が認められ、ただちに既遂に至ると解されているが、不動産の二重売買の場合においては、所有権移転登記の完了によってはじめて確定的に所有権侵害が生じることから、その段階に至って既遂に達すると考えられる。したがって、**［事例7］**において、Xの行為は横領未遂となり、横領罪としては処罰できない。ただし、XがAに対する関係で事務処理者に当たることを認め、この事例において両罪が競合していると解するならば、Xは背任未遂として処罰されることになろう[29]。しかし、このように解すると、横領未遂を不処罰とする刑法の趣旨を逸脱するのではないだろうか[30]。**［事例7］**において背任未遂を認めるべきでないとすれば、両罪の重なり合いを認めるという前提に疑問符がつくことになろう。

4　事実を処理するメソッド

　以上で述べたことをまとめると、両罪は次のように区別される。まず、(1)問題となった客体が「財産上の利益」である場合は、背任罪の成否のみを検討する。(2)その客体が「財物」である場合に、行為者が「占有者」としての地位にあっても、「事務処理者」としての地位にないのであれば、横領罪の成否のみを検討する。(3)その客体が「財物」であって、行為者が「占有者」および「事務処理者」としての地位にある場合、その行為に着目して、自己の計算に基づく処分があれば、領得行為を認めて横領罪の成立を肯定し、本人の計算に基づく処分があれば、本人のための経済活動の一環としてなされた任務違背行為を認めて背任罪の成立を肯定する。この見地において両罪は、一方の罪が認められる場合には他方の罪は認められないとする択一関係にあるというべきである[31]。これに対して、両罪において重なり合う領域があることを認めて、横領罪がより重いと解するのであれば、(3)の段階において、まず横領罪の成否を検討し、これが否定されれば背任罪の成立を肯定することになる。また、同じく両罪において重なり合う領域があることを認めるが、

---

[29]　品田智史「不正融資と背任罪」法教393号（2013年）78頁。さらに、松原・前掲注13）350頁参照。

[30]　高橋・前掲注7）382頁注(54)は、背任未遂に当たる行為について、横領罪を適用するならば、不可罰か既遂かに振り分けられると指摘する。

[31]　浅田・前掲注23）135頁参照。

特別背任罪は（業務上）横領罪よりも重いと解するのであれば、(3)の段階において、行為者に特別背任罪の身分があれば特別背任罪の成否を検討し、これが成立しなければ横領罪の成否を検討するが、行為者に特別背任罪の身分がない場合には、横領罪の成立が否定されてはじめて（刑法上の）背任罪の成否を検討する。この見解に立つ場合、背任行為について、領得行為ではない任務違背行為であると消極的に定義することはできない。というのも、任務違背行為とはどのような場合を指すのか積極的に明らかにしない限り、横領罪の成否に先行して特別背任罪の成否を判断することができないからである。両罪のうち、どちらの罪の成立を認めても構わないという見解においても、（横領行為を含む）任務違背行為とはどのような場合を指すのか積極的に明らかにする必要があるだろう。最後に、横領行為が未遂に終わった場合については、両罪の重なり合いを認めない立場であれば不可罰となり、その重なり合いを認める立場であれば背任未遂として処罰する余地を認めることになる。

[第9講]

嘘つきは裏切りの始まり
── 背任 vs. 詐欺

内田幸隆

1　問題の所在

　本講では、背任罪（247条）と詐欺罪（246条）の関係をテーマとする。両罪は、刑法において第37章「詐欺及び恐喝の罪」の中にまとめて規定されているが、その関係は必ずしも明らかではない。背任罪は、本人から事務処理を委ねられた行為者（＝事務処理者）が図利加害の目的をもって任務違背をなし、本人の財産に損害を生じさせた場合に成立する。他方で、詐欺罪は、行為者が相手方に欺罔をなし、錯誤に陥ったその相手方から財物などを得た場合に成立する。すると、いずれの罪も行為の相手方との関係においてその信頼を裏切り、その相手方に財産的な損害を生じさせる点で共通する性格を有しているといえよう。具体的に問題となるのは、背任罪の主体となる事務処理者が一連の取引活動の過程において欺罔手段を用いて任務違背を行い、自らが（あるいは第三者が）財物、あるいは財産上の利益を本人の財産から得る場合である。また、事務処理者がその事務処理に際してコンピュータに虚偽の情報を入力することによって任務違背を行い、自らが（あるいは第三者が）財産上の利益を本人の財産から得る場合にも問題となり得る。したがって、広い意味では、背任罪と電子計算機使用詐欺罪（246条の2）との間においても、その関係が問われることになる。

　それでは、両罪が同時に成立するようにみえる場合、どちらか一方のみを成立させるべきであろうか。それとも両罪ともに成立を認めて観念的競合とするべきであろうか。例えば、次の事例をみてほしい。

> **[事例1]**
> 　Xは、A社において木材の仕入れを担当していたが、Y所有の立木を買入れするに当たり、Yと共謀して、実際の立木数よりも過大な立木数を見積もってA社に報告を行い、A社に立木の代金をYに支払わせ、架空の立木数に相当する代金分の損失をA社に負わせた。

　この事例においてXは、事務処理者として誠実に木材の仕入れをなすべきであったところ、Yと共謀して、Yの利益を図る目的でその任務に違背し、A社に損害を生じさせている。他方で、Xは、Yと共謀して、A社に対して欺罔行為をなし、A社に錯誤を生じさせてA社から架空の立木数に相当する代金をだまし取ったともいえるのである。前者の側面だけをみればXには背任罪が成立し、後者の側面だけをみればXには詐欺罪が成立すると思われる。

2　基本ツールのチェック

[1]　学説の対立状況

　[事例1] のように、両罪が同時に成立するようにみえる場合について、学説の多数は、両罪の観念的競合が成立すると解してきた。すなわち、この見解は、背任行為と詐欺行為において基本的に性格が異なるものと理解しているのである[1]。詐欺罪の成立を認めたとしても、詐欺罪は必ずしも任務違背を構成要素としているわけではなく、別途、背任罪の成立を認めるべきということである。しかし、それぞれの行為について発生する財産的損害が異なる被害者に生じる場合であれば別であるが、それぞれの行為について発生する結果が1つである、すなわち、財産に関する法益侵害が1つしかないのであれば両罪の観念的競合を認めるのは不当である。そもそもどちらか一方の罪の成立しか認めない、あるいは、どちらか一方の罪の成立を認めるにしても、他方の罪は成立する罪に吸収させると解するのが適当であろう[2]。

---

1)　藤木英雄『経済取引と犯罪』（有斐閣、1965年）76頁、大塚仁『刑法概説（各論）〔第3版増補版〕』（有斐閣、2005年）330頁、曽根威彦『刑法各論〔第5版〕』（弘文堂、2012年）189頁、大谷實『刑法講義各論〔新版第4版補訂版〕』（成文堂、2015年）338頁、高橋則夫『刑法各論〔第2版〕』（成文堂、2014年）413頁。

どちらか一方の罪の成立を認める立場として、背任罪の成立を肯定する見解がある。すなわち、本人により委託された事務の範囲にある限りは、たとえ欺罔手段によって財物を交付させ、あるいは財産上の利益を得たとしても、なお背任罪の成立を認めることで十分であるという。ただし、この見解は、その事務の範囲に属しない事項について本人を欺罔する場合には詐欺罪の成立を認める[3]。この見解に対して、単に詐欺罪の成立を認めれば足りるとする見解がある。すなわち、両罪の法定刑を比較すると、詐欺罪の方がより重いのであるから、詐欺罪の成立を認めて背任罪はこれに包摂されるという。また、この見解は、背任罪の成立を肯定する見解に対して、あえて背任罪を適用して刑を軽くする点についてその根拠が明らかでないと批判する[4]。

　たしかに両罪の関係においては、観念的競合を認めるのではなく、法条競合を認めるのが妥当であると思われるが、背任罪は詐欺罪を補充する関係にあるとして、事務処理者による欺罔行為について詐欺罪の成立を優先的に認めることは妥当であろうか。事務処理者による任務違背といえども、その過程において欺罔による財物の騙取があれば、もちろん原則として詐欺罪の成立を認めるべきである。しかし、事務処理者の任務違背に基づく財産上の損害の惹起において、欺罔がそのための手段にすぎない場合には、背任罪の成立しか認めないとする余地があるように思われる。この観点によると、両罪の関係において法条競合を認めるにせよ、両罪は択一関係にあるにすぎず、むしろ両罪を区別する基準を探求するべきことになろう[5]。

---

2) ここでは、背任行為は詐欺行為を完全に包摂し得ない、あるいは逆に、詐欺行為は背任行為を完全に包摂し得ないと解して、両罪の包括一罪を認める考え方もあり得ると思われる。
3) 小野清一郎『新訂刑法講義各論』（有斐閣、1949年）275頁。
4) 牧野英一『刑法各論　下巻』（有斐閣、1951年）758頁以下、山中敬一『刑法各論〔第3版〕』（成文堂、2015年）468頁、山口厚『刑法各論〔第2版〕』（有斐閣、2010年）332頁、前田雅英『刑法各論講義〔第6版〕』（東京大学出版会、2015年）293頁。さらに、特別背任罪（会社法960条）と詐欺罪との関係においても、詐欺罪の成立のみを認める見解として、落合誠一編『会社法コンメンタール　第21巻』（商事法務、2011年）96頁〔島田聡一郎〕。
5) これに対して、佐伯仁志「背任罪」法教378号（2012年）112頁注(66)は、両罪を同時に適用することができないだけであって、それぞれの構成要件を充足しているのであれば、どちらの犯罪を適用しても構わないことを示唆する。

[2] 判例の基本的立場

　さて、判例は、両罪の関係について、観念的競合を認める立場を支持していない。基本的に詐欺罪の成立のみを認める立場にある。例えば、**[事例1]** において、判例は、「他人の委託によりその事務を処理する者が、その事務処理上任務に背き本人に対して欺罔行為を行い同人を錯誤に陥れ、よって財物を交付せしめた場合には詐欺罪を構成し、たとい背任罪の成立要件を具備する場合でも別に背任罪を構成するものではない」とした（最判昭和28・5・8刑集7巻5号965頁）。ここで、判例は、事務処理者による背任行為の遂行が、同じく本人に対する関係において成立した詐欺罪の観念の中に当然含まれて評価されていることを前提としていると思われる（大判昭和7・6・29刑集11巻974頁参照）。ただし、判例は次の事案において異なる結論を導き出している。

> **[事例2]**
> 　Aの下で働いていたXは、商品の売掛代金を受け取り、もしその支払いがないときは売買を解除してその商品を取り戻すべき任務を有していたが、商品の買主であるYと共謀して、既にその商品の返戻を受けたとの虚偽の事実を店用帳簿に記載することにより、Yにおいてその代金を支払うことを免れさせた。

　この事例について判例は、Xが事務処理者であることを認めた上で、XにおいてYの利益を図るために任務違背をなし、Aに財産上の損害を加えたとして背任罪の成立を認めている（大判大正3・6・20刑録20輯1313頁）。この事例では、Xが帳簿に虚偽事実を記載する点に欺罔行為を認めて、その結果、XとYにおいて、代金の支払い、さらには商品の返還を免れたという財産上の利益が生じていることから、詐欺罪の成立が認められるようにみえる。しかし、この事例ではAの「処分行為」がないことから、XとYは欺罔行為によって財産上の利益を得たとみることはできず、結論として詐欺罪の成立は否定されることになる[6]。すると、両罪が同時に成立するようにみえても、

---

6) 詐欺未遂罪が成立する余地はあるが、その成立を認めたとしても、背任既遂罪に吸収して評価すれば足りると思われる。

本人の処分行為がなければ詐欺罪の成立は否定され、背任罪の成立を認めざるを得ない。したがって、本人における処分行為の有無は、両罪を区別する基準の1つとなろう[7]。

3 規範と事実のブリッジ

[1] 両罪を区別する一般的基準

以上のように、両罪の関係において、どちらか一方の罪の成立を認めるにせよ、常により重い詐欺罪の成立を認めるべきなのであろうか。**[事例2]**では、そもそも詐欺罪の成立要件である被害者側の「処分行為」性を充足していなかったのであるが、被害者側に「処分行為」があるといえるときでも、背任罪の成立を認めるべき場合があるのかが問題となる。そこで、次の2つの事例を比較することで検討してみたい。

> **[事例3-1]**
> 　A銀行の融資担当行員であるXは、融資取引先のB社が倒産寸前である状況をみて、自己の責任を回避し、B社の倒産を先延ばしするために、返済の見込みが低いにもかかわらず無担保でB社に融資を行うことを自らの権限において決めて実行した。
>
> **[事例3-2]**
> 　A銀行の融資担当行員であるXは、融資取引先のB社が倒産寸前である状況をみて、自己の責任を回避し、B社の倒産を先延ばしするために、実質的に無担保であるにもかかわらず、B社が十分な担保を提供するかのような虚偽の書類を作成して、この書類をA銀行取締役Yに提出した。Yはこの書類などをもとに融資を行う決裁をし、後日、B社に対する融資が実行された。

[事例3-1]において、融資の実行という点に本人の処分行為性を認めた

---

[7] 大塚仁ほか編『大コンメンタール刑法　第13巻〔第2版〕』（青林書院、2000年）239頁〔日比幹夫〕。さらに、今井猛嘉ほか『刑法各論〔第2版〕』（有斐閣、2013年）265頁参照〔島田聡一郎〕。

としても、Xの行為には領得性が認められず、Xには背任罪の成立しか認められない[8]。この事例は、背任罪が成立する典型例といえるが、他方で、**[事例3-2]** では、Xは欺罔行為によってYの錯誤を生じさせ、さらに、B社に対する融資という形態で処分行為をさせたといえることから、Xには詐欺罪の成立が認められるようにみえる[9]。しかし、**[事例3-2]** においても、問題となった欺罔行為は、任務違背行為を行うための手段にしかなっておらず、財物等の領得性が伴っていると評価することができない。すると、この2つの事例において、Xが任務違背行為によりA銀行に財産上の損害を生じさせたという実質は変わらないのであって、両事例ともにXには背任罪の成立を検討するべきであろう。

両事例の比較を踏まえた上で、第8講における、背任罪と横領罪の関係にまつわる考察を本講においても援用するならば[10]、事務処理者が欺罔手段を用いたとしても、本人のための経済活動の一環としてなされた任務違背行為によって、本人に財産上の損害を加えたに過ぎない場合には、背任罪の成立を認めることになろう。これに対して、事務処理者が欺罔行為によって本人の処分行為を引き起こし、本人のための経済活動とは無関係に本人の財物、ないしは財産上の利益を領得した場合には、詐欺罪の成立を認めるべきである[11]。前者が「本人の計算」に基づく場合、後者が「自己の計算」に基づく場合であると評価することもできる。すなわち、当該処分行為が本人のための経済活動の一環としてなされている場合には背任罪の成立を検討し、当該処分行為が本人のための経済活動とは無関係に領得と結びついている場合には詐欺罪の成立を検討することになる。ただ、厳密には、処分行為の対象と

---

8) この場合、Xに会社法上の身分が認められることによって、特別背任罪（会社法960条1項）が成立する余地がある。ここで、詐欺罪の法定刑よりも特別背任罪のそれの方が重いと解するならば、一般的に背任罪よりも詐欺罪の方を優先的に成立させることができるとはいえなくなる。この点につき、第8講93頁以下参照。
9) この場合、銀行の財産を処分し得る地位にあるYを欺罔することによって処分行為をさせ、銀行に財産的損害を生じさせていることから、いわゆる「三角詐欺」の一種とみることができる。あるいはYの決定それ自体に本人の処分行為性を認めることも可能であろう。
10) 第8講95頁参照。
11) 内田幸隆「背任罪と詐欺罪との関係」早稲田法学会誌53巻（2003年）115頁。さらに、伊東研祐『刑法講義各論』（日本評論社、2011年）236頁以下、西田典之『刑法各論〔第6版〕』（弘文堂、2012年）265頁、島田・前掲注7）265頁参照。

なった財産が自己の支配下になく、本人に処分行為をさせることによって領得する場合に詐欺罪の成立がはじめて問題となり、他方で、その財産が自己の支配下にあって、自己の処分行為によって領得する場合に横領罪の成立が問題となると解される。

[2] 背任罪と電子計算機使用詐欺罪との関係

さて、以上のような、背任罪と（狭義の）詐欺罪との関係にまつわる考察は、背任罪と電子計算機使用詐欺罪との関係においても援用し得ると思われる。すなわち、電子計算機使用詐欺罪とは、人の事務処理に使用する電子計算機に虚偽の情報等を与えて財産権の得喪もしくは変更に係る不実の電磁的記録を作り、または財産権の得喪もしくは変更に係る虚偽の電磁的記録を人の事務処理の用に供して、財産上の利益を得た、または他人にこれを得させた場合に成立する。その立法過程をみると、本罪は、機械的な事務処理システムを悪用して財産上の利益を不正に取得する行為につき、人の意思が介在しないために詐欺罪では対処することができず、また、客体が財物ではないために窃盗罪でも対処することができなかったために、いわば詐欺罪に類似する性格を有するものとして1987年に新設された。それゆえ、本罪はあくまで詐欺罪の補充規定であり、本罪が成立するようにみえても詐欺罪の成立が認められる場合には、詐欺罪が優先的に成立する[12]。ここで、本講のテーマにそって具体的に問題となるのは、金融機関の役職者・従業員が業務に用いる端末機に情報を入力することによって、口座間の資金のやり取りを電磁的記録に基づき機械的に処理する場合である。例えば、次の事例をみてほしい。

[事例4]
　金融機関において融資を担当する職員であるXは、内規上、50万円を超える融資については十分な担保がないと融資を行うことができないにもかかわらず、知人Yから依頼されると、十分な担保がYから提供されていないにもかかわらず、Yの銀行口座に100万円を振り込む旨の情

---

12) 以上につき、米澤慶治編『刑法等一部改正法の解説』（立花書房、1988年）113頁以下、135頁以下参照〔的場純男〕。

報をオンラインシステムの端末機に入力して、Yに対する100万円の融資を実行した。

[事例5]
　金融機関において内国為替業務等を担当していたXは、実際には振込依頼を受けた事実がないにもかかわらず、知人Yと共謀の上、Yの銀行口座に100万円の振込みがあったとする旨の情報をオンラインシステムの端末機に入力して、同口座に入金させ同金額相当の財産上の利益を得た。

　これまでの検討を踏まえると、背任罪と電子計算機使用詐欺罪との関係においても、両罪の観念的競合を認める見解[13]は妥当ではなく、どちらか一方の罪の成立を認めるべきである。さらにいえば、法定刑がより重いという理由で電子計算機使用詐欺罪の成立を優先的に認めるのではなく、まさに事例に応じてどちらかの罪の成立を認めれば足りると思われる。

　例えば、[事例4]では、預金の振込みが機械的に処理されているために、電子計算機使用詐欺罪の成立も考えられる。しかし、融資が機械的に処理されていようと、自然人の手作業によって処理されていようと、XがYに対して不当な融資を実行し、金融機関に財産上の損害を発生させるという実質的な内容に変わりないのであれば、[事例4]では背任罪の成立を検討すべきことになろう。他方で、[事例5]では、図利目的をもって金融機関における事務処理者としての任務に違背したXが、結果的に金融機関に対して振込み相当額分の財産上の損害を与えることから、背任罪の成立も考えられる。実際に、[事例5]のような場合につき、電子計算機使用詐欺罪の規定が施行される以前の行為については背任罪の成立を認め、その施行後の行為については電子計算機使用詐欺罪の成立を認めた下級審の裁判例がある（東京地八王子支判平成2・4・23判時1351号158頁）。しかし、[事例5]では、その行為に領得性が伴っており、かつ、詐欺利得行為に類似する類型が問題になっているのであって、背任罪が成立する範囲内にはない。すなわち、[事例5]は、電子計算機使用詐欺罪の新設を待ってはじめて処罰され得る類型であるとも解されるのである[14]。

　　13）　園田寿「判批」刑法判例百選Ⅱ各論〔第6版〕(2008年) 113頁。

[3] 電子計算機使用詐欺罪における「虚偽の情報」の意義

　そこで、判例および有力な見解は、背任罪と電子計算機使用詐欺罪を区別する要素として、後者の成立要件である「虚偽の情報」に着目する。すなわち、行為者において入金・送金処理を行う権限がある場合、その権限の範囲内において入金・送金処理が行われるのであれば、その入金・送金は民法上有効であって、電子計算機に入力された情報も虚偽のものとはいえないと指摘する。**[事例4]** では、Xに融資を行うことの権限はあるがそれを濫用したにとどまるとして、Xが入力した情報は虚偽のものとは解されず、背任罪の成立のみが別途問題になるに過ぎない。他方で、その権限を超える入金・送金処理は、その処理を裏付ける「経済的・資金的実体」が伴っていないことから、行為者が入力した情報は虚偽のものと評価される。**[事例5]** では、その入金・送金処理において「経済的・資金的実体」の裏付けがないことから、Xが入力した情報は虚偽のものと判断され、電子計算機使用詐欺罪の成否が前面にでてくることになる[15]。

　ここで、そもそも「虚偽の情報」とは、当該システムにおいて予定されている事務処理の目的に照らし、その内容が真実に反する情報であると解されている[16]。したがって、コンピュータに入力された数値・事項それ自体の正

---

14) なお、電子計算機使用詐欺罪は、あくまで詐欺利得罪に類似する犯罪類型であって、利益の占有・支配の移転を伴わない「利益横領」を処罰するものでないとすれば（松原芳博『刑法各論』〔日本評論社、2016年〕299頁）、金融機関においてその資金を処分し得る地位にある役職者がその資金についてオンラインシステムの端末機を操作することによって領得したとしても、電子計算機使用詐欺罪の成立を直ちに認めるのではなく、従来から規定されている（業務上）横領罪の成否を検討するべきであろう（松原・前掲書300頁以下、林幹人「電子計算機使用詐欺罪の新動向」『判例刑法』〔東京大学出版会、2011年〕328頁以下参照）。これに対して、信用金庫の支店長が、振込入金の事実がないにもかかわらず、オンラインシステムの端末機を操作させて自己又は第三者の預金口座に入金させた事例において、この支店長に電子計算機使用詐欺罪の成立を認めた下級審の裁判例がある（東京高判平成5・6・29高刑集46巻2号189頁）。

15) 以上につき、下級審の裁判例では、東京高判平成5・6・29高刑集46巻2号189頁参照。さらに、的場・前掲注12）142頁、堀内捷三「コンピュータ犯罪」芝原邦爾ほか編『刑法理論の現代的展開　各論』（日本評論社、1996年）153頁以下、大塚仁ほか編『大コンメンタール刑法　第13巻〔第2版〕』（青林書院、2000年）171頁〔鶴田六郎〕、島田・前掲注7）265頁、松原・前掲注14）300頁、神例康博「判批」刑法判例百選Ⅱ各論〔第7版〕（2014年）117頁など参照。

しさというよりも、情報がコンピュータに入力されることで生じる意味内容と、それを裏付ける現実の事実的、法律的関係の齟齬がその虚偽性を判断する上で重要となろう[17]。例えば、金融機関のシステムにおいて予定されている事務処理の目的は、入金、送金の処理であることから[18]、情報がコンピュータに入力されることによって生じる意味内容は、一般的にみて、ある口座からある口座への入金、送金である。問題は、その入金・送金処理を裏付ける現実の事実的、法律的関係の有無である。**[事例5]** では、振込依頼がそもそもないことから、入金・送金処理の裏付けとなる現実の事実的、法律的関係がなく、入力された情報は虚偽と判断される。他方で、**[事例4]** では、Xの行為が金融機関のための経済活動の一環として行われ、入金・送金処理の前提となる融資契約が成立している限りにおいて、その裏付けとなる現実の事実的、法律的関係があることから、入力された情報は虚偽とはいえないと判断されよう。このような観点から **[事例4]** においては背任罪の成立を、**[事例5]** においては電子計算機使用詐欺罪の成立を検討することが妥当と思われる。

---

16) 的場・前掲注12) 121頁以下。
17) 内田・前掲注11) 129頁以下。さらに、同「電子マネーと財産犯」刑ジャ15号（2009年）21頁、同「電子マネーと犯罪」法コン27号（2009年）85頁参照。これに対して、橋爪隆「電子計算機使用詐欺罪における『虚偽』性の判断について」研修786号（2013年）6頁は、あくまでも入力送信されたデータそれ自体の内容を虚偽性判断の対象とすべきとする。
18) この点につき、渡邊卓也「電子計算機使用詐欺罪における『虚偽』性の判断」『野村稔先生古稀祝賀論文集』（成文堂、2015年）376頁は、当該システムにおいて予定されている「客観的な制度趣旨」に照らして、情報の虚偽性を判断すべきという。これに対して、鈴木左斗志「電子計算機使用詐欺罪（刑法246条の2）の諸問題」学習院大学法学会雑誌37巻1号（2001年）210頁以下は、財産状態の変動を本来決定するべき立場にある者の意思等を基準として情報の虚偽性を判断するべきと指摘する。しかし、意思に反すること自体は、ある行為の犯罪性を一般的に基礎づけるとはいえても、詐欺罪の派生類型としての電子計算機使用詐欺罪の成立要件を直接的に基礎づけることはできない。この見解が、**[事例4]** と **[事例5]** において両者ともに情報の虚偽性を肯定し、あとは領得の有無によって背任罪と電子計算機使用詐欺罪の区別を図ろうとしても（前掲論文242頁参照）、領得の有無だけでは横領罪と電子計算機使用詐欺罪の区別を図ることができず、いわゆる「利益横領」類型を電子計算機使用詐欺罪の成立範囲に取り込むことになって不当である。

4 事実を処理するメソッド

　以上で述べたことをまとめると、背任罪と詐欺罪の関係は次のようになる。まず、ある1個の財産侵害しか問題になっていないにもかかわらず、両罪の観念的競合を認めるのは不当である。しかし、両罪が同時に成立するようにみえる場合に、どちらか一方が優先的に成立すると解するわけでもない。基本的には、本人のための経済活動の一環としてなされてはいるが、任務違背行為によって本人に財産上の損害が生じる場合が背任罪の成立範囲にある。他方で、本人のための経済活動とは無関係になされたものであって、本人の財産を領得する場合が詐欺罪の成立範囲にある。すると、前者は本人の計算による場合、後者は自己の計算による場合と評価し得るが、自己の計算（＝領得行為の存在）という観点だけでは、詐欺罪と横領罪を区別することはできない。ここでは、当該財産が本人の支配下にあって、本人の処分行為を通じて当該財産を領得する場合が詐欺罪の成立範囲にある。これに対して、当該財産が自己の支配下にあって、自己の処分行為を通じて当該財産を領得する場合が横領罪の成立範囲にあると解されるのである。

　また、こうした基準は、背任罪と電子計算機使用詐欺罪との関係においても、両罪を区別するものとして援用できるが、この両罪の関係においては、そもそも後者の成立要件である「虚偽の情報」の有無が争われている。基本的には、情報がコンピュータに入力されることで生じる意味内容と、それを裏付ける現実の事実的、法律的関係の齟齬がその虚偽性を判断する上で重要となる。その裏付けとなる現実の事実的、法律的関係がなければ「虚偽の情報」が入力されたことになり、電子計算機使用詐欺罪の成否を検討する。これに対して、その裏付けとなる事実的、法律的関係があれば「虚偽の情報」が入力されたわけではないとして、背任罪の成否を検討するのである。おそらく事実上は、事務処理者が本人のための経済活動の一環として事務処理システムを利用している場合には、そもそも「虚偽の情報」が入力されたわけではないとして、電子計算機使用詐欺罪の成立が否定され、あとは背任罪の成立を検討することになる。他方で、事務処理者が本人のための経済活動とは無関係に事務処理システムを利用している場合には、「虚偽の情報」が入力されていると認められて、電子計算機使用詐欺罪の成立を検討することになると思われる。

[第10講]

盗んで、壊して、その手を上に
―先行犯罪vs.後行犯罪①

田山聡美

1 問題の所在

　これまでは、具体的な犯罪同士の一騎打ちを基本としてきたが、これから3講にわたっては少々視点を変え、罪数論の観点からのバトルをお届けしよう。これまでの主眼が、一つの犯罪行為に対して類似の財産犯のうちいずれの規定を適用すべきか、その判断基準を整理することであったとするなら、ここからは、複数の行為のそれぞれに財産犯が成立しそうな場合に、それらの相互関係を明らかにすることが目標となる。
　その第1回目として、本講では、従来「不可罰的事後行為」と呼ばれてきた問題に焦点を当てて検討する。

2 基本ツールのチェック

[1] 不可罰的事後行為とは
　継続犯（例えば監禁罪）と対比される概念として状態犯（例えば窃盗罪）というものがある。状態犯とは、一定の法益侵害結果が発生することによって犯罪が終了し、その後に継続する法益侵害の状態についてはもはや犯罪事実とは認められないものをいう。この状態犯においては、犯罪完成後に違法状態が続くことがあらかじめ予想されているのであるから、その違法状態に包含されるものである限り、事後の行為が他の構成要件を充足させるものであっても、別罪を構成しないとされる[1]。

---

1) 団藤重光『刑法綱要総論〔第3版〕』（創文社、1990年）131頁、446頁。

[事例1]
　窃盗犯人が、盗んできた金庫をこじ開け、錠を破壊した。

　例えば、**[事例1]**において、他人の金庫を破壊する行為（後行行為）は、それだけで見れば立派に器物損壊罪（261条）の構成要件に該当するものであるといえるが、金庫を盗む行為（先行行為）につき窃盗罪（235条）が成立する以上、そこに重ねて器物損壊罪が成立することはないとされる。この場合の後行行為を指して、従来「不可罰的事後行為」と呼んできた。
　たしかに、この場合に窃盗罪と器物損壊罪の併合罪にするという処理が妥当でないことについては異論がないといえよう。しかし、後行行為がなぜ「不可罰」でよいのか、その法的構成については見解が分かれるところである。
　従来の「不可罰的事後行為」の理解によれば、後行行為は先行行為の違法状態に包含されるものであるから、それを別罪で処罰すれば二重評価になる。したがって、後行行為に関する器物損壊罪がその構成要件に該当していることは認めつつも、先行行為の罰条が適用される限り、後行行為の罰条の適用が排除されるとし、これを、法条競合[2]の一種（吸収関係）として捉えてきた。法条競合として捉える以上、最終的に成立犯罪は一つであることになるから、結局のところ、後行行為に関する犯罪は成立しないという理解になる（このような考え方を以下「法条競合説」と呼ぶ）。
　ところが、このように後行行為について「犯罪不成立」とする理解には、さまざまな観点から疑問が提起される。例えば、①先行行為の不存在に関して立証ができない場合には、後行行為についても常に処罰できないことになってしまうのではないか、②先行行為時において違法または責任阻却事由が存在していた場合には、先行犯罪の範囲で評価される後行行為も常に不処罰となってしまうのか、③先行犯罪につき公訴時効が完成している場合や、親

---

2) 法条競合とは、「数個の罪名に触れるような外観を呈するだけで、実はその中の一つの構成要件の適用が他の適用を排除するばあいであって、結局一つの構成要件的評価しか成立しない」ものをいうとされる（団藤・前掲注1）456頁）。従来は、法条競合を、特別関係、補充関係、択一関係、吸収関係の4種類に分類することが一般的であったが、近時はとりわけ後二者について法条競合の概念に含めるべきではないという見解も有力になっている。

告罪における告訴が欠如している場合など、訴訟条件が欠ける状況において、後行行為も常に不処罰となるのか、④後行行為についてのみ加担した共犯は一切処罰できないことになるのか、といった疑問である[3]。

[2] 共罰的事後行為の考え方

そのような疑問から、近時は、後行行為についても犯罪が成立していることを前提とするべきである、という見解がむしろ一般的になってきている。もっとも、先行犯罪が実質的に後行行為についても評価している以上、重ねて処罰することは二重処罰のおそれを生じるため、後行犯罪は先行犯罪の罪に吸収されると解するべきであるとする[4]。ここで吸収という言葉が使われることが多いが、この吸収は法条競合における吸収関係とは異なる概念であり、法的性質としては、包括一罪（における吸収一罪）[5]に分類される。このように、後行行為は決して不可罰なのではなく、ただ先行行為と共に包括的に処罰されているから独立に処罰する必要がないだけであると考える立場からは、「不可罰」的事後行為という呼称は不適切であり、「共罰」的事後行為と呼ぶべきであると主張される（以下「包括一罪説」と呼ぶ）。

包括一罪説の理解に立てば、先行行為も後行行為もどちらも犯罪として成立しているのであるから、理論的には後行行為のみを処罰することも可能となる。したがって、先に示した疑問点についても、①先行犯罪が立証できなければ、後行犯罪のみで処罰が可能であり、②後行行為に犯罪阻却事由が存在しない以上は、後行行為のみ単独で処罰することができ、③先行犯罪について訴訟条件が欠けていれば、後行犯罪のみを起訴することも妨げられず、④後行行為のみへの加担者は後行犯罪の共犯として処罰することが可能とな

---

[3] 山口厚「不可罰的事後行為と共罰的事後行為」『理論刑法学の最前線Ⅱ』（岩波書店、2006年）230頁参照。

[4] 先行犯罪が後行犯罪の評価を含んでいるという理解については、法条競合説と変わらない。しかし、法条競合説が、形式的な犯罪類型相互の関係を問題にしているのに対し、本見解は具体的事例における実質的な二重評価を問題とする点で、微妙な違いも指摘されている。曽根威彦「不可罰的事後行為の法的性格」研修668号（2004年）5頁。

[5] 二罪が成立すると言いつつ、表面的には重い罪一罪によって処断することになるので、その実質は科刑上一罪に近いものと位置付けることができる。平野龍一『刑法総論Ⅱ』（有斐閣、1975年）413頁。なお、包括一罪と科刑上一罪の違いについては、第11講3［2］参照。

る。

3 規範と事実のブリッジ

[1] 後行犯罪の方が重い場合
　[事例1] は、先行行為の方が重い犯罪に該当する例であったが、後行行為の方が重い犯罪に該当する場合は、幾分違った考慮が必要とされる。

> **[事例2]**
> 　公園のベンチに置き忘れてあった文庫本をポケットに入れて持ち帰ったが、よく見ると面白くなさそうだったので破って捨てた。

　この事例において、文庫本を持って帰る点について占有離脱物横領罪（254条）が成立することに異論はなかろう。一方、後半の破って捨てる行為は、器物損壊罪の構成要件に該当する。前者の法定刑は、1年以下の懲役または10万円以下の罰金もしくは科料であり、後者は3年以下の懲役または30万円以下の罰金もしくは科料となっている。この場合に法条競合説に立てば、後行行為は不可罰的事後行為となり、最終的に軽い占有離脱物横領罪で処罰されることになるが、後行行為と先行行為とが包括一罪の関係にあると解すれば、むしろ重い方の器物損壊罪で包括して評価することが理にかなうことになり[6]、その場合の先行犯罪は共罰的「事前」行為と評価されることになる。
　このように解すると、後行行為が重い犯罪にあたる場合には、法条競合説と包括一罪説とで大きく結論が異なるように見える。しかし、包括一罪説からも、この場合には、後行行為を「不可罰」と解すべきとする意見が有力である。そもそも占有離脱物横領罪の法定刑が著しく軽いのは、占有侵害を欠く点において違法性が低いのに加えて、きわめて誘惑的要素が大きく、有責

---

6) そのように解する立場として、林幹人『刑法各論〔第2版〕』（東京大学出版会、2007年）298頁。なお、虫明満『包括一罪の研究』（成文堂、1992年）257頁は、後行行為が先行行為の違法内容を超える場合（後行犯罪の法定刑が重い場合）には、そもそも不可罰的事後行為とする前提を欠くので、包括一罪にはならず、2罪の成立を認めざるを得ないとする。

性が低いからである。仮に、事後の器物損壊罪を成立させ、その法定刑で処断することになれば、占有離脱物横領罪の法定刑を低く抑えた趣旨を没却してしまうことになる。そのように、先行行為の法定刑が軽いことに関して特別の意味合いが存在する場合には、例外的に「不可罰」とすることも検討されるべきであろう[7]。

ところで、**[事例2]**を厳密に分析すると、文庫本をポケットに入れた時点で占有離脱物横領罪が成立し、その後それを持ち帰る行為は、盗品運搬罪（256条2項）に該当しそうにも見える。この場合に盗品運搬罪が成立しないとする結論は一致を見ているが、その理由付けに関しては、盗品関与罪自体の解釈と関連して見解が分かれるところである[8]。窃盗犯人などの本犯者が盗品を運搬・保管する行為も本来的には盗品関与罪の構成要件に該当するところ、先行犯罪の評価に含まれていることを理由に重ねて処罰されないだけであるとするのが一つの考え方である[9]。他の一つは、そもそも本犯者は盗品関与罪の主体となり得ない、すなわち構成要件に該当しないと考えるものである[10]。盗品関与罪が本犯助長的性格を有する点に鑑みて、本犯者以外の者によって行われることが必要と考えれば、本犯者による運搬等はそもそも構成要件不該当とみるのが妥当であるように思われる[11]。

これに関連して、本犯の共犯者に盗品関与罪が成立し得るかという問題もある。共同正犯については本犯の正犯として扱い、盗品関与罪を否定する一方、教唆犯・幇助犯については盗品関与罪を肯定するのが多数の考え方であ

---

7) 西田典之『刑法各論〔第6版〕』（弘文堂、2012年）251頁、高橋則夫『刑法各論〔第2版〕』（成文堂、2014年）390頁など。なお、山口・前掲注3）246頁は、器物損壊罪の法定刑の上限に制約を設ける解釈論を展開する。
8) 盗品関与罪に関して、詳しくは第21講参照。
9) 共罰的事後行為であるとする見解として、山口・前掲注3）247頁、大谷實『刑法講義各論〔新版第4版〕』（成文堂、2013年）346頁など。
10) 団藤重光『刑法綱要各論〔第3版〕』（創文社、1990年）668頁、林・前掲注6）307頁など。なお、この問題については、構成要件に該当しないという結論を、不可罰的事後行為という言葉で表現する例が多くみられるが、構成要件に該当するが不可罰（的事後行為）である場合と、そもそも構成要件に該当しない場合とは区別すべきと思われる。
11) 仮に包括一罪と考えると、先行行為が窃盗罪であったとしても、後行の盗品関与罪の法定刑は罰金が併科されるぶん重いといえるから、原則として本犯ではなく盗品関与罪で包括することになりかねず、そのような結論は不自然であるように思われる。

る[12]。その場合の両罪の罪数関係については、牽連犯（54条1項後段）とする説[13]もあるが、判例は併合罪（45条）としている[14]。

[2] 新たな法益侵害がある場合

[事例2] に関しては、包括一罪説に立っても後行行為を不処罰にする解釈が展開されたが、逆に法条競合説の立場からも後行行為に独立の罪責を肯定する事例もある。

> **[事例3]**
> 預金通帳を盗んできた窃盗犯人が、それを使って預金の払戻しを受けた。

例えば、盗んできた預金通帳を捨ててしまった場合、それは先の窃盗罪で評価しつくされているとして、**[事例1]** と同じように不可罰的ないし共罰的事後行為として捉えることができるが、**[事例3]** の場合は、盗んできた通帳を利用することにより、銀行の占有している金銭に対して新たな侵害を行っている。このように、当初の被害者とは別の被害者に対する「新たな法益侵害」が認められる場合には、先行行為に評価しつくせないものとして、法条競合説・包括一罪説のいずれに立とうとも、後行行為は独立して処罰の対象とされ、通帳に対する窃盗罪と払戻しに係る詐欺罪（246条1項）とが併合罪の関係となる、と解するのが一般的である[15]。

では、この「新たな法益侵害」をめぐって、**[事例3]** と次の **[事例4]** とを比較してみてほしい。

---

12) そのように、共同正犯と狭義の共犯を区別する多数説の立場に反対する見解については、盗品関与罪に関する第21講3〔5〕参照。
13) 大塚仁『刑法概説（各論）〔第3版増補版〕』（有斐閣、2005年）350頁、曽根威彦『刑法各論〔第5版〕』（弘文堂、2012年）192頁など。
14) 例えば、窃盗教唆罪と盗品有償処分あっせん罪につき最判昭和24・7・30刑集3巻8号1418頁。併合罪を認める学説としては、大谷・前掲注9）350頁、山口厚『刑法各論〔第2版〕』（有斐閣、2010年）350頁など。
15) 最判昭和25・2・24刑集4巻2号255頁。

[事例 4]
　他人が遺失した乗車券を拾得した者が、自己が買ったものであるかのように装い、駅窓口において払戻しを受けた。

　この事例は、先行犯罪が窃盗罪ではなく占有離脱物横領罪であるという違いがあるものの、いったん領得した乗車券を提示して払戻しを受けている点においては、[事例 3]と酷似しているように見える。したがって、[事例 4]も[事例 3]と同様に、元の乗車券の持ち主とは別に、鉄道会社に対する新たな侵害があるとして、詐欺罪を肯定する学説が多い[16]。
　ところが、このような事案において浦和地判昭和37・9・24下刑集4巻9・10号879頁は、「有効な乗車券を用いて乗車し、又は払戻を受け或はこれを他人に譲渡することは、社会通念上乗車券の用方に従つた通常の使用、処分方法であつて、遺失物横領者がかかる所為に出ることは当初から当然に予想されるところであつて、……いわゆる不可罰的事後行為として何ら犯罪を構成しない」という判断を示した[17]。このように、[事例 3]と[事例 4]とで結論を分かつ理由はどこにあるのであろうか。
　この点に関し参考になるのが、浦和地裁が上記引用部分に先だって無記名乗車券の性質を詳細に論じている点である。すなわち、無記名乗車券につき、その権利を行使するためには、当該乗車券を常に所持することが必要であり、一方の鉄道会社はその所持人が正当な所持人であるか否かを調査する義務はなく、有効な乗車券である限りその所持人に対して運送または払戻しをすれば免責されるとする。すなわち、運送サービスの提供であろうと払戻しであろうと、それが有効な乗車券（有価証券）に対してなされている限りにおいて、鉄道会社には何らの法益侵害も見出すことはできないという趣旨であろう。そうであるとするなら、これはそもそも詐欺罪の構成要件に該当しないことを意味しているのではないだろうか。すなわち、鉄道会社としては、乗

16）　西田・前掲注7）252頁、高橋・前掲注7）391頁、山口・前掲注14）317頁など。詐欺罪を成立させた後の罪数関係については特に触れられていないが、占有離脱物横領罪に加えて詐欺罪を肯定し併合罪とするものと思われる。
17）　類似の事案につき同様の結論をとるものとして、東京地判昭和36・6・14判時268号32頁。

車券の持参人に対して払い戻せば免責されるのであるから、持参人が正当な購入者であるか否かは、払戻しの判断の基礎となる重要な事項[18]ではないと解することができると思われる。後行行為が詐欺罪の構成要件に該当しない以上は、先行行為との罪数を論じるまでもなく、先行犯罪一罪で処理してよいことになる。

　そのような観点から**［事例3］**の通帳の場合を検討してみると、通帳は単なる証拠証券に過ぎず、持参人に対して払い戻したとしても、それが正当な権利者でない場合には必ずしも免責されるものではないから、その点を捉えて詐欺罪の構成要件該当性を肯定することができよう。詐欺罪の構成要件該当性が確認されて初めて、それを前提に、先行犯罪たる窃盗罪との罪数関係が問題となり、窃盗罪で評価しつくされていない「新たな法益侵害」があったことを認定して、窃盗罪と詐欺罪の併合罪とすべきこととなる。

　もっとも、**［事例3］**と**［事例4］**の結論に上記のような差を設けることに対しては相当な異論もあろう。実際、窃取した持参人払式小切手（有価証券）を銀行に提示して現金を交付させた事例に関して、最判昭和38・5・17刑集17巻4号336頁は、窃盗罪に加えて詐欺罪の成立を認めている。この点は、純粋に詐欺罪の解釈論に委ねられることになろうが、財産的損害に関する形式的個別財産説に親和的な発想からは、先に領得した客体（有価証券）とは別の客体（現金）に侵害が及んでいる以上、詐欺罪における法益侵害ありという理解に結びつきやすい一方、実質的個別財産説に親和的な発想からは、有効な有価証券に対して支払いをなし免責される以上、そこに詐欺罪における法益侵害（財産的損害）は見出せないという結論を導きやすい、ということは言えるように思われる。

　以上の例は、先行行為と後行行為が別の被害者に向けられていた場合であるが、同一被害者に向けた2度の侵害をどのように評価するか、という問題もある。

［事例5］
　磁石を用いる不正な方法で取得したパチンコ玉を、正当に取得したも

---

18) 詐欺罪に関する近時の判例においては、欺く行為の認定にあたり、交付の判断の基礎となる重要な事項に関する欺罔であることが基準とされている。

のののように装って、同じパチンコ店で景品と交換した。

　不正な方法でパチンコ玉を取得する行為は窃盗罪を構成すると解するのが判例であるが[19]、ここで注目したいのは、パチンコ玉を景品と交換した行為についてである。正当に取得されたパチンコ玉であるか否かは景品交付の判断の基礎となる重要な事項に該当するといえ、実質的にも店側が予定している確率を大きく上回る形での景品交換には店側の財産的な損害が見出せるから、後行行為につき詐欺罪を肯定することができるであろう。

　では、それを前提に、先の窃盗罪との罪数関係をどのように解すればよいか。この場合、行為の客体が異なることや店側の被害を増大・深化させていることを理由に「新たな法益侵害」を肯定して併合罪と解する立場[20]と、パチンコ玉がもともと景品と交換するための手段に過ぎないことや被害者が同一であることを理由にいずれか一方のみの成立を肯定する立場[21]とがある。併合罪と評価するには実質的な重なり合いが強すぎるように思われるが、いかがだろうか。

[3]　横領後の横領
　最後に、不可罰的事後行為の問題が大きく注目されるきっかけとなった最判平成15・4・23刑集57巻4号467頁の事案を紹介しておこう。

[事例6]
　委託に基づき他人の土地を占有する者が、ほしいままにその土地に抵当権を設定し、その後さらに当該土地を売却したところ、土地の売却行

---

19)　最決昭和31・8・22刑集10巻8号1260頁。景品との交換を予定したパチンコ玉は、一時使用目的で取得したに過ぎないことから、不法領得の意思を欠くのではないか、という問題が存在するが、判例は一貫して窃盗罪を肯定している。近時では、パチスロ機のメダル窃取事例に関する最決平成19・4・13刑集61巻3号340頁、最決平成21・6・29刑集63巻5号461頁など参照。

20)　山火正則「法条競合の諸問題(2)」神奈川法学7巻2号（1972年）29頁、虫明・前掲注6）257頁など。

21)　平野・前掲注5）416頁、曽根・前掲注4）8頁。なお、窃盗罪の法定刑の方が軽くなった現在では、包括一罪説からは詐欺罪への吸収という方向が検討されてしかるべきであろう。

為のみが起訴された。

　これまでの流れに従えば、まず、先行行為たる抵当権設定行為と、後行行為たる売却行為が、それぞれ何罪の構成要件に該当するかを考えることが先決問題となる。そのうえで、両罪の罪数関係を法条競合と捉えるか、包括一罪と捉えるかの違いにより、後行行為のみの処罰の可否が決まりそうに見える。その判断順序自体に問題はないが、本事例は、先行行為・後行行為それぞれに、そもそも構成要件該当性判断の段階で困難な問題が存在するのが特徴的である。

　この事例では、先行の抵当権設定行為が、不動産そのものに対する横領罪になるのか、あるいは背任罪にとどまるのかが一つの争点とされる。この点に関しては、横領とは他人の所有物を「自分のもの」とする犯罪であり、抵当権設定はそれにあたらないとして背任罪の成立を主張する説も有力である[22]。しかし、抵当権の設定も不法領得の意思の発現として充分であること、換価処分によって所有権を喪失する危険を設定する行為であることなどを根拠に、横領罪の成立を認める見解が多数であり[23]、妥当と思われる。

　一方、後行行為については、不動産の売却が客体全部の領得にあたるという点で異論はないものの、それに先立って抵当権の設定行為が行われることによって委託信任関係が破壊され、もはや横領罪の構成要件を満たさなくなっているのではないかという問題がある[24]。この点を重視すれば、後行行為のみ起訴された場合には横領罪を構成し得ないという結論になる。しかし、例えば金銭の横領事案につき、会社の金銭の一部を横領することによってその後のさらなる使い込みがすべて横領でなくなるとするのは妥当でないから、法律上の委託関係に変動がない限り委託信任関係の継続を認めるべきとする考え方が多数であり[25]、結論として本事例の場合には委託信任関係の継続を認めてよいであろう。

22) 浅田和茂「横領後の横領」平成15年度重判解（2004年）169頁など。
23) 大塚仁ほか『大コンメンタール刑法第13巻〔第2版〕』（青林書院、2000年）375頁〔吉本徹也〕。
24) 山口・前掲注3) 239頁参照。
25) 例えば、山口厚ほか『理論刑法学の最前線Ⅱ』（岩波書店、2006年）262頁〔佐伯仁志コメント〕など。

また、先行行為を背任罪ではなく、横領罪と解する場合には、ひとたびその全体を領得した客体を再度領得することは理論的に可能なのか、という疑問も生じ得るところである。しかし、この点について、前掲平成15年判決は正面から判例[26]を変更し、「先行の抵当権設定行為が存在することは、後行の所有権移転行為について犯罪の成立自体を妨げる事情にはならない」として、1個の客体に対して複数回の横領を観念することが可能であるという見解を明示した。
　この点、学説においても、横領行為は所有権を消滅させるものではなく、「所有権の処分可能性という所有権の機能に対する侵害」なのであるから、抵当権設定後になお残された所有権の機能を侵害することが可能であるとする説[27]、あるいは、横領罪を「所有権の機能に対する危険犯」と解する立場から所有権に対する危険が複数回惹起され得ることを説明する説[28]などによって、同一客体への複数回の横領を肯定する理由付けが模索されている。
　なお、平成15年判決は、先行行為について横領罪が成立する場合における両者の罪数関係については明示していない。しかし、検察官が事案の軽重、立証の難易等諸般の事情を考慮し、両者のうち後行行為のみをとらえて公訴提起できるという判断を示していることから、両者を併合罪関係にあるとは見ておらず、両者のうちどちらか一方で処罰すれば足りるとする包括一罪説の考え方に親和的であると解される[29]。客体も委託信任関係も同一であることから、包括一罪と解すべきとするのが学説においても多数である。

4　事実を処理するメソッド

　まず、先行行為・後行行為の一方が構成要件に該当しない場合には、そもそも複数の犯罪の罪数関係を考える必要はないのであるから、先行行為と後行行為のそれぞれに何等かの犯罪の構成要件該当性を確認することが出発点

---

26)　最判昭和31・6・26刑集10巻6号874頁は、同様の事案につき、後行行為に横領罪の成立を否定していた。
27)　西田典之「共罰的事後行為と不可罰的事後行為」『三井誠先生古稀祝賀論文集』（有斐閣、2012年）353頁。
28)　橋爪隆「横領行為の意義について」法教439号（2017年）92頁。
29)　高木俊夫「訴訟の場から見る不可罰的事後行為」『川上和雄先生古稀祝賀論文集』（青林書院、2003年）284頁。

となる。

　両者の構成要件該当性が認められる場合には、基本的に両罪が成立すると考え、その侵害法益の同質性を検討することになる。両罪が全く別種の法益に対する侵害であると認められれば（すなわち後行行為に新たな法益侵害がある場合には）、両罪は独立に成立し、併合罪になる。一方、両罪の侵害法益が実質的に重なる場合には、二重処罰回避のため、包括一罪（ないしは法条競合）として処理することとなる。包括一罪とする場合、基本的には重い方の罪に軽い方の罪が吸収されることになるから、先行・後行を問わず重い方の罪一罪で処罰することになろう[30]。

　ただし、先行犯罪が軽く処罰されていることにつき特別の理由があり、重い後行犯罪で処罰することがその趣旨を没却することになる場合には、包括一罪説に立っても例外的に「不可罰」的事後行為として後行犯罪を成立させないという解釈も必要であろう。

---

30) この点、一方が他方に吸収されるタイプの包括一罪（吸収一罪）とは異なり、両罪名が表に現れる形で包括一罪を形成する場合もある。そのような混合的包括一罪と呼ばれる類型については、第11講参照。

［第11講］

１＋１＝１の仕組み
──先行犯罪vs.後行犯罪②

田山聡美

1 問題の所在

　本講の目標は、第10講に引き続き、複数の財産犯が成立しそうな場合にそれらの相互関係を明らかにすることであるが、中でも「混合的包括一罪」と呼ばれる類型に着目したい。混合的包括一罪とは、数個の異なる構成要件にまたがる包括一罪を指すとされるが、そもそもそのような類型がなぜ必要なのか、また、どのような場合に肯定し得るのか、といった問題は明確にされているとは言い難い。

　第10講において、いわゆる不可罰的事後行為の問題を処理する際にも、法条競合や包括一罪といった概念が登場したが、本講では、改めて包括一罪と法条競合、さらには科刑上一罪との違いを整理したうえで、いわば「最広義の一罪」の中における「混合的包括一罪」というものの位置付けを中心に考えてみたい。

2 基本ツールのチェック

[1] 包括一罪とは

　混合的包括一罪を検討するにあたり、まずは「包括一罪」という概念の把握から出発しよう。ところで、刑法上、一罪について規定する条文は、科刑上一罪に関する第54条しか存在しない。科刑上一罪とは、理論上は数罪であるところ科刑上のみ一罪として扱うものと理解されているから、いわば理論上の一罪（すなわち本来的一罪）に関する規定は存在しないということである。

もちろん、迷うことなく一つの構成要件を 1 回しか充足し得ない場合（単純一罪）であれば問題ないが、外見上、同一構成要件を複数回充足しそうな場合や、複数の異なる構成要件を充足しそうな場合には、科刑上一罪に該当しない限り、併合罪の道しか残されていないことになるのだろうか。例えば、次の例である。

> [事例 1]
> Ｘは、Ａが倉庫に保管中の米俵を、2 時間余りの間に、3 俵ずつ、3 回に分けて持ち出した。

最判昭和 24・7・23 刑集 3 巻 8 号 1373 頁の「接続犯」の事案である。この場合、3 回にわたる持ち出し行為がそれぞれ窃盗罪の構成要件を充足すると解することも可能であり、実際、原審はそのような評価に基づき各窃盗行為を併合罪とした。しかし、最高裁は、短時間・同一場所・同一機会であること、単一の犯意の発現たる一連の動作であることを理由として、併合罪ではなく一罪と評価すべきとの判断を示し、学説においてもこれを包括一罪とする結論についてはほぼ異論を見ない。

このように、同一構成要件に複数回該当する事実や、複数の構成要件に該当する事実が存在する場合であっても、それを数罪とせず、包括的に一罪で評価し得る場合を総称して、包括一罪という。これは、理論上は数罪とされている科刑上一罪とは異なり、本来的一罪の一種として解釈上認められているものである。

もっとも、包括一罪には様々な種類のものがあり、本来的一罪の一種とはいえ、単純一罪に比して多かれ少なかれ数罪的要素が存在することは否定できず、後にみるように実質的には科刑上一罪に限りなく近い場合も存在する。そのような性質を捉えて、包括一罪を正面から科刑上一罪と位置付ける立場もあるが[1]、ただでさえ漠然とした包括一罪の概念を少しでも明確化し、恣意的な運用を排除するためにも、本来的一罪という「枠」を設けておくことには重要な意義があると思われる[2]。

---

1) 平野龍一『刑法総論Ⅱ』（有斐閣、1975 年）413 頁、山火正則「包括的一罪」西原春夫他編『判例刑法研究第 4 巻』（有斐閣、1981 年）273 頁など。

包括一罪が本来的一罪であると解することによって、包括一罪の成立要件（すなわち包括一罪が認められる限界）を提示することが可能となる。そもそも犯罪とは、構成要件に該当し、違法で有責な行為であるから、何をもって「一罪」とするかという判断においても、まずは形式的な構成要件該当性をベースに、実質的な違法の一体性、責任の一体性の観点を加えて、総合的に判断すべきである。そして、当該罰条の予定する違法・責任内容の範囲内に収まり得る限りにおいて、当該罰条による一回的評価が正当化されることになろう[3]。それを具体的な要件として表すなら、複数の構成要件を充足することを前提に、①被害法益の一体性、および②行為の一体性という二つに集約できると思われる[4]。

　①被害法益の一体性とは、複数の異なる法益を侵害する場合に比して違法が減少するような要素（例えば被害法益の重なり合い）があるかを判断するための要件である。犯罪が法益保護を目的としているものである以上、この要件は一罪性の判断にあたって、最も重要なものとなる。すなわち、侵害されている法益が実質的に一つであれば、一つの犯罪として評価されてよいし、逆に全く異なる法益が複数侵害されているのであれば、それを一罪と評価することは妥当でないことになる。

　②行為の一体性とは、一つの意思決定に貫かれた行為であることを認定するための要件である。規範意識の突破が1回しかない場合には、複数回の規範意識の突破が見られる場合と比較して、責任において軽く評価できるというものである。その場合、行為同士の時間的・場所的近接性も一つの目安となり得るが、多少の隔たりがあるような場合であっても、原因・結果、手段・目的といったような密接な関係性があるか否かも考慮に入れ、全体として責任の減少につながるような一体性を持っているかを吟味する必要がある。

---

2) この点を重視して、包括一罪が本来的一罪であることを強調するものとして、虫明満「いわゆる混合的包括一罪について」香川法学14巻3・4号（1995年）144頁。
3) 罪数の決定基準に関する詳細な分析は、虫明満『包括一罪の研究』（成文堂、1992年）5頁以下参照。
4) この2要件につき、西田典之他編『注釈刑法第1巻総論』（有斐閣、2010年）715頁〔山口厚〕参照。

[2] 包括一罪の分類

　包括一罪には様々なタイプのものがあるが、混合的包括一罪の理解に資するよう、ここでは、同一構成要件内での包括の場合と、異なる構成要件にまたがる包括の場合とを分けて整理してみよう。

(i) 同一構成要件内の包括一罪

　まず、学説上、一般的に包括一罪に分類されるもののうち、同一構成要件内での包括の場合としては、**[事例1]** の「接続犯」のほか、「集合犯」や「狭義の包括一罪」などがある。「集合犯」とは、例えば常習犯のように、構成要件が初めから数個の行為を予定している場合であり、仮に構成要件を充足する数個の行為が繰り返されていたとしても、それは包括して一罪となる。「狭義の包括一罪」とは、盗品関与罪のように、数種の行為態様が並列して規定されている場合に、相互に手段・目的、原因・結果といえるような密接な関係で実現された各行為を包括して一罪とするような場合である。

(ii) 異なる構成要件にまたがる包括一罪

　上述の同一構成要件内の包括の場合とは異なり、異なる構成要件にまたがる包括の場合には、それぞれの罰条の法定刑が異なることが予想される。その場合、重い法定刑を定めた罰条で評価すれば足りることから、軽い方による評価を吸収しているという意味で「吸収一罪」と呼ばれる。

　窃盗罪で領得した盗品を後に損壊しても器物損壊罪によって罰せられることはないという共罰的事後行為[5]の例は、まさにこの吸収一罪の一種として把握することができる。先行の窃盗罪が後行の器物損壊行為についても評価しつくしているから、重ねて器物損害罪を成立させる必要がない、と説明されているのは、先に示した要件のうち、①被害法益の一体性を根拠としているものに他ならない。ところで、この場合、②行為の一体性については言及されないのが通常であるが、包括一罪と解する以上、②の要件も無視することはできない。共罰的事後行為の例では、時間的・場所的な近接性が比較的緩やかな場合も多いものと思われるが、通常は、原因・結果、手段・目的といった密接な関連性を見出すことができ、②の要件も満たされるものと言えよう[6]。

　なお、吸収一罪の一種として「随伴行為」も挙げられるのが一般的である。

---

5) 第10講参照。

第Ⅰ部　基礎編

例えば、人を殺す際に衣服を損壊したとしても、そのような事態は殺人罪の想定した範囲内であるということを根拠に、重い殺人罪一罪によって包括的に評価できるというものである。たしかに、殺人に付随して起こる器物損壊につき、あえて別罪として取り上げる必要もないため、このような理解にも合理的理由はあると思われる。しかし、殺人罪と器物損壊罪とは全く異なる法益に対する罪であって、先に示した①被害法益の一体性の要件を肯定し得るか、という点で疑問が残る。むしろ観念的競合と解すべきではないだろうか。

この他に、異なる構成要件にまたがって包括される場合として、近時注目されている類型が「混合的包括一罪」である。

[3] 混合的包括一罪とは

財産犯の領域で混合的包括一罪が認められた有名なケースとして、最判昭和61・11・18刑集40巻7号523頁がある。簡略化して示すと次のようになる。

> **[事例2]**
> X・Yは、Aを殺害して覚せい剤を奪う計画を立て、YがAをホテルの一室に呼び出し、別室に待機する買主に見せてくると偽り覚せい剤を持って部屋を出て、そのまま逃走した。その後XがAの部屋へ赴きAに向かって拳銃を発射したが、Aは重傷を負うにとどまった。

最高裁は、このような事案に関し、窃盗罪または詐欺罪[7]と（2項）強盗殺人未遂罪[8]の包括一罪として重い後者の刑で処断すべきと判示した[9]。この

---

6) ただし、第10講 **[事例6]** で取り上げた横領後の横領の事例（最判平成15・4・23刑集57巻4号467頁）のように、先行行為と後行行為の間にとりたてて密接な関係性があるとも思えないような場合もあり、そのような場合に時間的隔たりも大きければ、全く別の意思決定に基づくものと評価して、併合罪にする余地もあるように思われる。この点を指摘するものとして、山口厚「不可罰的事後行為と共罰的事後行為」『理論刑法学の最前線Ⅱ』（岩波書店、2006年）242頁。

7) 原審認定の事実関係のもとでは、Aに財産的処分行為が肯定できるか否かが不明であるため、詐欺罪とも窃盗罪とも断定できないとした。

場合も、最終的には重い方の法定刑で処断される点については先の吸収一罪の場合と異ならないが、吸収一罪の場合には、吸収される罪（軽い方）の罪名は通常表には現れないのに対して、混合的包括一罪の場合には、包括される両者の罪名が表に出てきていることが一つの特徴である。

　一般に、包括一罪と科刑上一罪とは、訴訟上の事実の摘示の有無について差があるとされてきた。科刑上一罪では、罪となる事実をそれぞれ独立に認定し、それぞれに罰条を示したうえで54条を適用する必要があるのに対して、包括一罪では、適用される一つの罪についてのみ事実認定と罰条の適用をすれば足り、他方の罪は情状として考慮すれば足りるものとされる[10]。この点、混合的包括一罪は、それぞれ独立に犯罪事実の摘示を行っており、むしろ科刑上一罪と類似の処理を行っているのである。吸収一罪では、一方の罪名がいわば無視される形となるが、混合的包括一罪では、包括されている内容を明示する機能を有する意味で、非常に有用な面があるといえよう。

　しかし、ここまで科刑上一罪に近い存在となっている混合的包括一罪が、はたして包括一罪（すなわち本来的一罪）の枠の範囲内にとどまっているといえるのか、については改めて検討を要する。この点、**[事例2]** においては、一つの意思決定に基づいて同一場所・同一機会になされた行為であることから、②行為の一体性に関しては十分肯定できる。次に、①被害法益の一体性についても、先行の窃盗罪または詐欺罪の客体たる覚せい剤と、後行の2項強盗罪の客体たる覚せい剤に対する返還請求権または代金請求権とは、

---

8) 殺害行為は、覚せい剤を奪うための手段にはなっていないので、1項強盗にはなり得ないが、覚せい剤の返還ないしその代金支払いを免れるという財産上の利益を得るためになされていることから2項強盗殺人未遂にあたるとした。

9) なお、この場合、先行行為が窃盗罪であった場合には、事後強盗罪と2項強盗罪の競合の問題が生じる。事後強盗罪の要件が一般的な2項強盗罪に比して厳しいことに鑑み、先行行為が窃盗罪である場合には、事後強盗の要件を満たすときのみ強盗をもって論じることができるとする見解もあるが、先行する犯罪が詐欺であるか窃盗であるかによって後行の2項強盗罪の成否が大きく左右される積極的な理由も見出し難い。したがって、事後強盗罪が成立する場合であっても、2項強盗罪が排除されるものではなく、両者ともに要件を充足する場合には、いずれの成立を認めてもよいと解するのが妥当ではないだろうか。その場合、両者は法条競合の関係あたるから、両方同時には適用し得ないのは当然である。最高裁もそのような立場から、2項強盗罪を肯定しているものと思われる。

10) 平野・前掲注1) 413頁。

観念的には一応別個の客体として捉えることができるものの、価値的には同一の財産的被害であって、実質的な観点から①被害法益の一体性を肯定することが可能である。したがって、**[事例2]** の事案に関する限り、包括一罪とする結論にとりたてて異論は見られない[11]。

ところが、この事例と異なり、財物奪取意思を生じる以前の暴行と生じた後の暴行のどちらから傷害結果が生じたかが不明の場合に、（強盗傷人罪を適用することができないのは当然として）前後の一連の暴行に起因する傷害罪と強盗罪との混合的包括一罪を肯定する見解[12]については疑問が残る。仮に、両罪に暴行という行為の限度での重なり合いが見られたとしても、傷害罪の法益は明らかに強盗罪からはみ出しており、①被害法益の一体性の要件を満たさない以上、併合罪とすべきように思われる[13]。

以上の整理を前提とすると、包括一罪の要件を満たす範囲のものであるならば、従来の吸収一罪に代えて混合的包括一罪の手法を積極的に利用することは、理論的にはあり得ることであろう[14]。

そこで、包括一罪の限界こそが重要なポイントになるので、以下、包括一罪の周辺に位置する単純一罪や科刑上一罪との線引きの観点から、さらに検討を加える。

3　規範と事実のブリッジ

[1] 包括一罪と法条競合の区別

包括一罪と同じく、数個の構成要件を充足し得るにもかかわらず、包括一罪ではなく単純一罪となる場合として、「法条競合」と呼ばれる場合がある。法条競合とは、構成要件相互の論理的な関係から、一方が他方の罰条の適用を排除する関係であるとされる。例えば、強盗罪と窃盗罪とは、窃盗部分に

---

11) もっとも、客体が覚せい剤（禁制品）である点で、そもそも窃盗罪・詐欺罪が成立し得るかという問題があると同時に、民法上有効に成立していない代金請求権ないし返還請求権（民法90条・708条参照）について2項強盗罪が成立し得るかという点についても、罪数以前の問題が潜んでいる。

12) 仙台高判昭和34・2・26高刑集12巻2号77頁における傍論参照。

13) 虫明・前掲注2) 137頁など。

14) もっとも、訴訟技術的な観点からのメリット・デメリットは別途検討を要する。

おいて重複しており、法条競合の関係にあるといわれる。

> [事例3]
> 　強盗の意図をもって、暴行・脅迫により相手の反抗を抑圧し、現金を奪った。

　[事例3] は典型的な強盗罪の例であるが、後半の財物を奪う部分にのみ着目すれば、これは窃盗罪の構成要件にも該当し得る。しかし、強盗罪は窃盗罪をもその中に含んだ犯罪類型として規定されている以上、強盗罪の他に重ねて窃盗罪を成立させる必要はないし、重ねて成立させれば、後半の財物奪取部分を二重に評価することとなり妥当でない。したがって、強盗罪一罪のみを成立させることになる。これが法条競合の場合であり、ここで重要なのは、同一事実の評価として強盗罪と窃盗罪とが同時に成立することはない、という点である。つまり、法条競合が包括一罪と決定的に異なるのは、評価対象があくまでも一つの事実であるという点である[15]。

　それに対して、包括一罪は、犯罪を構成する事実が複数あるのが特徴といえる。複数の事実がそれぞれに何らかの構成要件を充足しているにもかかわらず、それでもなお包括して一罪とするのである。

> [事例4]
> 　窃盗の意図をもって宝石を窃取したところ、家人にみつかったため、強盗の意思を生じ、暴行・脅迫により相手の反抗を抑圧し、現金を奪った。

　[事例4] は、いわゆる居直り強盗の事例である。後半は [事例3] と全く同じであるから、その強盗罪の中に含まれている窃盗部分についての評価は法条競合の問題として、強盗罪のみの適用を考えればよい。問題は、前半の宝石に対する窃盗罪と後半の現金に対する強盗罪の関係である。[事例3]

---

15) 本文のような理解を前提とすると、第10講で扱った不可罰的事後行為については、明らかに行為が複数あるのであって、同じ事実に対する二重評価の問題ではないから、法条競合と解するのは妥当でないことになる。

では、現金を奪うという同一事実につき、窃盗罪と強盗罪の評価の重複が問題となっていたが、**[事例4]** では、時間的にずれている二つの事実に対して、それぞれ窃盗罪と強盗罪の適用が問題となっているのであるから、決して評価の重複は生じていない。形の上では端的に2罪を成立させ、併合罪とすることも可能であるように思われるが、通説はこれを包括して後者の強盗一罪で処理する。

この場合、なぜ包括一罪とされるのだろうか。**[事例4]** は、宝石と現金という具体的な客体の点では完全に単一とはいえないが、同一被害者の財産に対する侵害である点、①被害法益の一体性を肯定し得るといえよう。また、時間的・場所的に近接してなされた行為であることから、それを一体として評価することが可能であり[16]、②行為の一体性も認められ、包括一罪と解することができる。こうして、先行の窃盗罪は、より重い後行の強盗罪に吸収される（吸収一罪）とするのが一般的であるが、この場合に両者を混合的包括一罪とすることも可能であろう。

[2] 包括一罪と科刑上一罪の区別

包括一罪では、一般的には行為が複数存在している場合が多いが、必ずしもそうとは限らず、行為が1個の場合も存在する。その場合には、行為の一個性が要件となる観念的競合との線引きが問題となる。

> **[事例5]**
> 1個の行為で複数の人の財物を壊した。
> **[事例6]**
> 1個の行為で同一人の財物を複数壊した。

ともに1個の行為で器物損壊罪の構成要件を複数回充足している場合であるが、**[事例5]** は観念的競合、**[事例6]** は包括一罪と解することができる。

16) 途中から強盗の犯意を生じているという事情はあるものの、同一状況下における財産犯の継続（ないし発展）であるから、規範意識の突破という意味では一体のものと捉えることができるものと思われる。この点、1項詐欺罪の成立後に2項強盗罪の犯意が生じた事例につき、詐欺罪と強盗致傷罪の包括一罪を認めた大阪地判平成18・4・10判タ1221号317頁も参考になる。

この違いは、先に示した包括一罪の二つの要件のうち、①の要件の有無で区別することができる。すなわち、両者ともに②行為の一体性（一個性）は肯定できるところ、①被害法益の一体性について、**[事例5]** では否定され、**[事例6]** では肯定できる点がポイントとなっている。

[事例7]
　Xが、金融業者Aから融資を受けるにあたり、B銀行の預金に対する質権設定承諾書を差し入れることが必須の条件とされたため、偽造したB名義の同承諾書をAに差し入れることにより、Aから融資を受けた。

[事例8]
　事例7と同様の条件のもと、先にAから融資を受け、入金を確認した後、偽造したB名義の質権設定承諾書をAに差し入れた。

　[事例7] は、偽造有印私文書行使罪と詐欺罪が成立し、牽連犯とされる例である[17]。牽連犯は、行為が複数存在する場合であり、観念的競合に比してさらに数罪性が強い類型といえる。しかし、これが観念的競合と同じく科刑上一罪とされている理由は、複数の行為が相互に強い関連性を有しており、1個の行為に準じる場合であるとされるからである。その点は、包括一罪で要求される②行為の一体性の要件と重なる。しかし、①被害法益の一体性の観点から見ると、文書偽造罪は社会法益に対する罪であるのに対して、詐欺罪は個人の財産的法益に対する罪であるから、その被害法益に重なりはない。したがって、これは包括一罪にはなり得ない。

　ところが、具体的な状況としてはほとんど変わらないにもかかわらず、**[事例8]** の場合に、これを混合的包括一罪として扱ったものが存在する[18]。詐欺罪が既遂に達した後の偽造有印私文書行使罪を、詐欺罪の手段とみることが困難であるために牽連犯にはあたらないとしながらも、併合罪としてしまうことは **[事例7]** との均衡上妥当でないとの判断がある。

　たしかに、**[事例7]** と **[事例8]** の間には、併合罪加重をするか否かを分

---

17) 大判明治43・12・16刑録16輯2227頁など。
18) 東京高判平成7・3・14高刑集48巻1号15頁、東京地判平成4・4・21判時1424号141頁、東京地判平成4・7・7判時1435号142頁。

けるほどの決定的な差異はないようにも思えるし、そもそも解釈によっては、多少順序が前後しようとも、具体的な牽連関係を肯定し、牽連犯とする余地があったようにも思われる[19]。しかし、仮に具体的事情において牽連関係が否定されたならば、①被害法益の一体性がない以上は併合罪とするほかないであろう。①被害法益の一体性は、包括一罪の一罪性を基礎づける最も重要な要件であり、これを完全に不要にしてもよいとするなら、包括一罪の位置付けが相当不明確にならざるを得ない。

[3] 包括の仕方をめぐる問題
　包括一罪の要件が肯定されたとして、包括の仕方にも幾通りかの可能性がある。

> [事例9]
> 　タクシーを降りる際に強盗の意思を生じ、運転手に対して暴行を加え、その反抗を抑圧し、料金の支払いを免れると同時にその場にあった現金も奪った。

　[事例9]では、料金の踏み倒しについて2項強盗罪、現金について1項強盗罪が成立し得る。両者において具体的な客体は異なるが、同一人の財産に対する侵害である点で①被害法益の一体性は肯定できるし、②行為の一体性も肯定できよう。そこで両者を包括一罪としたいところであるが、同一罪名の1項と2項の場合、どのように包括すればよいのであろうか。この場合、両者とも236条という同一条文の罪であるから、両者を包括して236条の強盗罪一罪と解する方法[20]があり得るほか、1項が基本類型であるという理解から1項の方に吸収させる方法も主張されている[21]。

> [事例10]
> 　XがAの財物を窃取して隠し持っていたところ、翌日気づいたAに問

---

[19]　只木誠「判批」判時1449号（1993年）216頁。
[20]　強盗殺人の例であるが、東京高判昭和40・5・21高刑集18巻3号175頁参照。
[21]　虫明・前掲注2）128頁など。

いつめられ、「私は知らない」と嘘をつき返還を免れた。

　[事例10] は、先行する財産犯によって領得された財物の返還を免れる場合として、**[事例2]** と類似している。しかし、2項強盗罪の場合と比較すると、2項詐欺罪の場合は、相手方の処分行為が要件とされる点で、一般論として成立しにくい傾向は否定できない。**[事例10]** の場合も、相手方に詐欺罪における処分行為と呼べるものが存在するか否かが微妙であり、そもそも2項詐欺罪の構成要件を充足しない可能性がある。しかし、仮に2項詐欺罪の構成要件が充足されるとして、先行の窃盗罪とはどのような関係になるか。この点、財産犯であってもとりわけ窃盗・詐欺・恐喝については行為態様を異にしている点を重視し、相互に包括できないとする見解もある[22]。しかし、この場合も、**[事例2]** と同様に①被害法益の一体性は肯定し得るし、また、共罰的事後行為の場合と同様に、多少の時間的・場所的隔たりがあったとしても、原因・結果とみられる密接な関連性が存在することから②行為の一体性も肯定でき、包括一罪としてよいと思われる。そして、そのような場合こそ、両罪名を表に出したうえで、混合的包括一罪とすることが妥当ではないだろうか。

4　事実を処理するメソッド

　複数の財産犯が成立しそうな場面に遭遇することは数多くある。その場合、まずは、それぞれの構成要件を確実に満たしているかを吟味するのが出発点である。とりわけ、詐欺罪においては、被害者側に処分行為と呼べるものが存在するのかなど、基本的なところを見落とさないようにすることが肝心である。

　次に、複数の構成要件が確実に充足されているとして、それが同一の事実に対する評価として完全に重なり合っているか否かを見定める必要がある。同一事実への評価の重複がある場合は法条競合の問題であり、その優劣を見極めて、いずれか一方のみを適用することになる。

　法条競合に該当しない場合で、なお数個の構成要件を充足している場合は、

---

[22] 虫明・前掲注2) 131頁。ただし、強盗罪だけは窃盗・詐欺・恐喝をその中に包括して評価することが可能とする。

まずその①被害法益の一体性を考え、それが否定されれば、基本的には包括一罪にはなり得ないと考えるべきである[23]。その場合、②行為の一体性が認められるのであれば、科刑上一罪の可能性が残るが、そうでなければ併合罪となる。

また、①被害法益の一体性が肯定されるのに、②行為の一体性が否定されるような場合にも、併合罪とすべきである。

こうして、①被害法益の一体性に加えて、②行為の一体性も認められてはじめて、包括一罪とし得る。とりわけ、異なる構成要件にまたがる包括一罪の場合は、一方の罰条の評価に他方を完全に吸収させてしまうことも可能であるが、包括すべき複数の罪の評価を残す意味で、混合的包括一罪として、科刑上一罪と類似の処理を認めることも可能と思われる。

---

23) ただし、この原則を踏み越える例として、街頭募金に関し詐欺罪の包括一罪を認めた最決平成22・3・17刑集64巻2号111頁が注目されている。これについては、包括一罪と併合罪（数罪）の区別の問題として、第12講を参照。

[第12講]

すべてが1になる？
―― 一罪vs.数罪

内田幸隆

1　問題の所在

　前講に引き続き、本講も財産犯における罪数の問題を取り上げる。他の犯罪においても同様な問題は起こり得るが、社会的、自然的に観察すると1個の行為しかないにもかかわらず、複数の財産犯が認められる場合があるのはなぜであろうか。逆に、複数の行為があるにもかかわらず、1個の財産犯しか認められない場合があるのはなぜであろうか。ここでは、そもそも財産犯が1個だけ成立するのか、それとも数個成立するのか、さらには、数個成立したようにみえても科刑上一罪として処理されるべきか、それともそのまま併合罪として処理されるべきなのかが問題になってくる。一罪と数罪では処断刑の形成が異なるし、刑事訴訟法的にみても一事不再理効が及ぶ範囲に差異が生じる。したがって、結果的に財産犯が何個成立するのか、また、それをいかに評価するのかを考察する必要が生じる。

2　基本ツールのチェック

[1]　罪数を決定する基準
　一罪となるのか数罪となるのかは、基本的に構成要件の充足によって決定される。すなわち、構成要件を1回充足する事実があれば一罪となり、2回充足する事実があれば二罪となる[1]。例えば、次の事例で確認してみよう。

1）　小野清一郎『新訂刑法講義総論〔増補版〕』（有斐閣、1950年）265頁。

> **[事例 1]**
> 　Xは、Aのカバンからひそかに財布を取り出し、持ち去った。
> **[事例 2]**
> 　Xは、Aのカバンからひそかに財布を持ち去ってその中の現金を抜き取ったが、それだけでは満足せず、さらに後日になってBのカバンから財布を持ち去った。

　これらの事例において、Xが、AないしはBの財布に対する占有を侵害し、その移転を果たしたといえる限りにおいて、それぞれの事実につき窃盗罪（235条）の構成要件の充足が認められる。したがって、**[事例 1]**では窃盗罪の単純一罪として、**[事例 2]**では窃盗罪の二罪となって併合罪（45条）として処理される。併合罪となって有期の懲役・禁錮に処する場合、その処断刑の長期は最も重い罪について定めた刑の長期の 1.5 倍となる（47条）。**[事例 1]**ではXは最高で懲役 10 年に処せられる可能性があるのに対して、**[事例 2]**ではXは最高で懲役 15 年に処せられる可能性があるという違いが生まれることになる。

[2] 包括一罪となる場合
　構成要件の充足が罪数を決定する標準になるといっても、どのような場合に 1 回的な充足が認められるのかは形式的に判断することができない。実質的には法益侵害評価の単一性・包摂性が重要な基準となり、また、ある法益侵害の事態を一体的に評価し得るか否かは行為態様の同一性・連続性、意思決定の同一性・連続性を考慮することによって決めることができると思われる[2]。例えば、XがAを殺害するために、Aに対して連続して 3 回銃の引き金を引いたとする。ここで、その内 1 発はAに命中して致命傷を負わせてそ

---

[2] ここでは行為の一体性に重点を置くのか（西田典之ほか編『注釈刑法　第 1 巻』〔有斐閣、2010 年〕715 頁〔山口厚〕）、それとも意思決定の一体性に重点を置くのか（橋爪隆「包括一罪の意義について」法教 419 号〔2015 年〕107 頁）で見解がわかれるところであるが、厳密には行為の一体性、意思決定の一体性が認められない場合であっても、結局は、法益侵害に対する評価の包摂性が認められる限りにおいて一罪性を肯定できるのではないかと思われる（第 11 講 122 頁参照）。

の後Aはその傷に基づいて死亡したが、それ以外の2発はAに命中しなかった場合に、殺人既遂罪が1個、殺人未遂罪が2個認められて、それらが併合罪になる、という結論にはならない。Aを殺害する意思で銃の引き金を引くというそれぞれの行為は、Aの生命という単一な法益に向けられた侵害として1個の殺人既遂罪によって包摂されて評価され得るのである[3]。このことを財産犯が成立する事例において確認してみよう。

[事例3]
　Xは、電車の中で眠り込んだAの隣に座ると、Aのカバンから財布を抜き取るのと同時にAのポケットから定期入れを抜き取って、それらを持ち去った。

　この事例では、Xの窃取行為は2個あるといってよいが、いずれも同一の機会においてAに帰属する財物の占有ないしは所有権に対する侵害がなされている点において包摂して評価することが可能であり、結論的には1個の窃盗罪を認めることで十分といえる。これに対して、**[事例2]** においては、Aの財物に対する侵害とBの財物に対する侵害は、財物の帰属先が異なっている点から別個の法益侵害となって2個の窃盗罪を認め、それらが併合罪の関係にあると結論づけられる。
　このように、複数の構成要件該当事実があるようにみえても、それらを1つの罰条によって包摂して一罪として評価すべき場合のことを包括一罪という。ただし、構成要件に該当するか否か判断するに際しては、行為者が結果を引き起こすために複数の行為に出ることも想定されている[4]。例えば、殺人罪の構成要件に該当する事実として、生命侵害を惹起する複数の行為が同一の機会になされる場合も想定されているからこそ、そのような場合については、一般的に1個の殺人既遂罪、ないしは1個の殺人未遂罪を認めれば十

---

[3] 近時の判例では、相当期間にわたる複数の暴行によって被害者に傷害を負わせた事例において、その全体を一体のものとして評価して、傷害罪の包括一罪が認められるとしたものがある（最決平成26・3・17刑集68巻3号368頁）。

[4] 松原芳博『刑法総論〔第2版〕』（日本評論社、2017年）476頁以下参照。また、虫明満『包括一罪の研究』（成文堂、1992年）115頁は、包括一罪について、1個の罰条によってすべての行為の違法内容を評価し尽くすことができる場合であると指摘する。

分と考えられる。このことと同様に、財産犯の構成要件に該当する事実として、財産侵害を惹起する複数の行為が同一の機会になされる場合も想定されよう。したがって、**[事例3]** について、窃盗罪の単純一罪を認めれば十分とも解されるのである。すると、このような事例について、単純一罪というべきか、それとも包括一罪というべきかは相対的な問題に過ぎないということになろう[5]。

なお、**[事例3]** は、行為としては複数あっても、それぞれの行為がほぼ同時的になされる場合を想定しているが、ある程度の時間的・場所的な幅があっても、同一の機会に連続して行われた行為によって、ある単一な法益の侵害が惹起される場合についても包括一罪を認めることができる。いわゆる接続犯とされる場合であり、例えば次のような事例において問題になる。

> **[事例4]**
> Xは、夜中、午後10時から2時間あまりの間に3回にわたって倉庫に忍び込み、それぞれ3俵ずつ合計9俵の米俵を盗み出した。

この事例では、3つの窃取行為とその結果があるとも解されるが、判例は、それぞれの窃取行為が同一の機会を利用してなされたものであって、「単一の犯意の発現たる一連の動作である」と認めて1個の窃盗罪の成立を認めた（最判昭和24・7・23刑集3巻8号1373頁）。財産侵害という観点からみると、この事例は、1回に米俵9俵を窃取した場合と実質的な違いはないといえ、1個の窃盗罪の成立を認めることによって十分に評価され得る[6]。

ところで、刑法旧55条は、連続犯について規定しており、「連続したる数個の行為にして同一の罪名に触るるときは一罪としてこれを処断す」とされていた。しかし、余罪が発覚しても一事不再理の原則によって余罪の刑責を問うことができない不都合が生じることなどを理由に、この規定は昭和22年の法改正により廃止されている[7]。問題となるのは、かつては連続犯として一罪性が認められた事態のうち、包括一罪となるべき場合と併合罪となる

---

5) 橋爪・前掲注2) 106頁注4) 参照。
6) 松原・前掲注4) 476頁。
7) 大塚仁ほか編『大コンメンタール刑法 第4巻〔第3版〕』（青林書院、2013年）408頁以下参照〔中谷雄二郎〕。

べき場合をいかに区別するのかということである。もちろん、**[事例4]** のような接続犯は、連続犯の規定を待つまでもなく一罪性を肯定できるであろう。他方で、時間的・場所的な間隔があって、同一の機会になされているとはいえないが、同種の犯行が連続的になされている場合、すなわち連続的包括一罪と呼ばれる場合にも一罪性を肯定できるのかが問われている。例えば、Xは、政治家Aを暗殺するために、数日にわたって何度も殺害を試みてことごとく失敗に終わったが、その後、Aに近づいてようやく刺殺したという場合、失敗したそれぞれの殺害行為については別々の機会になされたとして殺人未遂罪が成立しているようにみえる。しかし、被害法益の単一性、意思決定の一体性という観点からは、結論的に1個の殺人既遂罪を認めれば十分ともいえる[8]。他方で、財産犯については、次のような事例で問題となる。

[事例5]
　Xは、実態のない投資案件についてAに投資するように数週間にわたって何度も持ちかけた。当初Aは半信半疑であったが次第にXの話を信じるようになり、現金1000万円を用意してXに手渡すと、Xはその現金を持って行方をくらました。

[事例6]
　Xは、A社の経理を担当していたが、自らの借金返済や遊興費に当てるために半年間に何度もA社の銀行口座から預金を引き出した。

[事例5] は詐欺罪（246条）に相当するものであって、XはAの現金を騙取するために数週間という比較的短くない間に複数の欺罔行為に及んだと解される。しかし、当初は既遂に至らなかったそれぞれの欺罔行為について個別に詐欺未遂罪の成立を認めるのではなく、最終的には現金の騙取に至った点を捉えて、1個の詐欺既遂罪を認めれば十分と思われる。他方で、**[事例6]** は（業務上）横領罪（252条、253条）に相当するものであるが、個別にみればそれぞれの預金引き出し行為について（業務上）横領罪の成立を認め

---

[8] 橋爪・前掲注2) 108頁参照。判例では、大判昭和13・12・23刑集17巻980頁参照。これに対して、井田良『講義刑法学・総論』（有斐閣、2008年）527頁、浅田和茂＝井田良編『新基本法コンメンタール刑法』（日本評論社、2012年）148頁参照〔橋本正博〕。

ることは可能であろう。しかし、下級審の裁判例では、ある一定の期間に行われた数度の横領行為について、1個の横領罪を認めることで十分であると解されている。その根拠としては、「被告人は意思を継続して一定の期間同種行為を一定の場所等において反復した」点が挙げられており、結局は業務上横領罪の包括一罪が認められた（東京高判昭和26・12・26判決特報25号125頁）。ここでは、行為態様の同一性・連続性、意思決定の同一性・連続性が考慮されて連続的包括一罪が認められたとも評価できるが、相手方の財産を騙取するために何度も欺罔行為を繰り返すこと、あるいは、自己に委ねられた相手方の財産の保管状態を利用して何度も横領行為を繰り返すことは、詐欺罪ないしは横領罪の構成要件該当性の判断に際して、そもそも想定された事態であるとも解される。この観点からすると、被害法益の単一性から包括評価が可能であるとして、なお本来的一罪の枠内にあると解することもできるであろう[9]。

[3] 科刑上一罪となる場合

本来的には数罪であり、数個の犯罪が成立するにもかかわらず、科刑上は一罪として扱われる場合を科刑上一罪という。この場合、それぞれ成立する罪につき、最も重い刑によって処断され、併合罪では規定されている加重主義はとられていない[10]。現行法上、科刑上一罪となるのは、1個の行為が2個以上の罪名に触れる観念的競合の場合（54条1項前段）と、ある罪と他の罪が手段・目的、原因・結果の関係にある牽連犯の場合（54条1項後段）である。以下、それぞれの事例について確認してみよう。

[事例7]
　Xは、いたずらをするために、駐輪場に石を1つ投げ込んだが、その

9) この点につき、中谷・前掲注7) 414頁以下参照。さらに、佐伯仁志「連続的包括一罪について」『植村立郎判事退官記念論文集　第1巻』（立花書房、2011年）37頁参照。ただし、佐伯・同論文45頁は、被害法益の単一性が連続的包括一罪を認める上で不可欠の要件ではないと指摘する。
10) 科刑上一罪が併合罪よりも軽く扱われる実質的な根拠については、違法評価・責任評価の重複の回避という観点をめぐって争いがある。詳しくは、中谷・前掲注7) 300頁以下参照。

石はAの自転車に当たるとともにBの自転車にも当たって、それらの自転車は走行不能となった。

この事例は、1個の投石行為によって2個の器物損壊罪（261条）が成立する場合といえ、その2個の罪は観念的競合として処理される。ここで、観念的競合と併合罪を対比してみると、観念的競合では複数の法益侵害が認められる点では併合罪と共通しており、両者を区別する基準は「1個の行為」といえるか否かという点に求められる。判例は、その判断基準として、構成要件的観点を捨象した自然的観察のもとで、その行為が社会的見解上1個のものと評価を受けるかという点に着目している（最大判昭和49・5・29刑集28巻4号114頁）。この判例によると、**[事例7]** ではもちろん1個の行為しかないと評価され、観念的競合になると評価されよう。他方で、**[事例2]** では複数の行為があるとみて観念的競合が否定され、併合罪になると評価されることになる。ただし、この判例に基づくと、包括一罪として認められる場合においても、自然的・社会的観察にしたがって1個の行為しか認められない場合が出てくるのであるから、観念的競合と包括一罪を区別する基準は、法益侵害評価の単一性・包摂性に求める他ないと思われる[11]。例えば、**[事例7]** において当該自転車が2台ともにAの所有物であったならば、いずれもAに帰属する財産が侵害されている点を捉えて包括一罪として評価し得る。これに対して、**[事例7]** では、帰属先が異なる財産を侵害している点に着目すると、それぞれ別個の法益侵害が認められるのであり、2個の罪が成立して観念的競合になると評価されるのである。

[事例8]
　Xは、留守のA宅に侵入すると、タンスに保管されていた現金を取り出して持ち去った。

他方で、この事例では、窃盗を行うための手段として住居侵入がなされており、それぞれ成立する住居侵入罪（130条）と窃盗罪は牽連犯の関係にある。ここでは、観念的競合とは異なり、数個の行為と、それぞれの行為がも

11）第11講129頁参照。

たらす数個の法益侵害が認められる。それにもかかわらず併合罪とならない根拠は、手段・目的の関係があることから、それぞれの行為を一体の事態とみて一罪として処理するのがふさわしい点に求められるであろう[12]。判例は、その罪質上、通例、手段・目的の関係がある場合に限って牽連犯を認めるが（最大判昭和24・12・21刑集3巻12号2048頁）、財産犯に関しては、住居侵入罪と窃盗罪、強盗罪（236条）との関係（前者につき、大判大正6・2・26刑録23輯134頁。後者につき、最判昭和23・12・24刑集2巻14号1916頁）、文書偽造の罪と詐欺罪との関係（大判明治42・1・22刑録15輯27頁）において牽連犯を認めている。他方で、判例は、現住建造物放火罪（108条）と詐欺罪との関係（大判昭和5・12・12刑集9巻893頁）、また、監禁罪（220条）と恐喝罪（249条）との関係において（最判平成17・4・14刑集59巻3号283頁）、牽連犯を否定し、併合罪として処理している。

3　規範と事実のブリッジ

[1] 複数の被害者が存在する場合

　以上でみてきたように、単純一罪、包括一罪、科刑上一罪となるのか、それとも併合罪となるのかは、被害法益の単一性、行為態様の同一性・連続性、意思決定の同一性・連続性といった要素をそれぞれ考慮することによって決する他ない。ただし、財産犯においては、複数の被害者が存在する場合がでてくるために、さらに罪数の判断が困難となる。

[2] 窃盗罪の場合

　［事例1］ では被害者は1人であって、行為も1個であるために、窃盗罪の単純一罪となり、**［事例2］** では被害者は2人であって、別々の機会に侵害されているために、窃盗罪は2個成立して、それらは併合罪となる。これに対して、被害者は複数であるが、その行為は同一の機会でなされた場合が

---

[12] 牽連犯が科刑上一罪として扱われる根拠につき、松原・前掲注4）483頁は、密接に結びついた一連の行為があることから、1個の意思発動に準ずるものとして責任減少を認める。他方で、高橋則夫『刑法総論〔第3版〕』（成文堂、2016年）521頁は、ある行為規範違反の行為を行う際に必然的にその手段による行為によって他の行為規範に違反してしまう点に着目して、重い刑で処断すれば足りる根拠を説明する。

問題となる。例えば、次の事例をみてほしい。

> **[事例 9]**
> Xは、Aを追い抜く際にAが所持していたカバンを奪い取っていったが、そのカバンにはA所有の財布以外に、AがBから借りていた教科書もいれてあった。

　学説は、このような事例において、財産犯の保護法益が、生命、身体とは異なって、一身専属的ではない点、また、窃盗罪の構成要件の中核が占有侵害である点に着目して、占有侵害の個数を基準として窃盗罪の罪数を確定しようとする[13]。したがって、**[事例 9]** においては、被害者は2人いるが、占有侵害は1個であるために、1個の窃盗罪の成立が認められることになる。しかし、財産は（共有される場合があるとしても）いずれかの主体に帰属しているものである。また、窃盗罪の保護法益について、純粋な占有説を支持するのであれば別であるが、一般的には占有それ自体の保護だけでなく、本権の保護も考慮されている。さらに、財産犯においては本権侵害が中核となっていて、占有それ自体は本権保護のために二次的に保護されていると理解することも可能である[14]。このような観点からは、**[事例 9]** について、むしろ窃盗罪は2個成立しており、それらは1個の行為によって実現しているのであるから、2個の窃盗罪について観念的競合を認めるべきであろう[15]。

[3] 強盗罪の場合

　強盗罪は、財物強取のための手段として暴行、脅迫を予定していることか

---

13) 大塚仁ほか編『大コンメンタール刑法　第12巻〔第2版〕』（青林書院、2003年）289頁以下〔川合昌幸〕、川端博ほか編『裁判例コンメンタール刑法　第3巻』（立花書房、2006年）176頁〔植野聡〕、曽根威彦『刑法各論〔第5版〕』（弘文堂、2012年）123頁、高橋・前掲注12）512頁、大谷實『刑法講義各論〔新版第4版補訂版〕』（成文堂、2015年）216頁、中森喜彦『刑法各論〔第4版〕』（有斐閣、2015年）115頁など。下級審の裁判例では、福岡高判昭和29・3・31高刑判特26号76頁、高松高判昭和31・4・17高刑裁特3巻19号901頁など参照。

14) これに対して、川合・前掲注13）290頁は、窃盗罪の保護法益をどのように理解しようとも、窃取行為の個数が基準になると指摘するが、罪数の決定的な基準は行為の個数ではなく、侵害された法益の単一性にあると思われる。

ら、財産的利益を保護しているだけでなく、身体的利益も保護していると解される。そこで、問題となるのは、財物を強取するために、複数人に対して暴行、脅迫を行う場合である。

> **[事例10]**
> Xは、コンビニのレジの前に立つと、そこにいた店員A、Bに対して包丁を突き出し、「殺されたくなければ金を出せ」と申し向けた。そのため、Aがレジに入っていた現金3万円を差し出すと、Xはそれを奪い取ってコンビニの外に走って逃げた。

このような事例において、学説は、複数人に対して暴行、脅迫を行ったとしても、1個の占有を侵害して財物を強取した場合には、1個の強盗罪が成立するにすぎないとする[16]。（単純）強盗罪があくまで財産犯として位置づけられることからすると、身体的利益の保護は二次的なものであって、主に財産的利益の保護という観点から強盗罪の罪数を決るべきであろう。すなわち、強盗罪の罪数は、占有侵害の個数、さらにいえば本権侵害・危殆化の個数を考慮して決定されるべきと思われる。**[事例10]** については、財産侵害の観点からすると、1個の強盗罪を認めれば足りる。ただし、強盗殺人・傷害罪、強盗致死傷罪（240条）においては、（単純）強盗罪とは区別して罪数を決定するべきかが問題となる。

---

15) なお、本権侵害・危殆化という観点が重要であるにしても、**[事例9]** では占有侵害がいわば「かすがい」となって、窃盗罪の（包括）一罪を認めれば十分であるとの理解も考えられる。この理解によると、包括一罪の中には、これまで論じてきた本来的一罪の延長にある類型もあれば、科刑上一罪に近似する類型もあることになろう。

16) 大塚仁ほか編『大コンメンタール刑法　第12巻〔第2版〕』（青林書院、2003年）354頁〔河上和雄＝高部道彦〕、大谷・前掲注13）234頁、前田雅英『刑法各論講義〔第6版〕』（東京大学出版会、2015年）193頁、中森・前掲注13）123頁など。これに対して、判例は、同一場所において一度に行われた盗罪については、たとえ数人に対し暴行が加えられ、数人の所有物が奪われた場合でも強盗の単純一罪になるとする（最判昭和23・10・26裁判集刑4号535頁）。ただし、下級審の裁判例では、数人に暴行、脅迫を加えた場合であっても、財物を奪われた者が1人の場合には、1個の強盗罪が成立するにすぎないとするものがある（東京高判昭和32・8・26東時8巻9号293頁）。

> [事例11]
> 　Xは、現金を運んでいた警備員AとBに対して鉄パイプで襲いかかり、AとBが当該鉄パイプによる殴打のために気絶してしまった間にその現金を奪って逃げた。

　このような事例について、学説は、死傷した被害者の数を基準として罪数を決定するべきという[17]。強盗殺人等の罪については、その法定刑の重さからすると人身犯罪的な側面が強く出てくるからである。したがって、この事例では、財物の強取が1個であっても、2個の傷害結果が発生しているために、2個の強盗傷害罪の成立を認め、併合罪になるというべきである[18]。このように、いかなる法益侵害がその犯罪における中核的部分に当たるのかを考慮して罪数を決定するべきであるから、（単純）強盗罪と強盗殺人等の罪において、罪数を決定する基準が異なることもやむを得ないと思われる。

[4] 詐欺罪の場合

　以上の検討を踏まえれば、詐欺罪においても財産的利益の保護という観点から、占有侵害の個数、さらには本権侵害・危殆化の個数を基準として罪数を決定するべきということになる。例えば、下級審の裁判例では、犯意の同一性・継続性、行為の構成要件充足性、被害法益の同一性・単一性を基準として、詐欺行為の多数の被害者が生じた事例について、詐欺罪の包括一罪を否定して、併合罪による処理を認めたものがある（名古屋高判昭和34・4・22高刑集12巻6号565頁。さらに、東京高判昭和63・11・17判時1295号43頁参照）。ところが、近時の最高裁判例において、詐欺行為の多数の被害者がありながら、詐欺罪の包括一罪を認めたものが現れた。その事例は次のようなものである。

---

[17] 川端博ほか編『裁判例コンメンタール刑法　第3巻』（立花書房、2006年）249頁〔中川深雪〕、大谷・前掲注13）250頁、前田・前掲注16）214頁、中森・前掲注13）131頁など。

[18] 判例では、2個の強盗傷害罪の併合罪を認めたものとして、最判昭和26・8・9刑集5巻9号1730頁がある。

[事例12]
　Xは、難病の子供たちの支援活動を装って街頭募金の名の下に、約2ヶ月の間に多数の通行人から現金を集めて、総額約2480万円の現金を騙し取った。

　この事例につき、判例は、募金活動を装って現金を集める行為が定型的な働きかけである点、当該活動がXの1個の意思、企図に基づく点、街頭募金詐欺の特性上、被害者は比較的小額の現金を募金箱に投入して、そのまま名前を告げずに立ち去り、当該現金は他に集められた現金と混和して特定性を失うことから、当該現金は個々に区別して受領されるものではない点を考慮して、本件街頭募金詐欺を一体のものとして評価し、詐欺罪の包括一罪を肯定した（最決平成22・3・17刑集64巻2号111頁）。
　この判例では、被害法益の単一性、より具体的には法益帰属主体の同一性は罪数判断に際してそれほど顧慮されていない。学説においても、財産犯について、包括一罪を認めるために法益帰属主体の同一性を要求する決定的な理由はないとして、個々の行為の一体性の強さ、個々の被害金額の僅少性などを根拠に包括一罪として全体の詐欺行為を評価するべきであるとの指摘がある[19]。
　たしかに、[事例12]において、併合罪ではなく包括一罪が認められるのであれば、併合罪に基づく刑の加重はないことから、行為者にとって直ちに不利になるとはいえない。しかし、包括一罪となると、個別の被害を特定した認定が不要になることから、行為者にとって不利な状況も生まれる。立証上の便宜のためだけであれば、被害法益の単一性という基準を軽視することはできず、いくら個別の被害金額が僅少であっても、財産的利益が帰属する被害者ごとに詐欺罪が成立して、併合罪になるというべきであろう[20]。

19) 佐伯・前掲注9) 48頁、島田聡一郎「判批」ジュリ1429号（2011年）147頁以下。さらに、家令和典「判解」最判解刑事篇平成22年度（法曹会、2013年）40頁以下、橋爪・前掲注2) 113頁参照。なお、只木誠「判批」刑法判例百選Ⅱ総論〔第7版〕（2014年）205頁、井田良『講義刑法学・各論』（有斐閣、2016年）285頁は、判例が従来のものとは異なる新たな包括一罪の類型を肯定したと指摘する。

4　事実を処理するメソッド

　罪数について、一罪となるか、数罪になるかは構成要件該当性を基準に決定される。その判断に際して、実質的には(1)法益侵害評価の単一性・包摂性が重要な基準となり、また、ある法益侵害の事態を一体的に評価し得るか否かは(2)行為態様の同一性・連続性、(3)意思決定の同一性・連続性を考慮することによって決められることになる。ここで財産犯において具体的に基準となるのは、占有侵害の個数、さらには本権侵害・危殆化の個数である（財産的利益の保護がその犯罪にとって二次的なものであって、その他の利益の保護がその犯罪にとって中核的なものであれば、その利益侵害の個数が基準となる）。ただし、自然的、社会的に観察して複数の占有侵害、本権侵害・危殆化があるようにみえても、1回的な構成要件該当判断において想定される事態の範囲内にあれば、それらの行為は基本的に一罪として評価される。この観点からは、財産犯の個数は、個々の財産が帰属する被害者を単位に判断され、前述の(2)と(3)の要素を考慮しつつ、一体的な財産侵害の事態があれば単純一罪ないしは包括一罪となって1個の財産犯が成立する。これに対して、被害者が1人であっても一体的な財産侵害がない場合、あるいは、被害者が複数人存在する場合には、数個の財産犯が成立する。当該数個の財産犯につき、1個の行為で実現した場合には観念的競合となる。他方で、財産犯を含む数個の財産犯につき、数個の行為が存在する場合、それらの行為の間に手段・目的、原因・結果の関係があれば牽連犯となる余地が生まれ、例外的に牽連犯が認められる場合を除いては併合罪として処理される。なお、被害者が複数人存在する場合であっても、前記最高裁平成22年決定に従うのであれば、街頭募金詐欺のような事例において、個々の行為の一体性の強さ、個々の被害金額の僅少性などを根拠に包括一罪として1個の財産犯が認められる余地がある。

---

20) 松宮孝明「判批」法セミ667号（2010年）123頁、松原・前掲注4）477頁以下、高橋則夫『刑法各論〔第2版〕』（成文堂、2014年）338頁。なお、亀井源太郎「判批」判セレ2010〔Ⅰ〕（2011年）33頁は、**[事例12]** につき、被害者等が特定できたケースを個別に訴因とした上で、不特定多数者への侵害を訴因外の余罪として量刑上考慮する方法をとるべきであったと示唆する。

第Ⅱ部 応用編

Ⅱ-1 タテの糸編

[第13講]

窃盗から強盗へのアップグレード
——事後強盗罪の構造

高橋則夫

1　問題の所在

　事後強盗罪は、最初は窃盗行為を行い、その後、強盗に変身する犯罪類型であることから、その構造をどのように理解するかという困難ではあるが興味深い問題がある。刑法238条は次のように規定している。すなわち、「窃盗が、財物を得てこれを取り返されることを防ぎ、逮捕を免れ、又は罪跡を隠滅するために、暴行又は脅迫をしたときは、強盗として論ずる。」と。まず、事後強盗罪が成立するためには、「窃盗の機会（の継続中）」であることが必要となるが、この判断基準は何かが問題となる。次に、本条の「窃盗が」という文言が、窃盗犯人という主体を意味するのか、窃盗の実行行為を意味するのかについて争いがあり、その結果、「暴行・脅迫時からの関与者の罪責」（事後強盗罪の共犯）を巡って諸説が存在し、この問題について、最高裁判例はいまだ存在しないのである。

　今回は、事後強盗罪における重要な2つの論点、すなわち、「窃盗の機会（の継続中）」と「事後強盗罪の共犯」の問題を取り上げることにしたい。

　まずは、基本事例を掲げておこう。

[1]　窃盗の機会（の継続中）

[事例1]
　甲は、某日午後3時過ぎころ、X宅に侵入し、同人所有の指輪1個を窃取した上、同家屋の天井裏に潜んでいたところ、同日午後6時10分過ぎころ、同人に気づかれ、通報を受けて臨場した警察官に発見される

や、その逮捕を免れるため、同天井裏において、持っていた切り出しナイフで警察官に切りつけるなどの暴行を加え、同人に傷害を負わせた。

[2] 事後強盗罪の共犯

[事例2]
　甲は、Xに対し「酒を買うから金貸してくれ」と話しかけ、Xが酒に酔った状態で財布を取り出したところ、素早く3000円を抜き取り窃取したが、Xは甲に対し「金を返せ」と言って金銭の返還を求めるや、甲の現金抜き取りを傍らで目撃していた乙は、甲と意思を通じてそれぞれXに暴行を加え、傷害を負わせた。

2　基本ツールのチェック

[1] 窃盗の機会（の継続中）
　事後強盗罪における暴行・脅迫（相手方の反抗を抑圧する程度のもの）は、「窃盗の機会」に行われることを要すると解されている（判例・通説）。なぜなら、事後強盗罪は、暴行・脅迫によって財物奪取を行うという典型的な強盗とは異なるものの、それに準じた行為類型（準強盗）であることから、暴行・脅迫と財物奪取行為との間に密接な関連性がなければならず、そのための要件として、「窃盗の機会」という「書かれざる構成要件要素」が必要とされるからである。
　「窃盗の機会」について、判例は以前から、窃盗の現場に限定せず、「窃盗の機会の継続中」か否かを判断してきた。たとえば、「窃盗の機会」にあたるとした判例として、電車内でスリの現行犯として車掌に逮捕された者が、約5分経過後、到着駅ホームで警察官に引渡しのために連行されている際、逃走を企ててその車掌に暴行を加えた事案（最判昭和34・3・23刑集13巻3号391頁）、窃盗行為から約30分経過し、犯行現場から約1キロ離れた場所で、通報によりかけつけた被害者から財物を奪還されそうになったので、これを排除しかつ逮捕を免れるため暴行を加えた事案（広島高判昭和28・5・27

高刑判特 31 号 15 頁)、窃盗犯人が罪証隠滅のため被害者の殺害を図ったが、友人が来訪したためその継続が不可能となり、友人が帰った後、窃盗の約11時間後に被害者を殺害した事案（千葉地木更津支判昭和 53・3・16 判時 903 号 109 頁）などがある。

これに対して、「窃盗の機会」にあたらないとした判例として、犯行現場から 200 メートル離れたところで、犯行を知らないパトロール中の警察官に職務質問を受けた窃盗犯人が、逮捕を免れるため暴行を加えた事案（東京高判昭和 27・6・26 高刑判特 34 号 86 頁）、窃盗犯人が犯行の現場で被害者にいったん逮捕され、同人から約 1 時間にわたって一緒に警察に行くよう説得されたためこれに応じて 2 人で警察署に赴く途中、やにわに逃走を企て同人に傷害を与えたが、その行為が窃盗行為から約 70 分経過し、犯行現場から約 200 メートル離れた地点であった事案（京都地判昭和 51・10・15 判タ 349 号 282 頁）などがある。

しかし、これらの判例を概観すると、「窃盗の機会」の「継続中」の判断基準は必ずしも明らかではなかったところ、**[事例 1]** の最決平成 14・2・14 刑集 56 巻 2 号 86 頁は、その一般的な判断基準を明示した。すなわち、「窃盗の犯行後も、犯行現場の直近の場所にとどまり、被害者等から容易に発見されて、財物を取り返され、あるいは逮捕され得る状況が継続していたのであるから、上記暴行は、窃盗の機会の継続中に行われたものというべきである。」と[1]。ここで示された「被害者等から容易に発見されて、財物を取り返され、あるいは逮捕され得る状況が継続していた」か否かが、まさに判断ツールとなったわけである。**[事例 1]** については、この判断ツールによって、「窃盗の機会の継続中」が肯定され、事後強盗罪（そして強盗致傷罪）の成立が認められた。

[2] 事後強盗罪の共犯

「甲が X から財物を窃取し、いまだ財物を保持している段階で、これを取り戻そうと追跡してきた X に対し、窃盗に関与しなかった乙が事情を知って、甲とともに X の反抗を抑圧するに足る暴行・脅迫を加えて逃走した。」とい

---

[1] 本件につき、船山泰範・刑法判例百選 II 各論〔第 5 版〕（2003 年）78 頁、安田拓人・平成 14 年度重判解 151 頁参照。

う場合における乙の罪責がここでの問題である。この場合、甲に事後強盗罪が成立するとして、乙には、どのような理論構成によって、何罪が成立するかが問題となる。この問題は、刑法各論上の問題と刑法総論上の問題とが交錯する問題である。すなわち、前者の問題として、事後強盗罪の構造、事後強盗罪の実行行為などがあり、後者の問題として、身分概念、結合犯概念、共犯と身分、承継的共同正犯などがあるが、中心的な問題は、事後強盗罪の構造をいかに理解するかという点にある。

事後強盗罪の構造につき、①65条1項の真正（構成的）身分犯と解する見解[2]、②65条2項の不真正身分犯と解する見解[3]、③事後強盗罪を窃盗と暴行・脅迫の結合犯と解する見解[4]がある。

　[事例2] は、東京地判昭和60・3・19判時1172号155頁の事案であるが、本判決は、②の見解を採用し、「身分のない乙には、刑法65条1項により強盗致傷罪の共同正犯となるものと解するが、その刑は、同法65条2項によって傷害の限度にとどまるものと判断するのが相当である。」との判示し、不真正身分犯説を採用した。これに対して、大阪高判昭和62・7・17判時1253号141頁は、同様な事案に対して、①の見解を採用し、65条1項、60条を適用して強盗致傷罪の共同正犯を認め、「事後強盗罪は、暴行罪、脅迫罪に窃盗犯人たる身分が加わって刑が加重される罪ではなく、窃盗犯人たる身分を有する者が、刑法238条所定の目的をもって、人の反抗を抑圧するに足りる暴行、脅迫を行うことによってはじめて成立するものであるから、真

2）　真正身分犯説を採用するのは、前田雅英『刑法各論講義〔第6版〕』（東京大学出版会、2015年）200頁、井田良『講義刑法学・各論』（有斐閣、2016年）238頁などである。

3）　不真正身分犯説を採用するのは、藤木英雄『注釈刑法(6)』117頁、日高義博・判評328号224頁、大谷實『刑法講義各論〔新版第4版補訂版〕』（成文堂、2015年）241頁などである。なお、佐伯仁志「事後強盗罪の共犯」研修632号3頁以下は、取戻防止目的の場合は真正身分犯、逮捕免脱・罪跡隠目的減の場合は不真正身分犯と解する（同旨、曽根威彦『刑法各論〔第5版〕』〔弘文堂、2012年〕134頁）。

4）　結合犯と解するのは、中森喜彦『刑法各論〔第4版〕』（有斐閣、2015年）126頁、西田典之『刑法各論〔第6版〕』（弘文堂、2012年）180頁、山中敬一『刑法各論〔第3版〕』（成文堂、2015年）318頁、山口厚『刑法各論〔第2版〕』（有斐閣、2010年）232頁以下、高橋則夫『刑法各論〔第2版〕』（成文堂、2014年）281頁、松原芳博『刑法各論』（日本評論社、2016年）248頁である。さらに、島田聡一郎「事後強盗罪の共犯」現刑44号（2002年）16頁以下参照。

正身分犯であって、不真正身分犯ではない。」と判示した[5]。

以上に対して、③の見解は、事後強盗罪の身分犯性を否定し、「窃盗行為」と暴行・脅迫行為とが結合された結合犯と解して、**[事例2]** の乙の罪責については、承継的共犯の一般理論によって処理されることになる。

これら3つの見解は、いずれも成り立ち得るものであるが、事後強盗罪の財産犯的側面を考慮するならば、事後強盗罪を暴行・脅迫の加重類型と解することはできないだろう。したがって、②説は妥当でなく、①説か③説かの対立を中心に考えていきたいと思う。

3　規範と事実のブリッジ

[1]　窃盗の機会（の継続中）

窃盗の機会の継続中が問題となる類型として、「現場滞留型」（窃盗の犯行後、その現場にとどまり続けている場合）、「逃走追跡型」（窃盗の犯行現場から継続して追跡されている場合）、「現場回帰型」（窃盗犯人が、窃盗の現場をいったん離れた後、そこに立ち戻ったという場合）がある。

> **[事例3]**
> 　甲は、金品窃取の目的で、某日午後0時50分ころ、A方住宅に窓から侵入し、居間で現金等の入った財布および封筒を窃取し、侵入の数分後に玄関扉の施錠を外して戸外に出て、だれからも発見、追跡されることなく、自転車で約1キロメートル離れた公園に行き、そこで盗んだ現金を数えたが、3万円余りしかなかったため少ないと考え、再度A方に盗みに入ることにして自転車で引き返し、午後1時20分ころ、同人方玄関の扉を開けたところ、室内に家人がいると気づき、扉を閉めて門扉外の駐車場に出たが、帰宅していた家人のBに発見され、逮捕を免れるため、ポケットからボウイナイフを取り出し、Bに刃先を示し、左右に振って近付き、Bがひるんで後退したすきを見て逃走した。

[事例3] は、時間的・場所的近接性は認められる事案であるが、前述の

---

5) 本件につき、本田稔・刑法判例百選Ⅰ総論〔第7版〕（2014年）188頁参照。

ように、時間的・場所的近接性は、一つの判断資料であり、絶対的基準ではなく、**[事例1]**の最高裁平成14年決定のいう「被害者等から容易に発見されて、財物を取り返され、あるいは逮捕され得る状況が継続していた」か否かが基準となる。**[事例3]**は、最判平成16・12・10刑集58巻9号1047頁の事案であり、まさに、最高裁平成14年決定の基準が適用された事例である。すなわち、最高裁平成16年判決は、「被告人は、財布等を窃取した後、だれからも発見、追跡されることなく、いったん犯行現場を離れ、ある程度の時間を過ごしており、この間に、被告人が被害者等から容易に発見されて、財物を取り返され、あるいは逮捕され得る状況はなくなったものというべきである。そうすると、被告人が、その後に、再度窃盗をする目的で犯行現場に戻ったとしても、その際に行われた上記脅迫が、窃盗の機会の継続中に行われたものということはできない。」として、事後強盗罪の成立を否定したのである[6]。

このような、「被害者等から容易に発見されて、財物を取り返され、あるいは逮捕され得る状況が継続していた」か否かという判断基準によれば、前述の「現場滞留型」や「逃走追跡型」は、原則的に、窃盗の機会の継続中であることが認められることになろう。これに対して、**[事例3]**のような「現場回帰型」については、微妙な判断となる。

[事例4]
　甲は、工場構内で鉄製品等を窃取し、それらの盗品を同工場裏門付近の路上に搬出したが、用意しておいたリヤカーが破損したため、盗品をその場に置いたまま、別のリヤカーを探すため、誰にも追跡されることなく窃盗の現場から約500メートル離れ、窃盗行為から約25～35分程度経過後、元の場所に立ち戻り、盗品の運搬を開始した際に守衛に見つかり暴行に及んだ。

[事例5]
　甲は、被害者方に忍び込んで現金やレジスター等を盗んだ後、盗品を持って誰にも発見されずに現場を立ち去り、約1キロメートル離れた場

---

[6] 本件につき、岡上雅美・刑法判例百選I各論〔第7版〕（2014年）86頁、髙橋則夫・平成16年度重判解（2005年）165頁参照。

所で共犯者と盗品を山分けし、不要の物を処分するなどした後、犯行の約30分後に再び窃盗の犯意を生じて、被害者方に忍び込んだが、窃盗の着手前に家人に発見されたので、同人に脅迫を加えた。

[事例 4] は、仙台高秋田支判昭 33・4・23 高刑集 11 巻 4 号 188 頁の事案であり、仙台高裁は、窃盗の機会の継続中であることを肯定し、事後強盗罪の成立を肯定したのに対して、**[事例 5]** は、東京高判昭 45・12・25 高刑集 23 巻 4 号 903 頁の事案であり、東京高裁は、窃盗の機会の継続中であることを否定し、事後強盗罪の成立を否定した。この違いがどこにあるのかが問題となる。

この2つの判例を比較して、結論において差異が生じたのは、盗品を持って犯行現場を離れたのか否かという点と、再度の窃盗行為を行う決意で立ち戻ったのか否かという点にあろう。前者の仙台高裁判決においては、盗品を現場に残し、当初の窃盗の完遂を意図していたがゆえに、窃盗の機会継続性が肯定されたのに対して、後者の東京高裁判決においては、盗品を持って現場を離れ、再度の窃盗行為を行う意図であったがゆえに、窃盗の機会継続性が否定されたのである。

このように、「現場回帰型」においては、第1に、当初の窃盗によって財物が実質的に確保され、行為者領域に属したか否かという視点、第2に、現場に戻ってきたのが再度の窃盗行為の意思であったか否かという視点[7]によって、窃盗の機会継続中か否かが判断されることになり、この2つの視点が、最高裁平成14年決定の提示した「被害者等から容易に発見されて、財物を取り返され、あるいは逮捕され得る状況が継続していた」か否かの判断の下位基準となろう。

---

7) この視点は、当初の窃盗意思が連続しているか否かという「一連の行為」論の適用と解することもできよう。この場合、まずは客観的に「被害者領域から行為者領域に移行したか」を問題として、次に、この判断が微妙な場合に、「再度の窃盗意思か否か」が判断されることになろう。

[2] 事後強盗罪の共犯

> **[事例6]**
> 　甲は、X宅に侵入し、Xの金品を奪取しようと物色していた際、Xが帰宅したので、Xに対して暴行を加えて金品を奪取しようとしたところ、甲の友人の乙が、突然現れて、甲と共謀してXに暴行を加えた結果、Xが負傷し、甲と乙は何も取らずに逃走した。

　真正身分犯説は、事後強盗罪が収賄罪における公務員と同様に、窃盗犯人という身分が存在することによってはじめて成立する犯罪であることを根拠とする。この見解は、事後強盗における窃盗犯人を「違法身分」と解することによって根拠づけるものである。

　[事例6] は、甲の窃盗罪が未遂にとどまり、この場合には、Xには、財物の返還請求権はない。真正身分犯説によれば、このような場合にも、甲の（違法）身分性を肯定し、65条1項によって、乙に事後強盗罪の共同正犯を肯定することになるが、このような帰結は、財産犯としての事後強盗罪の成立範囲を逸脱することになろう。**[事例6]** における甲・乙には、もはや財物取得の意思が存しないからである。この点につき、注3）で挙げた、取戻防止目的の場合は真正身分犯、逮捕免脱・罪跡隠滅目的の場合は不真正身分犯と位置づける見解は、このような帰結を回避しようとするものであるが、「窃盗犯人」を不真正身分と解することは、前述のように、妥当でないだろう。

　これに対して、結合犯説からは、承継的共同正犯による処理となるが、因果的共犯論を基礎とする承継否定説あるいは、因果的共犯論と相互利用補充関係を基礎とする限定承継肯定説などによれば、乙には、暴行罪（傷害罪）の共同正犯のみが成立することになろう。

　前述のように、事後強盗罪の共犯について最高裁判例はまだないので、以下、私見を開陳させていただくが、結論として、身分犯説には多くの問題があり、結合犯説が妥当である。

　第1に、窃盗罪は誰でも犯すことのできる一般的性質を有し、これを身分とするのは困難である。すなわち、窃盗犯人は、収賄罪における公務員などとは異なり、誰もがいつでもその行為に出さえすれば得られる性質を有して

いる[8]。身分犯の核心は、その地位に結合された特定の役割の違背ないし逸脱という点にあり、事後強盗罪にこれを認めることはできない。

第2に、身分犯説によれば、窃盗行為は事後強盗罪の実行行為の中に含まれず、犯罪主体の要件に解消されてしまうことになる。しかし、事後強盗が「強盗として論ずる」（238条）とされているのは、暴行・脅迫と盗取行為とが存在し、違法性において強盗罪と同価値だからであり、また、強盗罪の保護法益の中核は先行する窃盗行為に関する法益（財産）である以上、窃盗行為を事後強盗罪の実行行為から排除するのは妥当ではない。

第3に、実行行為ではない窃盗の既遂・未遂によって事後強盗罪の既遂・未遂が決定されることを認めることもできない。

第4に、身分犯説によれば、いったん窃盗をした者は「窃盗犯人」という身分を失うことはないから、事後強盗罪を成立させる暴行・脅迫は「窃盗の機会」に行われる必要はないことになろう[9]。

第5に、身分犯説からは、強盗致傷罪（240条）、強盗強姦罪・同致死罪（241条）もまた「強盗犯人」を主体とする身分犯とするのが一貫することになるが、これらの犯罪を身分犯と解することはできない。

もっとも、結合犯説に対しては、すべての窃盗行為が事後強盗罪の実行行為になり、窃盗の着手が事後強盗罪の着手になってしまうとの批判がある。この点については、窃盗行為は、事後に暴行・脅迫が行われることによって、結果的に事後強盗罪の実行行為になるという「結果的結合犯」と解することができるであろう[10]。すなわち、事後強盗罪の実行の着手である暴行・脅迫が行われることによって、それまでは潜在的な実行行為であった窃盗行為が顕在的な実行行為に転化することになる。窃盗行為は、それ自体としては顕在的な実行行為であるが、事後強盗罪にとっては潜在的な実行行為であり、暴行・脅迫がなければ、事後強盗罪における窃盗行為は潜在的な実行行為のままであり、それは窃盗罪としてのみ評価されるにとどまるわけである[11]。

---

8) 齊藤誠二『特別講義刑法』（法学書院、1991年）275頁参照。
9) 萩原由美恵「事後強盗罪（刑法238条）は身分犯か」上智法学論集31巻3号（1988年）177頁以下参照。
10) 古江頼隆・研修457号（1987年）67頁参照。

4　事実を処理するメソッド

[1] 窃盗の機会（の継続中）
　事後強盗罪の「書かれざる構成要件要素」としての「窃盗の機会」は、窃盗行為と暴行・脅迫行為を結合させるブリッジ的機能を有するものである。このブリッジが架かるのか、架からないのかが問題となる。そして、起点である当初の窃盗行為が決め手であり、窃盗罪の時系列的な段階次第である。窃盗罪の既遂時期でも実質的終了時期でもなく、「被害者等を基準とした状況」であることに特色があるが、これは、事後強盗罪が目的犯、すなわち、取戻防止目的、逮捕免脱目的、罪跡隠滅目的という、被害者側からの一定の干渉を排除する目的を伴う犯罪であることから、それが実現可能とされる範囲も被害者の干渉可能性の存する範囲に限定されることになる。これらの目的を持つべき客観的状況がもはや存在しない場合には、目的要件の事実的基礎が欠如すると考えられるであろう。このように、「窃盗の機会」要件と目的要件は連動すると解することができる。

[2] 事後強盗罪の共犯
　最後に、事後強盗罪の共犯についての理解を深めるため、事後強盗罪をめぐる共犯バリエーション事例を検討することにしたい。

[事例7]
　甲と乙は、X宅での窃盗を共謀し、乙は乙宅で待機し、甲だけがX宅に侵入し、金品を物色していたところ、偶然にもXが帰宅したので、甲は、逮捕を免れる目的で、Xに対して、その反抗を抑圧する程度の暴行を加えて何も取らずに逃走した。

　本事例において、甲に、事後強盗罪（住居侵入罪と牽連犯）が成立するこ

---

11)　高橋則夫『規範論と刑法解釈論』（成文堂、2007年）213頁以下参照。もっとも、結合犯説によると、強盗の故意が、窃盗の故意と（事後強盗罪としての）暴行の故意とに2分される点が問題となるが、結果的結合犯においては、客観面のみならず、主観面も結合されることになるように思われる。

とを前提として、乙の罪責はどうなるかが問題となる。乙は甲と窃盗の共謀をしたにもかかわらず、甲が事後強盗罪を遂行したことから、まずは、共謀の射程（共謀に基づく実行）内か否かが問題となる。共謀の射程につき、因果性の有無あるいは構成要件の射程範囲の有無などによって判断するにせよ、甲の実行は、甲・乙の共謀の射程内であると判断できる。そして、次に、乙の故意の問題として錯誤論が適用され、両罪は、窃盗罪の限度で重なり合いを肯定することができるから、乙には、窃盗罪（住居侵入罪と牽連犯）の成立を認めることができるであろう（その限度で、甲と共同正犯が成立）。

[事例8]
　甲と乙は、X宅での窃盗を共謀し、乙は乙宅で待機し、甲だけがX宅に侵入し、財物を窃取していたところ、偶然にもXが在宅していたので、甲は、Xに対して、「静かにしろ」と軽く脅迫したことから、Xは助けを求めに家の外に出た。他方、乙は、甲が首尾よく財物を窃取したか心配になり、X宅に向かい、玄関付近に到着したところ、Xが飛び出してきたので、乙は、Xに対して、逮捕を免れる目的で、反抗を抑圧する程度の暴行を加え、甲とともに逃走した。

　甲の脅迫は、Xの反抗を抑圧する程度の脅迫ではないことから、甲には、窃盗罪（住居侵入罪と牽連犯）と脅迫罪の併合罪が成立する。乙は、甲と窃盗を共謀し、甲が窃盗罪の実行の着手をしたことは、乙もその共同正犯として、窃盗罪の実行の着手をしたことになり、乙も、身分犯説によれば、窃盗犯人という（真正）身分を有していることから、また、結合犯説によれば、窃盗行為が行われたことから、事後強盗罪の一部の実行が認められる。したがって、乙の暴行行為は、事後強盗罪における暴行と評価できるから、乙には、事後強盗罪（住居侵入罪と牽連犯）の成立が認められる（甲とは住居侵入罪、窃盗罪、脅迫罪の限度で共同正犯が成立する）。

[事例9]
　乙は、甲と共謀の上、ドラッグストアで万引きをし、店外に出たが、乙らの犯行に気づいて追跡してきた店長Xに追いつかれ、乙の首周りを右腕で抱え込まれて取り押さえられたことから、甲に声を掛けて助けを

求め、これに応じた甲が走り寄ってXを後方に引き倒し、さらに、乙がXを押すなどし、甲がXの後方から右肩付近等を引っ張り、Xが後方に約1m引きずられたところ、乙の頭が抜けたので乙と甲は逃走したが、これらの暴行によってXが負傷した。

　本事例は、最判平成21・10・8判タ1336号58頁の事案であり、事後強盗罪における暴行についての共謀が認められるか否かが問題となった。甲には、事後強盗罪（強盗致傷罪）が成立するとして、乙には、事後強盗罪における暴行につき共謀が認められなければ、窃盗と暴行の限度で共謀があったにすぎないから、窃盗罪と傷害罪の限度で共同正犯が成立することになろう。本件第2審（東京高判平成19・12・19判例集未登載）は、このような判断をした。これに対して、最高裁平成21年判決は、これを破棄差戻し、甲が乙を助け出すためには、Xの乙を取り押さえる行為を排除するに足るだけの暴行を加える必要があったのであり、乙および甲もそのことを認識していたと推認できるから、乙は、Xの逮捕遂行の意思を制圧するに足る程度の暴行を加えることについても、これを認識認容しつつ、甲と意思を相通じたものと十分認め得る、と判示した[12]。このように、甲と乙に、事後強盗罪における暴行につき共謀が認められるならば、両者には、事後強盗罪（強盗致傷罪）の共謀共同正犯が成立することになろう。

　本件は、当初から窃盗の共謀があり、甲も乙も、身分犯説によれば、事後強盗罪の主体、結合犯説によれば、事後強盗罪における窃盗行為を遂行していることから、もっぱら、事後強盗罪における暴行があったか否かが問題とされたのであり、本稿の「事後強盗罪の共犯」の事案ではない。この事案についての最高裁の判断が待たれるのである。

---

12) 本件につき、十河太朗・判時2175号（判評650号）156頁、水落伸介・法学新報（中央大学）119巻1＝2号233頁参照。

[第14講]

強盗から強殺へのアップグレード
―― 強盗致死傷罪における「強盗の機会」

高橋則夫

1　問題の所在

　強盗致死傷罪[1]が成立するためには、傷害・死亡の結果はいかなる行為から生じたことが必要であろうか。これが「死傷結果の原因行為」の問題である。判例は、死傷結果は強盗の手段である暴行・脅迫から生ずる必要はなく、その原因行為が「強盗の機会」に行われれば足りると解している。

　それでは、「強盗の機会」とは、いつからいつまでをいうのか。強盗罪の実行の着手時期は（相手方の反抗を抑圧する程度の）暴行・脅迫時であり、この時点が「強盗の機会」の開始時であるが、その終了時はいつかという問題がある。さらに、この時間的（あるいは場所的）範囲内であっても、死傷結果をもたらした原因行為が「強盗の機会」とはいえない場合もあり、この範囲を画する基準は何かという問題がある。今回は、この「強盗の機会」について考えてみたいと思う。

　まずは、典型的な類型からスタートして、その後、拡張的な類型を取り上げて検討することにしたい[2]。

---

1) 罪名としては強盗致死傷罪であり、致死傷結果につき、故意がある場合の強盗殺人罪・強盗傷人罪という名称は、講学的な類型によることから、本稿では、殺意がある場合あるいは暴行・傷害の故意がある場合にも、強盗致死罪、強盗致傷罪という名称を使用することにする。
2) これらの類型につき、大阪刑事実務研究会（長井秀典・田中伸一・安永武央）「強盗罪（下）」判タ1354号31頁以下が、本来型、事後強盗類似型、その他（反抗抑圧状態発展型）に分類していることが参考になる。

2　基本ツールのチェック

[事例1]
　甲は、Ｘ宅での強取を計画し、Ｘ宅に立ち入り、家人のＸに対して、反抗を抑圧する程度の暴行を加え、その結果、Ｘが死亡した。

　これが強盗致死罪の本来型である（住居侵入罪も成立し、両罪は牽連犯となる＝以下では、住居侵入罪については省略する）。甲は、強盗罪の実行の着手があり、その行為によって死亡結果が発生したことから、財物奪取の有無を問わず、強盗致死罪は既遂に達すると解するのが、判例・通説である。そして、この本来型に限定する考え方が、「手段説」である[3]。しかし、手段説においても、（事後）強盗致死傷罪が肯定される以上は、少なくともその範囲における暴行・脅迫行為から死傷結果が生じた場合も含まれると解さざるを得ないだろう。これに対して、「手段説」の対極にあるのが、強盗の機会であればよいとする「機会説」である[4]。しかし、「機会説」によると、強盗の目的とは関係のない行為によって人の死傷が発生した場合、たとえば、強盗の遂行中、たまたま犯行現場に以前から恨みを抱いていた者が訪問してきたので、恨みを晴らす目的でその者を殺害した場合にも、強盗致死罪が成立することになってしまう。
　そこで、両説の中間に、強盗の機会になされた行為であって、当該強盗の遂行と一定の関連性・牽連性を有するものであることを要すると解する「修正機会説」[5]と、本来の強盗の手段としての行為のほか、事後強盗罪同質の状況における暴行・脅迫行為に限ると解する「修正手段説」[6]が主張されている。
　判例は、基本的に、「機会説」を採用しつつ、それを限定するという立場、

3）　瀧川幸辰『刑法各論〔増補版〕』（世界思想社、1951年）131頁、香川達夫『刑法講義各論〔第2版〕』（成文堂、1996年）531頁参照。
4）　団藤重光『刑法綱要総論〔第3版〕』（創文社、1990年）594頁、藤木英雄『刑法講義各論』（弘文堂、1976年）299頁参照。
5）　大塚仁『刑法概説〔各論〕〔第3版増補版〕』（有斐閣、2005年）231頁、大谷實『刑法講義各論〔新版第4版補訂版〕』（成文堂、2015年）248頁、高橋則夫『刑法各論〔第2版〕』288頁参照。なお、井田良「強盗致死傷罪」『刑法基本講座5巻』127頁以下参照。

あるいは、「修正機会説」の立場であるように思われるが、この点はさておき、本来型における基本的な問題を検討することにしたい。

[1] 強盗の手段たる「脅迫」と原因行為

> **［事例 2］**
> 甲は、強盗の意思で、被害者の左手とその運転するミニバイクのハンドルを手錠で連結固定するなどの暴行を加え、その反抗を抑圧した被害者に「倒れろ」と脅迫し、ミニバイクをその場に転倒させて、同車のかごにあった現金等を強取し、その際に傷害を負わせた。

本事例においては、「脅迫による傷害」の場合に、強盗致傷罪が成立するかが問題となる。判例は、一般的に、脅迫を原因行為とする強盗致傷罪の成立を正面から認めず、暴行の概念を緩和させて、暴行を原因行為とする強盗致傷罪としてその成立を肯定する傾向にある（たとえば、最判昭和24・3・24刑集3巻3号376頁［強盗犯人が短刀で被害者を脅迫中、たまたま被害者がその短刀を握ったために負傷した事案］、最決昭和28・2・19刑集7巻2号280頁［被害者に、「金を出せ」などと申し向けて日本刀を突きつけたところ、被害者が、右日本刀にしがみつき救助を求め、犯人がその刀を引いたことによって、被害者の右手掌等に傷害を与えた事案］など）。これに対して、**［事例 2］**の大阪高判昭和60・2・6判タ555号342頁は、第1審が「倒れろ」と命じた行為を暴行であるとしたのに対して、これを脅迫であるとし、「強盗の手段たる脅迫によって被害者が畏怖し、その畏怖の結果傷害が生じた場合に、強盗致傷罪の成立を否定すべき理由はない」として、強盗致傷罪の成立を認め、強盗の手段である脅迫も原因行為として位置づけた。

学説上、強盗致死傷罪が成立するためには、暴行の故意が必要であるとする見解もある[7]。これによれば、「脅迫による傷害」は、傷害の故意がない限

---

6) 曽根威彦『刑法各論〔第5版〕』（弘文堂、2012年）138頁、西田典之『刑法各論〔第6版〕』（弘文堂、2012年）186頁、山口厚『刑法各論〔第2版〕』（有斐閣、2010年）236頁（「拡張された手段説」と称する）、松原芳博『刑法各論』（日本評論社、2016年）258頁参照。

7) 団藤・前掲書595頁、大塚（仁）・前掲書233頁参照。

り傷害罪の成立も認められず、また、過失による致死傷の場合も認められないことになろう。これに対して、必ずしも暴行の故意は必要ではなく、脅迫の故意があれば足りるとする見解もある[8]。強盗行為（暴行・脅迫）およびこれと密接関連性のある行為から死傷結果が生じたものであれば足りることから、脅迫による死傷を否定する理由はないであろう（もっとも、後述するように、私見によれば、過失による致死傷の場合は「強盗の機会」から除外される）。

[2] 強盗の手段たる暴行・脅迫以外の行為と原因行為

> [事例3]
> 　甲は、X宅に侵入し、Xに暴行を加えて反抗を抑圧させた上、財物を漁っていたところ、Xの近くにあったタンスを勢いよく引っ張ったため、タンスが倒れてXが下敷きになり、その結果、Xが負傷した。

　強盗の手段以外の行為によって死傷結果が生じた場合に、どこまで「強盗の機会」といえるかが問題となる。一般に、「恨みを晴らす目的での殺害」の場合には、その原因行為は「強盗の機会」から排除されているが、判例は、その判断基準を、原因行為が「強取の目的を達成するための行為」といえるか否かに求めているように思われる[9]。したがって、たとえば、金品強取の目的で母親を殺害した上、傍らに寝ていた幼児2名を殺害した場合、これらの幼児は財物奪取の障害にはならないにもかかわらず、「強取の目的を達成するための行為」の範囲内と評価できれば、「強盗の機会」が肯定されることになろう（最判昭和25・12・14刑集4巻12号2548頁は、この事案につき「強盗の機会」を肯定した）。

　それでは、[事例3]のような、過失の場合はどうであろうか。前述した、暴行の故意に限定する見解によれば、当然に、「強盗の機会」が否定される

---

8) 福田平『全訂刑法各論〔第3版増補〕』（有斐閣、2002年）245頁、藤木・前掲『刑法講義各論』300頁参照。
9) もっとも、函館地判平成20・4・10LEX/DB28145301は、強盗の実行行為である暴行に私的制裁の意図が含まれていたとしても、財物強取の目的が否定されるわけではないと判示した。これに対して、前述の「修正機会説」は、より客観的に、当該強盗の遂行との一定の関連性・牽連性を有するか否かによって判断するものといえよう。

ことになる。判例は、おそらく、この場合にも「強取の目的を達成するための行為」の範囲内と評価するように思われるが、ここでの問題は、原因行為が強盗罪における「暴行・脅迫」と関連するかという点にあること、また、後述する、事後強盗「同質」状況における行為などにおいては、当然に故意行為に限定されることの比較から、本来型においても同様に解するべきことから、「過失による」死傷は除外されるべきであろう（前掲最高裁昭和28年決定も、同様の立場であろう）[10]。

[3] 原因行為と死傷結果との因果関係

原因行為と死傷結果との間に因果関係がなければ、強盗致死傷罪の成立は認められないが、「強盗の機会」の判断との関係が問題となる。「強盗の機会」の判断によって、何が判断されるのかがここでの問題である。たとえば、強制わいせつ・強姦致死傷罪において、「強制わいせつの機会」や「強姦の機会」が問題とされず、「随伴行為」が問題とされているのは、死傷結果をもたらす行為は基本的に別個の行為であり、例外的に2つの行為が「一連の行為」とされる場合に、死傷結果との結合が問題とされるのに対して、強盗致死傷罪においては、強盗行為を遂行するプロセスにおいて、基本的に死傷結果がもたらされる危険性が存在し、その範囲をより広く捕捉する必要があり、強盗の「機会」まで拡張されるわけであろう。とすれば、この拡張を限界づけるというアプローチがとられるべきであるように思われる。したがって、判断順序として、まず、「強盗の機会」か否かにより「行為」の限定を行い、原因行為が強盗行為と密接関連性のある行為か否かが特定されなければならない。次に、「強盗の機会」内に包含された場合に、原因行為と死傷結果との因果関係の存否が問題とされなければならない。

たとえば、札幌高函館支判昭和25・7・3高刑判特13号203頁は、被告人が逮捕を免れるため被害者と格闘中、被害者の父が後方から被告人に組みついたため被告人が倒れ、その下敷となって父が負傷した事案につき、暴行との間に因果関係があるとはいえないと判示した[11]。強盗の機会であることが

---

10) たとえば、家人が寝ている寝室内に侵入し、大人の反抗を抑圧した後、乱暴に同室内を物色したため、同室内で寝ていた乳児を誤って踏みつけて死傷させた場合には、「強盗の機会」から除外されることになる。

肯定されたとしても、因果関係、すなわち、「危険の現実化」が否定される場合があり得るのである。

次のような興味深い事案をどう処理するかを考えてほしい。

11) 因果関係が否定された例として、たとえば、神戸地姫路支判昭和35・12・12判タ119号108頁は、強盗犯人が、被害者に対し手斧を突きつける等をして金銭を強取しようとしたが、被害者が反撃するために手斧を奪い取った際にかたわらの塀に手をこすって負傷し、さらに、強盗犯人が逃走するのを被害者が追跡する際に負傷した事案につき、犯人の行為との因果関係を否定し、強盗致傷ではなく、強盗未遂罪の成立を認めた。また、神戸地判平成14・3・19LEX/DB28075157は、被告人が、被害者に暴行を加えて同人から金品を奪取しようと企て、同人ともみ合った末、その胸倉を摑むなどして同人を2回突き倒したり、転倒した同人に馬乗りになる等の暴行を加え、その反抗を抑圧した上、同人の財布を強取した事案につき、「刑法240条所定の『強盗が人を負傷させたとき』とは、強盗が『強盗の機会』に人を負傷させた場合をいい、その傷害の結果が強盗の手段である暴行又は脅迫行為によって生じた場合に限定されるものではないけれども、法文上『負傷させた』と規定されていることに照らすと、『強盗の機会』におけるあらゆる負傷がこれに含まれるのではなく、当該強盗行為とその性質上密接に関連性をもつ被告人の行為との間に因果関係のある傷害についてのみ、強盗致傷罪が成立すると解するのが相当である。そこで本件について検討すると、被告人は、暴行脅迫を止め、財物奪取を遂げて自転車に乗り逃走を開始しており、被害者は、現場から逃走を開始した被告人運転の自転車の後部荷台を摑みそこねて自ら転倒したものであって、被告人が被害者に対して何らかの積極的な暴行を加えたと評価することができないのはもとより、被害者に対する積極的行為は何もしていないこと、強盗犯人が財物奪取後自転車に乗って逃走する行為自体は、一般的、類型的に見て被害者らの致傷の結果を招く行為とはいえないことを総合考慮すると、少なくとも被告人の前記逃走行為を当該強盗行為とその性質上密接に関連性をもつ被告人の行為ということはできず、被告人の行為と前記傷害との間に『強盗の機会』における致傷結果としての因果関係を認めるには合理的な疑いを容れる余地が残るから、本件については、強盗致傷罪の成立を否定するのが相当である。」と判示した。さらに、前述した、「脅迫による傷害」や「因果関係」の問題などが複合した場合として、東京地判平成15・3・6判タ1152号296頁は、被告人らが、ビル2階にある中国式エステ店において、同店店長ほか3名を同店内の出入口付近の待合室に集めて、けん銃に見せかけたエアガンを突き付けるなどの脅迫を加え、反抗を抑圧した上、現金約6万円を強取したが、その際、店内の個室におり、被告人がその存在を認識していなかった同店経営者が、この脅迫状況を見て恐怖心のあまり窓から脱出を試みたところ、誤って足場に降りそこね、そのまま地面に転落して傷害を負った事案につき、強盗致傷罪の成立を認めた。本件につき、内田（浩）・判例セレクト（2004年）34頁参照。

[事案4]
　甲は、コンビニ強盗を意図し、所持していたカッターナイフで店長Xを脅迫したが、Xとつかみ合いになり、Xは甲からナイフを取りあげ、傍らにいた店員Yに投げ渡したところ、Yの大腿部に突き刺さってYが負傷した。その直後、甲は店外に逃走し、乗ってきた自転車にまたがったところ、Xが甲に飛びかかり、Yが甲の自転車の後輪を蹴ったことから、Xが甲の下敷きになるように路上に転倒した結果、Xが負傷した。

　この事案は、横浜地判平成21・6・25判タ1308号312頁を簡略化したものであるが、本判決は、Yの傷害については、甲の原因行為（ナイフを奪い返そうとする行為）から、XがYにナイフを投げ渡した行為を経て、Yの傷害に至ったプロセスにおいて、原因行為の危険が現実化したと判示したが、Xの傷害については、傷害を帰属させるべき甲の原因行為が存在しないこと、逃走行為それ自体を原因行為とみることはできず、積極的な行為が必要であることを理由に、致傷結果の帰属を否定した。
　Yの傷害については、「危険の現実化」を肯定し得ると思われるが、まずは、当初の脅迫行為と原因行為との関連性を問題にして、「強盗の機会」内であることが肯定された後に（本判決においては、これは当然に肯定されたのだろうが）、因果関係判断を行うという順序を行うべきであろう。Xの傷害については、原因行為の存在自体が問題であり、原因行為の「強盗の手段たる暴行・脅迫との類似性」を考慮するならば、原因行為として積極的な行為が必要であり、本件ではこれが否定されることになる。

3　規範と事実のブリッジ

[1] 事後強盗「同質」状況における行為と原因行為
　前述した「手段説」は、事後強盗「同質」状況における行為を原因行為から排除することになるが、窃盗犯人が、事後強盗に発展し、さらに、その結果として相手方が死傷した場合に、強盗致傷罪が成立することとの均衡の点で妥当でないだろう。したがって、前述した「修正手段説」にまで拡張せざるを得ないように思われる。

[事例 5]

　甲は、Xを拉致、監禁し、強盗に及んだが、Xにはめぼしい資産がないことが判明し、Xを監禁した自動車で移動するうち、所持していた覚せい剤をXに注射し、Xを人里離れた山中に放置したところ、Xは、山中を徘徊するうち覚せい剤に続発した横紋筋融解症により死亡した。

　本事例は、東京高判平成23・1・25判タ1399号363頁を簡略化したものである。最後の強取行為から覚せい剤を注射するまで約6時間が経過し、場所的には約50キロ離れていたが、本判決は、強盗の意思を放棄すると直ちに罪責の隠滅行為に移ったこと、監禁状態を維持し、被害者の間近に居続けたことなどを根拠に、覚せい剤の注射が強盗の機会に行われたことを肯定した。その他、強盗の機会であることを肯定した例として、強盗犯人が侵入した家屋の表入口付近で強盗犯人を追跡してきた被害者の下腹部を日本刀で突き刺して殺害した事案（最判昭和24・5・28刑集3巻6号873頁）、第一現場で被害者の運転するタクシー内において被害者に背後からけん銃を突きつけて脅迫し金員を要求した後、再びタクシー内に乗車し、約6キロ、約5、6分進行した後、第二現場である交番の前で停車した際逃走するために格闘の末その車内でけん銃で被害者の頭部を殴打して傷害を負わせた事案（最決昭和34・5・22刑集13巻5号801頁）などがあり、これらの判例に照らせば、本事例における「覚せい剤の注射」は「強盗の機会」に行われたことを肯定できるであろう。

[事例 6]

　甲は、岡山県で専売局からたばこを強取したが、26時間半後にその盗品を神戸で陸揚げしようとして巡査に発見され逮捕されかけた際に、同巡査に傷害を加えて逃走した。

　本事例は、最判昭和32・7・18刑集11巻7号1861頁を簡略化したものであるが、最高裁は、その時期、場所、態様からみて別個の行為であり、傷害は、強盗とは別個の機会になされたものであるとして、強盗致傷罪の成立を否定した。本事例においては、もはや、財物を取り返され、あるいは逮捕さ

れ得る状況がなくなった後に、加害行為に及んだ場合であり、事後強盗罪における「窃盗の機会」の判断基準である「被害者等から容易に発見されて、財物を取り返され、あるいは逮捕され得る状況が継続していた」か否かとほぼ同様の判断基準が採用されているようにもみえる。もっとも、「強盗の機会」を否定したその他の判例・裁判例、たとえば、強盗殺人をした後、あらためて犯人の顔を見知っている目撃者の殺害を共謀し、これを誘い出して数時間後に別の場所で人を殺害した事案（最判昭和23・3・9刑集2巻3号140頁）、一家4名のうち3名の強盗殺人行為終了後約5時間経過し、強盗殺人の現場である被害者方に戻って、残された幼児を殺害した事案（千葉地判平成6・8・8判タ858号107頁）などをみると、行為者側の「新たな決意に基づく」行為に重点が置かれているようにも思われる。

　事後強盗罪における「窃盗の機会」と、強盗致傷罪における「強盗の機会」との関係については、以下のように分析できるであろう。

　事後強盗罪における「窃盗の機会」は、窃盗行為と暴行・脅迫行為との関連性を問題とする構成要件要素であるのに対して、「強盗の機会」は、強盗行為と原因行為との関連性を問題とする構成要件要素である。前者は、事後強盗罪の成立要件であり、後者は、強盗致死傷罪の成立要件であることから、まず、前者は後者の前提であり、両者は時系列的に異なるものと位置づけられる。次に、両者の判断基準として、前者は、被害者からの追求可能性というように、被害者側の視点が強調されているのに対して、後者は、別個の新たな決意の有無というように、加害者側の視点が強調されている点に差異が認められる。さらに、「窃盗の機会」は、窃盗罪という生命・身体に対する危険性の存しない犯罪が、強盗という生命・身体に対する危険性の存する犯罪に転化したか否かを判断する要素であるのに対して、「強盗の機会」は、強盗罪という生命・身体に対する危険性の存する犯罪が、より危険な強盗致死傷罪に転化したか否かを判断する要素であることから、別次元の要素であるともいえるだろう[12]。もっとも、事後強盗「同質」状況の行為が問題となる場合には、両者の判断は、事実上重なり合うことになろう。

---

12) 大阪刑事実務研究会・前掲「強盗罪（下）」38頁参照。

[2] 事後強盗「異質」状況における行為と原因行為

　次の問題は、「強盗の機会」を以上の事後強盗「同質」状況における行為に限定するか否かであるが、判例はこれに限定しておらず、この点は、基本的に妥当であるように思われる。というのは、たとえば、強盗既遂後、事後強盗の前提となる状況がなく、「窃盗の機会」とは認められない場合や、事後強盗罪における目的とは異なる目的で行為に及んだ場合などにおいて、強盗行為と原因行為との密接な関連性が認められるにもかかわらず、これらを一切排除することには疑問があるからである。

[事例 7]
　甲らは、Xからバッグを強取した後、わいせつ目的で自動車に拉致し、反抗抑圧状態の継続下においてわいせつ行為に及んだ後、強盗の終了時点から 40 分くらい経過した後に、現場から約 10 キロ離れた地点で、強盗等の犯行の発覚を防ぐ方策を相談し始め、さらにその 30 分くらい後に、犯行発覚を防ぐため X の殺害を共謀し、自動車を移動させ、強盗の終了時点から 2 時間 10 分くらい後に、現場から約 30 キロ離れた地点で X を殺害した。

　本事例は、千葉地判平成 17・11・16LEX/DB28110308 を簡略化したものであるが、本判決は、本件殺人が強盗行為の終了後に、主としてわいせつ行為をする目的で強盗の現場を離れ、強制わいせつの行為の後に生じた殺意に基づくものとはいえ、本件強盗行為により生じた状況の継続性はもとより、本件強盗との時間的・場所的継続性もこれを肯定することができるというべきであるから、本件殺人は、客観的にも主観的にも本件強盗と強い関連性を有するということができ、本件強盗の機会に行われたものと認めるのが相当であると判示した。とくに、強盗の被害者と殺人の被害者の同一性、被害者の反抗抑圧状態を維持、継続して、被害者を支配下に置いた殺人であることなどが重要な判断要素となったといえよう。

　このように、強盗既遂後に強盗の現場を離れて被害者を連れ回している場合、事後強盗「同質」状況は存しないにもかかわらず、被害者の反抗抑圧状態を継続させているような場合には、なお「強盗の機会」が認められるのである。

それでは、事後強盗「異質」状況における行為が「強盗の機会」における原因行為として肯定あるいは否定される限界基準はどこに求められるべきであろうか。この点につき、「強盗の危険性が現実化したか」という基準が提示されている[13]。しかし、この基準は、前述した、原因行為と致傷結果との因果関係における判断と混同しているように思われる。そうではなく、強盗行為と原因行為との連関、すなわち、「強盗行為」と「殺人・傷害行為」との密接な関連性の有無に求めるべきであろう。したがって、この問題も、「一連の行為」論の一適用場面といえるように思われる[14]。私見によれば、この一連性は「財物奪取の目的」という意思の連続性の有無に求められるが[15]、その下位基準としては、前述した、千葉地裁平成17年判決における客観的要素・主観的要素の展開が必要なのである（後述参照）。

4　事実を処理するメソッド

　以上のように、「強盗の機会」か否かは、強盗行為と原因行為との密接な関連性に求められ、それは、「一連の行為」論の一適用場面である。具体的には、時間的・場所的接着性、被害者の同一性、犯行意図の継続性などを総合的に判断して、原因行為が「新たな決意に基づく別の機会」か否かによって判断されることになろう。もっとも、前述した、事後強盗「異質」状況における行為のように、時間的・場所的接着性が存在しない場合であっても、「強盗の機会」は肯定されるのであり、このことを明らかにしたのが、前述した、千葉地裁平成17年判決である。本判決が明示した一般的な基準が参考になるので、それを整理すると以下のようになる。すなわち、客観的事情として、①強盗行為と殺人の被害者との関係、②強盗行為と殺人行為との時間的・場所的乖離の程度、③強盗行為により生じた状況の継続性など、主観的事情として、①殺人の犯意の発生時期、②殺人の動機ないし目的などがこれである。これらの事情を総合して、強盗行為と殺人・傷害行為との間に密

---

13)　大阪刑事実務研究会・前掲「強盗罪（下）」32頁参照。
14)　この問題を「一連の行為」論によって解決する考え方につき検討を加えているのは、照沼亮介「事後強盗罪における故意なき死傷結果の帰属」上智法学論集58巻3・4号（2015年）23頁以下である。
15)　したがって、もっぱら私的制裁目的で行われた行為などは、「強盗の機会」から排除されることになろう。

接な関連性がある場合に「強盗の機会」が肯定されることになる。

[第15講]

預金が増えているんです
——誤振込金の払戻し

杉本一敏

1　問題の所在

[1]　問題の事例

今回取り上げるのは、「誤振込金の払戻し」の罪責である。まずは事例を挙げておこう。

> [事例1]
> Aは、銀行B１に、Cの預金口座への振込みを依頼するつもりで、誤って振込先としてXの預金口座を指定した結果、銀行B２のX名義の預金口座に、Aからの振込みとして75万31円の入金記帳がなされた。Xは、誤った振込みによって預金残高が92万3253円に増えていることに気づいたが、借金の返済のため、誤った振込みがあった旨を告げることなく、B２の窓口で現金88万円の払戻しを受けた。（振込依頼人の誤振込み）
>
> [事例2]
> Aから、Xへの100万円の振込みを依頼された銀行B１は、誤って1000万円の振込みがあった旨の為替通知を送信したため、銀行B２のXの預金口座に1000万円の入金記帳がなされた。Xは、預金残高が突然1030万円になったので、誤った振込みがあったと気づいたが、借金の返済のため、誤った振込みがあった旨を告げることなく、B２の窓口で現金500万円の払戻しを受けた。（仕向銀行の誤発信）

[事例3]

　銀行Ｂ１から「ＡからＸへの10万円の振込みがあった」旨の為替通知を受信した銀行Ｂ２が、金額を誤り、Ｘの預金口座に1000万円の入金記帳をした。（以下、[事例2]の後段と同じように）Ｘが現金100万円の払戻しを受けた。（被仕向銀行の誤記帳）

　さて、これらの場合に、誤った入金であることを告げずに現金の払戻しを受けたＸは、Ｂ２に対する１項詐欺罪に問われるだろうか。結論から言うと、[事例1]の事案につき、最決平成15・3・12刑集57巻3号322頁（以下、平成15年決定）は、Ｘに１項詐欺罪の成立を認めた。現在の判例の状況からすれば、これと同種の事案においては、払戻しを受けた受取人に被仕向銀行に対する１項詐欺罪が成立する、という処理が確立したと言える。[事例2][事例3]の事案についても、最高裁判例はないが、結論として受取人に１項詐欺罪が認められることに疑いはないと思われる。しかし、問題はその「理由」である。それを詳しく見るのが今回の課題だが、その前にまずは詐欺罪の成立要件を確認しておこう。

[2] 詐欺罪の成立要件（確認）

　１項詐欺罪（246条１項）の成立要件は、「人を欺」く（欺罔）行為によって被害者を錯誤に陥らせ、その錯誤に基づいて被害者に「財物を交付させ」ることである。この要件論において、特に重要なポイントは２つある。

　（Ⅰ）第１に、詐欺罪が成立するには、被害者が陥った「錯誤」が、その被害者にとって「その交付の判断の基礎となる重要な事項」[1]に関する錯誤だったのでなければならない。別の観点から言えば、被害者が欺罔に基づいて「自分がいま行っている」と自覚していた財物交付（取引）と、被害者が実際に行っていた財物交付（取引）とが、「社会通念上別個の」[2]交付（取引）と評価されるほどに食い違っており、被害者が真実を知った場合には当該取引に応じることが考えられなかった（その取引はもはや被害者が想定していた取

---

1) この定式は、最高裁の判示としては最決平成22・7・29刑集64巻5号829頁（他人への譲渡目的での航空機搭乗券の取得事件）で初めて登場したものであるが、それ以前の最高裁判例の判断も、おおむねこの定式に合致したものとして説明することができる。

引とは全く「別物」だった)、という場合であることを要する。この条件は、同時に、行為者側の「欺罔」要件の内容でもある。被害者側にとって「重要な事項」を構成するような事柄に関して欺罔したのでなければ、詐欺罪の予定する欺罔に当たらないことになるからである。したがって、この要件が欠ければ詐欺未遂罪も成立しない。

　この「重要な事項」という要件が充たされる場合としては、まず、(1)被害者が、「自分が交付する財物」または「その引き替えに手に入れる反対給付」について、その内容や価値を誤った場合が挙げられる(例えば、自分の持っている高価な骨董品を、安物だとだまされたので安く売り渡してしまった場合)。これは、被害者が、その取引によって「財産的損害が発生してしまうか否か」に関して錯誤に陥っていた場合である。その他に、(2)被害者が、特定の目的が達成されるからこそ行う意味がある取引において、その目的が本当は達成されない状況であるのに、達成されるものと誤信させられた場合も、ここにいう「重要な事項」について錯誤があった場合だといえる。例えば、犯罪用の口座を欲しがっている他人に売り渡す意図で、その意図を隠して銀行で自己名義の口座を開設し、銀行から預金通帳等を受け取った場合などがこれに当たる。この場合、銀行は口座開設に必要な入金は受けている。しかし、本人確認や口座の犯罪利用防止を金融機関に徹底させている法規制や監督庁の監督の下では、これらの規制遵守を目指している銀行であれば、「口座が増えるなら、それが犯罪行為者に譲渡されるものでもかまわない」などといった姿勢で口座開設に応じることは到底できない。つまり、隠された他人譲渡の意図があるか否かによって、その口座開設は、銀行の目から見れば(およそ応じるべき取引か否かという観点から)「全く別種の取引」になるといえる。

　(Ⅱ)　第2に、被害者の陥った錯誤が「交付の判断の基礎となる重要な事項」に関するものだったとしても、その錯誤は、行為者側の欺罔行為によっ

---

2) この定式は、最決平成13・7・19刑集55巻5号371頁(請負人が欺罔によって請負代金を受領できる時期を早めた事件)の判示に登場し、その後、誤振込みに関する平成15年決定の調査官解説(宮崎英一「判解」最判解刑事篇平成15年度〔2006年〕133-134頁)でも詐欺罪成立のための説明方法として援用されているものである。平成13年決定で用いられた当初の意味とは異なるかもしれないが、この定式の一つの解釈・用い方として、本文のような理解もありうると思われる。

て生じたのでなければならない。問題となるのは、虚偽の内容を明示する言動がなくても欺罔行為を認める余地があるか、という点である。明示的言動がなくても欺罔が認められるという場合は2つある。(1)第1に、特定の状況で一定の言動に出た場合に、当該状況から考えると、その言動の中に虚偽の事実が明示されていなくても一定の虚偽の事実がメッセージとして相手に当然受信される、という場合がある（例えば、金がなくて無銭飲食をしようと思った客が、食堂で「定食1つ。」と注文した場合、この発言自体が欺罔行為に当たる。ここでは「私には払う金がある。」という虚偽の事実は明言されていないが、食堂での注文という場面では上の発言自体が「私には払う金がある」ことを表明したものと受け取られるからである）。これは「挙動による欺罔」と呼ばれ、作為による欺罔の一種である。(2)第2に、明示的な欺罔も、挙動による欺罔も認められない場合には、行為者に「不作為の欺罔」（告知義務違反）が認められるかを考えるしかない。そのためには、告知義務を基礎づける保障人的地位が、行為者に認められる必要がある。

　以上からすると、誤振込金の払戻しが詐欺罪に問われるためには、(I)払戻請求がなされているのが「誤振込金であるか否か」が、銀行Ｂ2にとって「判断の基礎となる重要な事項」だといえること、そして、(II)Ｘが誤振込みの事実を隠して払戻請求に出たことが「欺罔」行為だといえること、この2点が認められることが必要となるのである。

[3] 振込取引とその過程で生じる「誤り」

　それでは、振込みの話に戻ろう。上記の**[事例1]**～**[事例3]**では、振込取引のどこかで誤りが生じた結果、原因関係のない誤った振込みがなされている。その誤りが法的にどんな意味を持つかを確かめるには、振込取引がどのような構造になっているのかを見ておく必要がある。振込取引においては、次の4つ（①～④）の関係が登場する。

　いま、契約など何らかの原因関係（①）に基づき、ＡがＣに対して支払いをする必要があるとしよう。そこでＡは、自分の口座がある仕向銀行Ｂ1に、自分の口座内の一定額の資金をＣの口座へと振り込むよう依頼する（②Ａ・Ｂ1間の振込委託契約）。振込委託を受けたＢ1は、その履行として、銀行間で締結されている為替取引契約に基づき、受取人Ｃの口座がある被仕向銀行Ｂ2に為替通知を送信する（③Ｂ1・Ｂ2間の為替通知）。為替通知を受

信したＢ２は、③の実行として、かつ、自行に口座を持つＣとの間の預金契約に基づく義務（口座への振込みを受け入れる義務）の履行として、Ｃの口座に入金記帳を行う（④）。これによって、記帳された残高につき、Ｃの預金債権が成立する[3]。

そうすると、誤りも、このそれぞれの箇所で生じうることになる。第１に、振込依頼人Ａが振込先の指定を誤ったため、全く原因関係のない受取人（Ｘ）に振込みがなされる場合がある。これは振込委託（②）における誤り（いわゆる誤振込み）であり、**[事例１]**がこの場合に当たる。そしていずれも銀行のミスであるが、第２に、仕向銀行Ｂ１が発信する為替通知（③）に誤りがあった場合（誤発信の場合。**[事例２]**）、第３に、被仕向銀行が入金記帳（④）を誤る場合（誤記帳の場合。**[事例３]**）がありうる。

これらの場合、受取人が誰か、振込金額が何円かは、振込委託や為替通知の核心をなす部分だから、それについて誤りがあった振込依頼人や銀行の意思表示は、要素の錯誤を理由として無効となるだろう（民法95条。ただしその主張には無重過失が必要である）[4]。そうすると、最終的な入金記帳もそれに連動して（原因を失って）無効となり、預金債権は有効に成立していなかった、ということになるのだろうか。この「預金債権が有効に成立するか否か」という点は、刑法的にも重要な意味を持つ。なぜなら、もし払戻請求をしている受取人Ｘに預金債権が有効に成立していない（正当な払戻権限がない）のだとすれば、ＸにはＢ２に対する占有移転罪が当然成立する、と考えられるからである[5]。払戻請求者に正当な払戻権限があるか否かが、銀行に

---

3) 森田宏樹「振込取引の法的構造」中田裕康＝道垣内弘人編『金融取引と民法法理』（有斐閣、2000年）136頁以下を参照。

4) 以上に対し、①のＡ・Ｃ間の「原因関係」に瑕疵があったという事情（例えば、ＡがＣにだまされてＣへの振込を行った場合など）は、②の振込委託契約との関係では「動機の錯誤」にとどまるので、②③④に瑕疵があった場合と同列には論じられない。①に瑕疵がある場合に関しては、次回検討を加える。

5) かつての下級審判例には、誤振込み、誤発信の場合に、有効な預金債権が成立しない（正当な払戻権限がない）という理由で、受取人に占有移転罪を認めたものがある。札幌高判昭和51・11・11刑月8巻11＝12号453頁（誤振込金の払戻しにつき、預金債権の不成立を理由に一項詐欺罪を肯定）、東京高判平成5・9・12判時1545号113頁（仕向銀行の誤発信による入金につき、正当な払戻権限がないとして、ＡＴＭからの引出行為に窃盗罪を肯定）。

とって「払戻しに応じるか否かの判断の基礎となる重要な事項」であるということは、従来から当然視されてきたといえるだろう。また、その場合には、Ｘの払戻請求をする行為それ自体が「挙動による欺罔」に当たると考えられる[6]。というのも、銀行窓口での払戻請求という挙動には、「自分に預金債権がある（無権利者ではない）」ということが当然の前提事項として含意されているからである[7]。

[4] 問題の所在——平成8年判決との整合性

ところが、民事判例である最判平成8・4・26民集50巻5号1267頁（以下、平成8年判決）の登場によって、以上のような理論構成が疑問視される状況になった。というのも、この平成8年判決は、「振込依頼人から受取人の銀行の普通預金口座に振込みがあったときは、振込依頼人と受取人との間に原因となる法律関係が存在するか否かにかかわらず、受取人と銀行との間に振込金額相当の普通預金契約が成立し、受取人が銀行に対して右金額相当の普通預金債権を取得すると解するのが相当である。」と判示し、誤振込みの場合も受取人に「預金債権が成立する」という原則を打ち出したからである。そうすると、受取人Ｘは、誤振込金についても正当な払戻権限を持っていることになるから、銀行Ｂ2はその払戻請求に応じなければならない（応じなければ、Ｘから債務不履行責任を追及されるおそれがある）。他方で、預金債権が有効に成立しているのだから、Ｂ2がＸの払戻請求に応じてもそれは有効な弁済であって、Ｂ2が、誤振込みをしたＡから振込委託の無効を理由に不当利得返還請求を受けるおそれはない[8]。そうだとすれば、Ｂ2として

---

6) 宮崎・前掲注2) 125頁も参照。

7) これは、例えば「甲の預金通帳等を窃取した乙（無権利者）が、甲になりすまして窓口で現金の払戻しを受けた」という場合を考えれば明らかだろう。この場合、乙が「私は預金通帳の名義人本人（甲）です。」と明示的に虚偽を告げなくても、払戻請求それ自体が欺罔に当たる。

8) これに対し、平成8年判決とは異なり、振込委託の無効に連動して受取人Ｘの預金債権も不成立となる、と解する場合には、無権利者Ｘからの払戻請求に応じたＢ2はＸに対して不当利得返還請求権を有することになり（その限りで利益が現存する）、Ａからの不当利得返還請求を免れないことになる（山田誠一「誤った資金移動取引と不当利得（下）」金法1325号〔1992年〕27頁、大坪丘「判解」最判解民事編平成8年度〔1999年〕384頁注16) 参照）。

は、とにかくＸの払戻請求に応じておけば自らが損害を被ることはないのだから、Ｘが払戻しを請求しているのが誤振込金か否かは、Ｂ２にとって「重要な事項」でないことになる。したがって、平成８年判決をもとにすれば、Ｘには１項詐欺罪は成立しない、という結論になりうる。

しかし、平成15年決定は、平成８年判決を引用して「Ｘに預金債権は成立する」という前提を維持しながら、それでもＸに１項詐欺罪の成立を認めた。この結論は、どのような理論構成に基づくものなのだろうか。この平成15年決定が今回の「基本ツール」である。

2 基本ツールのチェック

[1] 平成15年決定

それでは、**[事例1]** に対して平成15年決定がとった結論と理論構成を見てみよう。

平成15年決定は、まず、ＸがＢ２に対して誤振込金額相当の預金債権を取得した、とする。だが、それに続けて「しかし他方で」と述べ、銀行実務においては、振込依頼人から誤振込みの旨の申出があれば、「受取人の承諾を得て振込依頼前の状態に戻す、組戻しという手続が執られて」おり、受取人から誤った振込みがある旨の指摘があった場合も、自行の入金処理の誤り（誤記帳）がなかったかを「確認」し、仕向銀行や振込依頼人に過誤（誤発信、誤振込み）がなかったかを「照会」している、という実務慣行の事実を挙げ、これらの措置は「安全な振込送金制度を維持するために有益」であり、「銀行が振込依頼人と受取人との紛争に巻き込まれないためにも必要」であるとする。そして同決定は、そうすると「銀行にとって、払戻請求を受けた預金が誤った振込みによるものか否かは、直ちにその支払に応ずるか否かを決する上で重要な事柄である」と結論づける。

それに続けて同決定は、Ｘの欺罔行為に関して、受取人は「銀行との間で普通預金取引契約に基づき継続的な預金取引を行っている者として、自己の口座に誤った振込みがあることを知った場合には、銀行に上記の措置を講じさせるため、誤った振込みがあった旨を銀行に告知すべき信義則上の義務がある」とし、「その情を秘して預金の払戻しを請求することは、詐欺罪の欺罔行為に当た」る、と判示する。これは、Ｘの告知義務違反という不作為の

点に「欺罔」を見出したものと解される。

　以上の判示からすれば、平成15年決定は、詐欺罪の成立根拠を次の点に求めているといえる。

　（Ⅰ）まず、B2にとって、払戻請求を受けているのが誤振込金か否かが「重要な事項」となる理由について。

　①第1に、誤振込みの事実を知った場合に、銀行は、受取人と振込依頼人との間を仲介し、両者の承諾の下で「組戻し」（受取人から振込依頼人への振込み）を試みているという銀行実務が挙げられている。平成8年判決の原則に立てば、誤振込みの可能性など気にかけずにXに誤振込金を払い戻しても、上述のとおり、銀行が損害を被るおそれはない。しかし、平成8年判決以降も、銀行実務では「組戻し」の慣行の定着によって「誤振込のほとんどは迅速・安全に資金が取り戻され」、「当事者間の紛争は未然に解決されて」きたのだから、今後もこの慣行を「維持することが望まれる」、という意見が銀行実務家から示されており[9]、銀行が「組戻し」の措置に依然として極めて重要な意義を見出している実態がうかがわれる。このような意見の背後には、振込制度の運営者・主宰者という公共的立場から考えて、銀行も「自分の損得には関係がないから、誤振込みの処理などには関知しない」といった態度を貫くことはできない（それでは振込制度に対する信頼が失われる）、という銀行の自己認識があるものと思われる。平成15年決定の判示は、この銀行実務の実態に着目したものだといえる。

　②第2に、受取人に身に覚えのない入金であれば、銀行の誤記帳、誤発信があった可能性もあり、銀行はその有無を「確認」「照会」することに関心を持つ、という点も挙げられている。後述の通り（4 [1]）、B2による誤記帳の場合、またはB1の誤発信が取消された場合には、誤振込みの場合と違って、Xに預金債権は成立しない。預金債権が成立していないのにXの払戻しに応じたならば、B2は端的に財産的損害を被る。そうすると、Xの口座に誤った入金があったという場合には、それが誤記帳・誤発信であって預金債権が成立していない可能性もあるわけだから、B2としては、その誤った

---

[9]　川田悦男「判研（最判平成8・4・26）」金法1452号（1996年）5頁。また菅原胞治「振込理論はなぜ混迷に陥ったか①」銀法670号（2007年）21頁、同「②」銀法671号（2007年）23-24頁参照。

入金の素性の調査・確認が終わるまで払戻しに応じないことに重要な関心を持つ、というわけである。

（Ⅱ）次に、Xの「欺罔」行為について。

平成 15 年決定は、信義則上の告知義務違反という不作為にXの「欺罔」を見出し、保障人的地位が生ずる根拠を「銀行との間で普通預金取引契約に基づき継続的な預金取引を行っている者」というXの立場に求めている。したがって、およそ普通預金口座を開設している口座名義人であれば、類型的に、この立場に該当しうることになる。

[2] 平成 20 年判決

その後、原因関係のない振込金の払戻しに関して、民事判例である最判平成 20・10・10 民集 62 巻 9 号 2361 頁（以下、平成 20 年判決）が重要な判示をした。その判示のうち、刑法上の問題にも関係があるのが次の部分である。原因関係のない振込みがあった場合に、「受取人が当該振込みに係る預金の払戻しを請求することについては、払戻しを受けることが当該振込みに係る金員を不正に取得するための行為であって、詐欺罪等の犯行の一環を成す場合であるなど、これを認めることが著しく正義に反するような特段の事情があるときは、権利の濫用に当たる」。この判示からすると、誤振込金であると知りながら、それを告知せずに払戻しを受けた**[事例 1]**のXのような行為は、平成 15 年決定によって 1 項詐欺罪に当たることが（類型的に）明らかにされた以上、「詐欺罪等の犯行の一環を成す場合であるなど、これを認めることが著しく正義に反するような特段の事情があるとき」に該当し、平成 20 年判決のいう「権利の濫用」に当たる[10]、という説明が可能になる。この説明は、**[事例 1]**のXの行為について、民法上もこのような払戻請求は（Xに預金債権はあっても）「権利の濫用」であるとすることで、平成 15 年決定との整合性を図ったものである。

そうすると、**[事例 1]**のXのような払戻請求は民法上も「権利の濫用」であることになり、払戻請求が権利の濫用であればB2はこれに応じない（Xの請求が権利の濫用であるか否かはB2にとって「重要な事項」である）か

---

10) 石丸将利「判解」最判解民事編平成 20 年度（2012 年）524 頁、山口敬介「判研（最判平成 20・10・10）」法学協会雑誌 128 巻 2 号（2011 年）546-547 頁。

ら[11]、平成20年判決以降の現在においては、端的に「権利の濫用」であることを根拠に、Xのような行為を1項詐欺罪に問うことができる、ということになるのではないかと思われる。

しかしここでは、**[事例1]** のXのような行為について、平成15年決定が1項詐欺罪を認め、そのことを根拠に、同種の行為が平成20年判決のいう「権利の濫用」に当たることが認められ、更にそのことを根拠に、今や同種の行為が1項詐欺罪を構成することが認められる、という一種の論理の循環が生じているから[12]、この種の行為が「権利の濫用」として1項詐欺罪に問われる根拠は何かといえば、それは結局、「平成15年決定が1項詐欺罪を認めたからだ」という点に尽きることになるだろう[13]。

3 基本ツールの（批判的）再チェック

以上で見たように、判例上は、**[事例1]** において1項詐欺罪成立という処理が確立し、その結論は平成20年判決の「権利の濫用」論によって更に補強・追認されている。しかし、その「理論的な根拠」は、必ずしも盤石ではないように思われる。2で確認した判例の論理を、更に批判的に検討しておきたい。

[1] 権利の濫用

まず、**[事例1]** のXの払戻請求が平成20年判決のいう「権利の濫用」に当たるから、それを秘して払戻しを受ける行為が1項詐欺罪に当たる、という論理は、平成15年決定が同種事案を1項詐欺罪にした、という事実を根拠とするものにすぎない。

その批判はいったん脇において、現時点ではXの払戻請求が「権利の濫用」とされるということを前提に、いま現在 **[事例1]** のような事件がまた起こったと考えてみよう。その場合、「Xの払戻請求が権利の濫用であるか

---

11) 山田耕司「譲渡目的を秘した預金口座の開設、誤振込みと詐欺罪」池田修＝金山薫編『新実例刑法［各論］』（青林書院、2011年）69頁。

12) 山口厚編『経済刑法』（商事法務、2012年）106頁〔橋爪隆〕、上嶌一高「誤振込みに係る自己名義預金の処分」刑ジャ38号（2013年）13頁、照沼亮介「預金口座内の金銭の法的性質(2)」上智法学論集57巻3号（2014年）87頁。

13) 杉本一敏「預金をめぐる財産犯と権利行使」刑法雑誌54巻2号（2015年）316頁。

否か」が、B2にとって「重要な事項」といえるだろうか。この点、Xの請求が権利の濫用であるならば、B2はその請求を拒絶することができるのに、それにもかかわらずXの払戻に応じるとB2は振込依頼人Aに対し不法行為責任を負う可能性がある、という指摘がなされている[14]。そうすると、B2はAから不法行為責任を追及されて財産的損害を被るおそれがあるわけだから、Xの請求が権利の濫用か否かはB2にとっても「重要な事項」だということになろう。しかし、B2がAから不法行為責任を追及されるのは、B2が「誤振込金をXに払い戻してAに損害を与える」という事実について認識・認容を持っていたような場合に限られるのだとすれば[15]、B2は、Xにうまくだまされて、Xの請求が権利の濫用に当たることを知らずにいる限り、Aから不法行為責任を追及されるおそれはない。そうすると、Xの請求が権利の濫用に当たるか否かは、B2にとって必ずしも「重要な事項」とは言えないように思われる。

[2] 誤記帳・誤発信の存否を確認する利益

　平成15年決定は、誤った入金が、およそ預金債権が成立しない誤記帳・誤発信によるもの「かもしれない」ので、その点について確認をする、というB2の利益も1項詐欺罪の成立根拠に挙げている。しかしこれは、詐欺罪の成立根拠として弱いと思われる[16]。もし誤った入金が、本当に誤記帳・誤発信によるものだったならば、Xの預金債権は不成立となり、それにもかかわらずB2が払戻しに応じたらB2は財産的損害を被るだろう。したがって、その場合にXが黙って払戻しを受けたならば、Xは1項詐欺罪となる（後述4［1］）。しかし、いま問題の**［事例1］**では、Xの口座への入金は、現実には「誤振込み」だったのであり、およそ預金債権が成立しない誤記帳・誤発信による入金ではなかったのである。そうすると、この場合のB2の錯誤は、実際には「誤記帳・誤発信かもしれないと考えて、それを確認したくなるはずの状況」だったのに、Xにだまされたために、そういう状況だと思わなか

---

14) 石丸・前掲注10) 511頁、山口・前掲注10) 552頁、稲葉威雄「判研（最判平成20・10・10)」金判1319号（2009年）5頁参照。

15) 石丸・前掲注10) 522、527頁参照。

16) 松宮孝明「誤振込と財産犯・再論」『川端博先生古稀記念論文集 [下巻]』（成文堂、2014年）285頁参照。

った、という点に認められるだけである。このような錯誤が、詐欺罪を基礎づける「重要な事項」に関する錯誤といえるかは、疑問である。

[3] 振込制度の運営者としての公共的立場
　そうすると、根拠として最後に残るのは、銀行が、振込制度の運営者として「安全な振込送金制度を維持するため」に、「組戻し」という慣行を非常に重視しているという実態である。Xに預金債権が成立しており、「組戻し」もXの承諾がなければ実行できない以上、Xが誤振込みの事実を認めながらも「組戻し」に応じず、自分への払戻しを強硬に請求した場合には、B2は結局その請求に応じざるを得ない。しかし、このように、アB2が「組戻し」の実施をXに働きかけ、安全な振込制度の運営者としてできる限りの手段を講じたが、それでもなおXの払戻しに応じざるを得なかったという場合と、イXが誤振込みの事実を告知しなかったのでB2が「直ちに」払い戻してしまった場合とでは、銀行の目から見て、もはや「社会通念上別個の払戻しに当たるといえる」[17]だけの違いがあり、B2としてはイのような払戻しに応じることは、銀行取引としておよそ想定していなかった、ということができる。**[事例1]** の1項詐欺罪の理論的な成立根拠は、今のところ、この点に求めるしかないように思われる。

4　規範と事実の（若干の）ブリッジ

　最後に、判例の法理をふまえながら、若干の残りの問題点について検討しておこう。

[1] 誤発信・誤記帳の場合
　[事例3] のように、B2による誤記帳があった場合は、入金に対応する為替通知が何もなく、B2が手違いで入金記帳をしただけだから、B2は入金記帳を「当然〔一方的に〕取り消せる」との運用がなされているようである[18]。これを前提にすると、この場合には口座残高の数値が上がっただけで、

---

17) 宮崎・前掲注2) 134頁。
18) 小笠原浄二ほか「〈座談会〉誤振込と預金の成否をめぐる諸問題」金法1455号（1996年）31-32頁参照。

Xに預金債権は成立しておらず、その金額に対応する現金をXに払い戻されると、B2は財産的損害を被る。したがってこの場合、誤った入金（誤記帳）であるか否かは、B2にとってXの払戻請求に応じるか否かの判断の基礎となる「重要な事項」であり、無権利者であるXの請求行為は挙動による欺罔に当たることになる。

次に、**[事例2]** のようにB1による誤発信があった場合には、B1は、内国為替取扱規則により、その為替通知（原電文）の「取消」[19]をすることができるものとされている（そこでの取消事由は、仕向銀行による①重複発信、②受信銀行名・店名相違、③通信種目相違、④金額相違、⑤取扱日相違、の5つである）。取消は、B1が、原電文の発信日の翌営業日までに「取消依頼電文の発信」によって行うものとされており、これに対応して、全国銀行協会の「預金規定ひな型」3条にも、これらの事情があった場合には「振込金の入金記帳を取消します」という旨の規定が置かれている。この取消がなされるまでの間に、Xが誤った入金であることを告げずにB2から払戻しを受けた場合、その罪責はどうなるだろうか。この取消の効果が遡及的無効であるとすれば、誤発信による入金記帳ではXの預金債権は成立しておらず、**[事例3]** の場合と全く同様に、Xには1項詐欺罪が成立することになる。

これに対し、B1による取消依頼電文の発信が、原電文の発信日の翌営業日を過ぎてしまった場合は、B2は振込金の取消を「組戻の取扱いに準じて行う」ものとされており、その場合には、取消のために受取人の承諾が必要とされるようである。そうすると、その場合のXの罪責は、**[事例1]** の扱いに準ずることになろう。

[2] 被害額の問題

預金の払戻しにおいては、その被害金額（詐取金額）の確定も問題となる。平成15年決定の第一審（大阪地判平成9・10・27刑集57巻3号351頁〔353頁〕）は、**[事例1]** における詐取金額は払い戻された88万円「全額」である、と明言している。これに対し、平成15年決定の調査官解説は、平成15

---

[19] 振込の取消制度について、川田悦男「振込の取消制度の統一実施」金法1434号（1995年）4-5頁、「資料」同号39-40頁、畑中龍太郎ほか監修『銀行窓口の法務対策4500講Ⅱ』（きんざい、2013年）63-64頁、川邊光信「振込の取消」銀行実務674号（2015年）51-52頁参照。

年決定が88万円全額を詐取金額とする見解を是認したとは見られず、詐取金額は最大でも（誤振込額である）75万31円までであって、厳密には、88万円の払戻しの後に口座に残っていた残額4万3253円（これは、Xに有利に「誤振込金」の残部だと考える）を引いた70万6778円が、詐取金額であるとしている[20]。このように解する理由は、Xの欺罔が「告知義務違反」という不作為に認められることと関係している。**【事例1】**の場合、Xは、もともと口座にあった預金額については正当な払戻権限を持っているのであり、その額までならば、誤振込みがあったことを告知しようがしまいが、適法に払戻しを受けられる。そうすると、「誤振込みの不告知」という欺罔行為が因果関係を有している結果は、もともと口座にあった預金額を「超過して」払戻しを受けた金額に限られることになるのである[21]。

このように考えると、3万円の債権がある行為者が、身体に危害を加える態度を示して債務者を脅迫し、債務者から6万円の交付を受けた、という事案に関して「6万円全額」につき恐喝罪の成立を認めた最判昭和30・10・14刑集9巻11号2173頁との関係が問題となる。しかし、この昭和30年判決と、**【事例1】**の上記のような解決との間には矛盾はないだろう。上嶌説が指摘するように[22]、昭和30年判決の事案は、恐喝手段を用いたから相手からおよそ金銭を喝取できたという場合であって、恐喝手段を用いなくても3万円は交付された、という場合ではない。したがって、恐喝手段の因果関係は、取得された金銭の全額（6万円全額）に及んでいる。これに対し、上述のように、**【事例1】**のXの欺罔手段の因果関係の方はそうではないのである（この点については、更に本書第24講の4を参照）。

最後に、平成15年決定の事案では、Aによる誤振込みがあった後、Xの口座からの自動引き落としがあって預金残高が52万円台にまで落ち、その後、Xの収入が入金されて預金残高が93万3253円になった。このように、誤振込み前の残高を超える金額が引き落とされ、その後再び、別の入金によって預金残高が回復した場合に、当初の誤振込金が最後まで「残っている」と考えられるのかも問題となる。この点、途中の「預金の減少にかかわらず、

---

20) 宮崎・前掲注2) 143頁。
21) 宮崎・前掲注2) 143頁参照。
22) 上嶌一高「詐欺罪の成立範囲」研修759号（2011年）13-14頁。また木村光江「財産犯と損害額」研修746号（2010年）9頁参照。

〔最終的に口座にあった〕誤振込金相当額……について詐欺罪が成立する」[23]と解するのが結論としては最も妥当だと考えられるが、別の入金による回復前の、いわゆる「中間最低残高」の限度でしか誤振込金は残っていない、とする見方も考え方としてはありえよう。

---

23) 宮崎・前掲注2) 144頁。

[第16講]

騙し取ったものを騙し取る
――振り込め詐欺とその取得金の払戻し

杉本一敏

1 はじめに

　今回は、電話で相手を欺罔し、指定した預金口座あてに振込みをさせる、いわゆる「振り込め詐欺」の事例について検討する。第1に問題となるのは、欺罔手段によって、相手に金銭を振り込ませる行為の罪責である（後述2）。そして、第2に問題となるのが、その振込金を口座から引き出す行為の罪責である（後述3・4）。これらの点について、現在の裁判実務、議論の到達点を確認するのが今回の課題である[1]。

2 基本ツール(1)「振り込ませた行為」の罪責

[1] 振り込め詐欺事例

　まず、欺罔手段によって人に金銭を「振り込ませた行為」の罪責について考えよう。

> [事例1]
> 　Xからの電話で、振込みが必要だとだまされたAは、ATMを操作して、B1銀行のA名義の口座から、Xに指定されたB2銀行のC名義の口座あてに100万円の振込みを行い、C名義の口座にその入金記帳がなされた。

　[事例1]は、振り込め詐欺のモデル事例である。現在の実務上、この場

合について、入金記帳がなされた時点でXに1項詐欺罪（既遂）の成立を認める、という処理が広く行われている。この処理は、感覚的には納得できる。しかし、**［事例1］**のXに1項詐欺を認めるためには、①被害者Aが交付した客体の「財物」性と、②Aによる客体の「占有」、③行為者X（又はその共犯者）が取得した客体の「財物」性と、④X（又はその共犯者）による客体の「占有の取得」が必要であり、解釈論上これを説明しようとすれば、この①から④の全ての点で、何らかの「擬制」が必要になる。

　①Aの交付客体の財物性　　Aは、振込みに際して一度たりとも100万円という現金（財物）を手にしていない。そこで、Aが交付した客体が「財物」かという点に疑問が生じる。そこで、被害者が「現金」を持ち込んで振込委託をした場合は、犯人は1項詐欺となるが、Aのように口座から振込みを行った場合は、Aが失った客体は預金債権であって、Xは2項詐欺になる、とする構成もありうる[2]。しかし、被害者がいったん口座から現金を引き出

1）　現在では、口座開設時の本人確認の強化、ATMの1日当たりの利用限度額の設定など、銀行預金口座を利用した「振り込め詐欺」に対する対策が進んだことで、「受け子」と呼ばれる受取り担当者が、電話で欺罔された被害者に直接会って現金を受け取る、という手口も増加しているとされる（振り込め詐欺の実態・変遷に関するルポとして鈴木大介『奪取－「振り込め詐欺」10年史』〔宝島社、2015年〕）。欺罔行為それ自体には関与しておらず、欺罔がなされた後に、現金の受け取りだけを指示された（もっとも、自分が受け取ることになる現金は、既に欺罔がなされそれに基づいて交付されることになったものだろう、という認識は持っている）「受け子」の罪責をめぐっては、いわゆる「承継的共犯」の問題が生じてくることになる（欺罔行為の終了後に初めて事情を知り、取得行為にだけ関与した者の罪責の問題）。更にまた、欺罔行為を受けた被害者が詐欺に気づいて警察に通報したので、警察官が被害者になりすまして現金を偽装した荷物を持ち、現金の受け渡し場所として指定された（「受け子」の待つ）場所に赴いて、そこで待っていた「受け子」を詐欺未遂罪の現行犯で逮捕するという事案（いわゆる「騙されたふり作戦」）も生じてきている。このような事案においては、「受け子」が受け取りの指示を受けて取得行為に関与したのは、被害者が既に詐欺に気づいた後であるため、その時点ではもはや被害者側から現金を受け取ることができる可能性（詐取に至る現実的危険性）はなくなっているのではないか（いわゆる「不能犯」なのではないか）として、（「承継的共犯」としての）詐欺未遂罪の成否が問題とされることになる。この種の事案において、名古屋高判平成28・9・21（LEX/DB25544184）や神戸地判平成28・9・23（裁判所ウェブサイト）は詐欺未遂罪の成立を肯定しているが、名古屋高判平成28・9・21の原審である名古屋地判平成28・3・28（LEX/DB25544199）や福岡地判平成28・9・12（LEX/DB25543872）は詐欺未遂罪の成立を否定する判断を示している。

してそれを振り込んだ場合と、口座内の資金を直接振り込んだ場合とで、被害の実態に違いはないし、この２つの場合を区別することに重要な意味があるとは思われない。また、この構成によると、Ａの失った客体だけが重視され、Ｘが取得した客体との同一性が論理上無視されてしまう。そうすると、Ａの口座内の資金を「現金」と実質的に同視して「財物」性を認める方が、実態に合っているといわざるを得ない[3]。

②Ａの占有　Ａが財物を「交付」できるためには、Ａにその占有が必要である。そうすると、Ｘに１項詐欺罪を認める構成は、暗黙のうちに、Ａに金銭の「預金による占有」を認めていることになる。「預金による占有」という理論構成は、従来、委託物横領罪の行為者（本人から口座の管理権限を与えられていた者）の「占有」（252条、253条）の解釈において認められてきたが、近時、詐欺罪の被害者（上記Ａの立場の者）の占有（246条１項）に関しても、これを明示的に認める見解[4]が現れている。Ｘを１項詐欺罪とするためには、Ａの交付客体の「財物性」（上記①）と同時に、客体に対するＡの「占有」も擬制せざるを得ないのである。ただし注意が必要なのは、この詐欺被害者の「預金による占有」という構成は、あくまで、詐欺被害者が「現金」を振り込んだ場合と、「口座内の資金」を振り込んだ場合とで、刑法上の処理に違いを設けるべき理由はない、という要請に応えるためだけのものであって、振り込め詐欺の犯人に「１項犯罪」の成立を認めるための方便以上の意味はない、ということである。したがって、被害者が自己の口座から「交付」行為として振込みを行う、という場面以外で、被害者に口座内の金銭に対する「預金による占有」を認める余地はない。例えば、行為者Ｘが、被害者Ａから盗んだキャッシュカードを使ってＡＴＭを操作し、Ａの口座からＸの口座へと不正に振込みを行ったという場合は、Ａの占有する預金を窃取したとして窃盗罪に問われるわけではなく、Ｘに成立するのは電子計算機使用詐欺罪である[5]。また、ここで言われている詐欺被害者の「預金によ

2) 中森喜彦「判研（浦和地判平成４・４・24）」判評422号（1994年）62-63頁（もっとも論者自身も、現行法の解釈としてはこのように適用を分けるべきだが「煩瑣に過ぎないともいいうる」と指摘する〔同63頁〕）。
3) 佐藤拓磨「詐欺罪における占有」『川端博先生古稀記念論文集［下巻］』（成文堂、2014年）250-251頁参照。
4) 佐藤・前掲注3) 255頁以下参照。

る占有」が認められるためには、横領罪の場合とは異なり、口座に対する法的な管理権限は必要ないと考えられる（キャッシュカード等を保持し、口座を事実上管理していれば、振り込め詐欺・恐喝の被害者となるには十分である）。

③Xの取得客体の財物性　浦和地判平成4・4・24判時1437号151頁（事案は後述の**【事例2】**）は、振り込め恐喝に関して、犯人は「入金を得ると同時に、何時でも自由に預金払戻手続によって入金額相当の現金を自らの手にすることができる」ので、入金記帳が実質的には「現金の交付を直接受けることと異ならない」と判示している。Xに1項詐欺・恐喝を認める構成の背後には、このように「自己の管理口座への入金記帳は、現金の取得と実質的に同視される」という見方がある。これに対しては、Xが現金（財物）を自由に引き出せることを根拠に客体の財物性それ自体を肯定するのは「論理の飛躍」であり、取得客体はあくまで預金債権だから、Xは2項詐欺とされるべきだ、という異論もある[6]。しかし、口座への入金記帳を「金銭の増加」と見るのが「一般的な感覚」であることや[7]、2項詐欺構成に従うと、被害者も（Xが取得した預金債権の債務者である）被仕向銀行（B2）ということになり（Aを欺罔してB2に対する債権を取得した、ある種の三角詐欺になる）、真の被害者（A）と理論構成上の被害者とが乖離することからすれば、Xの取得客体を金銭（財物）と見る方が実態に合うように思われる。

④Xの占有取得　上記③のように解すれば、入金記帳によって「事実上自由に現金化できる」状態になった時点で、Xによる金銭の「占有取得」（1項詐欺の既遂）も認めることになろう。このXによる「占有取得」は、「事実上の現金化可能性」を根拠とするものだから、これを認めるためにはXが口座を事実上管理していれば足り、Xに口座の正当な管理権限がある必要はない[8]。Xの占有取得が認められるかが問題となるのは、入金記帳がな

---

5) そもそもこのような事例に対処するために新設されたのが電子計算機使用詐欺罪であり（米澤慶治編『刑法等一部改正法の解説』〔立花書房、1988年〕115頁〔的場純男〕）、これを窃盗罪とする解釈は電子計算機使用詐欺罪の新設趣旨に正面から反する。

6) 二本柳誠「振り込め詐欺の法的構成・既遂時期・未遂時期(1)」名城ロースクール・レビュー33号（2015年）14-15頁。

7) 坂田威一郎「振り込め詐欺の法的構成と既遂時期に関する実務上の若干の考察」『植村立郎判時退官記念論文集第2巻』（立花書房、2011年）85頁。

8) 水本和彦「振り込め詐欺・恐喝事犯における一考察」捜研54巻3号（2005年）39頁、田辺泰弘「判研（東京地判平成17・12・15）」警論59巻6号（2006年）214-215頁。

された時点で既に、当該口座に払戻しの停止（出金禁止）の措置が講じられており、事実上、銀行から現金を引き出せない状態になっていたような場合である。

> **[事例2]**
> Xは脅迫文書を郵送してAを脅し、B2銀行に開設されたC名義の預金口座あてに金銭を振り込ませようとした。しかし、同じく脅迫文書を受け取ったDが警察に相談したので、Aが振込みを行った時点では、警察からの通報により、B2銀行が既にC名義口座について払戻しに応じない措置をとっていた。

[事例2] について、浦和地判平成4・4・24（前出）は、Xが「振込入金を得た時点では、すでに、その払戻しを受けることは事実上できない状況となっていた」から、「現金の交付を直接受けたと実質的に同視することはでき」ないとして、Xを恐喝未遂とした。銀行の講じた措置によって、入金記帳時に既に「事実上の現金化可能性」が封じられていれば、Xの占有取得（1項犯罪の既遂）は認められない。これに対し、入金記帳があった後で「払戻し停止」の措置が講じられ、その間にXが現金化するだけの時間的余裕・可能性があったという場合には、Xがその間に実際に現金化していなくても、Xに1項犯罪の既遂が認められる[9]。また事例を変えて、銀行が、預金口座規定（または振り込め詐欺救済法）を根拠に（後述4を参照）、Aの振込時に既に、C名義口座の「取引停止」措置を講じていたという場合には、その期間中、口座への預入れ、振込入金、払戻し、口座引落しが一切拒絶（停止）されるので、Aによる振込み（B2による口座への入金記帳）自体が実現しないだろう。この場合、Xの罪責は当然、1項犯罪の未遂に止まる（見解しだいでは不能犯として、未遂の罪責も否定されるかもしれない）。

以上で細かく見てきたものの、実際のところ、Xの罪責を1項詐欺とすべきか、2項詐欺とすべきか、ということ自体を争う実益はあまりない。この議論はむしろ、「預金」という客体の法的性格を再考するためのきっかけとして、意味があるように思われる。

---

9) 水本・前掲注8) 41-42頁も参照。

[2] 還付金詐欺事例

以上に対して、還付金詐欺と呼ばれる、次のような手口もある[10]。

> **[事例3]**
> Xは、医療費の還付手続が必要だと言ってAをだまし、ATMの操作の意味を理解していないAに、Xの指示通りに銀行のATMを操作するように言い、電話で指示しながら、A名義の口座からC名義の口座あてに50万円の振込みの操作を行わせた。Aは、その操作によって、自分の口座から他人の口座への振込みがなされることを自覚していなかった。

この**[事例3]**では、Aは、自分の行為が振込みに当たるという事実を自覚しておらず、Aに交付意思に基づく交付行為が認められない。Xは、Aを端的に自分の「手」として利用し、ATMで自分の言う通りの操作をさせたのだから、（Aを道具とした間接正犯として）電子計算機使用詐欺罪が成立することになる。

[3] 共犯関係

共犯関係にも一言ふれると、これらの詐欺事例では、電話で欺罔を担当する者（騙し役）、銀行で現金を引き出す者（「出し子」）など、組織的な役割分担がなされ、責任者だけが全体を把握して、各分担者の間をつないでいる場合がある。また、騙し役も複数グループに分かれ、被害者Aがどの騙し役に欺罔されたか判明しない場合も多い。そうすると、騙し役XがAの被害との関係で罪責を負うことの立証が困難になる場合も考えられる。紹介されている裁判例（東京地八王子支判平成20・6・27）[11]では、各騙し役が詐欺に成功して得た資金が犯行に不可欠な道具の入手費用に充てられていたことから、各騙し役には「連鎖的に相互に補充し合う関係」がある、各騙し役は「一つの場所に一堂に会し、同時に不特定多数の者に対して」次々に電話をかけたの

---

10) 還付金詐欺事例について詳しく検討するものとして、神元隆賢「詐欺罪の処分行為と還付金詐欺」三重中京大学研究フォーラム5号（2009年）13頁以下。
11) 樋口正行「いわゆる振り込め詐欺の事案において、欺罔行為に直接関与していない被疑者につき、共謀共同正犯の成否が問題となった2事例」研修736号（2009年）105-108頁の紹介による。

だから、本件犯行は「全騙し役による共同実行行為と捉えるほうが自然かつ合理的である」、等の理由を挙げながら（他にも多くの理由が挙げられている）、騙し役に詐欺罪の共謀共同正犯を認めている。共同正犯関係の認定手法として非常に興味深いが、その論理にはなお検討すべき点があると思われる。

3 基本ツール(2) 銀行から払戻しを受ける行為の罪責

それでは第2の問題、振り込め詐欺取得金の「口座からの払戻し」の罪責について考えよう。最初に、振り込め詐欺取得金の払戻しに関する基本事例を挙げておく。

> **［事例4］**
> 　Yは、Xから、B2銀行に開設されたC名義の預金口座のキャッシュカードを渡され、その暗証番号を教えられて、口座の預金50万円をB2銀行のATMから引き出すよう指示された。Yは、引出しを依頼された資金が、詐欺等の被害者からの振込金だろうと思ったが、Xから5万円の報酬を提示されたので、Xの指示通りATMを操作して現金50万円を引き出し、Xに渡した。この50万円は、X及びその共犯者が電話でAらをだましてC名義の口座あてに振り込ませたものだった。この口座は、X及びその共犯者が、振り込め詐欺取得金の受け皿口座にするため、Cから買い取ったものである。（他人名義口座からの振り込め詐欺取得金の払戻し）
>
> **［事例5］**
> 　Yは、Xから、「B2銀行に開設されているY名義の預金口座に資金を振り込むので、それを引き出して、指定する場所に宅配便で送ってほしい」という依頼を受けた。Yは、その資金が詐欺等の被害者からの振込金だろうと思ったが、Xから5万円の報酬を提示されたので、その指示に従い、Y名義の口座に入金記帳された100万円をB2銀行のATMを操作して引き出し、報酬分を差し引いた95万円をXに宅配便で送付した。この100万円は、X及びその共犯者が電話でAらをだましてY名義の口座あてに振り込ませたものだった。（自己名義口座からの振り込め詐欺取得金の払戻し）

振り込め詐欺取得金について、銀行窓口でその払戻しを請求し、現金の交付を受けた場合、銀行に対する1項詐欺罪が成立するだろうか。振り込め詐欺の被害者から振込みがなされ、それが振込先口座に入金記帳されれば、振込先口座の名義人に、その振込額相当の預金債権が有効に成立する[12]。そうすると、その払戻しに詐欺罪を認めるためには、有効に成立した預金の払戻しが、どうして被仕向銀行の意思に反すると言えるのか、払戻請求を受けているのが「振り込め詐欺取得金であるか否か」が、どうして被仕向銀行にとって「払戻しに応ずるか否かの判断の基礎となる重要な事項」になるのか、という点を明らかにしなければならない（前回の「誤振込金の払戻し」と同様の問題である）。また、窓口で払戻しを受けるのではなく、ATMを操作して現金を引き出せば窃盗罪、ATMを操作して自己の管理する別口座へと振り込めば電子計算機使用詐欺罪の成否が問題となるが、その場合も問題の核心は同じである。これらの罪の成立を基礎づけるためにも、「払い戻されるのが振り込め詐欺取得金でない」ということが、銀行にとって、どうしてATMの利用を認める際に決して譲れない条件となるのか、という点が説明されなければならないのである。

　そうすると、「振り込め詐欺取得金であるか否か」が、銀行にとって窓口・ATMでの払戻しに応じるか否かを分ける重要事項といえるかが、ここでの問題だということになる。銀行にとって、一般に、取引に応じるか否かを分ける重要事項になるといえるのは、次の2つの事柄であろう。第1に、銀行の「財産的損得」に関わる事柄である。第2に、銀行は、その「公共的役割」ゆえに、各種法令や監督官庁の監督など強力な規制環境の下に置かれている。したがって、そのような「規制環境の要請への適合・不適合」に関わる事柄も、銀行にとって、取引に応じるか否かを決する上で極めて重要な事項だといえるだろう。では、払戻金が振り込め詐欺取得金ならば、銀行に財産的損害のリスクが出てくる、または、規制環境におよそ適合しない取引になる、と言えるのだろうか。

　12）　被害者の振込委託が行為者の詐欺によるものだとしても、仕向銀行に対する振込委託の意思表示の効力が当然に否定されるものではない（民法96条1項、2項参照）。また、被害者が、行為者の詐欺によって振込みの原因となる契約を結び、その原因関係の決済のために振込委託を行った場合には、仮に原因関係の意思表示に錯誤が認められたとしても、それは仕向銀行に対する振込委託との関係では動機の錯誤にすぎない。

振り込め詐欺取得金の払戻しにつき、銀行に対する占有移転罪の成立を認める、という処理は、公刊された近時のいくつかの高裁判例において確認されている。受け皿口座として用意した「他人名義」の口座から、ATMを介して振り込め詐欺取得金を引き出した行為については、東京高判平成17・12・15東時56巻107頁（判例①、最決平成18・3・17が上告棄却）、東京高判平成18・10・10東時57巻53頁（判例②）が窃盗罪の成立を認め、「自己名義」の口座に振り込め詐欺取得金が振り込まれた者が、ATMを介してその払戻しを受けた行為については、名古屋高判平成24・7・5高刑速平成24年度207頁（判例③、最決平成24・11・28が上告棄却）、東京高判平成25・9・4判時2218号134頁（判例④）が、窃盗罪を認めている（判例④の事例では窓口からの払戻しもなされており、それには1項詐欺罪が認められている）。以下では、これらの判例に示された理由を1つずつ検証していくことにしよう。

4　基本ツールの検証

[1]　他人名義
　　──普通預金規定の取引停止事由・その1

　[事例4]のように、口座売買によって得た「他人名義」口座からの払戻しの場合には、まず、銀行の普通預金規定において口座の譲渡、口座を第三者に利用させることが禁じられている点が、払戻しが銀行の意思に反していることの理由に挙げられる（判例①、②）。全国銀行協会（全銀協）は、平成12年12月19日に「普通預金規定ひな型」を改正し、その10条に口座の取引停止・解約措置の規定を新設し、架空名義口座・名義人の意思によらずに開設された口座（同条2項の1号事由）、口座譲渡等の禁止に違反した場合（2号事由）、当該口座が「法令や公序良俗に反する行為に利用され、またはそのおそれがあると認められる場合」（3号事由）につき、銀行が口座の取引を停止し、解約できるものとした[13]（現在でも全銀協「普通預金規定（個人用）参考例」11条に同じ規定が置かれており、各銀行はこれに沿った規定を整備している）。そうすると、**[事例4]**のYの行為は、本来、銀行が取引停止措置を講じたはずの口座（2号事

---

13)　齋藤秀典「普通預金規定ひな型における預金口座の強制解約等の制定について」金法1602号（2001年）11頁以下参照。

由の該当口座）からの現金の引出しであるから、銀行の意思に反する引出しだといえる。更に、平成16年の改正本人確認法により、通帳等の譲渡等が刑事罰の対象となったことから（同法16条の2。現在では本人確認法は廃止され、犯罪収益移転防止法27条にその刑事罰規定が置かれている）、譲渡口座は「法令や公序良俗に反する行為」（3号事由）にも該当することが明らかになったとされる[14]。

以上の理由づけは非常に明快である。しかし、譲渡された他人名義の口座である限り、他の犯罪には全く利用しておらず、生活口座としてのみ使っていた場合でも、その口座からの払戻しは全て銀行の意思に反するとして、占有移転罪を基礎づけることになりかねない。このような場合まで含めて、他人名義口座の取引に一律に占有移転罪の成立を認めることには疑問が提起されている[15]。またこの理由づけは、**［事例5］**のような自己名義口座からの振り込め詐欺取得金の払戻しの場合には妥当しえない。

[2] 犯罪取得金
　　――普通預金規定の取引停止事由・その2

そこで次に、振り込め詐欺による振込金が犯罪取得金であることが取引停止事由（3号事由）に当たるから、その払戻しは銀行の意思に反する、という理由が考えられる（判例③、④）。

しかし、3号事由は「法令や公序良俗に反する行為」を限定していないため、振り込め詐欺の受け皿口座だけでなく、例えば、違法薬物や児童ポルノ画像を取引してその代金を振り込ませた口座等もこの事由に該当し、その口座からの払戻しが一律に占有移転罪を構成することになる。このように、犯罪関連取得金の払戻しであれば一律に銀行に対する占有移転罪を構成する、というような帰結を許容する論理に対しては、異論も強い[16]。

---

14) 階猛「預金口座の不正譲渡等と不正利用への対応」金法1730号（2005年）15頁。判例②も（おそらく）同趣旨の理由を挙げる（東時57巻55頁）。

15) 田辺・前掲注8) 215頁、橋爪隆「銀行預金の引出しと財産犯の成否」研修735号（2009年）9-10頁、細谷和大「いわゆる振り込め詐欺等事犯における現金払戻役の捜査・処理について」捜研58巻9号（2009年）69頁参照。

16) 橋爪・前掲注15) 12頁、田辺・前掲注8) 220-221頁参照。

[3] 不法行為責任を追及されるリスク

前回登場した（第13★講の2［2］）民事の平成20年判決（最判平成20・10・10民集62巻9号2361頁）は、「払戻しを受けることが当該振込みに係る金員を不正に取得するための行為であって、詐欺罪等の犯行の一環を成す場合であるなど、これを認めることが著しく正義に反するような特段の事情があるとき」は、払戻請求が「権利の濫用」になるとした。この判示に照らすと、振り込め詐欺取得金の払戻請求が「権利の濫用」に当たることは明らかだろう。そうである以上、払戻請求が「権利の濫用」であってそれを拒絶できた場合であるにもかかわらず、銀行が払戻しに応じて資金を流出させたならば、銀行は振り込め詐欺被害者から不法行為責任を追及される可能性がある。そこで、振り込め詐欺取得金の払戻しには「財産的損害のリスク」（振り込め詐欺犯人に払い戻し、かつ振り込め詐欺被害者からは不法行為責任を追及されることで、銀行が「二重払い」に陥るリスク）が伴うから、「振り込め詐欺取得金」であるか否かという点が、銀行にとって、払戻しに応ずる際の「重要な関心事」とならざるを得ない。このような理由に基づいて、振り込め詐欺取得金の払戻しにつき、銀行に対する占有移転罪を基礎づけることはできないだろうか。

この論理は、処罰範囲の限定という観点から見て、優れていると言えそうである。平成20年判決のいう「……特段の事情があるとき」には、振り込め詐欺取得金だけでなく、犯罪関連性がある資金（違法薬物収益金など）の払戻請求が広く含まれうる[17]。しかし、「銀行が不法行為責任を追及される」というリスクが生じるのは、振り込め詐欺のように、振込委託者が「実質的被害者」だった場合に限られる（違法薬物代金が振り込まれたような場合には、銀行に不法行為責任を追及するような「実質的被害者」が存在しない）。そうすると、振り込め詐欺取得金のように、それを失った「実質的被害者」が存在する場合に限って、その払戻しの処罰が基礎づけられることになるのである。

しかし、この論理にも疑問がある。詐欺罪が成立する典型事例では、欺かれた被害者が「事実を知らない」ことによって、その被害者に財産的損害の

---

17) 山口敬介「判研（最判平成20・10・10）」法学協会雑誌128巻2号（2011年）547頁参照。

リスクが生じる（例えば、相手に欺かれて自分の財物の本当の経済的価値を知らなかったために、相手の提示した安い値段でその財物を売り渡してしまう場合）。この場合、「被害者がその事情を知らずに交付すれば財産的損害を被ることになるのだから、その事情は、被害者にとって交付の判断の前提とされるべき重要な事情だった」、と言うことができる。しかし、振り込め詐欺取得金を払い戻す銀行の場合は、そうではない。払戻しに応じた銀行が、振り込め詐欺被害者から不法行為責任を追及されるのは、銀行が振り込め詐欺の事実を「認識」しながら払い戻したような場合に限られる、とする理解が有力である[18]。この理解を前提にすると、銀行は、「事実を知る」ことによって不法行為責任を追及されるリスク（財産的損害のリスク）を負うのであり、受取人に欺かれて振り込め詐欺の事実を知らないで払い戻す限り、そのようなリスクを負わない。そうすると、上の論理は、「もし銀行が振り込め詐欺の事実を知って払い戻したら、不法行為責任を追及される立場になるのだから、振り込め詐欺の事実は、銀行が払戻しを決める際に前提とされるべき重要な事項だった」、と言っていることになる。しかし、この論理では、振り込め詐欺の事実が銀行にとって「重要な関心事」であることが、全く基礎づけられていない。銀行は、振り込め詐欺の事実を知らない限り、財産的損害を負わない。したがって、銀行が払戻しに際して、「自らの財産的損害の回避のために」この事実を知ろうとする動機などないのである。

[4] 振り込め詐欺救済法

そこで、最後に残る理由が、振り込め詐欺救済法（平成20年6月21日施行。以下「救済法」）の規定である（判例④）。救済法は、「詐欺その他の人の財産を害する罪の犯罪行為であって、財産を得る方法としてその被害を受けた者からの預金口座等への振込みが利用されたもの」を「預金利用犯罪行為」（2条3項）、その振込先となった預金口座等を「犯罪利用預金口座等」

---

18) 石丸将利「判解」最判解民事篇平成20年度（2012年）527、530頁、山口・前掲注17）552頁参照。事案は異なるが、東京高判平成14・11・28金法1667号94頁は、銀行による払戻しの停止措置に関して、「銀行の行為によって、正当な権利者の権利が侵害される切迫した状況があり、それが侵害された場合にはその回復を図ることが著しく困難である上、銀行がこれらを知悉しているなどの特段の事情が」なければ、銀行にそのような措置をとる義務はないとする。

(2条4項)と呼び、「犯罪利用預金口座等であると疑うに足りる相当の理由があると認めるとき」は、金融機関は預金保険機構に対して当該口座等の預金債権の「消滅手続の開始に係る公告」を求めなければならず（4条）、公告の後、一定期間内に権利行使等の届出等がなければ、当該口座の預金債権は消滅するものとする（7条）。そして、その消滅した預金の残高相当額の金銭を原資として、詐欺被害者に対する被害回復分配金の支払手続（8条以下）が開始される。

　救済法3条1項は、「金融機関は、当該金融機関の預金口座等について、捜査機関等から当該預金口座等の不正な利用に関する情報の提供があることその他の事情を勘案して犯罪利用預金口座等である疑いがあると認めるときは、当該預金口座等に係る取引の停止等の措置を適切に講ずるものとする。」と規定し、銀行に取引停止の措置を要請している。この規定は、救済法が目的とする詐欺被害者への被害回復分配金の支払いを実現するには、取引停止の措置を講じて迅速に資金流出をくい止めることが必要不可欠であることから、「犯罪利用預金口座等である疑い」がある場合に、銀行に取引停止の「法的義務」を課したものと解することができる[19]。そうすると、取引停止によって振り込め詐欺取得金の流出を防止することは、端的に銀行に課された「法的義務」なのであるから、その払戻しは銀行の意思に反するということができる。また、この論理からは、単に違法薬物代金の入金口座であるなど、救済法のいう「犯罪利用預金口座等」に当たらない口座からの払戻しについては、銀行に対する占有移転罪が基礎づけられないことになる[20]。

　なお救済法は、対象となる口座単位での取引停止と消滅手続を予定してい

[19]　廣渡鉄＝福田隆行「振り込め詐欺救済法の実務上の問題点」金法1921号（2011年）98頁、鈴木仁史「振り込め詐欺救済法にかかる裁判例と金融実務」事業再生と債権管理27巻1号（2013年）144頁、沖野眞已「犯罪利用預金口座等に係る資金による被害回復分配金の支払等に関する法律を巡る私法上の問題」金融法務研究会報告書㉕『近時の預金等に係る取引を巡る諸問題』（2015年）88頁。要件は若干異なるが、同じく取引停止の「法的義務」性を認めるものとして、水口大弥「判研（東京高判平成22・7・23）」金法1921号（2011年）109頁。
[20]　このように、救済法に該当する犯罪取得金に限って、その払戻しに占有移転罪を認める見解として、松田俊哉「振り込め詐欺の被害者に振り込ませた現金をATMで引き出すことの擬律について」『植村立郎判事退官記念論文集　第2巻』（立花書房、2011年）69-71頁。

るから[21]、当該口座からの払戻しは全て銀行の意思に反し、占有移転罪を基礎づけるのではないかとも思われる。しかし、救済法25条2項は、口座に入っていた預金利用犯罪行為による入金以外の金銭については、被害回復分配金の支払手続の終了後でも、口座名義人が銀行に対して支払を請求できる（また銀行は、預金保険機構にその相当額の支払いを請求できる〔救済法25条4項〕）としていることからすれば、口座からの払戻しが銀行に対する占有移転罪を構成するのは、「預金利用犯罪行為（振り込め詐欺）による取得額」の範囲に限られる、という解釈も可能であると思われる[22]。

[5] 罪数
　最後に、相手を欺罔して振り込ませる行為（1項詐欺罪）と、銀行からその振込金の払戻しを受ける行為（1項詐欺罪、窃盗罪等）の両方に関わった場合、その罪数関係がどうなるかも問題となるだろう。実質的に一つの資金取得へと向けられた一連の行為だとして、1項詐欺の包括一罪とする理解もありうるが、振込みを行った者と銀行とは異なる法益主体であり、併合罪と解するのが、一貫性がある[23]。

---

21) 柴山昌彦「犯罪利用預金口座等に係る資金による被害回復分配金の支払等に関する法律（振り込め詐欺被害者救済法）および関連規程の概要」金法1837号（2008年）13頁参照。
22) 判例③でも、払戻しを受けた額から、口座にあった振り込め詐欺取得金以外の残高の額を差し引いた額が、銀行の受けた被害額として認定されているようである。五十嵐恒彦「判研（名古屋高判平成24・7・5）」研修774号（2012年）103頁、隄良平「判研（名古屋高判平成24・7・5）」捜研61巻12号（2012年）43頁参照。
23) 両者の罪数関係を併合罪と解するものとして、田辺・前掲注8) 223頁、松田・前掲注20) 74-75頁。

[第17講]

人はだませてもワタシはだまされない
——電子計算機使用詐欺罪の構造

内田幸隆

1　問題の所在

　本講では、電子計算機使用詐欺罪（以下「本罪」という）がおかれた独自の意義を検討する。すなわち、1987年に本罪が規定されて以来、本罪の成否が問題となった判例が多く現れるようになり、また、財産の無体化とそれに伴う取引の電子的な処理の進展とあいまって、第19講において取りあげる「電子マネー」をめぐる諸事例のように、本罪の適用が争われる局面が今後も増えていくことが予測される。したがって、本罪の成立範囲を明らかにすることは極めて現代的な課題である。

　そもそも本罪が規定された立法理由は、当時において詐欺罪（246条）では対処できない事態が生じていた点にある。すなわち、詐欺罪においては、人に対する「欺く行為（＝欺罔）」とそれに基づく錯誤が被欺罔者に生じることが成立要件とされている。しかし、経済上の取引が電子計算機、すなわちコンピュータによって機械的に処理されるようになると、電子計算機には錯誤に陥るという心理状態が想定されないために、いくら電子計算機に対して偽計的な手段がとられ、その結果、行為者が不当な利益を得ても、詐欺罪では処罰されないという不都合な場合が生じるようになったのである。そこで、本罪は、電子計算機による事務処理システムを悪用して、財産上不法の利益を得る場合を処罰の対象とした[1]。このように、本罪は比較的新しい犯罪類型であるために、その個別の成立要件を明らかにする必要があるだけで

---

1) 本罪新設の趣旨について、詳しくは、米澤慶治編『刑法等一部改正法の解説』（立花書房、1988年）113頁以下参照〔的場純男〕。

なく、詐欺罪のみならず、窃盗罪（235条）や横領罪（252条）、背任罪（247条）との関係も問われている。

2 基本ツールのチェック

[1] 本罪の基本構造

　本罪は246条の2（以下「本条」という）において「前条に規定するもののほか」という条件付きで成立すると規定されており、前条、すなわち246条において規定された詐欺罪が成立する場合は詐欺罪が優先的に成立し、詐欺罪が成立しない場合に、はじめて本罪の成立を検討することになる。したがって、ある行為が本罪に当たるだけでなく、同時に詐欺罪にも当たる場合には、詐欺罪の成立だけが認められる。この意味で、本罪は詐欺罪を補充する機能を有していることになる。また、本罪における個別の行為類型についてみると、本条前段は、人の事務処理に使用する電子計算機に虚偽の情報もしくは不正な指令を与えて財産権の得喪もしくは変更に係る不実の電磁的記録を作り、財産上不法の利益を得た、もしくは他人にこれを得させた場合に処罰の対象になるとする。次に、本条後段は、財産権の得喪もしくは変更に係る虚偽の電磁的記録を人の事務処理の用に供して、財産上不法の利益を得た、もしくは他人にこれを得させた場合に処罰の対象になるとする。

　それでは、まず詐欺罪などが成立する事例と、本罪が成立する事例を比較して、本罪の成立範囲がどのようなものか確認してみよう。

[事例1]
　Xは、Aの自宅から通帳と印鑑を盗み出し、B銀行窓口において行員Cにそれらを示して、XのことをAだと思い込んだCから現金10万円の払戻しを受けた。

[事例2]
　Xは、AがATMから現金を引き出す際に打ち込んだ暗証番号を盗み見るとともに、その後、Aからキャッシュカードを窃取した。その上で、Xは、その暗証番号とカードを使用してB銀行のATMから現金10万円を引き出した。

[事例3]
　Xは、Aがノートに記録していたネットバンキングに用いるIDとパスワードを盗み見ると、そのIDとパスワードを用いて、B銀行に開設されていたA名義の口座からX名義の口座に10万円分の預金の振込みを行った。

　上述の事例において、Xの行った預金の払戻し、引出し、振込みは、いずれも口座名義人Aにとって無断になされたものであり、その手続きの際に、仮にB銀行の行員がAではなく、Xがそのような手続きを行っていると知ったならば、いずれもその取引は拒絶されるといえる。このような観点から、**[事例1]** では、Xが、自己が口座名義人Aであるように見せかけることで行員Cを錯誤に陥れ、その結果、CからB銀行の保管にかかわる現金10万円を受け取ったといえる限りにおいて、詐欺罪（246条1項）が成立するといえる。また、**[事例2]** では、Xが、B銀行の保管にかかわる現金10万円につき、ATMを管理する行員の意思に反して奪取したといえる限りにおいて、窃盗罪（235条）が成立するといえる[2]。しかし、**[事例3]** では、電子計算機によってその取引が処理されており、そこにB銀行側の人の意思が介在していないことから、およそ詐欺罪の成立を想定することができない。また、**[事例3]** では、口座間の預金の移転がデータとして処理されているにすぎず、現金という財物が行為の客体となっていないことから、窃盗罪の成立も想定することができない。このように、詐欺罪、あるいは窃盗罪による対応が困難な場合を想定して、その処罰の間隙を埋めることが本罪において問題になっている。

[2] 本罪の成立要件

　それでは、本罪の成立要件は具体的にどのようなものであろうか。**[事例3]** では、本条前段の罪の成否が問題となっており、実際に **[事例3]** に類似した事案において、本罪の成立を認めた下級審の裁判例がある（横浜地判

---

2) **[事例1]** と **[事例2]** においては、事前に通帳と印鑑、あるいはキャッシュカードが窃取されており、これらの行為にも窃盗罪が成立すると考えられる。すると、事前に成立したこれらの窃盗罪と、事後に成立した詐欺罪、あるいは窃盗罪との関係において罪数の処理も問題となる。この点について詳しくは、第10講113頁以下参照。

平成 25・11・22LEX/DB25502790)。そこで【事例3】を素材にして検討すると、まずは電子計算機に「虚偽の情報」を与えたといえるかが問題となる。前記横浜地裁平成 25 年判決では、他人名義の口座から被告人らが管理する口座に振込みを行った旨の虚偽の情報が電子計算機に与えられたと認定されている。しかし、被告人が入力した ID とパスワードはそもそも真正なものであり、また、それぞれの当該口座は実在しているのであって、振込み手続きの結果、実際に被告人らが管理する口座の残高が増加している。すると、口座間の資金の移転それ自体を捉えて「虚偽の情報」が入力されたとは直ちにいえない。同じように、【事例3】についても、入力された情報それ自体に「虚偽」性はないように思われる。

　これに対して、本罪の立案当局者によると、「虚偽の情報」とは、当該システムにおいて予定されている事務処理の目的に照らし、その内容が真実に反する情報をいうと解されている[3]。この定義によると、電子計算機に入力された数値・事項それ自体の正しさというよりも、情報が電子計算機に入力されたことで生じる意味内容と、それを裏付ける現実の事実的、法律的関係の齟齬が問われているといえよう[4]。具体的には、金融機関におけるシステムにおいて予定されている事務処理の目的は、入金・送金・出金の処理であり、ネットバンキングの場合では ID とパスワードが発行された口座名義人によってその処理の指示がなされることが前提となっている。したがって、【事例3】において当該情報が入力されたことで生じる意味内容は、口座名義人である A が自己の口座より X の口座へと振込みを行うように指示をしたということになる。しかし、現実には、X がその振込みの指示を行っており、また、そのような資金の移転を裏付ける法律的な関係もないことから、当該情報が入力されたことで生じる意味内容と現実との間に齟齬が生じており、

---

3) 的場・前掲注1) 121 頁以下。なお、同文献 122 頁によると、「不正な指令」とは、同じく事務処理の目的に照らし、与えられるべきでない指令をいうと解されており、具体的には不正なプログラムを作出して、これを電子計算機に用いる場合が想定されている。

4) 第9講 105 頁以下。なお、判例は、例えば、他人名義のクレジットカードを冒用して、不正に電子マネーの利用権を取得した事例につき、カード名義人が電子マネーの購入を申し込んだ事実がないにもかかわらず、そのような情報が与えられた点に着目して「虚偽の情報」が入力されたと認めている（最決平成 18・2・14刑集 60 巻 2 号 165 頁）。この判例については、第19講 239 頁以下参照。

この点を捉えて「虚偽の情報」が電子計算機に与えられたと評価することができよう。

「虚偽の情報」が電子計算機に入力されたとして次に問題となるのは、その入力によって「財産権の得喪もしくは変更に係る不実の電磁的記録」を作出したといえるかということである。まず、「財産権の得喪、変更に係る電磁的記録」とは、財産権の得喪、変更を生じさせるべき事実を記録したものであって、その作出により事実上、当該財産権の得喪、変更が生じることになるものである[5]。当該電磁的記録は、「虚偽の情報」が電子計算機に入力され、処理された結果、真実に反する意味内容をもつことにより「不実」なものと評価されることになる[6]。不実の当該電磁的記録について、いかなる段階において作出されたものを指すのかという点も問題となるが、結果として行為者による不法利得が必要となる以上、そのような不法利得を直接的にもたらす当該電磁的記録の作出が問われているとみるべきである[7]。したがって、**[事例3]** では、Aの口座から送金され、残高が減少したとする元帳ファイル上のデータも、不実の当該電磁的記録であるようにみえるが、そのデータが記録されただけでは、Xが財産上の利益を得たとはいえない以上、その段階で「財産権の得喪もしくは変更に係る不実の電磁的記録」が作出されたとはいえない。Xの口座に入金があって、残高が増加したとする元帳ファイル上のデータが記録されてはじめてXは事実上その増額分に当たる預金を処分し得る地位を得たのであるから、この段階で不実の当該電磁的記録が作出されたといえよう。

最後に、本罪の成立には、不実の当該電磁的記録に基づいて、「財産上の

---

5) 的場・前掲注1) 118頁。したがって、この定義によると、不動産登記ファイルのように、財産権の得喪、変更の事実を公証するに過ぎないデータや、キャッシュカードやクレジットカードに記録されたもので、一定の資格を証明するに過ぎないデータは、当該電磁的記録には当たらないということになる。なお、「電磁的記録」それ自体の定義については、7条の2の規定を参照。

6) 大塚仁ほか編『大コンメンタール刑法第13巻〔第2版〕』（青林書院、2000年）162頁以下参照〔鶴田六郎〕。

7) この点につき、堀内捷三「コンピュータ犯罪」芝原邦爾ほか編『刑法理論の現代的展開－各論』（日本評論社、1996年）152頁参照。また、的場・前掲注1) 120頁以下は、実務上、不法利得からさかのぼって最もこれに近接する当該電磁的記録を問題にすれば足りる場合が多いと指摘する。

利益」を得ること、または他人にこれを得させることが必要となる。「財産上の利益」とは、一般的に、財物以外の無形の財産的利益をいい、債権の取得のような積極的な利得だけでなく、債務の免除のような消極的な利得も含むと解されている。**[事例 3]** では、口座の残高が増えたという不実の当該電磁的記録に基づいて、X は 10 万円分の預金を処分し得る地位を取得しており、積極的な利得という点で「財産上の利益」を得たと評価することができる。したがって、X には本罪の成立が認められる。他方で、消極的な利得が問題になった事例として次のようなものがある。

> **[事例 4]**
> 　X は、国際電信電話株式会社（KDD）の電話交換システムを通じて国際電話を行ったが、当該システムに対して不正な指令を与えることによって、料金着信払等のサービスを利用していないにもかかわらず、当該サービスを X が利用している旨の不実の課金ファイルを作出した。その結果、本来ならば KDD が発信人である X に通話料金相当額の支払いを請求することができるはずなのに、X は KDD に対するその支払いを事実上免れた。

　この事例においては、料金支払いの免脱と表裏の関係にあるものとして、国際電話サービスが不正に利用されたともいえる。すると、X は、このような積極的な利得という観点から「財産上の利益」を得たと理解することもできる[8]。この理解に対して、この事例を扱った下級審判決は、国際電話サービスを取得したこと自体ではなく、料金支払いの免脱という消極的な利得という観点から X が「財産上の利益」を得たと認定した（東京地判平成 7・2・13 判時 1529 号 158 頁）。この事例において、不実の当該電磁的記録の作出と財産上の利益の取得の関係について着目してみると、問題となった不実の課金ファイルは、国際電話サービスの利用によって作出されたものであり、したがって、X は、不実の電磁的記録の作出に基づき、当該サービスを得たと認めることができない。むしろ、当該課金ファイルが作出された結果として、KDD は X に料金支払いの請求ができなくなったのであり、この点を捉えて

---

8) 神山敏雄「判批」平成 7 年度重判解（1996 年）140 頁。

Xが事実上、料金支払いの免脱という利益を得たとみるべきであろう[9]。また、KDDなどの電気通信事業者は、利用者がどのような料金支払いサービスを選択するかを問わず、いずれにせよ電話回線を接続させるサービス自体は行うのであるから、行為者がそのようなサービスを不当に得たと評価することはできないのではないか。この見方によると、サービス提供の対価の支払いを免れたという観点から本罪の成否を検討せざるを得ないと思われる。

さて、以上のような本条前段の罪に対して、本条後段の罪はどのような事例を想定しているのか確認してみよう。

[事例5]
　Xは、予め変造したプリペイド式のICカードを利用して、A社が提供するインターネット上のゲームにおいて課金を行い、そのゲームを楽しんだ。

本条後段の罪においては、財産権の得喪、変更に係る虚偽の電磁的記録を、他人の事務処理に使用する電子計算機において用い得る状態に置くことによって「財産上の利益」を得たといえるかが問われている[10]。また、電磁的記録の虚偽性は、本条前段の罪における虚偽性の判断基準と同様に、当該事務処理の目的に照らして真実に反するか否かによって判断されるべきである。したがって、**[事例5]** において、当該カードの残高の増加には、事務処理上、正規のチャージが前提となっているにもかかわらず、Xが、変造によって、正規にチャージすることなく、当該カードの残高を不当に増加させたといえる限りにおいて、当該カードに記録された電磁的記録に虚偽性を認めることができよう[11]。その上で、Xは、A社の管理運営する電子計算機において当該電磁的記録を使用し、処理させた結果、ゲームというサービスの提供を受けた、あるいは本来なら支払うべき料金の支払いを免れたのであるから、本罪の成立を認めることができると解される[12]。

9）　以上で述べた点につき、永井善之「判批」刑法判例百選Ⅱ各論〔第7版〕（2014年）119頁、松井茂記ほか編『インターネット法』（有斐閣、2015年）242頁参照〔渡邊卓也〕。
10）　的場・前掲注1）123頁以下、128頁以下。
11）　これに対して、拾得、窃取に係るプリペイドカードを使用したとしても、虚偽の電磁的記録が供されたと解することはできない。このことについて詳しくは、第19講244頁参照。

なお、本条前段の罪と本条後段の罪の関係についてみてみると、虚偽の情報を電子計算機に与えるために虚偽の電磁的記録を供用した場合のように、後者が前者の手段になっている場合もあれば、虚偽の情報を電子計算機に与えて不実の電磁的記録を作出した結果、当該電磁的記録が電子計算機において用いられる状態におかれた場合のように、前者に引き続き後者もまた成立するようにみえる場合がある。いずれの場合も、本条前段の罪の構成要件該当性の問題として想定されている範囲内にあるとすると、あえて本条後段の罪もあわせて成立すると解するべきではなく、本条前段の罪の成立だけを認めれば十分であると思われる。したがって、本条後段の罪が成立する場合とは、事実上、虚偽の電磁的記録の供用しか認められない事例に限られることになる[13]。

3 規範と事実のブリッジ

[1] 利益横領の処罰化

本罪は詐欺罪の補充類型であることを前提にすると、詐欺利得罪では捕捉することのできなかった「利益窃盗」の事例を本罪が成立する限度で処罰し得ることになったといえよう。ここで問題となるのは、そのような理解を超えて、本罪は「利益横領」についてもその一部を処罰することができるといえるのかということである。例えば、次の事例を素材に考えてみたい。

> [事例 6]
> Xは、銀行口座から1万円を払い戻してそれを渡して欲しいとの依頼をAより受けて、そのキャッシュカードを預かった。しかし、Xは、自

---

[12] [事例5]の他に、備付型の元帳ファイル等について、内容虚偽の電磁的記録を正規のものと差し替える場合についても、本条後段の罪が成立し得る。なお、[事例5]について、当該カードを変造したこと自体にも本罪の成立が認められる余地がある。この場合、先行の本罪と後行の本罪との罪数関係の処理について詳しくは、第19講244頁以下参照。

[13] 以上については、鶴田・前掲注6) 165頁、浅田和茂＝井田良編『新基本法コンメンタール刑法』（日本評論社、2012年）561頁参照〔渡邊卓也〕。なお、本罪が成立する場合には、これと一体となって（支払用カード）電磁的記録不正作出罪（161条の2、163条の2）も成立すると考えられる。この両者の関係については、牽連犯ないしは観念的競合として処理されると解される。

己の借金の返済に当てるために、当該カードをATMで使用して、Aの口座から自分の口座へ1万円分を振り込んだ。

　この事例とは異なり、Xが当該カードを使用して1万円を払い戻してから、その現金1万円を勝手に費消した事例については、Aに対する関係において、Xに横領罪の成立が認められよう。ここで、**[事例6]**のように預金自体を処分したのか、それとも預金を現金化した上で処分したのかは、単なる客体の違いに過ぎないのであれば、**[事例6]**についても（利益）横領に相当するといえる。これに対して、本罪が新設された当初から、**[事例6]**では、当該振込みを行う権限がXにはないのであるから、電子計算機に虚偽の情報が与えられ、不実の電磁的記録が作出されているとして、銀行に対する関係において本罪の成立が認められるとの指摘がある[14]。しかし、口座名義人より出金、振込み等を依頼されて通帳、印鑑を預かる者、あるいは暗証番号の開示を受けた上で、キャッシュカードを預かる者は、預金を処分し得る地位にあるのであって、銀行側はその者に対する支払いを拒絶することはできないと思われる。したがって、**[事例6]**において、Xは、銀行に対する関係において不法に「財産上の利益」を得たと解することはできない[15]。さらには、Xが預金を処分し得る地位にあるといえる限りにおいて、電子計算機に「虚偽の情報」を与えたともいえないであろう[16]。利益が他者によって管理・保管されている状態への侵害を伴わない利益横領については、そもそも本罪の成立範囲から除くべきであり[17]、**[事例6]**では、Aに対する関係において、

---

14) 的場・前掲注1) 140頁、堀内・前掲注7) 153頁、橋爪隆「電子計算機使用詐欺罪」刑法の争点（2007年）194頁。さらに、鈴木左斗志「電子計算機使用詐欺罪（刑法246条の2）の諸問題」学習院大学法学会雑誌37巻1号（2001年）207頁参照。

15) 林幹人「電子計算機使用詐欺罪の新動向」同『判例刑法』（東京大学出版会、2011年）330頁。

16) 本文で取りあげた本罪と横領罪との関係だけでなく、さらに、本罪と背任罪との関係についても問題となる。この点につき、詳しくは、第9講103頁以下参照。

17) 林幹人『刑法各論〔第2版〕』（東京大学出版会、2007年）256頁以下、同・前掲注15) 328頁以下、松原芳博『刑法各論』（日本評論社、2016年）299頁。また、西田典之「コンピュータの不正操作と財産犯」ジュリ885号（1987年）19頁は、利益横領のうち単純横領の類型に当たるものについては本罪ではなく、背任罪の成立を認めるべきであると指摘する。

横領罪ないしは背任罪の成立を検討すれば十分ということになる[18]。

[2] 情報ないしは電磁的記録の「虚偽」性

本罪が成立するためには、前述したように、虚偽の情報ないしは電磁的記録が電子計算機によって処理される事態が必要である。近時、それらの虚偽性が問題となった事例が現れた。

[事例 7]
Xは、A駅において130円区間有効の乗車券を購入し、それを使用してA駅から列車に乗った。ところが、Xは、その有効区間を超えてB駅に至り、そこで予め用意した回数券であって、入場情報のないものを自動改札機に投入することによってB駅より出場した。その結果、本来ならばA駅からB駅にわたる区間の運賃を支払うべきであるにもかかわらず、その支払いを免れた。

[事例 8]
Xは、高速道路を通行する際に、自己の運転する車両が4車軸の特大車であるにもかかわらず、流入料金所のETCレーンを通過する際に、一時的に車両の後前軸を上昇させることによって当該車両が3車軸の大型車であるとETCシステムを構成する電子計算機に認識させた。その結果、流出料金所より当該車両が流出する際に、特大車よりも料金区分の安い大型車を基準として通行料金の計算がなされ、Xはその差額分の料金の支払いを免れた。

[事例 7] は現代的な「キセル乗車」に当たるものであるが、その偽計手段が人に対するものではなく、機械に対するものである以上、詐欺罪の成立を認めることができない。この事例においては、自動改札機に投入された回数券自体は真正なものであり、また、その回数券に入場情報がなくとも、回数券の有効区間内に自動改札機未設置駅があることが考慮されて、自動改札

---

18) 「預金」の占有について、肯定的に解する立場であれば、横領罪の成立が認められることになる（浅田和茂＝井田良編『新基本法コンメンタール刑法』（日本評論社、2012年）573頁以下参照〔内田幸隆〕）。

機からの出場が許されている。したがって、回数券の磁気部分にある電磁的記録には「虚偽」性がないようにみえる。**[事例8]** においても、実際に流入料金所のETCレーンを通過する際には当該車両は3車軸の状態であったことから、「車軸数の状態」という情報について「虚偽」性がないようにみえる。しかし、**[事例7]** を扱った東京地判平成24・6・25判タ1384号363頁は、電磁的記録の虚偽性について、当該事務処理システムにおいて予定されている事務処理の目的に照らして真実に反するか否かを問題にしている。その上で、入場情報のない回数券をB駅の自動改札機に投入することよって、回数券の有効区間内にある自動改札機未設置駅から入場したとの情報を読み取らせることになるが、実際はA駅からXが入場していることから、当該回数券の電磁的記録は虚偽であると判示した。また、**[事例8]** を扱った横浜地判平成27・6・9裁判所ウェブサイトも、同様に、情報の虚偽性を判断するに際して、ETCシステムにおける事務処理の目的を考慮している。その上で、当該車両が通行区間において4車軸の状態で走行しており、3車軸の状態のままでは走行できなかった点から、流入料金所のETCレーンを通過する際に3車軸の大型車であると計測させたことは、虚偽の情報を電子計算機に与えたといえると判示した。以上のような見地から、これら2つの下級審判決は本罪の成立を認めている。

　それでは、なぜ情報等の虚偽性を判断するに際して当該システムにおける事務処理の目的が問題になるのであろうか。その根拠としては、電子計算機による事務処理によって利益の移転が図られる点に着目する必要がある。すなわち、事務処理の目的に照らして真実に反する情報、あるいは、そのような電磁的記録に基づき利益の移転がなされた場合には、その利益の取得は不当なものとなり、その利益の喪失は損害としてみるべきということである。この点において、情報等の虚偽性を判断するに際しては、情報それ自体の内容からは読み取れない事実についても考慮せざるを得ないであろう。ただし、本罪では、あくまでも利益の取得・喪失の関係が問題になることから、取引の当事者が客観的に関心を寄せる「取引上重要な事実」に着目して情報の虚偽性を判断するべきであると思われる[19]。このように解してはじめて本罪における「虚偽の情報」の内容が、詐欺罪における「欺罔」の内容と同価値とみなされて、本罪が詐欺罪の補充類型であるという位置づけを確認することができよう[20]。

以上に対して、問題となった電磁的記録の内容に対応する財産状態の変動を本来ならば決定するべき立場にある者の意思を基準として、情報等の虚偽性を判断するべきであるとの見解がある[21]。しかし、本来の権利者の意思に反することが財産犯の可罰性を基礎づけたとしても、それだけでは本罪に固有の要件である「虚偽の情報」があったと直ちに解することはできないように思われる[22]。また、電子計算機には社会的意味・文脈を読み取る力がないとして、あくまでも入力送信したデータそれ自体の内容を判断対象として情報の虚偽性を判断するべきとの指摘もある[23]。しかし、この見解によると、**[事例3]** ではIDとパスワードを使用した者、**[事例8]** では（予定された）走行区間における車軸数の状態を電子計算機は読み取る力がないことから、本罪の成立は否定するべきということになろう。これらの事例において、結論的に本罪の成立を認めるべきであるならば、当該情報・電磁的記録が意味する内容を社会的意味・文脈を考慮して判断せざるを得ないと思われる[24]。

4 事実を処理するメソッド

以上でみてきたように、本罪の成立を確認するためには、本条前段の罪では、「虚偽の情報」「不正な指令」が電子計算機に与えられたか、そのことによって財産権の得喪、変更に係る「不実の電磁的記録」が作出されたか、さらに、その作出によって行為者が「財産上の利益」を得たといえるかについて、段階的に検討する必要がある。同様に、本条後段の罪では、財産権の得喪、変更に係る「虚偽の電磁的記録」を供することによって、行為者が「財産上の利益」を得たといえるかについて検討する必要がある。本罪の成否にとって特に問題となるのは、情報ないしは電磁的記録の「虚偽」性というこ

---

19) 以上につき、渡邊卓也「電子計算機使用詐欺罪における『虚偽』性の判断」『野村稔先生古稀祝賀論文集』（成文堂、2015年）377頁参照。さらに、林・前掲注15) 327頁以下参照。

20) 内田幸隆「背任罪と詐欺罪との関係」早稲田法学会誌53巻（2003年）132頁以下参照。

21) 鈴木・前掲注14) 214頁、229頁、伊東研祐『刑法講義各論』（日本評論社、2011年）203頁、和田俊憲「キセル乗車」法教392号（2013年）100頁。

22) この点につき、さらに、内田幸隆「判批」刑ジャ48号（2016年）111頁参照。

23) 橋爪隆「電子計算機使用詐欺罪における『虚偽』性の判断について」研修786号（2013年）6頁。

24) 渡邊・前掲注19) 374頁以下参照。

とになるが、その有無を判断するためには、当該システムにおいて予定されている事務処理の目的に照らして真実に反するものか否かを検討する必要がある。そこでは、入力された情報の数値・事項それ自体の正しさというよりも、当該情報、電磁的記録が電子計算機によって処理されることで生まれる意味内容が問われており、その意味内容と現実との間に齟齬がある場合に「虚偽」性が認められるといえよう。

　なお、本講では十分に検討することはできなかったが、不正に情報やサービスを取得する場合にも本罪の成立を認めるべきかについて議論がある[25]。これらの場合について、電磁的記録の作出・供用によってそれらを取得したという関係性が認められるのであれば本罪の成立を認める余地がある[26]。しかし、**[事例 4]** や **[事例 8]** のように、情報やサービスを取得した結果として課金に係る電磁的記録が作成される場合や、**[事例 7]** のように、情報やサービスを取得した後に改めて「虚偽の情報」の入力、「虚偽の電磁的記録」の供用が問われる場合には、事実上、その取得の対価の支払いを免れたという点に着目して本罪の成否を検討せざるを得ないであろう。

---

[25]　的場・前掲注 1) 131 頁以下は、これらの場合において本罪の成立を否定するべき立場を示唆する。

[26]　山口厚『刑法各論〔第 2 版〕』（有斐閣、2010 年）276 頁以下参照。

[第18講]

現金がなくてもイインです！
—— クレジットカードの不正使用

内田幸隆

1　問題の所在

　もし手元に現金がなくとも商品やサービスを手に入れることができる魔法のカードがあるとしたら、私たちはそれを使うであろうか。しかもそれを使っても魂をとられることはなく、せいぜい年会費や後払いの際に分割手数料を余計に払うだけでよいとしたら。

　そのようなカードのことを現代ではクレジットカードといい（以下、特に断らない限り「カード」と略する）、その使用は極めて魅力的な支払手段となっている。しかし、カード会社は誰にでもカードを発行するわけではない。後払いにおいて支払意思・能力があると「信用」することができる者にしかカードを発行しない[1]。このことを前提に、カード会員がカードを加盟店で使用した際には、加盟店は代金をその場で受け取ることなく、カード会員に商品ないしはサービスを提供する。加盟店が当該取引に関する売上票、売上データをカード会社に送ると、カード会社は代金相当額から手数料を差し引いた額を加盟店に対して支払う。立替払いをしてもらったカード会員は、カード会社からの請求を受けて、代金相当額と場合によっては分割手数料をあわせて支払う。こうしてクレジットカードを使用する取引は上記三者間において完結し、カード会員はその利便性を享受するだけでなく、加盟店にとっ

---

1) このように「信用」の供与（与信）こそが問題であるとすると、「カード」という形態をとることはクレジットカード制度にとって本質的要素ではなく、その利用に際して、名義人を特定できるカード番号（ID）と暗証番号があればよいということになる。また、それら番号（記号）に代えて、名義人と実際に利用する者が一致すると確認できる方法があれば、その方法でも構わないことになろう。

ても、取引機会の増加、現金を扱わなくて済むというメリットがあり、カード会社にとっても、カード会員と加盟店から手数料を受け取ることによって利益を上げることができるのである。

　このようなクレジットカード制度がもたらす利便性の反面として、カード会員が自己名義のカードを使用する際に、支払意思・能力がない場合が問題になる。すなわち、この場合においてカード会員は、結果的に代金の支払いを負担することなく加盟店から商品ないしはサービスを受け取ることができるのである。加盟店からみると、そのようなカードの使用を認めることはカード会社から立替払いを拒絶されるリスクを生じさせ、また、カード会社からみると、立替払いを負担したとしても、カード会員から代金相当額を回収することができないリスクを負うことになる。さらに、第三者が他人名義のカードを勝手に使う場合も問題となる。すなわち、第三者は他人名義のカードを使用することにより、代金支払いを事実上免れることになるが、名義人と使用者が一致しないカードの使用を認めてしまうことによって、加盟店にはカード会社から立替払いを拒絶されるリスクが生じる。また、カード会社は、立替払いを行っても、名義人から支払いを受けることができないリスクを負い、名義人本人もカード会社から請求を受けた際には、その請求を拒むことができない立場にある。そこで、以下では、自己名義のカードを不正に使用した場合と、他人名義のカードを不正に使用した場合とを区別した上で、カード使用者に詐欺罪（246条）の成立が認められるかにつき検討する。

2　基本ツールのチェック

[1] 詐欺罪の基本構造

　一般的な理解によると、詐欺罪は、人を欺くこと（＝欺罔）によって、相手を錯誤に陥らせ、錯誤に基づく処分行為により、財物を交付させること、ないしは財産上の利益を取得することによって成立する。すなわち、欺罔行為→錯誤→処分行為による交付という基本的な構造が認められなければならない。また、詐欺罪は財産犯の一類型であることから、欺罔行為の相手方に財産の損害が生じたか否かも問題となる。この点につき、財物の占有侵害・喪失それ自体が財産的損害であるとみなす立場（形式的個別財産説）によれば、被害者が錯誤に陥らなければ財物を交付しなかったであろうといえる場

合に、直ちに詐欺罪の成立を認めることになる。これに対して、財物の占有移転によって、全体財産的な見地ないしは実質的な見地から財産的損害が生じる必要があるとする立場（全体財産説ないしは実質的個別財産説）によれば、被害者が錯誤に陥らなければ財物を交付しなかったであろうといえても、直ちに詐欺罪の成立を認めるのではなく、財物の占有を失った者に何らかの意味で財産的損害が発生しなければ、詐欺罪の成立を認めることはない[2]。

さて、以上のような詐欺罪の基本構造を前提とすると、行為者と被欺罔者という二者しか登場しない事例では、欺罔行為によって錯誤に陥る者、処分行為をする者、財産的損害を被る者は同一人物である。これに対して、クレジットカードの不正使用に関する事例では、行為者と取引関係にあるものとして、加盟店だけでなく、カード会社も登場するために、錯誤に陥る者、処分行為をする者、財産的損害を被る者が誰になるのかが一概にいえなくなる。そこで、以下では、まず自己名義のカードの不正使用の事例を取りあげ、欺罔行為によって錯誤に陥る者、処分行為をする者、財産的損害を被る者が誰になるのかを意識しつつ、詐欺罪の成否を検討する。

[2] 自己名義のカードの不正使用
(ⅰ) 事例の確認

支払意思・能力がないにもかかわらず、カード会員がカードを使用して商品ないしはサービスを手に入れる場合、最終的には、カード会社がカード会員より代金相当額の支払いを受けることができない事態に至ることになるが、この場合、誰がどの段階において錯誤に陥り、また、財産的損害を被ったといえるであろうか。次の事例で確認してみたい。

［事例1］

　Xは、A社が発行した自己名義のカードを使用して、B店の店員Cよ

---

2) また、このような財産的損害の理解をめぐる論争に対しては、条文にあげられていない財産的損害を要件とするのではなく、欺罔行為の相手方に生じる錯誤について、詐欺罪の法益に関係するものでなければならないとする法益関係的錯誤説も主張されている（例えば、代表的なものとして、佐伯仁志「詐欺罪(1)」法教372号〔2011年〕107頁以下）。ただし、この見解も、形式的個別財産説を批判しており、実質的個別財産説と同様の問題認識をもつとされる（佐伯・前掲論文107頁）。

> り商品を購入した。ところが、その時点において、Xには、支払意思もその能力もなかったが、このことをCは知らなかった。後日、当該取引の売上票をA社に送付することにより、B店はA社より代金相当額の立替払いを受けた。A社は当該取引の代金相当額の支払請求をXに通知したが、支払期日になってもXの銀行口座から引き落とすことができず、A社はXから支払いを受けることができない事態に至った。

(ⅱ) 欺罔行為と錯誤の存否

　この事例において、まず問題となるのは、店員CはXから欺罔を受け、錯誤に陥ったといえるのかという点である。というのも、一般的に、加盟店は、カード会社と加盟店の間の取り決めを定めた加盟店規約に基づき、カードの有効性と、カード使用者がカード名義人本人であることの確認は義務づけられているが、カード会員の支払意思・能力について調査するべき義務を負っていないからである。そのような調査義務がない以上、加盟店はカード会員の支払意思・能力の有無にかかわらず、そのカードの使用を認めることから、加盟店の店員において、カード会員の支払意思・能力について錯誤が生じる契機が存在しないともいえる[3]。したがって、この観点によれば、**[事例1]**においてXは、店員Cに対して、自己の支払意思・能力について欺罔を行ったとはいえず、また、店員CもXの支払意思・能力の有無について錯誤に陥ったとはいえないと評価される。

　店員Cとの関係においてXによる欺罔行為が認められないとすると、A社との関係においてXが欺罔行為を行ったといえる否かにつき検討しなければならない[4]。この点について、カード会社は、加盟店を通じて送付される売上票を受け取った際に、カード会員が後日請求に応じて支払いをなすものと

---

3) 山中敬一『刑法各論〔第3版〕』（成文堂、2015年）362頁、松宮孝明『刑法各論講義〔第4版〕』（成文堂、2016年）259頁。なお、松宮・前掲書258頁は、**[事例1]**について、詐欺罪の成立を否定した上で、背任罪に類似した背信行為がなされていると指摘する。

4) 具体的には、カード会社において立替払いの決定を行う担当者との関係において、欺罔行為性とそれに基づく錯誤の有無を検討することになろう。なお、加盟店から送信される売上データに基づき、カード会社が機械的に立替払いの手続きを処理しているのであれば、詐欺罪ではなく、電子計算機使用詐欺罪（246条の2）の成否を検討する必要がある。この罪の成立要件について、詳しくは、第17講203頁以下参照。

錯誤に陥るのであり、この錯誤に基づき加盟店に立替払いという処分行為をしたと認める見解がある。この見解によると、カード会員は、カード会社に立替払いをさせ、自分自身は代金支払いを免れた点で財産上の利益を得ているのであり、カード会社から加盟店に立替払いがなされた時点で2項詐欺罪、つまり利益詐欺罪（246条2項）が既遂に至ると評価されている[5]。したがって、この見解は、被欺罔者、処分行為者、被害者はいずれもカード会社と理解していることになり、**［事例1］** においては、A社がだまされてB店に立替払いをした時点で、2項詐欺罪が既遂となると評価することになろう。しかし、この見解に対しては、カード会社は、売上票が送付された段階では、カード会員の支払意思・能力の有無にかかわらず、加盟店規約に基づき、加盟店に対して立替払いをせざるを得ない立場にあるとの批判がなされている。すなわち、カード会社においても、カード会員の支払意思・能力について錯誤が生じる契機が存在しておらず、カード会員は、自らの支払意思・能力に関してカード会社を欺罔したと評価することができない[6]。

以上からすると、**［事例1］** においてXは、加盟店であるB店店員Cに対する関係において、また、カード会社であるA社との関係において欺罔行為をしたとはいえず、いずれにせよ詐欺罪の成立を否定するべきなのであろうか。このような詐欺否定説に対して、下級審の裁判例には、加盟店に対する関係において欺罔行為があると解するものがある。すなわち、カード会員の支払意思・能力がないことを加盟店が知った場合には、カード会社に不良債権が発生しないようにカードの使用を拒絶すべき信義則上の義務が加盟店にはあり、その義務違反が認められると加盟店はカード会社から立替払いを拒否される可能性がある。したがって、加盟店は、カード会員の支払意思・能力について調査義務がなくとも、その有無に関心を抱かざるを得ないのであ

5) 藤木英雄『刑法各論』（有斐閣、1972年）370頁。
6) 伊東研祐『刑法講義各論』（日本評論社、2011年）201頁以下は、被欺罔者、処分行為者、被害者はいずれもカード会社であると理解しつつ、カード会社がカード会員の無資力を知ったならば、直ちにカード会員に対して代金相当額の支払い請求をしたはずであるのに、通常の支払い請求がなされる期日まで猶予している点を捉えて詐欺罪の成立を肯定する。たしかにこの見解からすると詐欺罪の成立は否定しがたいが、カード会社が立替払いを負担したにもかかわらず、カード会員から代金相当額を回収することができないという実際の損害を不問に付すおそれがある点で疑問に思われる。

って、この見地からすると、支払意思・能力がないにもかかわらず、このことを秘してカードの使用を加盟店に申し込むこと自体が欺罔行為になると評価される（以上につき、東京高判昭和59・11・19判タ544号251頁）。

(iii) 財産的損害の存否

　前述の下級審の裁判例によると、加盟店は、カード会員の支払意思・能力に関して錯誤に陥り、その錯誤がなければ商品の提供[7]もなかったであろうといえる限りにおいて1項詐欺罪、つまり財物詐欺罪（246条1項）の成立が認められている。この見解は、前述の形式的個別財産説を基本としつつ、被欺罔者、処分行為者、被害者はいずれも加盟店であると理解していることになり、**[事例1]** において、B店の店員Cがだまされて商品をXに提供した点で、1項詐欺罪が既遂となると評価することになろう[8]。

　しかしながら、この見解に対しては、前述の全体財産説ないしは実質的個別財産説を支持する立場から、カード会社から立替払いを受けることができる限りにおいて、加盟店には財産の損害が発生しておらず、商品を提供することによりその対価を得ることになるから、取引における経済的目的も達成されているとして、加盟店を被害者として扱うことはできないと指摘されている。そこで、この指摘を受けて、加盟店を被欺罔者として位置づけつつ、カード会社に財産的損害が発生しているとして詐欺罪を構成することが次に考えられよう。このような一種の三角詐欺として **[事例1]** を処理するのであれば、被欺罔者と被害者が別個に存在する以上、被欺罔者である店員Cが加盟店の担当者として[9]カード会社であるA社の「財産を処分しうる権能ま

---

[7] なお、加盟店が商品ではなく、サービスの提供をなした場合は、加盟店に対する関係において2項詐欺罪の成立を検討することになる。

[8] この結論を支持する学説として、大塚仁『刑法概説（各論）〔第3版増補版〕』（有斐閣、2005年）250頁、大谷實『刑法講義各論〔新版第4版補訂版〕』（成文堂、2015年）265頁、前田雅英『刑法各論講義〔第6版〕』（東京大学出版会、2015年）240頁など。なお、長井圓「クレジットカードの不正使用」刑法の争点（2007年）187頁は、信義則上の義務を持ち出すまでもなく、加盟店は代金を支払おうとしない顧客との取引を拒絶することができるのであるから、加盟店による商品の交付をもって1項詐欺罪が成立すると指摘する。また、山口厚『新判例から見た刑法〔第3版〕』（有斐閣、2015年）250頁は、クレジットカード取引においてカード会社に損害を与えないことに重要な意義があることから、加盟店が支払意思・能力のないカード会員に商品の交付をすること自体に取引目的不達成による法益侵害性を認めて1項詐欺罪の成立を認める余地があることを示唆する。

たは地位」を有する必要がある（最判昭和 45・3・26 刑集 24 巻 3 号 55 頁）。通常は取引の相手方の財産について、いくら債権者といえども処分し得る権限があるとはいえない。しかし、加盟店から売上票が送付されると、加盟店規約上、カード会社は立替払いを原則的に拒絶することはできない。したがって、その限度において B 店側は A 社の財産を処分することができるとみるべきであろう[10]。

このことを前提とすると、A 社にはどのような段階で財産的損害が発生したというべきであろうか。まず、加盟店から売上票の送付を受け、実際にカード会社が立替払いを行った時点で財産的損害が現実化することにより 2 項詐欺罪が既遂に至るとする見解がある[11]。この見解に対しては、加盟店がカード会員に商品を提供した時点で、カード会社が立替払いの負担を負うこと、あるいは、カード会員の債務を引き受けることによって、カード会員が代金支払いを事実上免れたと把握することにより 2 項詐欺罪の既遂を認めることができるとの指摘がある[12]。また、カード会員が加盟店より商品の交付を受けることにより、その効果としてカード会社はほぼ確実に立替払いをすべきことになる点を捉えて、1 項詐欺罪の成立を認めつつ、財産的損害はカード会社に生じるとの指摘もある[13]。

しかし、加盟店はカード会員との取引に際して、自己の財産を処分したとはいえるが、それだけでは同時にカード会社の財産を処分したとはいえない

---

9) カード会社に売上票をとりまとめて送付するのは、実際には店員 C の業務ではなく、他の店員の業務であったとしても、店員 C が欺罔を受けて錯誤に陥り、その結果として、加盟店の担当者を通じてカード会社の財産を処分したといえるかを検討すれば足りると解される。

10) 杉本一敏「『三角詐欺』は存在しない」川端博ほか編『理論刑法学の探究(4)』（成文堂、2011 年）199 頁、松原芳博『刑法各論』（日本評論社、2016 年）289 頁参照。

11) 曽根威彦『刑法の重要問題〔各論〕〔第 2 版〕』（成文堂、2006 年）203 頁。

12) 林幹人『刑法各論〔第 2 版〕』（東京大学出版会、2007 年）253 頁、西田典之『刑法各論〔第 6 版〕』（弘文堂、2012 年）202 頁以下、高橋則夫『刑法各論〔第 2 版〕』（成文堂、2014 年）321 頁、中森喜彦『刑法各論〔第 4 版〕』（有斐閣、2015 年）141 頁、松原・前掲注 10）290 頁。

13) 林美月子「クレジットカードの不正使用と詐欺罪」『平野龍一先生古稀祝賀論文集上巻』（有斐閣、1990 年）486 頁以下。さらに、中森喜彦「クレジット・カードの不正使用と詐欺罪の成立」判タ 526 号（1984 年）79 頁以下、佐伯仁志＝道垣内弘人『刑法と民法の対話』（有斐閣、2001 年）199 頁以下参照。

だろう。カード会社は加盟店から売上票の送付を受けてはじめて立替払いをなすべき立場に置かれるのであるから、早くてもこの時点で加盟店のカード会社に対する処分行為を認めるべきである。また、カード会社からみると、実際の損害は立替払いをなすことによって現実化するのであって、それよりも以前に加盟店が売上票の送付をした段階、さらに早く加盟店が商品をカード会員に交付し、売上票を作成した段階では、その時点でカード会社がほぼ確実に立替払いをすべきことになるとはいえても、せいぜい財産の損害が生じる具体的な危険しか認められないと思われる。むしろ、加盟店がカード会員に商品を交付した段階では、加盟店においてのみ財産的損害が発生していると思われる。すなわち、加盟店は、商品の提供の代わりにカード会員から代金債権を取得したとしても、カード会員に直接的に代金支払いの請求をすることが加盟店規約上認められておらず、また、その代金債権はカード会員による資力の裏づけをもっていないのであって、経済的に無価値である。このような観点から、加盟店がカード会員に商品を交付した段階で加盟店に財産的損害が発生することを認め、その反面としてカード会員は商品を得たとして1項詐欺罪の成立を認めるべきであろう。その上で、カード会員は、自身の支払意思・能力に関して加盟店を欺罔することによって商品の交付を受けるだけでなく、さらに、錯誤に陥った加盟店による売上票の送付を介してカード会社に立替払いをさせることによってカード会社に財産的損害を生じさせ、自身の代金支払いを事実上免れることにもなるのであるから、さらに2項詐欺罪の成立を認めるべきである。

　さて、加盟店に対する1項詐欺罪とカード会社に対する2項詐欺罪は、その財産的損害が異なる帰属主体に別個に生じることになるから併合罪（45条）になるようにみえる。しかし、カード会社による立替払いによって加盟店の財産的損害は塡補される関係にあり、また、それに対応してカード会員が商品を得たこととその代金支払いを免れたことは裏表の関係にあるといえることから、事実上は1個の法益侵害性しか認められない。したがって、**[事例1]** において、Xには、B店の店員Cに対する関係において1項詐欺罪の成立が認められ、A社に対する関係において2項詐欺罪の成立が認められたとしても、前者の1項詐欺罪は後者の2項詐欺罪との関係において不可罰（共罰）的事前行為として処理するか、この両者を併せて（混合的）包括一罪として処理すれば十分と思われる[14]。

[3] 他人名義のカードの不正使用

窃取、拾得など何らかの経緯により、他人名義のカードを手に入れて、これを使用する場合[15]、本来的にそのようなカード使用が認められていないために、比較的容易にその行為の欺罔性を肯定することができる。例えば、次の事例で確認してみたい。

> **[事例2]**
> Xは、A社が発行したD名義のカードをDに無断で使用して、B店の店員Cより商品を購入した。

一般的に、加盟店とカード会社との間の取り決めを定めた加盟店規約によると、加盟店は、カードの有効性だけでなく、使用者が名義人本人であることを確認すべき義務がある。具体的には、両者の氏名、性別が異なるなどの場合に確認義務の違反が認められ、カード会社は加盟店に対して立替払いを拒絶することができるとされている。立替払いの拒絶というリスクに直面する以上、加盟店は、使用者と名義人との同一性がないと判断する場合、当然そのカード使用による取引を拒絶することになる。したがって、行為者が名義を偽って他人名義のカードを加盟店において使用することは、加盟店に対する関係において欺罔行為と評価され、使用者と名義人の同一性に関して加盟店の店員は錯誤に陥ると評価することができる。このことは、判例も肯定しており、行為者がカードの名義人本人に成り済まし、同カードの正当な使用権限がないのにこれがあるように装うことが加盟店に対する欺罔に当たると解している（最決平成16・2・9刑集58巻2号89頁）。

---

14) 混合的包括一罪の理解については、第11講124頁以下参照。基本的には、法益侵害評価の単一性・包摂性を基準に包括一罪となるか否かを決定するべきであるが（第12講134頁以下参照）、被害者の同一性が認められない場合にも、侵害の対象になった財産的利益の一体性を根拠に包括一罪が認められる余地があるというべきである。

15) 先行するカードの窃取等に対して、後行のカードの不正使用が「新たな法益侵害」を惹起する場合は、先行犯罪である窃盗罪等と、後行犯罪として検討される詐欺罪は併合罪の関係（45条）にあると解される。詳しくは、第10講113頁以下参照。また、カードの使用に際して、売上票に名義を偽って署名をし、これを店員に提出することは私文書偽造罪と同行使罪（159条、161条）の成否が問題となり、これらの罪とカードの不正使用にかかわる詐欺罪は牽連犯（54条1項後段）の関係にあると解される。

以上からすると、**[事例2]** において、Xは、B店の店員Cを欺罔したと解することができよう。問題になるのは、このような事例において、加盟店が錯誤に陥ることを前提として、同じく加盟店が被害者としての立場に置かれるのかということである。もちろん加盟店の店員は、カード使用者が名義人ではないことを知っていれば、商品の交付はしなかったであろう。したがって、**[事例2]** においてXには1項詐欺罪の成立を認めることができると思われる[16]。ただし、カード会員による紛失・盗難の通知がカード会社になされていない場合、一般的には、カード会員とカード会社との間の取り決めを定めた会員規約により、カード会員はカード会社の請求を拒むことはできない。したがって、この場合には、加盟店はカード会社から立替払いを受け、カード会社はカード会員から代金相当額の支払いを受けることも想定されることから、最終的に、名義人本人であるカード会員が被害者になるともいえよう[17]。これに対して、**[事例2]** において、B店に対する関係において1項詐欺罪しか認めないと解すると、カード会員に生じる財産的損害を不問に付すおそれがあり、疑問に思われる。

　以上から、**[事例2]** において、Xが名義人Dによる代金相当額の支払いによって、事実上代金支払いを免れるといえる限りにおいて、2項詐欺罪の成立が認められる余地があると思われる。ただし、このように理解する前提として、加盟店はカード会社の財産を処分し得る権限があること、さらに、カード会社はカード会員の財産を処分し得る権限があることが必要となる。ここで、加盟店において確認義務の履行がなされており、加盟店規約に基づき、カード会社は加盟店に対する立替払いを拒むことができない場合、さらに、会員規約に基づき、カード会員はカード会社に対する代金相当額の支払いを拒むことができない場合には、その限りにおいて、Xは、B店の店員C

---

[16] 今井猛嘉ほか『刑法各論〔第2版〕』（有斐閣、2013年）208頁以下〔橋爪隆〕。

[17] ただし、カード会員が無資力である場合、あるいはカード会員による紛失・盗難の通知がカード会社になされていて、カードの不正使用に基づく代金支払いをカード会社が負担する場合であって、かつ、加盟店において確認義務の履行を怠ったといえず、加盟店に対して、立替金の返還をカード会社が求めることができない場合には、最終的に、カード会社が財産的損害を被ったといえる。他方で、加盟店において確認義務の履行を怠った点があって、加盟店から、立替金の返還をカード会社が求めることができる場合には、加盟店だけが被害者としての立場に置かれる余地がある。

を欺罔することによって、加盟店であるB店とカード会社であるA社を介して、名義人Dに財産的損害を負わせたと解することができるのではないだろうか。この点に着目すると、名義人Dを被害者とする2項詐欺罪の成立も認めることができると思われる[18]。なお、Xが商品を得たことと、その代金支払いを免れたことは、財産侵害の点から表裏一体の関係にあり、また、加盟店の財産的損害はカード会社による立替払いによって塡補される関係にある。したがって、被害者は別個に存在するが、先行の1項詐欺罪は後行の2項詐欺罪に対する不可罰（共罰）的事前行為として処理するか、両者を（混合的）包括一罪として処理すれば十分と思われる。

3 規範と事実のブリッジ

[1] 名義人の承諾がある事例

　前述したように、他人名義のカードを不正に使用した場合、名義を偽った点を捉えて加盟店に対する詐欺罪、あるいは、名義人に対する詐欺罪の成立を検討することになる。この場合において、名義人が第三者にカードを渡し、その使用を認め、その使用に関する代金相当額の支払いを実際に行っていたとして、それにもかかわらずその第三者に詐欺罪の成立を認めることは妥当であろうか。というのも、この場合にも加盟店に対する欺罔行為があるようにみえるが、加盟店はカード会社より立替払いを受け、カード会社は名義人より代金相当額の支払いを受ける以上、結果的に、通常みられるカードの使用事例の決済と何ら変わりはないからである。具体的には、次のような事例が想定される。

[事例3]
　カードの名義人Dは、自己名義のカードを自己の配偶者Xに渡して、日常生活に関する支払いをそのカードで決済させていた。Dは、Xが過度にそのカードを使用して、自己の支払能力が超えることがないよう、

---

[18] 山口・前掲注8）251頁以下参照。さらに、松原・前掲注10）291頁も参照。これに対して、中森・前掲注13）80頁は、カード会員が最終的に支払う責任を負ったとしても、それは、カード会社が立替払い時に負った損害がカード会員に転嫁されているに過ぎないと指摘する。

Xのカード使用を日常的に管理しており、また、カードの使用限度額を比較的低く設定していたが、実際にカード会社A社の請求に基づく口座引き落としが滞ることはなかった。

[事例4]
　カードの名義人Dは、Xら友達数人とホームパーティーを開くことにしたが、Xに自己名義のカードを渡して、そのパーティーのための買い出しをXにまかせた。パーティーにかかった費用総額についてはDが負担することになっており、後日、Dは、Xの当該カード使用にかかわるカード会社A社の請求について口座引き落としによって決済した。

[事例5]
　カードの名義人Dは、日ごろから面倒をみている知合いのXに自己名義のカードを渡して、そのカードを自由に使用することを認めていたが、Xが実際にどのような商品やサービスをカードの使用によって得るのかについては関心がなかった。Xは、そのカードを使用してB店の店員Cから高額なワインを購入した。カード会社A社は、Xに対して、そのワイン購入に基づく代金相当額を支払うようDに請求したが、その金額は支払い期日にDの口座から引き落とされた。

　一般的にカードの会員規約によると、カード会員は、自己の家族であろうとなかろうと第三者に自己名義のカードを渡してはならず、カードの加盟店規約によると、カードの使用者と名義人が異なる場合は、加盟店はそのカードの使用を拒絶しなければならない。名義人本人に対する信用の供与がクレジットカード制度の基礎にあるのであるから、加盟店、さらにはカード会社にとって、使用者と名義人の同一性は重要な関心事項である。したがって、**[事例3]** などの事例において、Xは、加盟店に対して欺罔行為を行っていると評価されることになる。しかし、これらの事例では、いずれの取引もDの口座から引き落とされることによって最終的に決済がなされている点が問題である。これらの事例を検討する上で参考になるのは、前記最高裁平成16年決定であろう。この判例は、次のような事案を扱った。

[事例6]
　Xは、D名義のカードを手に入れると、ガソリンスタンドでDに成り

> 済まして当該カードを使用し、自動車に給油を受けた。当該カードは当初はDからEに渡されており、Eの使用がDによって認められていたという事情がある。Eと接点があり、何らかの経緯によって当該カードを入手したXは、Dから当該カードの使用が許され、自らの使用に基づく代金相当額の決済もDによってなされると信じていたと主張した。

　この事例においては、**[事例3]** などとは異なり、実際は、Xのカード使用は名義人Dによって承諾されていない。ここで問題になるのは、Dの承諾があるというXの誤信が詐欺罪の成立を左右するのか、具体的には錯誤に基づく故意阻却という効果を生むのか否かである。これに対して、前記最高裁平成16年決定は、Xによる当該カードの使用がガソリンスタンドに対する関係において詐欺罪を構成すると認めつつ、「仮に、被告人が、本件クレジットカードの名義人から同カードの使用を許されており、かつ、自らの使用に係る同カードの利用代金が会員規約に従い名義人において決済されるものと誤信していたという事情があったとしても、本件詐欺罪の成立は左右されない」と判示した。この判例の趣旨は、次のようなものであろう。すなわち、カードの使用が名義人の意思に反する点は、詐欺罪の構成要件に該当する事実を基礎づけるものではなく、また、名義人の承諾がある点もそれだけでは詐欺罪の違法性を阻却する事由には当たらないということである。このように解することができなければ、**[事例6]** においてXの誤信が詐欺罪の成否を左右しないという結論を導き出すことができない。

　ここで、**[事例2]** において、加盟店に対する関係で詐欺罪の成立を認める立場からすると、名義人の意思はその詐欺罪の成否に影響を与える事実とはいえず[19]、したがって、名義人の意思に関する誤信も詐欺罪の故意責任の有無には関係がないように思われる。しかし、このような判例に内在する論理をそのまま援用すると、**[事例3]**、**[事例4]**、**[事例5]** においても、Xについて、加盟店に対する関係において1項詐欺罪の構成要件該当性を否定することはできない。これらの事例において、そのまま1項詐欺罪の成立を認めるのであれば、異論が生じると思われる。ただ、判例があくまでも事例に基づく判断を示したにすぎないと解するのであれば、**[事例3]** などにおい

---

19) 橋爪隆「判批」平成16年度重判解（2005年）172頁。

て詐欺の成立が否定される余地がないとはいえない[20]。

　学説の中には、判例と同様に、名義の偽りをもって加盟店に対する詐欺罪の成立を認めつつ、例外的にその成立が否定される場合があると認めるものがある。例えば、**[事例3]** や **[事例4]** のように、名義人の親族が使用する場合や名義人に依頼されて第三者が使用する場合には、詐欺罪の実質的違法性がないと指摘されている[21]。これらの事例において実質的違法性がない、あるいはそもそも詐欺罪の構成要件に当たらないとするならば、その根拠は、名義人の個別的な承諾に基づいて、使用する第三者に対するコントロールが及んでおり、その使用に対する決済が名義人の口座によって確実になされる見込みがある場合には、第三者による使用が実質的には名義人による使用と同一視することができることに求められるであろう[22]。あるいは、**[事例3]** については、使用者と名義人が同一の消費生活を営んでおり、その生活が名義人によって経済的に支えられていることを根拠に、名義人の親族による使用が名義人による使用と同一視されると考えることもできる[23]。使用者が名義人と実質的に同一視できるという観点からは、**[事例3]** や **[事例4]** においてただちに詐欺罪の成立を肯定することはできず、判例もこれらの事例において詐欺罪を否定する余地を残していると思われる[24]。

　それでは、**[事例5]** のように、第三者による使用が名義人による使用と同一視することができない場合に、詐欺罪の成立を否定する余地はないのであろうか。名義人が被害者としての立場にあると解するのであれば、名義人が第三者の使用に関する決済を引き受けていた場合には、たしかに名義人に対する関係において詐欺罪の成立を否定することができるであろう。しかし、

---

20) 多和田隆史「判解」最判解刑事篇平成16年度（法曹会、2007年）83頁参照。
21) 西田・前掲注12) 203頁。
22) 島田聡一郎＝小林憲太郎『事例から刑法を考える〔第3版〕』（有斐閣、2014年）366頁参照〔島田〕。なお、この本文の指摘に関連して、橋爪・前掲注19) 172頁と高橋・前掲注12) 323頁は、使用者と名義人との特別な関係に着目するべきことを示唆する。また、松宮孝明「クレジットカード使用と詐欺罪」立命351号（2013年）380頁以下は、使用者が名義人との関係において代理人ないし使者といえる場合には詐欺罪の成立を否定することができるという。
23) 山口・前掲注8) 258頁以下。
24) 前田雅英『最新重要判例250刑法〔第11版〕』（弘文堂、2017年）196頁、野村稔「判批」同『刑法研究　下巻』（成文堂、2016年）120頁参照。

問題となるのは、**[事例5]** において、名義人の承諾があることを理由に、加盟店に対する関係においても詐欺罪の成立を否定することができるのかということである。ここでは、名義人の承諾が「被害者の承諾」に当たることを前提に議論することはできない[25]。

例えば、**[事例3]** を変えて、XがDには無断でD名義のカードを使用したという場合、XとDが近い親族関係にあること、あるいは同一の消費生活を営んでいることだけでは使用者を名義人と同一視することはできないであろう。これに対して、使用者と名義人が特定の近い関係にある場合には、名義人の承諾の有無にかかわらず、加盟店がその使用を黙認していると理解することもできる。しかし、この理論構成によると、加盟店に対する詐欺罪の既遂は否定することはできても、その未遂までもただちに否定することはできない[26]。ここで、使用者と名義人の関係性だけでなく、その使用に関する名義人の承諾に着目してはじめて詐欺罪の成立を否定することができるとすれば、結局は、名義人の承諾、すなわち、第三者の使用に対する決済可能性が問われていることになろう[27]。使用者と名義人における特定の近い関係性は、名義人の承諾の存在を推定するものにとどまるのであり、その特定の近い関係性がなくとも名義人の承諾があって、取引の最終的な決済が現実に見込まれるのであれば、**[事例5]** のような場合であっても、詐欺罪の成立が否定される余地があるというべきである。すなわち、名義人の承諾があることによって、取引の最終的な決済が現実に見込まれる場合には、カード会社に財産的損害が発生する具体的な危険がなく、ひいては加盟店にも財産的損害が発生する具体的な危険がないのであって[28]、第三者によるカード使用は加盟店に対する関係においても欺罔行為と認めることはできない。したがって、名義人の承諾は、加盟店に対する関係において問題になる詐欺罪の構成要件該当性を否定する機能をもつというべきである。すると、翻って

---

25) 松宮・前掲注22) 380頁。
26) 山口・前掲注8) 259頁参照。
27) 上嶌一高「クレジットカードの使用と詐欺罪」『神山敏雄先生古稀祝賀論文集 第2巻』（成文堂、2006年）284頁以下、曽根威彦＝松原芳博編『重点課題 刑法各論』（成文堂、2008年）136頁〔北川佳世子〕、松原・前掲注10) 292頁。
28) 林幹人「詐欺罪の新動向」同『判例刑法』（東京大学出版会、2011年）286頁、川崎友巳「判批」刑法判例百選Ⅱ各論〔第7版〕（2014年）111頁参照。

[事例2] についてみてみると、名義を偽ること自体が当該行為の欺罔性を基礎づけるのではなく、名義を偽ることによって名義人の支払意思・能力がないことを隠蔽することが欺罔性を基礎づけるといえる。また、**[事例6]** については、Xの誤信により故意阻却の余地を認めるべきであって、Xの決済可能性に関する認識内容を十分に検討するべきであったといえよう。

　このように解することで、自己名義のカードの不正使用の事例だけでなく、他人名義のカードの不正使用の事例においても共通して名義人の支払意思・能力の不存在が当該行為の欺罔性を基礎づけると解される[29]。第三者による名義の偽りは、クレジットカード制度上の規約違反に該当するが、それが加盟店やカード会社の財産的損害に直結するとはいえない以上、その規約違反でもってただちに詐欺罪の可罰性を基礎づけることは不当である。

[2] カードの不正使用について加盟店の加担がある事例

　これまでの事例では、カードを使用する者の詐欺行為について問題にしていたが、加盟店側もその詐欺行為に加担していた場合には、加盟店の関係者についても詐欺罪の成否を検討しなければならない。例えば、次のような事例が想定される。

[事例7]
　カードの名義人Xと加盟店B店の経営者Yは共謀して、実際は商品の受け渡しがないにもかかわらず、カードによる取引があったように装い、カード会社A社に架空の取引に基づく売上票を送付した。A社はその売上票に基づき、B店に立替払いを行ったが、その立替払いによる金銭をXとYは山分けした。

　一般的に加盟店規約によると、加盟店は、商品の売買、役務の提供の実態がないにもかかわらず、取引があったかのように装ってカードを取り扱うことは禁止されており、その違反がある場合には、カード会社は加盟店に対する立替払いの義務を負わない。したがって、**[事例7]** では、架空取引に基

---

29) 上嶌・前掲注27) 284頁以下、内田幸隆「クレジットカード詐欺」松原芳博編『刑法の判例　各論』（成文堂、2011年）133頁参照。

づく売上票の送付によって、カード会社に対する欺罔を行ってカード会社の担当者を錯誤に陥らせ、さらにその錯誤に基づく処分行為を行わせることによって、XとYは立替払いに基づく金銭を不正に取得したといえる。すると、XとYは、カード会社に対する関係において詐欺罪の共犯に問われることになる。

さて、**[事例7]** では、以上のように解決を図るべきとして、名義人と加盟店が共同してカード会社に対する欺罔行為をするだけでなく、その欺罔行為自体が加盟店による名義人に対する欺罔行為によって作出されており、結果的に加盟店がカード会社による立替払いを不正に受けた場合には、どのような解決が適当であろうか。参考になる事例として、次のようなものがある。

[事例8]
病気などの悩みを抱えていたXに対して、Yは、釜焚きの儀式によって病気が治るとの虚偽の事実を述べて、釜焚き料の名目で金員を要求した。しかし、Xは、その料金を直ちに支払うことができないでいたところ、Yは、Xに対して、Yが経営する薬局から商品を購入したように装い、信販業者であるAとクレジット契約を締結して、立替払いをAにさせることによって釜焚き料を支払うよう勧めた。Xは、その勧めに従い、Aと当該契約を結んで、Aに立替払いをさせ、その結果、Xが管理する口座に代金相当額が振り込まれた。

この事例において検討するべきなのは、Yについて、信販業者であるAに対する関係において詐欺罪が成立するようにみえるだけでなく、その詐欺罪の実現に加担したXに対する関係においても詐欺罪が成立するようにみえる点である。判例（最決平成15・12・9刑集57巻11号1088頁）は、以上のような事実関係を前提として、次のように判示した。すなわち、Yは、Xを欺き、釜焚き料名下に金員をだまし取るため、Xにクレジット契約に基づき信販業者をして立替払いをさせて金員を交付させたと認め、詐欺罪の成立を肯定した。さらに、Y及びXが商品売買を仮装して信販業者をして立替金を交付させた行為が信販業者に対する別個の詐欺罪を構成するか否かは、上記の詐欺罪の成否を左右するものではないとも述べている。

この事例を前提とすると、判例の射程は、加盟店がカード会員を欺罔して、

会員名義のカードを使用させ、カード会社に架空取引にかかわる立替払いをさせるようにしむけた場合にも及ぶのではないかと思われる。そして、判例は、**[事例8]** について、Xが第三者から借金をしてその金員をYに支払った場合と同視して、Xを被欺罔者かつ被害者として位置づけることにより、Yに詐欺罪（第1の詐欺罪とする）の成立を認めているのではないかと思われる。また、判例は、XとYが共謀して、架空の取引であるにもかかわらず、Aからその立替払いの名目で金員を受け取った点につき、仮に詐欺罪（第2の詐欺罪とする）の構成要件該当性を認めたとして、第2の詐欺罪の成立は、第1の詐欺罪の成立と両立することを認めているとも解される。おそらく、**[事例8]** について、Xが第三者から金員を詐取し、いったんはX自身が取得したその金員をYに渡した場合と実質的には異ならないとみているのであろう。ここでは、財産的損害が発生する被害者はそれぞれ別個の存在なのであるから、第1の詐欺罪と第2の詐欺罪の成立を別個に認めたとしても[30]、二重評価には当たらないと理解しているのではないだろうか[31]。

　学説においても、以上のような判例の結論を支持しているものがあるが[32]、判例に疑問がないとはいえない。判例は、**[事例8]** について三角詐欺の類型には当たらず、AはXにとって代金支払いのための「道具」であるかのようにみなしているが、AはXの使者のような存在ではない。すなわち、Aは自己の財産によって立替金の支払いをなしているのである。クレジット販売はあくまでも信販業者による立替払いを本質とするのであり、信販業者からお金を借りて取引の支払いに当てるローン販売とは性質が異なるというべきである[33]。これに対して、クレジット販売の性質はローン販売の性質と実質的に異ならないと解する場合、**[事例1]** のような、自己名義のカードの不正使用において、加盟店に対する関係において詐欺罪の成立を認めることは

---

30) 原則として、財産侵害が複数の被害者に及ぶ場合には、それに応じて数個の財産犯の成立を認めるべきである（第12講145頁）。
31) 以上のような判例の理解につき、多和田隆史「判解」最判解刑事篇平成15年度（法曹会、2006年）616頁以下参照。
32) 和田俊憲「判批」判セレ2004（2005年）35頁、木村光江「判批」平成16年度重判解（2005年）170頁、宮川基「判批」東北学院大学法学政治学研究所紀要13号（2005年）153頁以下、前田雅英「判批」判評565号（2006年）58頁以下、高橋・前掲注12）322頁、山口・前掲注8）243頁以下、松原・前掲注10）293頁。
33) 林（幹）・前掲注28）275頁、松宮・前掲注22）382頁。

困難になろう。というのも、カード会員は加盟店より商品を受け取って、その代金についてはカード会社を通じて支払ったとみなすこともできるからである。これは加盟店からみると、通常の取引と何ら変わりがない。

そこで、**[事例 8]** において、Aによる立替払いに着目する限り、Xを被欺罔者として、Aを被害者とする三角詐欺の構成をとることも考えられる。しかし、このような構成は、2個の詐欺罪の成立を認める判例の立場と相容れない[34]。というのも、第2の詐欺罪においてもAによる立替払いが問題にされていることから、Aにおける財産的損害について二重評価の問題が生じるからである。したがって、Xに対する関係において、三角詐欺の構成によることなく詐欺罪の成立を認めるためには、XがAとクレジット契約を結ぶことによって、Aに立替払いをさせる代わりに代金相当額の支払い債務を負担する点をXの損害の内容とすることが考えられる[35]。ここでは、2項詐欺罪の成立が認められることになる[36]。しかし、このように考えると、Xにおける現実的な財産的損害は、その債務負担に基づく代金相当額の支払いの時点で発生するのであるから、詐欺罪の既遂はこの時点に求めるべきであろう。XがAに対して代金相当額の支払いをなすことにより、YはAに対して立替金の返還をなすことを事実上免れる点に着目して2項詐欺罪の成立を認めるべきである。この結論については、既遂時期が遅いとの批判も考えられる。しかし、そもそもXにその債務負担に対する支払意思・能力がない場合には、Aだけが一方的に被害者の地位にあるのであって、Xを詐欺罪の被害者とすることはできない。他方で、Xに支払意思・能力がある場合には、遅くともその債務負担時に詐欺罪の未遂を認めることができよう。なお、クレジット契約を結ぶ時点でXに支払意思・能力があっても、Aに財産的損害が発生する危険がないと解することはできない。**[事例 8]** においては架空の取引によってクレジット契約が結ばれている以上、AはXから支払いを拒絶されるリスクがあるからである[37]。この観点からは、Aにおいて、立替払いをする

---

34) 松原久利「判批」受新641号（2004年）15頁参照。
35) 林（幹）・前掲注28) 275頁。これに対して、松宮・前掲注22) 383頁は、Aが立替払いをする以前に、Xがクレジット契約を結んで「釜焚き料」の支払いの負担をすること自体に損害を認める。
36) これに対して、和田俊憲「判批」ジュリ1303号（2005年）170頁は、Xにおける立替払いに基づく債務の負担を問題にしつつ、1項詐欺罪の成立を認める。

こと自体に財産的損害の発生を認めることができると思われる[38]。

以上から、**[事例8]** においては、XとYの共犯関係に基づき、まずAに対する関係において1項詐欺罪の成立を検討し、それに遅れて、Yについて、Xに対する関係において2項詐欺罪の成立を検討するという処理になろう。これらの詐欺罪において被害者は別個に存在することから、併合罪として処理されるようにみえる。しかし、YがAから立替金の支払いを受けることと、YがAに対する立替金の返還を免れることは表裏一体の財産侵害を構成することから、これらの詐欺罪を（混合的）包括一罪として処理すること[39]、ないしは後行の2項詐欺罪は先行の1項詐欺罪との関係において不可罰（共罰）的事後行為として処理することも検討されるべきである。Yからみると、手元に現金のないXから釜焚きの料金を受け取ることはできず、その関心は専らAからいかに立替払いを受けるかにあったように思われる。こうしてみると、以上のような帰結は、**[事例8]** の実態にむしろ即したものといえよう。

4　事実を処理するメソッド

カードの不正使用事例については、自己名義のカード使用か他人名義のカード使用かを問わず、名義人に支払意思・能力がなく、カード使用に基づく取引の決済がなされないおそれがある点に、加盟店に対する関係で欺罔行為があると解するべきである。この欺罔行為に基づく財産的損害は、加盟店においては商品の提供によって発生する。この財産的損害については、1項詐欺罪を構成する。さらに、自己名義のカードの不正使用においては、カード会社における立替払いによって、他人名義のカードの不正使用においては、名義人における代金相当額の支払いによって財産的損害が発生する。この2つの財産的損害については、三角詐欺の類型に当てはまり、また、2項詐欺

---

37) これに対して、林美月子「判批」法教287号（2004年）105頁は、Xに支払意思がある場合には、Aに財産的損害がないという。

38) なお、自己名義のカードの不正使用における議論を踏まえると、Aがクレジット契約の締結を受け入れ、立替払いの債務を負った段階で2項詐欺罪の既遂になるとも考えられるが、1項詐欺罪の成立範囲が狭まり、財産的損害の具体性が失われることになるので疑問である。

39) 多和田・前掲注31) 623頁注(17)参照。

罪を構成する。先行の1項詐欺罪と後行の2項詐欺罪の罪数処理については、それらの財産侵害が表裏一体の関係にある以上、(混合的)包括一罪とするか、先行の1項詐欺罪を不可罰(共罰)的事前行為とすれば足りる。なお、名義人の承諾に基づき第三者がカードを使用するが、その取引の決済が現実的に見込まれる場合は、カード会社に財産的損害が発生する具体的危険がなく、加盟店にもその具体的危険がないのであって、第三者のカード使用は欺罔性を基礎づけないというべきである。他方で、カードの不正使用について、先行の1項詐欺罪だけ、あるいは後行の2項詐欺罪だけを認める見解は、カード取引のそれぞれの当事者に発生する財産的損害を十分に評価することができず、不当である。また、他人名義のカード使用については、名義の偽りだけで欺罔性を肯定することはできない。名義を偽ることで、名義人の支払意思・能力がないことを隠蔽し、カード使用に基づく取引の決済がなされないおそれがある点を問題にするべきである。

　なお、[事例7] や [事例8] の処理を踏まえると、加盟店がカードの不正使用に加担する場合には、カード会社に対する関係において、カード会社から立替払いを不当に受けた点に基づき、加盟店と名義人に1項詐欺罪の共犯が成立する。さらに、[事例8] の処理を踏まえると、加盟店が名義人を欺罔し、名義人にカードを使用させることによって、名義人に代金相当額の支払いを現実に負担させ、加盟店が立替金の返還を免れた場合には、名義人に対する関係において、加盟店には2項詐欺罪が成立する。これに対して、名義人に対する関係においても1項詐欺罪の成立を認めることは、クレジット契約の基礎が業者による立替払いにある点を看過するか、カード会社に対する関係で1項詐欺罪が成立することと両立しないのであって、不当である。さて、先行の1項詐欺罪と後行の2項詐欺罪の罪数処理については、それらの財産侵害が表裏一体の関係にある以上、(混合的)包括一罪とするか、後行の2項詐欺罪を不可罰(共罰)的事後行為とすれば足りる。クレジットカードの不正使用の事例においては、資力のない名義人に代わって、カード会社が財産的損害を最終的に被ることが多いと想定されるため、このことを中心に詐欺罪の成否を検討するべきであろう。

第Ⅱ部 応用編

Ⅱ-2 ヨコの糸編

［第19講］

肝心な価値は目に見えない
——電子マネーをめぐる諸問題

内田幸隆

1　問題の所在

　日ごろ、私たちが商品やサービスを受ける際に、現金で決済することは徐々に少なくなってきている。例えば、高額な代金を支払うときは預金の振込みを利用することが一般的であろう。これに対して、比較的小額な代金を支払うときは電子マネーを利用することが一般的になってきている。しかし、これまで刑法上の関心は、現金や預金をめぐる諸問題に向けられており、どちらかという電子マネーをめぐる諸問題については議論がそれほど盛んではないように思われる。そこで、本講では、目に見える現金のやり取りとは異なって、目に見えないデータのやり取りである電子マネーについて、どのような刑法上の保護を与えるべきかを考えてみることにする。

2　基本ツールのチェック

[1]「電子マネー」の位置づけ
　電子マネーと一口にいってもそれは多義的なものである。ひとまず電子マネーとは、信用に基づく「電子的決済手段・サービス」であると定義してみたいが、このように解すると、電子化した通貨の他に、事実上、預貯金に基づく振込決済、デビットカード決済も含まれることになる。他方で、いわゆる電子マネーとして認知されているのは、プリペイド式電子マネーやポストペイ式電子マネーということになろう。プリペイド式電子マネーとポストペイ式電子マネーには、その所持者の実際の支払いが前払いなのか後払いなのかという違いがあるが、取引の相手方にとってみると、電子マネーの使用に

よる金額情報の移転と引き換えに商品、サービスを提供し、その後、電子マネーの運営会社からその代金相当額の支払いを受ける点で共通性がある。この意味で、いわゆる電子マネーには、これを使用することによって商品、サービスを取得することができる点で財産的利益があると認められる。ただし、ポストペイ式電子マネーは、実際上はクレジットカードによる後払い的性格を有するのであり、これに関する事例については、クレジットカードの不正利用の場合と同様な解決を図れば足りるのであって、今回の検討では特にプリペイド式電子マネーの事例を取り上げることにする[1]。

[2] 電子マネーの「財物」性

　まず、プリペイド式電子マネー（以下、特に断らない限り単に電子マネーと表記する）は、財産犯において保護されるべき「客体」性を有しているのであろうか。刑法は「財物」を客体とする財物罪を財産犯の基礎においており、電子マネーそれ自体が「財物」であるならば、刑法において広く保護されるべきものとなる。しかし、電子マネーは電磁的記録にすぎないのであるから無体物である。「財物」性の要件に有体性を必要と解するのであれば、電子マネーそれ自体は「財物」とはならない。しかし、「財物」性の要件として管理可能性があれば足りるとの見解をとれば、管理可能であるといえる限りにおいて電子マネーも「財物」として位置づけられる余地がある。ただし、管理可能性に着目する見解も「物理的な」管理可能性を要求しており[2]、この意味では電子マネーそれ自体を「財物」に含めるのは困難であろう。これに対して、媒体に金額情報が記録されている電子マネー（媒体型電子マネー）については、その媒体に着目して「財物」性を認めることができる。例えば、次の事例をみてみよう。

---

1) プリペイド式電子マネーを購入するためには、その運営会社に対して現金等を移転し、電子マネーに関するデータを取得する（いわゆるチャージないしは積み増し）ことが必要である。ただし、その購入にクレジットカードを使用することも可能である。
2) 大塚仁『刑法概説（各論）〔第3版増補版〕』（有斐閣、2005年）172頁、川端博『刑法各論講義〔第2版〕』（成文堂、2010年）275頁、佐久間修『刑法各論〔第2版〕』（成文堂、2012年）173頁以下など。

[事例1]
　Xは、電子マネーの金額情報が記録されたICカードについて、これを所持していたAからひそかに奪い取った。

　この事例において、Xは、当該ICカードに対して占有侵害・移転を行ったといえ、窃盗罪（235条）の成立を認めることができそうである。しかし、この事例において問題となるのは、当該ICカードそれ自体が保護に値する財物に当たるのかということである。というのも、ICカードの素材は単なるプラスチック片とICチップなのであって、そこに注目すべき「財産的価値」を見いだし難いからである。また、電子マネーの「財物」性の問題と関連して、行為者の「不法領得の意思」の有無についても問題になる。というのも、XがICカードを奪った目的に着目してみると、一般的には当該カード自体を欲しているのでなく、当該カードに記録された電子マネーを手に入れて利用したいと思っているはずだからである。それゆえ、電子マネーの金額情報とそれが記録された媒体を分離して検討するならば、Xには媒体である当該カードについて「不法領得の意思」がないのではないかという疑問も生まれる[3]。

　以上の問題について参考になるのは、「秘密資料」が記載されたファイルを盗み出した場合において、窃盗罪の成否が問題となった下級審の裁判例である。この裁判例によると、情報の化体された媒体の財物性は、情報と媒体が合体した全体をも考慮して判断すべきであるとされた（東京地判昭和59・6・28刑月16巻5＝6号476頁）。この理解は、電子マネーとその媒体の関係についても当てはまる。すなわち、**[事例1]** におけるICカードについて、その記録された電子マネーと一体となった全体に着目すると、ICカードに財産的価値があることを認めて「財物」性を肯定することができるのであり[4]、また、電子マネーとそれが記録されたICカードを分離して判断するのではなく、その全体を考慮してXに不法領得の意思があると認められ得るのである。

---

3) 「不法領得の意思」の内容をどのように理解するべきかについては、第3講24頁以下参照。

[3] 電子マネーの「財産上の利益」性

　金額情報がウェブ上などのサーバを通じて管理されており、その保有者はカードなどある特定の媒体によることなく、IDやパスワードなどによって利用することのできる電子マネー（サーバ管理型電子マネー）については、そのデータが具体的な媒体に化体していないのであるから、「財物」性を認めることはできず、「財産上の利益」にすぎないということになる[5]。例えば、次の事例をみてみよう。

> [事例2]
> 　Xは、窃取したA名義のクレジットカードの番号等を冒用し、インターネットを介して、電子マネーの販売のための事務を処理する電子計算機に接続されたハードディスクに、Aが電子マネーを購入したとする電磁的記録を作り、11万3000円相当の電子マネーの利用権を得た。

　この事例において判例は、Xの行為につき、電子計算機使用詐欺罪（246条の2）の成否を検討している（最決平成18・2・14刑集60巻2号165頁）。246条の2の前段において、同罪の成立要件は、人の事務処理に使用する電子計算機に虚偽の情報、または不正な指令を与えて財産権の得喪、変更に係る不実の電磁的記録を作ることによって、財産上不法の利益を得ること、ま

---

[4] 残高のないICカードについても、電子マネーを新たにチャージすることによって利用可能となることから、その点に着目することでなお財産的価値を認めることができるように思われる。また、ICカードの所有権は運営会社に帰属しており、カード利用者はそれを貸与されているにすぎない場合がほとんどであるが（例えば、Suicaについて、東日本旅客鉄道株式会社ICカード乗車券取扱規則5条参照）、カード利用者における利用権限、あるいはそれに基づく占有を侵害している点を捉えて窃盗罪などの財物罪の成立を認めることができよう。

[5] なお、例えば、Suicaのように、ICカードに金額情報が記録されていても、カードの利用情報が運営会社のサーバに送信され、その利用情報に基づき電子マネーの金額情報がサーバ上で統合的に管理されている場合がある。このような場合も視野に入れると、媒体型電子マネーとサーバ管理型電子マネーの区別は相対的なものにすぎないことになる（松井茂記ほか編『インターネット法』（有斐閣、2015年）203頁注(2)参照〔森田果〕）。したがって、財産犯の成否について検討する際に、Suicaのような電子マネーを想定する場合には、本文で後述するように、具体的な媒体が伴う場合には「財物」性の有無を検討し、そうでなければ「財産上の利益」性を検討するという段階を踏むべきであろう。

たは他人に得させることと規定されている。この事例では、Xが電子計算機に対して「虚偽の情報」を与えたといえるかが問題となったが、判例は、Aが電子マネーの購入を申し込んだ事実がないにもかかわらず、そのような情報を与えた点に着目してこれを肯定し、結論的に同罪の成立を認めている[6]。この点はともかくとして、注目すべきなのは、判例が、電子マネーの利用権の取得という点を捉えてXが「財産上の利益」を得たと指摘していることである[7]。当該電子マネーには具体的な媒体が伴っておらず、また、電子計算機によって機械的に取引が処理されていることから、電子計算機使用詐欺罪の成否が検討されたのは正当と考えられよう。

　以上からすると、プリペイド式電子マネーについて、その金額情報がカードなどの媒体に記録され、その取得、利用に当たって媒体を必要とする場合には、その「財物」性を肯定し、他方で、その金額情報がウェブ上などのサーバを通じて管理され、その取得、利用に当たってある特定の媒体を必要としない場合には、「財産上の利益」性を肯定すれば足りることになる。ただし、自己の所持する媒体に電子マネーを不正にチャージする場合、あるいはその金額情報を勝手に変更して増額する場合には、そのデータの取得、変更自体には媒体が伴わないのであるから、「財産上の利益」が行為客体になっていることを前提に財産犯の成否を検討することになろう。

[4] 電子マネーの不正取得

　電子マネーについて、財産犯の成立に必要な客体性が認められる場合、次に問題になるのは、具体的にいかなる犯罪構成要件に該当するのかということになる。ここでは、不正取得類型と不正利用類型に分けて考えることができる。すなわち、不正な手段を用いて電子マネーを取得するのが前者の場合であり、具体的には先に挙げた**［事例1］**と**［事例2］**がこれに当てはまる。また、他人が既に保有するサーバ管理型電子マネーについて、これを利用するためのIDとパスワードを不正に得た場合や、行為者自身にしか利用できないようにIDやパスワードを勝手に変更する場合についても、電子マネー

---

6) この問題について、詳しくは、内田幸隆「電子マネーと財産犯」刑ジャ15号（2009年）20頁以下参照。
7) この点につき、橋爪隆「ネット取引と犯罪」法教391号（2013年）91頁参照。

を自由に処分できる地位を得たとみて、電子マネーの不正取得に基づく利得罪の成立を認める余地が生じる。ただし、これらの場合には、電子マネーのそもそもの保有者によって行為者による電子マネーの利用が阻止される可能性が十分にあることから、行為者が「財産上の利益」を具体的に得たといえないのではないかという疑問も生じる。この見地からは、実際に電子マネーが不正に利用された局面を待って財産犯の成立を検討すれば十分ということになる。

　ところで、不正取得類型において考慮しなければならないのは、いわば「処罰の早期化」という事態が起こり得ることである。すなわち、**［事例2］**のように、不実の電磁的記録を作出することによって電子マネーを新たに創出し、取得する場合には、それと同時に、「偽造の罪」の犯罪類型に当たる電磁的記録不正作出罪（161条の2）ないしは支払用カード電磁的記録不正作出罪（163条の2）も成立し得る[8]。他方で、電磁的記録化されていない有価証券の偽造がなされた場合、その時点で有価証券偽造罪（162条）が成立することはともかくとして、偽造有価証券の作成について財産犯の成立が問われることはない。偽造有価証券が「行使」されてはじめて詐欺罪などの財産犯の成否が問われるのである。電磁的記録化されていない客体の偽造の場合との整合性を考えると、単なる電磁的記録の不正作出による電子マネーの取得行為は、財産犯として評価するに値せず[9]、例えば、電子計算機使用詐欺罪を規定する246条の2の後段が、財産権の得喪、変更に係る虚偽の電磁的記録を人の事務処理の用に供して、財産上の利益を得ること、または他人に得させることを処罰の対象としているように、不正作出された電子マネー

---

8) 電子計算機使用詐欺罪が成立する場合には、これと一体となって（支払用カード）電磁的記録不正作出罪も成立すると考えられることから、これらの罪は牽連犯ないしは観念的競合となると解される。なお、電子マネーの金額情報がICチップに記録される場合には、その媒体として「カード」という形状をとる必然性はない。例えば、機種によっては携帯電話、スマートフォンを媒体として電子マネーを利用することが可能である。しかし、刑法163条の2では、その客体が「カード」に限定されているために、それ以外の形状をした媒体に適用することは困難である（内田幸隆「電子マネーと犯罪」法コン27号（2009年）84頁、松井茂記ほか編『インターネット法』（有斐閣、2015年）242頁〔渡邊卓也〕）。

9) この点につき、渡邊卓也「電子計算機使用詐欺罪における『虚偽』性の判断」『野村稔先生古稀祝賀論文集』（成文堂、2015年）364頁は、いわば財産を得る権利をもって利益と捉えることになり、利益概念を抽象化することにつながると指摘する。

のデータを利用して、何らかのサービスを得ること、あるいは何らかの支払いを免れてはじめて財産犯の成否を検討することも考えられる。

しかし、この考えによると、「財産上の利益」の中から電子マネーという決済手段を除くことになり、他方で、同じく決済手段である現金や預貯金が「財物」ないしは「財産上の利益」の中に含まれていることとの整合性が問われることになる。商品やサービスを手に入れる決済手段にすぎない現金や預貯金について、その確実性・具体性があるがゆえに「財産的利益」がそれ自体にあると認めるのであれば、電子マネーであっても、その利用によって商品、サービスを手に入れることが確実的、具体的に期待できる限りにおいて、「財産的利益」がそれ自体にあるとみるべきである。また、通貨や有価証券が偽造されても、直ちにその発行主体に現実的な負担が発生するとはいえないが、電子マネーのデータが不正作出された場合には、例えば、インターネットなどを通じて即時利用可能になることから、その不正作出がなされた時点で電子マネーの運営会社に現実的な負担が生じると解することができよう。

[5] 電子マネーの不正利用

他方で、他人が保有する電子マネーを行為者がほしいままに利用することが電子マネーの不正利用類型に当たる。具体的には、次の事例が問題となる。

> [事例3]
> Xは、Aから買い物を頼まれて、その支払いのためにAが保有する電子マネーが記録されたICカードを預かった。しかし、Xは、その買い物以外に、B店において自分が欲しかった雑誌を購入するためにそのICカードを使用した。

この事例においては、横領罪（252条）が成立すると考えられる。すなわち、Xは、自己がAより委託を受けて占有するICカードを、電子マネーの不正利用を通じて横領したと評価することができる。他方で、不正利用類型においても（電子計算機使用）詐欺罪の成立が考えられるが、欺罔ないしは「虚偽の情報」、「虚偽の電磁的記録」の有無が問題となる。まず、当該カードに記録された金額情報自体は、Aによる前払いによって真正に構成された

ものであるから、この点に関して店側に対する欺罔があった、あるいは虚偽の電磁的記録が供されたとはいえない。これに対して、媒体が記名式であって、他人名義の媒体の使用がそもそも許されていない場合[10]、他人名義のカードの使用は、客観的な取引目的、ないしは電子計算機による事務処理の目的に照らして虚偽性があると判断され得る[11]。この点に着目すると、Xが店側を欺罔した、ないしは電子計算機に「虚偽の情報」を与えたとして（電子計算機使用）詐欺罪が成立する余地が生じる。しかし、電子マネーの加盟店はその取引によって電子マネーの運営会社より代金相当額の支払いを受け、その運営会社は支払いにあてる資金についてAから前払いを受けていたのであるから、両者ともに財産的損害がそもそも発生しておらず、両者に対する関係において（電子計算機使用）詐欺罪の成立を認めるべきではない。結局、損害が生じるのはAにおいてなのであるから、Aに対する関係において、ICカードを領得した点につき、横領罪の責任を問えば十分と解される。

3 規範と事実のブリッジ

[1] 電子マネーの不正取得に続く不正利用

行為者が既に不正に取得した電子マネーを利用して、商品、サービスを受け取る場合、先行の不正取得に財産犯が成立するとして、後行の不正利用にも財産犯が成立するのであれば、両者の罪数処理が問題となる。例えば、次の場合をみてみよう。

［事例4］
Xは、電子マネーが記録されたICカードをAのカバンから奪取した上で、そのカードを使用してB店から雑誌を購入した。

この事例では、[事例1]において検討したように、ICカードを奪取した

---

10) 例えば、PASMO（パスモ）について、PASMO取扱規則5条4項によると、記名PASMOは当該記名人以外の者が使用することができないと定められている。
11) 渡邊・前掲注9) 376頁は、当該システムにおいて予定されている客観的な制度趣旨に照らして、電子計算機使用詐欺罪における情報の虚偽性を判断するべきと指摘する。さらに、第9講105頁以下参照。

点については窃盗罪が成立する。他方で、当該カードを用いて商品を購入した点について、さらに財産犯が成立するであろうか。窃取（拾得）されたカードであっても、カード上の金額情報は真正なものであり、カードを使用した結果、金額情報に変動があっても、この変動は取引の結果として生じるのであるから、この点を捉えてB店に対して「欺罔」があったとも、「虚偽の電磁的記録」が供されたとも解することはできない[12]。ただし、**[事例3]** において検討したように、他人名義のカードの使用という点を捉えて店員に対して「欺罔」がなされた、ないしは電子計算機に対して「虚偽の情報」が与えられたと解される余地がある。しかし、**[事例4]** においてXが雑誌を購入し、本来ならば支払うべき代金の支払いを免れたことに伴う損害は、**[事例3]** において検討したように、Aにおいて発生するのであるから、やはりB店、ないしは電子マネーの運営会社に対する関係において（電子計算機使用）詐欺罪の成立を認めるべきではない。Aの意思に反してICカードを使用した点において、せいぜい占有離脱物横領罪（254条）が成立するのであり、これは先行の窃盗罪との関係において不可罰（共罰）的事後行為として扱われるべきであろう。

また、**[事例4]** との対比において、行為者が不実の電磁的記録を作出することで電子マネーを取得し、その後、これを使用する場合も罪数処理が問題となる。例えば、次の事例をみてほしい。

> **[事例5]**
> 　Xは、A名義のクレジットカードの番号等を冒用し、インターネットを介して電子マネーを取得したが、さらに、その電子マネーを使用してB社が提供するインターネット上のゲームを行った。

この事例では、**[事例2]** において検討したように、Xが電子マネーを不正に取得した点につき、電子計算機使用詐欺罪の成立が認められる。また、Xが自己の保有する電子マネーの金額情報を勝手に変動させて、それが増額

---

12) 電子計算機使用詐欺罪が成立しない理由につき、米澤慶治編『刑法等一部改正法の解説』（立花書房、1988年）125頁〔的場純男〕、橋爪隆「電子計算機使用詐欺罪」『刑法の争点』（有斐閣、2007年）194頁、西田典之『刑法各論〔第6版〕』（弘文堂、2012年）219頁参照。

されたとの電磁的記録が作出された場合であっても、同罪の成立が認められよう。問題となるのは、そのような電子マネーの電磁的記録に虚偽性が認められることであり、これを供して財産上の利益を得ることは[13]、さらに同罪の成立が認められる余地があるということである[14]。ここで、先行の同罪の被害者がAないしは電子マネーの運営会社であり、後行の同罪の被害者がB社であれば、被害者が異なるのであって、この2つの罪は併合罪の関係となろう。ただし、B社が電子マネーの運営会社より代金相当額の支払いを受ける点に着目すると、Xが代金の支払いを免れてゲームを行ったことから発生した損害はいずれにせよAないしは電子マネーの運営会社が負担することになる。この損害と先行の同罪において生じた損害は表裏一体のものと評価されるべきであるから、後行の同罪は不可罰（共罰）的事後行為として処理すれば十分と思われる。

[2] 媒体に対する複数の不正利用

　[事例3] では、行為者がICカードについて1回だけ横領を行ったが、電子マネーの不正利用が複数回にわたって行われる場合も想定される。この場合に横領罪はいくつ成立して、その罪数処理はどうなるのであろうか。例えば、次の事例をみてほしい。

> [事例6]
> 　Xは、Aから買い物を頼まれて、その支払いのためにAが保有する電子マネーが記録されたICカードを預かった。しかし、Xは、その買い物以外に、そのICカードを勝手に利用して、B店において雑誌を購入しただけでなく、さらに、C店においてジュースを購入した。

---

13) 他方で、ネット上で当該電子マネーを使用することにより、商品など財物を取得する場合には、窃盗罪の成立を検討することになるが（的場・前掲注12) 116頁、139頁参照）、立法論的には電子計算機使用詐欺罪の客体に「財物」を追加することも検討するべきである。

14) 的場・前掲注12) 125頁、西田・前掲注12) 220頁、高橋則夫『刑法各論〔第2版〕』（成文堂、2014年) 345頁など参照。なお、ここでは、有償サービスの取得、ないしはその代金支払いの免脱が「財産上の利益」に当たることが前提となる（橋爪・前掲注12) 195頁参照）。

これまで述べてきたように、この事例においても、電子マネーの加盟店、運営会社に対する関係において（電子計算機使用）詐欺罪の成否を検討するのではなく、Aに対する関係において横領罪の成否を検討する必要がある。ここで問題となるのは、2回目の不正利用について横領罪の成立を認めることができるのかということである。既に1回目の不正利用について横領罪の成立を肯定するのであれば、いわゆる「横領物の横領」といった問題が生じるのである。ここで、1個の財物につき、既に横領したといえるのであれば、さらに当該物を横領することはできないとも考えられる。これに対して、判例は、従来の立場を変更して、一度横領した物をさらに同一の行為者が横領した場合に、その後行行為につき、別途横領罪が成立し得るとの判断を示した（最大判平成15・4・23刑集57巻4号467頁）。この判例によると、**[事例6]** において2回目の不正利用は文字通りの「不可罰」的事後行為であると解するのではなく、横領罪の構成要件該当性を肯定することができる限りにおいて、「共罰」的事後行為として横領罪の成立が認められることになろう[15]。Xは、一度はICカードを横領したとしても、未使用の残額部分について、なおAから委託の趣旨に基づきICカードを管理するよう規範的に要請されているのであり、それにもかかわらず再度電子マネーを不正利用したのであれば、この点に基づきさらに横領罪の構成要件該当性を肯定することができる[16]。したがって、先行の横領罪と後行の同罪は、いずれもその成立が認められるのであり、一体的な財産侵害がなされたといえる限りで両者は包括一罪として評価されると解される。

4　事実を処理するメソッド

　今回は主としてプリペイド式電子マネーに関する事例を中心に検討したが、これを利用することにより、商品、サービスの提供を受けることができるのであるから、電子マネー自体に財産的価値を認めることができる。このことを前提として、電子マネーの金額情報が媒体に記録されている場合には、そ

---

15)　この議論について詳しくは、杉本一敏「判批」刑法判例百選Ⅱ各論〔第7版〕（2014年）138頁以下、第10講109頁以下、166頁以下参照。

16)　この点につき、伊東研祐「判批」刑法判例百選Ⅱ各論〔第6版〕（2008年）137頁は、部分横領の概念を肯定して、カードの使用ごとに複数回の横領の成立を認める。さらに、内田・前掲注6）23頁以下、高橋・前掲注14）384頁以下参照。

の媒体について「財物」性を肯定し、他方で、その金額情報がウェブ上のサーバを通じて管理されている場合など、具体的な媒体を伴わない場合には「財産上の利益」性を肯定することになる。したがって、媒体の占有を侵害し、その移転をなすことによって電子マネーを不正に取得する場合には、窃盗罪などを検討し、媒体の占有移転によることなく電子マネーそれ自体を不正に取得する場合には、電子計算機使用詐欺罪などを検討することになる。また、自己の占有する他人の媒体を使用することにより、電子マネーを不正に利用する場合には、横領罪を検討することになる。なお、本講では十分に検討することができなかったが、今後は、サーバ管理型電子マネーの不正利用についても財産犯の成否を解釈論ないし立法論として検討する必要があると思われる[17]。

　さて、さらに問題となるのは、電子マネーの不正取得に続いて不正利用がなされた場合である。ここでは先行の犯罪と後行の犯罪の罪数処理が問題となるが、不正利用については占有離脱物横領罪ないしは電子計算機使用詐欺罪の成立が問題となる。ただ、いずれにせよ、これらの罪は先行の不正取得について成立した窃盗罪や電子計算機使用詐欺罪との関係において不可罰（共罰）的事後行為として評価されるべきである。また、自己の占有する他人の媒体を複数回にわたって使用することにより電子マネーを不正に利用した場合にも、罪数処理が問題となる。この場合には、その不正利用ごとに横領罪が成立して、それらは包括一罪の関係にあると解するべきであろう。

---

17) このことにつき、特に横領罪の成否については、内田・前掲注6) 25頁以下参照。また、保有者本人に成り済ましてサーバ管理型電子マネーを不正に利用する場合には、主に電子計算機使用詐欺罪の成否が問題となろう。

[第20講]

奪えるけれど盗めない物って何だ？
——不動産をめぐる諸問題

田山聡美

1　問題の所在

　本講では、刑法の中で不思議な立ち位置を有している「不動産」という存在について少し掘り下げてみたい。刑法典の中で「不動産」という言葉が使用されている罪は、不動産侵奪罪（235条の2）のみであるが、その不動産という言葉につき刑法典上明確な定義づけは行われておらず、いわゆる「財物」との関係性については、実は相当にあいまいな部分を有している。たとえば、横領罪（252条）の客体としての「物」には当然のように不動産を含めて考えている一方、横領罪における「物」と強盗罪（236条）における「財物」は同じ概念であると解しつつ、強盗罪においては不動産を「財物」ではなく「財産上の利益」として扱うのが一般的である。

　不動産の扱いについて、まずは窃盗罪（235条）との関係を意識しつつ不動産侵奪罪の理解を深め、それをベースに、その他の財産犯における不動産の扱いについて検討を進めたい。

2　基本ツールのチェック

[1] 不動産は財物か

　まず、不動産は財物か、という問題を考えておこう。民法86条1項の定義に従えば、不動産とは、「土地及びその定着物」をいう。土地も、その定着物である建物等も、形ある存在であるから、有体性説・管理可能性説の対立にかかわらず、不動産の財物性が否定される理由はなさそうに思われる。ところが、窃盗罪と強盗罪においては、そう単純ではない。

窃盗罪・強盗罪の客体たる財物から不動産を排除する理由の一つとして挙げられるのは、不動産が文字通り可動性に欠けるという点である。窃盗罪における目的物には可動性が要求されるとする旧法時代の判例[1]を踏襲し、強盗罪もまた窃盗罪と共通の性格を有する罪であることを前提に、両罪における財物には不動産を含まないとする見解がある[2]。このような立場は、詐欺罪（246条）・恐喝罪（249条）・横領罪等における財物には不動産を含むとして、犯罪類型ごとの相対性を認める。しかし、窃盗罪や強盗罪の客体に関してのみ、なぜ当然に可動性が要求されるのかについては疑問が残るうえ、同じ財産犯の中で使用されている同じ「財物」という用語を、異なる意味に解釈することは、果たして説得的といえるかも疑問である。窃盗罪と強盗罪とは同一の章に規定されているとはいえ、窃盗罪や強盗罪と同じ章に規定されている242条（他人の占有等に係る自己の財物）における「財物」には不動産も含むとされるのが一般的であり、やはり不統一感は免れない[3]。
　そこで、解釈の安定性・統一性を重視すれば、有体物たる不動産は「財物」に含まれると解するのが妥当であろう。

[2] 窃盗罪と不動産侵奪罪との関係
　では次の問いとして、不動産に対する窃盗罪は成立するか。現在では、不動産窃盗に当たる行為については不動産侵奪罪で処罰するので窃盗罪は成立しない、という答えになるのであろうが、不動産侵奪罪が新設される昭和35年以前であれば、窃盗罪が成立し得たのであろうか。不動産侵奪罪の位置づけを正確に理解するためにも、この問題を簡単に整理しておきたい。
　前述のように不動産が財物に当たることを肯定したとしても、それが直ちに不動産を客体とした窃盗罪の成立を肯定することにはつながらない。窃盗罪は財物に対する事実的支配の移転を必要とするが、不動産は場所的に移動することなく、所在が不明にならないという特徴がある点を捉えて、「窃取」することができない、という余地が残っているからである。そのように解すれば、客体としての財物性は否定されなくとも、窃取という行為態様か

1) 大判明治36・5・21刑録9輯874頁。
2) たとえば、平野龍一『刑法概説』（東京大学出版会、1977年）201頁。
3) 佐伯仁志「不動産を客体とする財産犯」法教368号（2011年）109頁参照。

ら生じる制約によって、窃盗罪は不成立となることになる[4]。

　ただ、客体の場所的移転がない場合にも「窃取」を認めることができる事例があるのではないかという指摘もなされており[5]、この行為態様からの制限も必然的なものとはいえない。実際、不動産侵奪罪の立法が審議されていた頃には、不動産窃盗（既存の窃盗罪の条文で不動産侵奪行為を処罰すること）を肯定する学説も有力に主張されていたのである[6]。

　もっとも、この点、実務では消極に解されており、不動産窃盗に当たる事案が全く起訴されてこなかったため、解釈によって窃盗の概念を拡張することは法的安定性を害し好ましくないとして、立法的な手当てをする道が選択され、その結果、不動産侵奪罪が新設されたとされる[7]。

　規定が新設されたことにより、不動産に対する窃盗罪は成立しないことで一応の決着が見られたとされるものの、解釈上の争いは無くなったわけではない。たとえば、不動産侵奪罪の性格の捉え方についても、考え方は分かれ得る。もともと不動産に対しても窃盗罪を肯定し得るとする見解から出発すれば、不動産侵奪罪はあくまで窃盗罪の一種であり、不動産を客体とする場合の処罰につき明確にするための確認的規定に過ぎないと解することになる[8]。それに対し、不動産の財物性を否定する立場からは、不動産侵奪罪は利益窃盗にあたるものにつき処罰規定を新設したことになるし、窃取性を否定する立場からも、不動産侵奪罪は本来窃盗罪では把握できなかったものを処罰するものであって、創設的規定と解することになろう。

[3] 不動産侵奪罪の構造

　以上のように、不動産侵奪罪の性格に関する理解の相違はあるにせよ、新

---

4) 団藤重光編『注釈刑法(6)』（有斐閣、1966年）〔田宮裕〕76頁。
5) 佐伯仁志「窃盗罪をめぐる3つの問題」研修645号（2002年）4頁は、他人の家にあるストーブや電気器具を無断で使用する場合などを例に挙げている。
6) 時代の要請により、不動産窃盗の事案を処罰する必要性が強くなったこともあって、その当時の通説とまで言われていた。高橋勝好「不動産侵奪罪と境界毀損罪」法曹時報12巻6号（1960年）14頁参照。
7) 不動産侵奪罪が新設された当時の時代背景ないし立法の経緯については、高橋（勝）・前掲注6）1頁以下参照。
8) 香川達夫「不動産の強取は二項強盗か」警研62巻3号（1991年）5頁、丸山雅夫『刑法の論点と解釈』（成文堂、2014年）234頁。

設された不動産侵奪罪の具体的な解釈については、客体が不動産である点を除いては窃盗罪と同じ構造を持つものと理解するのが一般的である。すなわち、他人の占有する不動産を、不法領得の意思をもって、自己（または第三者）の支配下に移すという構造は全く同じであり、継続犯ではなく状態犯であることもまた窃盗罪と同様である。ただし、窃盗罪が通常、動産を念頭に議論されていることから、不動産ならではの特殊性に鑑みて、やや異なる配慮が必要な部分が出てくるのも確かである。

(i) 占有の意義

まず、窃盗罪における侵害対象としての他人の占有については、客体に対する「事実的支配」を意味するとされ、法律上の占有や民法上の代理占有・間接占有などは含まないとされている。もっとも、外出中、自宅に保管している物にも占有が認められているように、必ずしも握持を必要とするわけではなく、物が占有者の支配力の及ぶ場所に存在すれば足りるとされるなど、ある程度の観念化は肯定されている[9]。

この点、不動産侵奪罪における不動産の占有についても、窃盗罪と同様、「事実的支配」を意味すると解することでは、ほぼ一致を見ているといえよう。しかし、不動産ゆえにその観念化がさらに推し進められる傾向にある。不動産は場所的に移転しないから所在不明になることもなく、登記によって権利関係が公示されていることなどを理由に、たとえば、自己の住居と離れた山林などにつき、特に柵を設けるなどの特別な管理・看守を行うことなく所有しているような場合にも、占有が肯定される点で異論はない。

不動産の所有者に占有が肯定できるのかが問題となった事案として、最決平成11・12・9刑集53巻9号1117頁がある。

[事例1]
　資金繰りに窮したAが、その所有する土地および地上建物の管理をBに委ねて夜逃げをし、行方をくらましました。Bが取得した権利は、地上建物の賃借権およびこれに付随する土地の利用権を超えるものではなかったところ、Bからさらに転々とその権利を譲り受けたXは、その土地の利用権限を超えて、大量の廃棄物を堆積させ、容易に原状回復をするこ

---

9) 最判昭和32・11・8刑集11巻12号3061頁。

> とができないようにした。

　およそ上記のような事案に関して最高裁は、Aは本件土地を現実に支配管理することが困難な状態になったけれども、本件土地に対する占有を喪失していたとはいえないとして、Aの占有を肯定し、Xに不動産侵奪罪の成立を認めた。このような場合には、権利者に所有または占有の意思がありさえすれば、事実的支配を肯定してよいとする見解が有力である[10]。

　たしかに、占有の意思が重要な判断要素になることは間違いないが、「事実的支配」が主観面のみで判断されるというのもやや違和感がある[11]。動産における議論において、客観的な占有状態が弱い時に、それを補充する意味で占有意思が考慮されるのと同じように、あくまでも客観的な事実的支配を補充する存在として占有意思を位置付けることが妥当であるように思われる。すなわち、「事実的支配」の有無という判断の中において、占有意思を一つの有力な要素とすることで、不動産の特殊性を考慮しつつも窃盗罪と同様の基準で判断することができよう[12]。

(ⅱ)　侵奪の意義

　不動産侵奪罪を窃盗罪と同様に理解しようとするときに問題となるもう一つの要件が、「侵奪」である。窃盗罪でいわば「窃取」に匹敵する要件であり、事実的占有を奪うことを意味するから、他人の不動産をほしいままに自己名義に登記するような場合は、文書偽造罪等が成立するのは各別、不動産侵奪罪は成立しないとされる[13]。具体的には、権利者の占有を排除し、自己または第三者の占有を設定することをいい、権利者の占有を排除する積極的行為が必要である。したがって、友人から本を借りていた者が、返却期限を過ぎても所持し続けることが「窃取」に当たらないのと同様、土地や家屋の

---

10)　臼井滋夫「不動産侵奪罪等に関する立法経過と問題点」警論13巻6号（1960年）98頁。一方、そのような大幅な観念化に疑問を呈するものとして、大塚裕史「判批」法教239号（2000年）127頁。

11)　松原芳博『刑法各論』（日本評論社、2016年）219頁参照。

12)　**[事例1]** については、完全に行方をくらまして実効的支配が不可能になった状態とみるか、いまだ占有意思を継続しつつ一時しのぎとして逃げたに過ぎないのか、という、いわば「夜逃げ」の事実的評価によって、Aの占有の有無につき結論が変わってくるように思われる。

13)　臼井・前掲注10）98頁。

賃借人が期限を徒過して占有を継続したからといって「侵奪」に当たるものではない。このような観点からは、何らかの占有が先行する事例において、侵奪を肯定する余地があるのかが問題となる。

> **[事例2]**
> 　Aは、土地の売却先が見つかるまでの一時的貸与として、期間を定めたうえで、転貸を禁止し、直ちに撤去可能な屋台営業だけを認めるとの約定で、Bに土地を無償で貸与した。Bは当初、簡単な屋台を構築して営業していたが、貸与期間経過後、Aからの返還要求にもかかわらず、使用を続け、その後、Xに転貸した。Xは約定を知りながら、屋台を改築し、シャワー等をそなえた8個の個室からなる本格的店舗を作った。

[事例2] は、最決平成12・12・15刑集54巻9号1049頁の事案を簡潔にしたものである。このように、適法な占有が先行する場合に、契約期間終了後もBが不法占拠を続けただけでは侵奪に当たらないことはすでに見た通りであるが、その後、たとえ契約に反してBがXに無断転貸したとしても、XがBと全く同じ状態で使用し続けているだけであれば、それをもって「侵奪」とは評価しにくい。しかし、**[事例2]** のように、途中からXの占有が質的に変化したと認められる場合には、侵奪を肯定するのが判例・多数説の考え方といってよい[14]。もっとも、具体的にどの程度の「質的変化」があれば「侵奪」を認められるかは、意見の分かれるところである。判例は、侵奪行為の有無につき、「具体的事案に応じて、不動産の種類、占有侵害の方法、態様、占有期間の長短、原状回復の難易、占有排除及び占有設定の意思の強弱、相手方に与えた損害の有無などを総合的に判断し、社会通念に従って決定すべき」としているが[15]、同様の基準を用いながら、控訴審（否定）と上告審（肯定）で結論が異なっている点に、判断の難しさがうかがえよう。

14) 最決昭和42・11・2刑集21巻9号1179頁は、先行する占有が適法な権限に基づくものではない事案についてであるが、「従前の一時使用の態様から侵奪へと質的に変化を遂げた」場合に不動産侵奪罪を肯定した原判決を是認している。
15) 最判平成12・12・15刑集54巻9号923頁。**[事例2]** で取り上げた決定と同日の判決である。

3　規範と事実のブリッジ

　以上のように、不動産侵奪罪が窃盗罪の不動産版であることは一致した理解であるといえるから、結論として、不動産侵奪罪が成立する場合には窃盗罪は成立しない、という関係がある点では争いがない。しかし、他の財産犯との関係における不動産の位置づけについては、不動産侵奪罪は何も語っていない。そこで、不動産侵奪罪と窃盗罪との関係を念頭におきつつ、他の財産犯において不動産がどのように扱われているか、また、扱われるべきかを見ていこう。

[1] 不動産と強盗罪

> **[事例3]**
> 　Xが暴行・脅迫を用いてAの反抗を抑圧し、Aから不動産登記名義を取得した。
>
> **[事例4]**
> 　Xが暴行・脅迫を用いてAを完全に追い出し、A所有の不動産を事実上、自己の物として利用した。

　不動産が窃盗罪の客体たり得るかが重大な問題であったのに対し、強盗罪の場合には2項が存在するため、いずれにせよ2項で処罰が可能であるという理由から、不動産強盗の事案については従来から2項強盗罪で処理する立場が通説であったとされる。したがって、不動産侵奪罪の立法に際しても、強盗型の不動産侵奪事例については、特段の必要性がないとして立法が見送られた経緯がある[16]。現在の多数説も、不動産侵奪罪の新設によって、同一の章に規定されている強盗罪における財物からも不動産が排除されることが明確になったとして、登記移転型の**[事例3]**も現実的支配型の**[事例4]**も、ともに2項強盗罪で処理しているようである[17]。

　しかし、**[事例3]**については、Xが不動産の処分可能性を取得している

---

[16]　臼井・前掲注10) 92頁。
[17]　高橋則夫『刑法各論〔第2版〕』（成文堂、2014年）256頁。

点に鑑み、また後述する詐欺罪・恐喝罪・横領罪等において不動産を財物（ないし物）と解していることとの整合性を根拠に、1項強盗罪で処理すべきとする説もある[18]。

ところで、上記の1項強盗肯定説も、**[事例4]**については2項強盗罪とするようであるが、**[事例3]**で1項強盗罪を肯定し、不動産も強盗罪における財物であるとの前提を承認してよいのであれば、**[事例4]**においても、1項強盗罪を成立させる余地は十分あるのではなかろうか。すなわち、**[事例4]**において、暴行・脅迫を手段として、所有者の支配を排除し、自己の占有を設定した場合を想定するのであれば、1項強盗罪を否定する理由はないように思われる。これに対して、Xには貸したくないと渋る所有者Aに対し、暴行・脅迫を加えて、むりやり賃貸させたような場合には2項強盗罪が考えられる。その場合は、不動産そのものを奪うのではなく、あくまで賃借権（ないしそれに伴う不動産の利用利益）の範囲であるから、**[事例4]**とは区別できるであろう。

なお、ここで1項強盗罪にするか、2項強盗罪にするかは、純粋に理論的な問題であって、いずれにせよ同一の法定刑で処罰されるのであるから、議論の実益がないとされる場合がある。しかし、後述のように、当該不動産が盗品関与罪の客体となり得るかという点において、大きな差が生じることになるので、決して実益がないことではない[19]。

強盗罪に関連して、事後強盗罪（238条）の「窃盗」という主体に、不動産侵奪罪の犯人を含むかという問題も存在する。前述したように、不動産侵奪罪も窃盗罪の一種であるとの理解を前提とすると、理論的には不動産侵奪罪の犯人も事後強盗罪の主体となり得るであろうが[20]、窃盗罪の範囲を超える創設的規定であると解すれば、不動産侵奪罪の犯人は、事後強盗罪の主体

---

18) 西田典之『刑法各論〔第6版〕』（弘文堂、2012年）173頁、山口厚『刑法各論〔第2版〕』（有斐閣、2010年）214頁。

19) 香川達夫『強盗罪の再構成』（成文堂、1992年）83頁、丸山・前掲注8) 222頁。

20) その場合、さらに重ねて「財物」の中に不動産が含まれるかも問題になるが、この立場からは、不動産の財物性も肯定されることになろう。もっとも、理論的には事後強盗罪の成立可能性があったとしても、通常、正当権利者の取還行為が行われるのは、侵奪行為が完了してからかなり時間が経過していることが多いことから、実際に事後強盗罪が肯定される例はまれであろうとされる。田宮・前掲注4) 81頁。実質的に否定するものとして高橋（勝）・前掲注6) 27頁、臼井・前掲注10) 92頁。

から排除されよう。

[2] 不動産と詐欺罪・恐喝罪

> **[事例 5]**
> 　ＸがＡを騙して不動産を譲り受ける契約をし、Ａから不動産登記名義を取得した。

　強盗罪においては、**[事例 3]** のように、登記名義を移転させる行為も 2 項強盗罪とする見解が多数であったが、詐欺罪においては、不動産の財物性に関して異論はなく、**[事例 5]** のような場合にも、登記の移転をもって不動産の処分と解し、当該不動産に対する 1 項詐欺罪を肯定するのが判例・通説である[21]。

　なお、過激派構成員が使用目的を秘して不動産を賃借した事例につき 2 項詐欺罪を肯定した裁判例[22]などが見られるが、この事例は、あくまで賃借権を目的としたものであるから、**[事例 5]** と異なり 2 項詐欺の土俵で論じられるべきものであろう。

　不動産と詐欺罪については、登記官吏を騙して、自己に不動産登記を移転させた事例につき、詐欺が成立し得るかも問題とされる。この場合は、登記官吏に他人の不動産を有効に処分する権限がないとして、三角詐欺を否定するのが判例[23]である。

　恐喝罪については、詐欺罪と同じく交付罪であることを前提として、当然に 1 項恐喝罪の成立を認めるのが多数の考え方と思われるが、強盗罪では 2 項を適用する立場に立つと、暴行・脅迫の程度が軽ければ 1 項恐喝罪、重ければ 2 項強盗罪となり、「理解に苦しむ」という指摘がある[24]。強盗罪との同質性を強調して、恐喝罪においても 2 項の問題と解する可能性も否定できないであろうが、詐欺罪・恐喝罪と同じように、1 項強盗罪に関しても不動産を含むと解する方法（前述）もあるように思われる。

21）大判大正 11・12・15 刑集 1 巻 763 頁。
22）大阪地判平成 17・3・29 判タ 1194 号 293 頁。
23）最決昭和 42・12・21 刑集 21 巻 10 号 1453 頁。
24）香川・前掲注 19）77 頁。

[3] 不動産と横領罪

　委託物横領罪の要件となる「占有」に関して、不動産については登記名義を有することが必要であり、現実的に利用・支配しているだけの者につき占有を認めない見解がある[25]。その根底には、契約違反等の形をとって行われる、事実的行為としての不動産の不正利用を広く委託物横領で処罰することに対する疑問がある。したがって、登記名義を有せず、現実的な支配しか有していない者については、いかに勝手な利用をしようとも横領罪の成立する余地はないことになる。そして、そのような場合を捕捉するのが不動産侵奪罪であるとする。すなわち、**[事例1]** のＸは登記名義を有しない以上、横領罪とはなし得ず、逆にＡに「占有」を肯定し[26]、不動産侵奪罪として処理することになる。このような理解は、**[事例1]** に関して紹介した平成11年決定の立場とも親和的であるといえよう。

　たしかに、横領罪における自己の「占有」は、奪取罪に比べて広く解するのが通説的理解であり、不動産の登記名義人にも横領罪における占有を肯定するのが一般的であるが、不動産の現実的な利用者に横領罪の基礎となる占有を一切認めないという点については反対の立場もある。未登記不動産の場合には、不動産に対する現実的な占有を考えないわけにはいかないのであるから、登記済不動産についても同様に考えるべきではないか。さらに、**[事例1]** の客体を、不動産から動産に置き換えた場合には、当然に横領罪の成否を考えるのであるから、それとの均衡上、自己の事実的占有下にある不動産を領得した場合にも、横領としての不法性しかないと考えるべきなのではないか、というものである[27]。そのような立場からは、**[事例1]** についても横領罪の成立可能性を主張することになる。

　ところで、不動産の横領について、登記名義人に限らず、現実的な利用者にも占有を認める後者の立場に立ったとしても、必ずしも **[事例1]** のような場合に、不動産侵奪罪の成立可能性を否定することにはつながらない。すでに検討したように、不動産侵奪罪の「占有」の解釈においては、登記名義を有し占有の意思を有する者に、その不動産の事実的占有を肯定できる場合

---

[25] 山口厚『新判例から見た刑法〔第3版〕』（有斐閣、2015年）209頁。

[26] Ａに、直接占有者たるＸとの重畳的占有を肯定する。

[27] 町野朔「判批」刑法判例百選Ⅱ各論〔第2版〕（1984年）71頁、斉藤豊治「判批」刑法判例百選Ⅱ各論〔第4版〕（1997年）69頁。

もあるからである。そのように考えれば、結局、不動産侵奪罪における被侵害者の「占有」と、横領罪における横領行為者の「占有」とは、論理必然的に排斥しあう関係にはないと捉えることができよう。もっとも、窃盗罪と横領罪の関係と同様に、一般的には不動産侵奪罪と横領罪もその占有の所在によって択一的に決定される関係にあると考えられているようであるが、場合によっては、不動産侵奪罪の侵害対象としての占有と、横領罪を基礎づける占有とが（つまり性質の違う占有が）被害者と行為者に重畳的に認められることがあり得るのではないだろうか[28]。すなわち、被害者にも一定程度観念的ではあるが、侵奪から守られるべき占有が存在し、一方で、行為者にも横領罪の成立を基礎づける委託関係に基づく占有が肯定できる場合があるように思われる。その場合、理論的には、両罪の成立可能性を肯定したうえで[29]、同一法益に対する二重処罰の回避は罪数論で処理すべきではなかろうか[30]。

[4] 不動産と盗品関与罪

不動産について、財物性が肯定され、財産犯の成立が認められる以上、不動産が「盗品その他財産に対する罪に当たる行為によって領得された物」に該当することは否定できないであろう。しかし、盗品関与罪の成立に関し、動産の場合には物の物理的移転を要件とすべきとしていること[31]との均衡や、不動産はおよそ「運搬」し得ないことなどを理由に、不動産を盗品関与罪の客体とすることにつき疑問を呈する向きもある[32]。

たしかに、行為態様との関係で、成立範囲に一定の制約が生じることは否

---

28) 第2講の**[事例4]**において、動産に関する重畳的占有の可能性について言及したが、不動産の場合にはさらに多くの重畳事例が認められるように思われる。
29) もっとも、現実に起こる事件では、行為者が現実的な占有をするに至った事情によって、横領罪における委託信任関係を肯定しにくい場合や、不動産侵奪罪において保護に値する事実的支配を肯定しにくい場合なども考えられ、両罪ともに肯定できる事例は実際上は少ないと思われる。
30) 両罪の関係を法条競合と捉えたうえで、重い方の一罪の適用を考えることがきでよう。この点、動産における場合も含め、本稿よりも広範囲に重畳的占有を認めたうえで、所有者と行為者との間に信任関係がある場合には横領罪を優先適用するものとして、鈴木左斗志「判批」ジュリ1196号（2001年）139頁。
31) 盗品の移転をめぐっては、第21講3 [3] 参照。
32) 林幹人『刑法各論〔第2版〕』（東京大学出版会、2007年）308頁。

定できないものの、それを理由に不動産を客体から完全に排除する必要はないように思われる[33]。現実に登記の移転等によって追求権の侵害が起こり得ることから考えても、不動産を盗品関与罪の客体として肯定すべきであろう。

[5] 不動産と毀棄罪

　建造物損壊罪（260条）にいう建造物が不動産であることに争いはないであろう。問題は、建造物以外の不動産に対する損壊行為が、どのように扱われるかである。基本的に「前三条に規定するもののほか、他人の物」に当たる場合には、器物損壊罪（261条）が成立するのであるから、土地等の不動産については、器物損壊罪で処理することが妥当であり、判例においても、敷地を掘り起こして畑地とした事例[34]、学校の校庭に杭を打ち込み授業や課外活動に支障を生じさせた事例[35]などにつき、器物損壊罪を認めている。

4　事実を処理するメソッド

　判例・多数説といわれる立場から整理すれば、不動産侵奪罪の存在を理由に、不動産は窃盗罪・1項強盗罪の客体とはならず（強盗罪では2項で扱われる）、それ以外の財産犯においては財物として扱われ、1項詐欺罪・1項恐喝罪の客体ともなり得る。

　一方、不動産侵奪罪の影響を窃盗罪のみに限定して考えれば、強盗罪も含め、窃盗罪以外の財産犯においてはすべて不動産を財物として扱うことになる。その場合、不動産自体の取得を目的とする場合には1項、賃借権等の利益を目的とする場合には2項という区別が有効になろう。

---

33) 高橋（勝）・前掲注6) 28頁、丸山・前掲注8) 229頁。
34) 大判昭和4・10・14刑集8巻477頁。
35) 最決昭和35・12・27刑集14巻14号2229頁。

[第21講]

飽くなき追求の果て
―― 盗品をめぐる諸問題

田山聡美

1 問題の所在

　本講では、盗品をめぐる問題に焦点を当てる。盗品といえば、盗品を客体とする独立の犯罪として盗品関与罪（256条）が存在していることから、基本的にはその解釈上の問題点を概観する形をとるが、それを軸にして、財産犯全般とのかかわりから横断的な視点で眺めることを目標にしたい。

2 基本ツールのチェック

[1] 盗品関与罪の保護法益

　1995年の改正以前には、盗品関与罪の客体は「贓物」と規定され、その贓物概念の曖昧さから、そもそも保護法益が何なのかが激しく議論されていた。そして、贓物概念の中に財産犯以外の犯罪によって得られた物をも含むとする「違法状態維持説」も有力に唱えられていたが、現在の条文によれば、その客体は「盗品その他財産に対する罪に当たる行為によって領得された物」に限定されることになったので、この考え方はそのままの形では維持し得なくなった。しかし、いまだに以下のような考え方の対立が存在する。

(i) 追求権説

　まず、前提犯罪である財産犯の被害者が、被害物に対して有する回復請求権（追求権）を本罪の保護法益と考える立場を追求権説と呼ぶ[1]。この場合

---

1) 団藤重光『刑法綱要各論〔第3版〕』（創文社、1990年）660頁など。基本的には判例も含めて、現在の通説といわれている。

の追求権とは、被害者が民事上有している所有権に基づく返還請求権と重なる場合が多いが、必ずしもそのような物権的請求権のある場合に限らないとされる[2]。ちょうど、窃盗罪の保護法益に関する本権説が、その保護の対象を所有権のみに限らず、占有を正当付ける実質的権利に拡張するのと同様に、追求権説も、形式的な所有権の所在にかかわらず、物の返還を請求できる正当な権利にまで拡張しているものと理解できよう。

(ii) （新しい）違法状態維持説

一方、先に紹介した古い違法状態維持説を修正し、財産犯によって生じた違法な財産状態を維持させる点に本罪の本質を見出す説として、新しい違法状態維持説がある[3]。もっとも、新しい違法状態維持説が、財産犯によって生じた違法状態に限定することから、ほとんどの場合は被害者の追求権侵害を伴うものであって、前説と大差ないという評価もあるが、本説の最大の特徴は、何らかの理由で被害者に返還請求権が認められない場合にも「違法な財産状態」を根拠に処罰できる点であるとされる。

しかし、逆にいえば、被害者の権利侵害のないところに、いかなる意味で「違法な財産状態」を見出し得るのか、その違法状態を排除することで何を保護しようとしているのかが問われなければならないであろう[4]。

(iii) 物的庇護説

そこで、民法上の返還請求権が認められない場合にも盗品関与罪を肯定し得る理論的根拠を明確に示したものとして、物的庇護説と呼ばれる考え方がある[5]。すなわち、本犯者への犯行後の協力・援助行為を禁止して本犯者を「孤立」させることにより、財産犯への誘因をのぞき、ひいては盗品処理ないし売却等のための非合法的な仕組みの形成を阻止することに、本罪の処罰根拠を見出すものである。この考え方によれば、本犯の被害者の保護は規制の反射的効果にすぎないとされ、本罪の保護法益は、「財産領得罪を禁止す

---

2) 高橋則夫『刑法各論〔第2版〕』（成文堂、2014年）417頁参照。
3) 前田雅英『刑法各論講義〔第6版〕』（東京大学出版会、2015年）295頁など。
4) 平野龍一「贓物罪の一考察」同『刑法の基礎』（東京大学出版会、1966年）199頁は、「違法状態の維持」という概念は、贓物罪を定義するにはあまりに内包が貧弱で、外延が広すぎると批判する。
5) 井田良「盗品等に関する罪」芝原邦爾他編『刑法理論の現代的展開　各論』（日本評論社、1996年）257頁以下。

る刑法規範の実効性」に求められるとする。すなわち、本罪のもつ本犯助長的性格にスポットを当てることで、個人法益としての財産犯の位置づけを離れ、むしろ犯人蔵匿罪に引き付けた公益に対する罪と理解することになる。

[2] 各説の検討

　以上、盗品関与罪の保護法益の理解について、大きく3つの立場を紹介したが、いずれの説に対しても、それぞれ批判があり、単独で盗品関与罪を説明し尽くせている説はないといえる。

　まず、追求権だけで説明する場合に、最も大きな障害となるのが、256条2項の法定刑の高さである。256条2項は、10年以下の懲役に50万円以下の罰金が併科されている点で窃盗や詐欺よりも重い。しかし、被害者の返還請求権侵害という側面だけから見ると、窃盗や詐欺よりも重くなる理由はなく、むしろ直接的な占有侵害を伴う窃盗や詐欺の方が重くなるはずであろう。また、同じく盗品が他者の手に渡る場合であっても、それが無償であれば法定刑が低くなっている（256条1項は3年以下の懲役）ことの説明も困難である。その点から見れば、2項の類型が1項よりも格段に重く、窃盗・詐欺よりも重くなっていることは、物的庇護説の主張するような本犯助長的性格に由来するものと理解せざるを得ない。

　一方の違法状態維持説は、その違法状態の意味するところが明らかでないという点が、最大の弱点である。そして、それを突き詰めるのなら、やはり物的庇護説が主張するように、本犯への協力・援助行為といった点に着目せざるを得ないであろう。

　物的庇護説は、盗品関与罪のもつ本犯助長的性格を、法益論の観点から明確に位置づけた点で功績があり[6]、立法論としては説得力のある見解であると思われるが、現在の条文の置かれている位置（横領罪の後、毀棄・隠匿罪の前）に鑑みれば、盗品関与罪を個人法益に対する罪としての財産犯の領域から外すことには批判が強い。また、「法規範の実効性」を法益に据えること

---

6) 物的庇護説が、従来から指摘されてきた事後従犯的性格について、犯罪が有する単なる性質・性格のレベル（罪質）を超えて、明確な「法益」のレベルに高めた功績を強調するものとして、豊田兼彦「盗品等に関する罪について（3・完）」愛知大学法経論集161号（2003年）37頁。なお、同論稿は、「追求権」と併せて、「公共の安全」（「財産犯の一般予防」ないし「財産犯の妥当」）を保護法益として位置付ける見解に立っている（同54頁）。

の当否はおくとしても、結局は、違法状態維持説と同じく、具体的な個人法益の侵害のないところに、盗品関与行為それ自体の不当性を根拠に処罰するものであって不当であるという批判もなされる[7]。

以上から、現在の大多数の見解は、上記のうち一つの考え方によるのではなく、それらを総合的に考慮するようになっている。しかし、それらの要素を単純に列挙するだけでは、盗品関与罪が持つ複合的な性格を説明しているにすぎず、具体的な事例の解決における指針となるようなものは導かれない。つまり、複数の要素のうち、どれか一つでも満たせば本罪を成立させてよいのか、それともすべてを満たさなければいけないのか。そのような点を明確にしておかなければ、場当たり的、恣意的な運用につながり妥当でない。

そこで、追求権説をベースに据え、追求権侵害のないところに本罪の成立は無いとして一つの限界を画するとともに、仮に追求権侵害があったとしても、そこにさらに本犯助長性が無ければ、盗品関与罪は成立しないと解すべきである。すなわち、追求権の侵害と本犯助長性とが両者共に必須の要件とされるべきである[8]。

ところで、1項の無償譲受けは、本犯助長性がないので軽い処罰にとどまっていると説明されることもあるが、本犯助長性が全くないとすると、盗品関与罪を他の領得罪から本質的に区別する要素が失われてしまうように思われる。処分に困った盗品を無償で譲り受けてもらえれば、それだけで本犯者が助かることも考えられ、全く本犯助長性がないとはいい切れないであろう。少なくとも、2項に想定されている行為類型に比べると、類型的に本犯助長性が軽微であると理解することが妥当であると思われる[9]。

なお、追求権侵害を基本としながら、本犯助長性を考慮し、さらに利益関与性をも加味して考える立場も有力である[10]。たしかに、盗品関与罪の犯人は、盗品の処分に関与することによって自らも利益を得るという側面があることは否定し得ないが、例えば運搬や保管といった類型においては、必ずしも盗品関与罪の犯人が利益を得ているともいえず、利益関与的性格は、犯罪

---

7) 山口厚『刑法各論〔第2版〕』（有斐閣、2010年）339頁。
8) 林幹人『刑法各論〔第2版〕』（東京大学出版会、2007年）305頁。
9) 林・前掲注8) 305頁。
10) 高橋・前掲注2) 414頁、西田典之『刑法各論〔第6版〕』（弘文堂、2012年）270頁、山口・前掲注7) 338頁など。

成立の限界を画するうえで必須の要件とはならないように思われる[11]。

以上のような盗品関与罪の保護法益に関する見解の相違が、具体的な事例の処理において、どのように関係してくるか、以下順次検討してみよう。

3　規範と事実のブリッジ

[1] 返還請求権の有無をめぐって

盗品関与罪においては、財物だけが客体となり、利益は含まれない[12]。基本的には窃盗をはじめとする財物罪（先行する本犯）の客体が、そのまま盗品関与罪の客体となるが、本犯成立後の事情によっては、本犯の被害者が当該財物につき返還請求権を行使できるか否かが微妙な場合がある。あくまでも追求権の侵害を成立要件の一つと考える場合には、この点に関する検討を避けて通ることはできない。

> [事例1]
> 　Xは、返済の意思も見込みもないのにあると偽ってAを騙し、金員を借り受け、Yに対する借金の返済に充てた。Yは、XがAから詐取した金員であることを承知のうえで、弁済として受け取った。

11)　なお、本文で使用している「本犯助長性」という表現に代えて、「事後従犯（共犯）性」という表現も、ほぼ同様の意味で使われることがある。しかし、「事後従犯」という概念は、①本犯が利得した利益の分け前にあずかる行為や、②本犯が取得した利益を本犯のために確保し、その利用をたすける行為、③本犯を刑事訴追から免れさせる行為、などを広く含み得るものであり（平野・前掲注4）201頁）、本犯助長性と全く同義とはいえない点に注意が必要である。なお、内田幸隆「盗品移転の可罰性」『野村稔先生古稀祝賀論文集』（成文堂、2015年）400頁、389頁は、盗品の有償譲受け等は、盗品の利用処分によって生じる価値を顕在化させ、それを本犯に帰属させる点において事後共犯的性格を有することを肯定しつつ、本犯助長性といった社会的法益については本罪の保護法益とはならないとして、「事後共犯性」と「本犯助長性」とを明確に区別している。

12)　ただし、例えば振り込め詐欺の事例で、口座に預金を得た段階で1項詐欺を成立させる考え方が有力に主張されているが（詳しくは第16講参照）、そのような解釈を前提とすれば、預金に関しても盗品性を肯定する余地が出てくるであろう。もっとも、実務では、その後の引出行為を盗品関与罪（例えば運搬罪）で処罰しておらず、あくまでも銀行に対する窃盗罪・詐欺罪を検討しているようである。

XのAに対する詐欺罪を前提として、それを弁済として受け取ったYに、盗品関与罪が成立するかが問題となる。まず、256条のどの行為類型に当たるかが問題となるが、売買や交換の形式をとるものに限らず、債務の弁済として盗品を取得することも有償譲受けの一種とされていることから、この場合のYも有償譲受けが問題となろう。ところが、ここで、仮にAが民事上、詐欺による取消権（民法96条）を行使していなければ、XA間の消費貸借契約は有効であって、当該金員は盗品たり得ないのではないかが問題となる。

　この点、違法状態維持説や物的庇護説は、このような事例においても盗品関与罪を肯定すべきことを前提に、取り消されるまでは当該金員の所有権はXにあるのであるから、追求権説によると盗品関与罪が不成立となってしまうと批判する。しかし、追求権説からも、この場合は意思表示の取消によって回復する可能性がある限りにおいて、盗品関与罪の成立を肯定するのが一般的である[13]。すなわち、そのような法的に有する追求可能性までを追求権の内容に含めて理解することになる。大判大正12・4・14刑集2巻339頁も、[事例1] と類似の事案につき、取り消し得るにすぎないものでも、盗品関与罪の客体となるものとしている。

　同じく、違法状態維持説から追求権説に対して、盗品関与罪が不成立となって不当であると批判される例として、民法192条による即時取得の場合がある。

> [事例2]
> 　Xは、Aが所有していた反物を盗み、その事情につき善意・無過失のBに売却した。その数日後、その反物が盗品であることを知るYは、Bから反物の売却方を依頼され、Cに売り渡す契約を仲介した。

　たしかに、盗品と知らずに第三者Bが即時取得した場合には、当該財物の所有権はBに移ることになるから、本犯の被害者は追求権を失い、当該財物は盗品性を失うことになる。しかし、この場合のAは、民法193条によって、盗難から2年間、回復の請求をすることが認められている[14]。したがって、その間は追求権が認められ、当該財物の盗品性が肯定できる。最決昭和

---

13) 西田・前掲注10) 273頁、林・前掲注8) 309頁、山口・前掲注7) 343頁など。

34・2・9刑集13巻1号76頁も、盗品関与罪は、被害者の財産権の保護を目的とするものであり、被害者が民法の規定によりその物の回復を請求する権利を失わない以上、その物につき盗品関与罪が成立するとして、**[事例2]** と類似の事案につき有償処分あっせん罪を肯定した原判決を是認している。

ところで、完全に追求権の視点のみから考えれば、判例の結論は肯定できようが、本稿のように本犯助長性をも重要な要素と見る立場からは、**[事例2]** の場合、Yに本犯助長性が肯定できるのかが一つの問題となるように思われる。たしかに、Aから見た場合の追求権侵害はあるとしても、たまたま事情を知ったYが、善意のBとCの間を仲介したからといって、既に取引関係から離脱しているXに対して何らかの助長・促進的な働きがあるとは考え難いからである。この点については、後に［4］で検討を加えるが、XとYの間に何らかの意思疎通がなければ有償処分あっせん罪を肯定すべきではないと思われる。

[事例3]
AがXに覚せい剤購入の話を持ちかけたところ、Xはこれに乗じてAから覚せい剤代金を騙し取った。Yは、情を知ったうえで、その金銭の保管を引き受けた。

本事例では、覚せい剤売買という公序良俗に反する取引であるから、交付された金銭は不法原因給付物（民法708条）となり、AはXに対して返還請求することができない[15]。このような場合に、Xに詐欺罪が成立するかは一つの大きな問題であるが、判例・多数説は詐欺罪の成立を認めている[16]。それを前提にすれば、**[事例3]** における金銭は、詐欺罪により領得された物

---

14) その2年間の所有権の帰属が、即時取得者側に認められるのか、それとも窃盗被害者側に認められるのかは、民法上も争いのあるところであるが、その間の所有権の帰属先にかかわらず、適法に回復する権利が認められている以上、それを根拠に追求権を肯定することに問題はないであろう。なお、その2年間の権利関係に関する近時の民事判例として、最判平成12・6・27民集54巻5号1737頁参照。
15) ただし、民法708条但書が適用されれば、返還請求権は認められる。本文では、但書が適用されないことを前提に話を進めている。

ではあるものの、民法708条によって返還請求権がないのであるから、追求権侵害を基本に考える立場によると盗品関与罪の客体に該当しないことになる。

　この点、違法状態維持説・物的庇護説からは、このような場合に盗品性を認めないのは妥当でないと主張されるが、被害者の返還請求権が民法的にも否定される以上、保護すべき利益がないと解すべきではないだろうか。追求権の侵害を要件とする立場からは、むしろ当然に盗品関与罪が否定される事案になろう。

　同様に、禁制品についても争いがある。**[事例3]** につき、客体を、覚せい剤代金ではなく覚せい剤に置き換えてみよう。そうなると、そもそも禁制品に対する財産犯を肯定するかという点からして見解が分かれる。禁制品といえども、その所持・所有は国家に対して対抗できないだけであり、所有権自体が否定されるわけではない、として財産犯の成立を肯定する多数説の考え方を前提にすれば、盗品性についても肯定する余地があろう[17]。しかし、違法な所持・所有を保護すべきでないと考えるなら、当初の詐欺罪の成立も否定され得るし[18]、ましてやその後の譲受けなどは覚せい剤取締法等の守備範囲であるとして、盗品性を否定することになろう。

[2] 被害者への返還をめぐって

> **[事例4]**
> 　Xにミシン（時価13万円程度）を盗まれた被害者Aが、Yにその回復方を依頼したところ、Yは犯人Xを突き止めたうえでXと交渉し、ミシンをA宅に運搬すると同時に、Xが要求する8万円をAに支払わせた。

この事例では、YはXに不正な利益を保持させることによって本犯を助長するものであるから、違法状態維持説や物的庇護説によれば、盗品関与罪を

---

16) 詳しくは、田山聡美「不法原因給付と詐欺罪」刑法判例百選Ⅱ各論〔第7版〕（2014年）95頁参照。
17) 林・前掲注8) 310頁。
18) 禁制品に対する財産犯の成否については、田山聡美「財産犯の保護法益」神奈川法学43巻1号（2010年）172頁参照。

肯定することになる[19]。一方、被害者のもとに運ぶ行為は、追求権の行使を容易にこそすれ困難にするものではないから、追求権説からは、盗品関与罪を否定する見解が多数であるといえよう。

　しかし、**【事例4】**と類似の事案において、最決昭和27・7・10刑集6巻7号876頁は、「窃盗犯人の利益のため」に行ったものであること、「正常なる回復を全く困難ならしめた」ものであることを根拠に盗品運搬罪を肯定した原審につき、追求権侵害を根拠とする従来の判例に反するものではないとして是認した。さらに、最決平成14・7・1刑集56巻6号265頁も、被害者を相手とする有償処分のあっせん事例につき、「被害者による盗品等の正常な回復を困難にするばかりでなく、窃盗等の犯罪を助長し誘発するおそれのある行為である」ことを理由に有償処分あっせん罪を肯定した。

　すなわち、判例は、単に盗品が被害者のもとに返還されるというだけでなく、いわれなき対価を伴うことのない「正常な」回復であることまでを追求権の内容に含ませているといえよう。しかし、当該財物が被害者の元に戻っている以上、まさにその物に対する追求権は実現されているのであって、追求権の侵害を必須の要件とする立場からは、盗品関与罪を否定せざるを得ないように思われる。

　たしかに、被害者側からすれば、盗まれた物は無償で戻してもらって当然であり、いわれなき対価を支払って回復することは、決して納得のいく結果ではないであろう。その意味で「正常な」回復を問題にする判例の立場にも説得力がある。しかし、Aがミシンと引き換えに支払わされた対価については、盗品そのものとは全く別の侵害ではなかろうか。つまり、いわれなき対価そのものについて、また新たな財産侵害が生じているのである[20]。おそらく「物を返して欲しければこれだけの金銭を支払え。払わなければ……」という形で条件が示されれば、多かれ少なかれ被害者に対する脅迫的要素を認

---

19) ただし、本犯助長性のみを根拠に盗品関与罪の成立を認めると、**【事例4】**のような場合に、Yを介さず、被害者Aが直接窃盗犯人Xと交渉したような場合にまで、Aに盗品関与罪の成立を否定できないことになる。その結論が妥当でないとするなら、追求権説による限界づけが是非とも必要となろう。

20) 本文の理解とは異なり、盗品の返還に際して原所有者が本犯側に支払った対価は、その盗品に関わる財産的損害を具体化させるものであり、その損害がないことが回復の「正常性」を基礎づけると解する立場として、内田・前掲注11) 395頁。

定することができると思われ、その点をとらえて恐喝罪を肯定することが妥当ではないだろうか。その場合、窃盗犯人Xと、仲介者Yは、Aへの恐喝につき共同正犯になり得るから、Xはミシンに対する窃盗に加えて、新たな侵害である8万円についての恐喝に関しても罰せられることになる。

以上のような考え方に対しては、恐喝のレベルに達しないような交渉の末、被害者が「任意に」対価を支払ったような場合には、恐喝罪は成立しないことになるから、盗品関与罪を否定してしまうと不都合であるとの批判があろうが、その場合にも、曲がりなりにもYがAの目的物取戻しに関して寄与している事実を評価すれば、恐喝以上に重い盗品関与罪を成立させるべきではないであろう。Yのような仲介者の存在によって、被害者の下に被害品そのものが返還される可能性が高まっていることも軽視できない事実であるように思われる[21]。

[3] 盗品の移転（既遂時期）をめぐって

本罪には未遂処罰規定が存在しないため、どの時点で既遂となったかの判断は、そのまま本罪の成否に直結する。そして、あくまで追求を困難にすることが本罪に必須の要件と解するのであれば、それを客観的に示す指標として、盗品の「移転」が必要であると解されている。例えば、盗品売買の契約が成立したものの、いまだ盗品が移転していなければ、譲受け罪は既遂に達しない（不処罰）とされる。

しかし、判例は、あっせん罪についてだけは、あっせん行為のみで既遂になると解している[22]。本犯助長的側面だけを考えれば、あっせん行為のみで既遂とすることも理解できるが、果たして、あっせん行為だけで追求を困難にしたといえるかは疑問である。その点、処分に関する契約の成立までを要求する立場もあるが、他の行為類型においては盗品の移転を要求することとの均衡を考えれば、あっせん罪においてのみ、契約成立段階で既遂とするのは一貫性に欠けるであろう。有償処分あっせん罪においても、やはり物の移転を必要とすべきではなかろうか[23]。

21) 髙山佳奈子「判批」現刑5巻10号（2003年）62頁、林・前掲注8) 306頁、松原芳博『刑法各論』（日本評論社、2016年）361頁。
22) 最判昭和23・11・9刑集2巻12号1504頁、最判昭和26・1・30刑集5巻1号117頁。
23) 高橋・前掲注2) 420頁、西田・前掲注10) 276頁。

[4] 本犯者との意思疎通の有無をめぐって

> **[事例 5]**
> 　窃盗犯人ＸがＡのもとから盗んで保管中の絵画を、Ｙは盗品であることを知ったうえでさらに盗み出し、自宅へ運んだ。

　この事例については、Ｙに窃盗罪が成立するか否かが激しく争われるところであるが、正面から盗品関与罪が論じられることは少ない。しかし、この場合も、窃盗犯人Ｘからさらに第三者Ｙに財物が移転しているのであるから、被害者Ａの追求権侵害はあるといわざるを得ず、客観的には盗品無償譲受け罪、あるいは盗品運搬罪と異なるところはないといえよう。しかし、この場合に盗品関与罪が成立しないとするなら、盗品関与罪は追求権侵害だけでは成立しないことを意味していることになる。

　もっとも、「譲受け」という文言の中には、当然に当事者間の意思疎通の要素が含まれているから、そのような意思疎通を欠く場合には「譲受け」に該当しないとして処理することもできるが、「運搬」については、当然にそのようなことはいえないであろう。運搬の場合、ひいては他の行為類型に関しても、本罪の本質論にさかのぼって、意思疎通を欠く盗品の移転は本犯助長性に欠けるから盗品関与罪とならないと解すべきである[24]。

　そのように考えれば、先の**[事例 2]**において、本犯者Ｘと、盗品処分のあっせんを行ったＹの間に、善意の第三者が挟まっており、ＸとＹとの間に意思疎通が図られない状況であれば、たまたまＹが盗品と知ってその処分のあっせんを行ったとしても、それは盗品関与罪に問うべきではないことになろう。

> **[事例 6]**
> 　ＹはＸに頼まれて衣類を預かり、盗品と知らずに保管を始めたが、途中で盗品であることを知ってなおそのまま保管を継続した。

　これも、盗品であることを前提としたうえでのＸＹ間の意思疎通が存在し

---

24) 西田・前掲注 10) 274 頁、山口・前掲注 7) 345 頁。

ていない例として位置付けることが可能である。盗品であることを知ったうえで預かるからこそ、本犯を次の犯罪へと駆り立てるのだとすると、少なくとも盗品という事情を知ってから改めてＸとＹの間に本犯助長性を肯定できるだけの意思疎通が必要になろう。

　ところが、最決昭和50・6・12刑集29巻6号365頁は、**［事例6］**と類似の事案につき、盗品と知って以降なお本犯のためにその保管を継続するときは、盗品保管罪が成立するとした。判例の結論に賛成する立場は、保管罪を継続犯と捉えることにより、事情を知って故意が備わった時点から保管罪を肯定できるとするが、保管開始時の占有移転こそを重要な行為とみれば（状態犯）、その占有移転時に、盗品性の認識のみならず、本犯助長性を基礎づけるＸＹ間の意思疎通も必要となるから、本事例の場合、盗品保管罪は成立しないと考えるべきであろう[25]。

[5] 罪数関係

　256条は、1項と2項あわせて5つの行為類型を規定しているが、そのうち複数の行為を順次行った場合には、包括一罪となる。

　他罪との関係では、本犯の正犯が、盗品関与罪の主体とならないという点が重要である。この点については、そもそも構成要件不該当であるのか、共罰的事後行為であるにすぎないのかについて争いがあるが、本犯助長性を必須の要件と解するなら、本犯者自身に本犯助長性を見出すのはナンセンスであるから、そもそも本犯の正犯は盗品関与罪の主体となり得ない（すなわち構成要件不該当）と解すべきであろう[26]。問題は、本犯の正犯ではなく、共犯の処理である。

［事例7］
　Ｙは、Ｘに窃盗を教唆し、Ｘが盗んできた絵画を買い取った。

　このような場合において、窃盗教唆と盗品の有償譲受け罪を成立させ、両者を併合罪とするのが判例である[27]。これは、Ｙが窃盗（本犯）の教唆犯で

---

[25] 髙橋・前掲注2) 423頁、林・前掲注8) 311頁。
[26] 罪数に関する問題につき、詳しくは第10講3 [1] 参照。

ある場合に限らず、幇助犯の場合にも妥当する。学説も、この場合には、教唆・幇助が間接的な二次的関与形態にすぎないことや、盗品関与罪には特有の本犯助長的性格があることなどを理由に、本犯の共犯のみでは評価しきれないとして、盗品関与罪を肯定するのが多数であるといえるが、一部に有力な異論も見られる。

まず、多数説は、共同正犯も正犯であるとして、共同正犯者が盗品関与行為を行っても盗品関与罪は不成立であると解している。しかし、窃盗への強い関与があれば（共同正犯の場合）窃盗のみでとどまり、窃盗への関与が弱ければ（狭義の共犯の場合）窃盗の共犯の他にさらに重い盗品関与罪が成立するのは不均衡ではないか。とりわけ共謀共同正犯と狭義の共犯の線引きが微妙であることに鑑みれば、そのどちらにあたるかで結論が大きく異なることは不合理であるから、共同正犯の場合のみならず、狭義の共犯の場合にも不処罰とすべきとする見解が主張されている[28]。

また、同じく共同正犯と狭義の共犯を区別することを不合理としつつ、前説とは逆に、両者共に盗品関与罪を肯定すべきとする見解もある[29]。本犯者が盗品関与罪の主体たり得ないのは、自分自身には本犯助長性を観念できないからであって、共同正犯のように複数の者が互いに影響を及ぼしあう関係にある場合には、相互に本犯助長性を見出すことができるから、盗品関与罪の主体から排除する必要はないとする。

共同正犯と狭義の共犯の連続性を前提にしたうえで、本犯に少しでも関与しさえすれば盗品関与罪を免れるという不合理を回避すれば、共同正犯も含めて盗品関与罪の主体性を肯定する見解が妥当であるように思われる。なお、その立場を取ると、窃盗の共犯との罪数関係が問題となるが、窃盗罪の教唆と有償譲受け罪の保護法益はともに窃盗被害者の財産権である点で、相当部分に重なり合いを認めざるを得ないように思われる。盗品関与罪に本犯助長性を併せて考える立場に立ったとしても、追求権説を放棄しない以上は同様である。その際、両罪を併合罪で処理すると、二重評価の問題が生じるから、両者のうち重い一罪で包括する見解（吸収一罪）が妥当であるように思われ

---

27) 例えば、最判昭和25・11・10裁集刑35号461頁。
28) 西田・前掲注10) 278頁。
29) 林・前掲注8) 307頁、松原・前掲注21) 366頁。

る[30]。

> [事例8]
> Yは、窃盗犯人XがAから盗んできた物の処分を依頼されたため、情を知らないBに売却し、代金を受領した。

この事例において、YからBに対する詐欺罪が成立するかが問題となる。大判大正8・11・19刑録25輯1133頁は、情を知らない相手方から代金を受けとることは、あっせんの当然の結果であるから、有償処分あっせん罪のみが成立し、詐欺罪は成立しないとする。この点、相手方Bが善意であるなら、即時取得の規定などにより民法上保護されるので実害はないとして、盗品関与罪一罪で処理する判例の立場を支持する見解もある[31]。

しかし、あっせん罪で評価しているのは窃盗の被害者Aの財産権であるから、Bに対する詐欺罪に関して、あっせん罪で当然に評価し尽くしているとみることはできないと思われる。詐欺罪と有償処分あっせん罪は併合罪となろう。

4　事実を処理するメソッド

盗品関与罪がなぜ処罰されるのか、その基本スタンスをしっかりと確認しておけば、結論はおのずと導かれることになろう。財産犯として、本犯の被害者の財産権を侵害することが必須の要件となると共に、他の財産犯にはない要素として、本犯の助長・促進の要素も同時に必要となることを前提とすれば、どちらかの要素が欠ける場合には、盗品関与罪は成立し得ないこととなる。ただし、これらの議論は、あくまで保護法益の問題であるから、事例の処理にあたっては、例えば、追求権侵害がない被害者宅への運搬行為は、256条2項の「運搬」に当たらない、というように、個々の構成要件要素の中に読み込んでいく作業が必要になる。

---

30) 松原・前掲注21) 366頁参照。
31) 西田・前掲注10) 277頁。ただし、この見解は、あっせん罪の成立に盗品の移転を要件とする立場を前提としている。そうでなければ、騙されて代金だけ払ったが、目的物を受け取っていないという事態があり得ることになり、Bに実害が発生するからである。

[第22講]

ルックス重視か、性格重視か
―― 担保権をめぐる諸問題

田山聡美

1　問題の所在

　「担保」とは、債権の満足を確保するための手段を広く指しており、保証などの「人的担保」をも含む概念であるが、本稿では、一定の財産を債権の担保とする「物的担保」に焦点を当てる。いわゆる物的担保としては、民法典中に規定されている担保物権（典型担保）と並んで、判例および学説を通して確立された譲渡担保や所有権留保といった非典型担保と呼ばれる類型も重要性を増している。非典型担保は、民法上もその解釈に争いがあるが、刑法の観点からは、債務者または債権者が担保目的物を処分・毀損した場合に、いかなる財産犯が成立し得るか、という点が注目される。以下ではまず、典型担保たる抵当権・質権の場合を検討し(2)、それとの対比において、いわば応用問題たる非典型担保の場合を検討しよう(3)。なお、担保権設定者は必ずしも債務者本人とは限らず、第三者たる物上保証人の場合もあるが、以下では単純に債務者が担保権設定者の場合を想定する。

2　基本ツールのチェック

[1] 抵当権

　抵当権とは、債務者（または第三者）が占有を移転しないで債務の担保に供した不動産について、他の債権者に先立って自己の債権の弁済を受けることのできる権利をいう（民369条1項）。動産には抵当権を設定できないこと[1]、目的物の占有が債務者に留保されること、などが大きな特徴である。刑法との関係では、弁済期の前後を問わず、競売手続以前に行われた担保目

的物の処分を検討すれば足りるであろう。
(i) 債務者による侵害

抵当権設定後も、目的物の所有と占有は引き続き債務者にあるから、債務者は目的物を自由に処分し得る地位にある。したがって、債権者に断りなく目的不動産を処分することが考えられるが、その場合に何らかの犯罪を構成するかが問題となる。

①抵当権の登記がある場合

債権者は抵当権の登記をすることによってその権利を第三者にも対抗できるから（民177条）、債権者が抵当権の登記をしておけば、仮に債務者が無断で抵当目的物を第三者に譲渡したとしても、第三者は抵当権付きの不動産を譲り受けることになるだけであり、債権者の権利は害されることはない。したがって、抵当権が登記されている場合は、債務者が第三者に目的物を譲渡したとしても財産犯の成立を論じる余地はない。

ただし、譲渡ではなく、目的物を毀損・滅失させてしまう場合については状況が異なる。仮に債権者に登記があったとしても、目的物が滅失してしまえば必然的に抵当権も消滅してしまうからである。この問題については、債権者の登記の有無にかかわらず、後述 **［事例3］** を参照。

②抵当権の登記がない場合

抵当権設定契約は諾成契約であって、登記は対抗要件に過ぎないから、登記が無くても設定自体は有効である。そこで、抵当権の登記がない場合に、次のような問題が生じ得る。

> **［事例1］**
> 　債務者Xが、自己所有の甲不動産に債権者Aのために抵当権を設定したが、いまだ抵当権設定登記がなされていないのを奇貨として、事情を知らない第三者Bに甲不動産を譲渡した。

この場合、第三者Bが背信的悪意者でない限り、債権者Aの抵当権はBに対抗できないから（民177条）、Aは担保を失うことになる。この場合のX

---

1) もっとも、民法典以外に目を向ければ、工場抵当法、企業担保法、自動車抵当法など、多くの特別法において、抵当目的物の範囲は拡大されている。

に、どのような罪責を問題とし得るであろうか。Xにとって、自己の占有する自己の物を処分している以上、横領罪（252条1項）とはなし得ない[2]。当然、Aには占有がないから、不動産侵奪罪（235条の2）なども問題とならない。おそらく、考えられる財産犯は背任罪（247条）だけであろう。ここでの問題は、**[事例2]** に示す、いわゆる二重抵当の場合と同じように考えることができる。

> **[事例2]**
> 債務者Xが、自己所有の甲不動産に債権者Aのために抵当権を設定したが、いまだ抵当権設定登記がなされていないのを奇貨として、債権者Bのために甲不動産に抵当権を設定し、それを第一順位で登記した。

このような二重抵当の事案について、最判昭和31・12・7刑集10巻12号1592頁は、「抵当権設定者はその登記に関し、これを完了するまでは、抵当権者に協力する任務を有することはいうまでもないところであり、右任務は主として他人である抵当権者のために負う」として背任罪を肯定した。学説の多くも、二重譲渡を横領として処理することとの均衡や[3]、Xの義務履行がAの抵当権保全行為の一部をなしているという理解[4]から、判例の結論を支持している[5]。

[事例2] で問題とされている登記協力義務を、「対抗要件を具備させるまでの義務」と狭く解することもできなくはないが、おそらくは、担保権に対

---

2) 横領罪における自己物の規定（252条2項）は、「公務所から保管を命ぜられた場合」に限られており、「物権を負担」している場合（262条参照）は含まれていない。
3) 西田典之『刑法各論〔第6版〕』（弘文堂、2012年）257頁、中森喜彦『刑法各論〔第4版〕』（有斐閣、2015年）158頁。
4) 大谷實『刑法講義各論〔新版第4版補訂版〕』（成文堂、2015年）335頁。
5) もっとも、昭和31年判決の事案では、登記に必要な書類一式を既にXがAに交付していたという事情が存在したため、そのような事情が背任罪の成否に影響するとの見方もある。一般論としては、登記に必要な書類一式をXがAに交付した後は、Aにおいて登記を完了すべきであるから、Xの行為は背任とはなり得ないという見解（曽根威彦『刑法各論〔第5版〕』〔弘文堂、2012年〕190頁）や、逆に、交付の前は単なる債務不履行であるが、交付後は対内関係から対外関係への移行があるとして、交付後のみ背任罪を肯定する見解（高橋則夫『刑法各論〔第2版〕』〔成文堂、2014年〕396頁）もある。

抗力を備えさせることで担保権の効力を保全する義務を意味するものであり、それは一番抵当としての価値を維持し続ける義務に他ならないであろう。そのように考えれば、広い意味では、**[事例1]** において担保目的物を維持し続ける義務と同種の性質を有するものであり、これらをまとめて「担保価値維持義務[6]」と理解することができるように思われる。そのような理解が可能であるならば、**[事例1]** も **[事例2]** もともに、担保価値維持義務の履行が「他人の事務」[7]といえるか、という形で同じ議論をすることが許されよう[8]。

一般に、「他人の事務」とは、その他人（本人）がなすべき事務をその本人に代わって行うことをいい、本人との対内的関係が必要であるとされ、売主の目的物引渡義務の履行や債務者の借金返済義務の履行のように、債権者と債務者という対向的関係における事務は含まれないと解されている[9]。それを前提とするならば、債権者の担保価値維持請求権との対向関係においてこそ認められる債務者の担保価値維持義務は、債務者にとって「自己の事務」に他ならないと解すべきである。このような理解からは、**[事例1]** も **[事例2]** もともに、背任罪を肯定することはできないことになる[10]。たしか

---

6) 「担保価値維持義務」という概念は、民法上も現在生成途上のものであり、その意味内容がいまだ明確とは言い難いことから、場合によっては別の言葉で言い換えた方が適切かもしれない。しかし、「担保価値維持請求権」という概念が注目された最判平成11・11・24民集53巻8号1899頁を踏まえて、最判平成18・12・21民集60巻10号3964頁が、その請求権の対をなす「担保価値維持義務」を認めていることから、判例においても一定の方向性を見て取ることができる。判例の動向については、片山直也「判批」平成19年度重判解（2008年）71頁参照。

7) 背任罪の性格につき通説といわれる「背信説」をとった場合には、その成立範囲を明確にするためにも、背任罪の主体に関する「他人のためにその事務を処理する者」という要件は、文字通り厳格に理解すべきであろう。そうであるならば、単に「他人のために事務を処理する者」では足りず、他人のために「他人の事務」を処理する者でなければならず、その事務が「自己の事務」か「他人の事務」かが端的に問題とされねばならない。

8) もっとも、**[事例2]** においては、抵当権が後順位になったとしても、なお十分に被担保債権をカバーし得るものであれば、「財産上の損害」要件を満たさない可能性がある点では、**[事例1]** と異なる要素が存在するが、「他人の事務」という要件の範囲では同様に考えられよう。

9) 大塚仁ほか『大コンメンタール刑法第13巻〔第2版〕』（青林書院、2000年）175頁〔日比幹夫〕参照。

に、担保権侵害行為が、債権者にとって大きな財産権侵害であることは否定できないが、その当罰性を理由に背任罪で処罰するならば、被担保債権それ自体の侵害（債務不履行）はなおさら背任罪とすべきことになろう。しかし、夜逃げによって事実上その債務を免脱したとしても、刑法的には処罰し得ないと考えるのが一般的ではなかろうか。担保権侵害行為に背任罪を肯定することによって、一般的な債務不履行事案が際限なく刑法の領域に取り込まれる危険が出てくるように思われる[11]。担保権という権利の侵害は、例えば欺罔的手段・脅迫的手段を伴うのであれば、2項詐欺罪[12]や2項恐喝罪として構成することが可能であるが、そのような手段を伴わない場合は、まさに利益窃盗の範疇に入るものであって、少なくとも現行刑法の埒外にあるのではないかと思われる。

以上のように背任罪を否定する立場からは、詐欺・恐喝手段を伴わない限り、Xによる担保権侵害行為につき財産犯の成立を論じる余地がなくなりそうであるが、次の場合は別である。

[事例3]
債務者Xが、自己所有の甲建物に債権者Aのために抵当権を設定した後、Aに無断で甲建物を取り壊した。

この事例の場合、目的物が滅失する以上、抵当権は消滅してしまうことになり、その意味で **[事例1]** と類似しているが、刑法上は、建造物損壊罪（260条）の適用が考えられる点で違いが見られる。建造物損壊罪は、仮に自己所有物であっても「物権を負担」しているときは成立する旨の明示の規定（262条）が存在するから、**[事例3]** の場合には建造物損壊罪を肯定し得る[13]。

10) 平野龍一『刑法概説』（東京大学出版会、1977年）229頁、松原芳博『刑法各論』（日本評論社、2016年）341頁、山口厚『刑法各論〔第2版〕』（有斐閣、2010年）322頁。
11) 山口厚『問題探究　刑法各論』（有斐閣、1999年）200頁。
12) 欺罔手段を用いて根抵当権を放棄させた事案につき、2項詐欺罪を肯定したものとして、最決平成16・7・7刑集58巻5号309頁。
13) **[事例1][事例2]** と同様に、**[事例3]** においても背任罪を肯定する立場に立つと、建造物損壊罪と背任罪の罪数関係が問題となろう。観念的競合とする立場、法条競合として建造物損壊罪のみを成立させる立場、逆に背任罪のみを成立させる立場などが考えられる。日比・前掲注9) 243頁参照。

(ⅱ) 債権者による侵害

　抵当権の場合、債権者は、目的不動産の登記名義も持たず占有も有しないから、競売以外の方法で目的物を第三者に売却するようなことは事実上困難であり、財産犯が問題になる場面は考えにくい。仮に、競売以前の段階で債務者の不動産を侵害するようなことがあれば、抵当権の有無とは関係なく、単純に債務者の財産に対する犯罪を検討すればよい[14]。

[2] 質権

　質権とは、債権者がその債権の担保として債務者（または第三者）から受け取った物を占有し、かつ、その物について他の債権者に先立って自己の債権の弁済を受けることのできる権利をいう（民342条）。質物が債権者に引き渡されるため、債務者が質物を使い続けることが不可能となる点が、抵当権と大きく異なる。抵当権が、原則として不動産にしか設定し得ないのに対して、質権は、不動産・動産・債権を問わず幅広く設定できる利点を有する。

(ⅰ) 債務者による侵害

　一般に質物の占有は債権者にあるから、債務者がそれを処分することは困難であるが、権利質については、質権の対象となる財産権を債務者が毀損・滅失する可能性が存在する。

[事例4]
　債務者Xは、自己所有の株券に質権を設定し、債権者Aに交付した後、紛失した旨の虚偽の理由により除権判決を得て、当該株券を失効させた。

　このような事案につき、最決平成15・3・18刑集57巻3号356頁は、「株式を目的とする質権の設定者は、株券を質権者に交付した後であっても、融資金の返済があるまでは、当該株式の担保価値を保全すべき任務を負い、……この担保価値保全の任務は、他人である質権者のために負う」ことを理由に背任罪を肯定した。**[事例4]** は債権者に対抗要件を具備させた後の問題であることを重視して、背任罪を否定する考え方もあるが[15]、**[事例4]** の

---

14) もっとも、抵当直流の特約が付されている場合は別である。
15) 伊藤渉「判批」法教278号（2003年）123頁、高橋・前掲注5）397頁。

場合も、**[事例1]** から **[事例3]** と同様の担保価値維持義務の問題であると解すれば、対抗要件具備の前後によって区別する理由はないように思われる[16]。担保権侵害に背任罪を認める立場からは **[事例4]** も背任罪となろうが[17]、「他人の事務」という観点からの疑問は前述の通りである。

また、債務者側の侵害としては、債務の弁済前に、債権者の占有下にある質物を債務者が実力で取り戻す場合が考えられる。この場合は、まさに242条の適用場面となり、本権説・占有説のいずれに立とうとも、質権者からの無断の取戻しについては窃盗罪が成立することで異論はなかろう。

(ii) 債権者による侵害

質物が債権者の下に留置されていることを前提とすれば、抵当権の場合とは逆に、目的物を処分しやすいのは債権者の方である。まず、債権者が債務者の承諾なく質物を処分する場合として、責任転質（民348条）といわれる類型がある。古くは民法298条2項の準用を理由として、承諾なき転質は横領罪に当たるとされていたが、現在では民法348条は同298条の特別規定であるとして、責任転質の有効性が認められており、判例においても横領罪とならない旨が示されている[18]。問題はそれ以外の場合である。

責任転質に該当する場合を除いて、債権者には担保物を善良な管理者の注意をもって占有する義務があり、勝手な処分は許されない（民350条、民298条1項、2項）。刑法上は、債権者による質物の処分事例は、他人の物の占有者が委託の趣旨に背いてほしいままに処分したことに他ならず、横領罪が成立する。

仮に債務者の不履行が明らかになった後であっても、流質が禁止されている場合（民349条）には、勝手な処分は許されないから[19]、上記と同じく横領罪が問題となろう。もっとも、商人間（商515条）や、質屋営業の場合（質屋営業1条、19条）は流質契約が可能であり、その場合は質物によって代物弁済がなされた形になるから、その後の債権者の処分については、正当な権限に基づくものであって、横領罪を構成しない。

16) 山本輝之「判批」平成15年度重判解（2004年）172頁参照。
17) 西田・前掲注3) 257頁。
18) 大決大14・7・14刑集4巻484頁。
19) 正式な実行手続としては、民事執行法に基づき競売を行う他、裁判所への請求（民354条）などもある。

3 規範と事実のブリッジ

[1] 譲渡担保

担保権の基本として抵当権と質権をおさえたところで、次に応用編として非典型担保の場合をみていこう。非典型担保のうちで最も重要なものが、譲渡担保である。譲渡担保とは、債務者（または第三者）の有する権利（所有権等）を債権者に移転し、債務が弁済されると債務者に復帰するが、債務不履行が生じると債権者に確定的に帰属するという形式をとる担保方法をいう。次に掲げる**[事例5]**が動産譲渡担保、**[事例6]**が不動産譲渡担保の例である。

> **[事例5]**
> 　債務者Xは、債権者Aから事業資金として100万円の融資を得た。その担保として、自己の工場の機械の所有権をAに譲渡し、期限内に100万円を返済すれば、その機械の所有権は再びXに戻る約束をしたうえで、当該機械を借り受ける形で使用し続けた。
>
> **[事例6]**
> 　債務者Aは、債権者Xから1000万円の融資を受けるにあたり、その担保として甲不動産の所有権をXに移転し、その旨の登記を済ませた。Aが期限内に返済をすれば、甲不動産の所有権は再びAに戻る約束をしたうえで、甲不動産はAが使用し続けた。

そもそも、民法上規定されている担保権の他に、譲渡担保が必要とされている理由はどこにあるのだろうか。まず、**[事例5]**のように機械を担保に事業資金を得たい場合、機械は動産であるから抵当権は設定できないし、質権を設定してしまうと、その機械を使用して事業を継続することができなくなってしまう。債務者に目的動産の使用収益権を残したまま設定できる担保権が民法上存在しないために、その不備を埋める形で譲渡担保が利用される。その意味では、**[事例6]**のような不動産については、抵当権を利用すれば足り、譲渡担保である必要はないようにも思われる。しかし、抵当権の実行は、煩雑な競売手続によらねばならないのに対して、譲渡担保であれば、そ

のまま債権者に権利を帰属させるか[20]、市場で処分して債権を回収することができ、手続的にも簡便であるし、売値も競売の場合に比して高くなる。そのような利点から不動産の場合にも譲渡担保が用いられる[21]。

　このように見てみると、譲渡担保は、形式的には所有権移転の形をとっていても、その内実は、抵当権や質権の代替としての担保権に過ぎないことが分かる。その外見と中身のギャップをどのように理解するかがここでの大きな問題となる。以前は、担保目的物の所有権は完全に債権者に移転し、債務者には債権的な請求権しか残らない、という考え方もあった。しかし、そのように、目的物の所有権が設定時から債権者に完全に移転するとしてしまうと、債権者は債権担保の目的以上の過剰な利益を得ることになり不当である。そこで、現在はそのような考え方は支持を失い、債権者は被担保債権の範囲内で目的物の価値を支配する担保権を有するにとどまり、残余価値は債務者に物権的に帰属している、という理解が一般的になっている。従前の考え方を「所有権的構成」、近時のように債務者に物権の留保を認める考え方を「担保的構成」と呼び、現在は、判例・学説ともに所有権的構成から担保的構成へと移行してきている[22]。

　近時は、担保的構成を共通の前提としたうえで、その内部で、より形式を重んじるか実質を重んじるかの争いになっている。例えば、一定程度形式を尊重する立場は、債権者に制限された所有権が移転すると捉え、債務者には設定者留保権と呼ばれる物権が留保されると考えるのに対して[23]、実質を重んじる立場は、所有権はあくまでも債務者にあり、債権者は抵当権類似の制限物権を取得するに過ぎないと考える[24]。

　判例も、言葉のうえでは「譲渡担保は、債権担保のために目的物件の所有権を移転するものである」[25]と表現しているが、決して従前の所有権的構成

---

20) もっとも、この場合に、目的物の価額が被担保債権額を上回る場合には、その差額を債権者から債務者に返還すべき義務（清算義務）が生じることは、いまや判例・学説において確立した法理となっている。最判昭和46・3・25民集25巻2号208頁。
21) 本文で取り上げた個別動産、不動産の他、民法典上は担保の目的として予定されていない「集合動産」や「集合債権」についても譲渡担保の必要性は非常に高い。
22) 我妻榮ほか『我妻・有泉コンメンタール民法　総則・物権・債権〔第4版〕』（日本評論社、2016年）688頁、道垣内弘人『担保物権法〔第3版〕』（有斐閣、2008年）298頁参照。
23) 道垣内・前掲注22) 299頁、髙橋眞『担保物権法〔第2版〕』（成文堂、2010年）284頁。
24) 高木多喜男『担保物権法〔第4版〕』（有斐閣、2005年）333頁。

に立つものではなく、その所有権移転の効力は「債権担保の目的を達するのに必要な範囲内においてのみ認められる」とし[26]、さらには、担保物権の通有性である物上代位を肯定したり[27]、後順位譲渡担保権を肯定したりするなど[28]、譲渡担保権があくまで担保権であるとの認識を一層強めつつある[29]。

　以上の通り、譲渡担保は、抵当権や質権の不備を補うための「担保権」であるという位置付けを再確認したうえで、刑法的処理を考える必要があろう。
(ⅰ) 債務者による侵害
　債務者による侵害が想定されるのは、主として**[事例5]**のような動産の場合である。**[事例5]**をベースに、債務者Xが情を知らない第三者Bに工場の機械を譲渡してしまった場合を考えてみよう。基本的に、善意無過失の第三者の即時取得（民192条）によって、譲渡担保権は消失してしまう[30]。そのような場合、Xには何罪が成立し得るか。

　担保権の範囲内という制約付きとはいえ、あくまで債権者Aに所有権が移転しているという形式を重視するなら、Xにとっては「他人の物」の処分となり横領罪が肯定される。

　しかし、仮に所有権という形をとっていても、Aの有する権利の内容はあくまで担保権の範囲を超えるものではないのだから、そのような形だけの所有権が、はたして横領罪によって保護に値するだけの所有権といえるのかは疑問である。確かに、担保権侵害であっても重大な権利侵害であることに変わりはないが、それは抵当権や質権が侵害された場合と同様に考えるのが妥当であり、所有権侵害とは区別すべきであろう。そのように考えれば、Xの横領罪は否定され、（立場によってはかろうじて）背任罪の可能性が残ることになる。

　なお、上記のように、形式を重んじるか実質を重んじるかという二者択一

- 25) 最判昭和57・9・28判時1062号81頁。
- 26) 最判昭和57・9・28前掲注25）。
- 27) 最決平成11・5・17民集53巻5号863頁。
- 28) 最判平成18・7・20民集60巻6号2499頁は、後順位の譲渡担保に基づく引渡請求を否定したが、譲渡担保の重複設定自体は許容している。
- 29) 加賀山茂『債権担保法講義』（日本評論社、2011年）542頁。
- 30) それを阻止するために、債権者は、登記のできない動産について明認方法（ネームプレートを貼付するなど）を用いて公示する場合もあるが、それが対抗要件になるわけではない。

の思考方法ではなく、所有権がいわば債権者と債務者とに分属していると理解することで、債権者・債務者いずれにも所有権を認めようという見解もある[31]。その立場によれば、ここで検討している債務者の侵害の場合にも、後述の債権者の侵害の場合にも、ともに横領罪を肯定し得ることになる。しかし、債権者の形式的所有権に、担保権以上の保護を与えることについては、上記と同様の疑問が残る[32]。

(ii) 債権者による侵害

譲渡担保の場合は、弁済期の前後によって、債権者による処分の意味が大きく異なるため、場合を分けて検討しよう。

① 弁済期到来前

目的物の使用収益権が債務者に留保されていることから、債権者による目的物の侵害が想定されるのは、主として【事例6】のような不動産の場合である。不動産の場合、形式的には債権者が目的不動産の所有者として登記されていることになるから、それを利用して第三者に処分することが考えられる。【事例6】をベースに、債権者Xが情を知らない第三者Bに甲不動産を譲渡してしまった場合を考えてみよう。

弁済期到来前の債権者Xの権利は、所有権移転の形式をとった担保権に過ぎない。そのような権利に基づいて甲不動産を善意の第三者Bに譲渡してしまった場合、民法上、Bは民法94条2項の適用によって保護されることになるが[33]、一方の債務者Aは目的物のうえに有する権利を失うことになる。このようなXの行為を刑法上どのように評価するかが問題となる。

あくまでXに所有権が移転しているという形式を重視するなら、Xにとって「他人の物」の処分にはあたらないから横領罪は否定され、背任罪の可能性が残るのみである[34]。大阪高判昭和55・7・29刑月12巻7号525頁は、

---

31) 佐伯仁志「横領罪(1)」法教375号（2011年）132頁、佐伯仁志・道垣内弘人『刑法と民法の対話』（有斐閣、2001年）97頁〔佐伯仁志発言〕。

32) その点、債権者・債務者双方の所有権とも制約されたものであって、両所有権はともに刑法上の保護に値するレベルにないとして、債権者・債務者双方に横領罪の成立を否定する考え方もあり得る。浅田和茂「非典型担保と横領」『刑法の争点〔第3版〕』（有斐閣、2000年）195頁。

33) 道垣内・前掲注22）315頁。

34) 西田・前掲注3）240頁。

債務の弁済に至るまで債務者のために目的不動産を保全し、従前の状態で所有権を返還すべき任務を負うことを理由に、債権者による根抵当権設定行為等を背任罪としている。

しかし、Xの有する権利の内容はあくまで担保権に過ぎないのだから、債務者Aに所有権を肯定し、Xの無断譲渡は横領罪を構成する[35]と解すべきであろう[36]。

② 弁済期到来後

弁済期到来後は、債権者Xは第三者（背信的悪意者であるか否かを問わない）に目的物を処分することが認められており、そのような私的実行を認めた制度が譲渡担保である以上、この場合のXの処分行為を犯罪とする余地はない。

しかし、とりわけ目的物が動産の場合に、私的実行と称して、債務者の下にある目的物を債権者が勝手に引き上げてよいかが問題となる。債務者は清算金の支払がなければ引渡を拒む余地が認められているから[37]、債権者が清算金を提供せず、無断で引き上げることは、債務者の正当な権利を侵害することになる。したがって、本権説・占有説を問わず、窃盗罪の成立を肯定し得るであろう[38]。

[2] 所有権留保

所有権留保とは、代金債権の担保のために、売買代金の完済まで売主が目的物の所有権を留保する担保方法であり、売買契約の中の特約として位置付

35) 山口・前掲注10) 301頁参照。なお、大判昭和11・3・30刑集15巻396頁は、そもそも譲渡担保に関しての理解が古いものであり、必ずしも先例的意味は大きくないが、所有権が内部的には債務者に留保されていたとして、横領罪を肯定している。
36) この点、形式的な所有権の所在とは異なるところに実質的所有権者の存在を肯定することは、形式的明確性を重んじる刑法においては妥当でない、との批判も考えられよう。しかし、実質面に着目した保護を与えようとする議論は他にも見られる。例えば、委託された現金について、形式的な所有権を有する占有者（受託者）ではなく、その実質的な権利者（委託者）に所有権を肯定する理論もその一つであろう。譲渡担保の場合に、債務者の実質的な所有権を保護する理論も、決して不当なものではないと考える。
37) 最判昭和46・3・25前掲注20)。
38) 債権者の引き上げに窃盗罪を肯定したものとして、最判昭和35・4・26刑集14巻6号748頁。

けられる。典型的には、動産の割賦販売などでよく見られる[39]。従来、買主は、代金を完済するまでは条件付きの期待権（民128条、129条）を有するに過ぎないと考えられていたが、近時は、代金債権の担保目的である点を重視して、譲渡担保と類似の担保権として構成する考え方が主流となっている。すなわち、割賦販売の目的物の実質的な所有権は買主に移ったうえで、売主はその代金の担保として形式的な所有権（実質的には担保権）を取得すると考えれば、譲渡担保とほぼ同じような構造で考えられるのである[40]。債務者の債務不履行があった場合には、債権者は目的物を売却処分してその中から優先弁済を受けるか、清算金を支払って自己に帰属させるかのいずれかの方法を取ることになり、その実行方法も譲渡担保の場合と同じである。

[事例7]
　Xは、所有権留保の特約付割賦販売契約に基づいて、自動車販売業者Aから自動車を購入し引渡しを受けたが、24回払いのうち3回を支払った段階で、金融業者Bから借金をするために、当該自動車を譲渡担保に供した。

このような事案につき、最決昭和55・7・15判時972号129頁は、買主Xに横領罪を肯定した。すなわち、Xからみて当該自動車が「他人の物」に当たることを肯定したことになる。この点、刑法学説においては、形式的所有権の所在を重視して、Xに横領罪を肯定するのが多数の見解であるが[41]、より柔軟な考慮を可能とする背任罪によって処理することを提案する説も見られる[42]。

所有権留保特約付売買においては、その目的物について「自己の物」とい

---

39) 不動産については、宅建業者が売主となる宅地・建物の割賦販売に所有権留保が禁じられていること（宅建業法43条）、抵当権の設定が可能であることなどから、不動産所有権留保はほとんど用いられないといわれる。ここでも、動産を念頭に議論を進める。
40) 我妻・前掲注22) 689頁、加賀山・前掲注29) 555頁。
41) もっとも、その場合でも、代金の支払いの程度や、その他具体的な状況に応じて、可罰的違法性の欠如や、不法領得の意思の不存在などを理由に、横領罪が否定される余地を認めるのが一般的である。
42) 佐伯・前掲注31)「横領罪」132頁。

う意識が強いのは買主であって[43]、売主は単にその代金債権を確実にしたいだけである。とするならば、所有権留保も一種の担保権であると解したうえで、譲渡担保の場合と同じく、売主による侵害には横領罪ないし窃盗罪[44]を適用し、買主による処分は担保権侵害として処理すべきであろう[45]。

4 事実を処理するメソッド

　非典型担保については、あくまでも所有権の移転・留保であるという形式面を尊重する構成をとるか、担保権であるという実質面に重きを置く構成を取るかによって、自己の占有下にある物を処分した場合の横領罪の成否が決まってくる。具体的には、債権者の形式的所有権を重視すれば、債権者による処分は横領とはなり得ず、逆に債務者の処分が横領となり得る。債務者に実質的な所有権を肯定すれば、債務者による処分は横領とはなり得ず、逆に債権者の処分が横領となり得る。

　また、横領罪が成立しない（自己物の処分と評価できる）場合の担保権侵害行為に、背任罪を肯定するという立場を取る場合には、背任罪の各要件をしっかりと検討したうえで、いわゆる債務不履行事案を際限なく刑法的処罰の対象とすることがないよう、その限界づけを十分に見極める必要があろう。

---

43)　何より、目的物を占有し使用する権利を買主が有していること、目的物が滅失・損傷した場合の危険は買主が負担すること、といった事情は、買主が所有者的地位にあることの重要な論拠となろう。

44)　売主が目的物を勝手に引き上げた事案につき窃盗罪を肯定したものとして、最決平成元・7・7刑集43巻7号607頁。

45)　なお、恒光徹「所有権留保付き自動車割賦売買の刑法的保護と刑法の担保性」岡山大学法学会雑誌48巻1号（1998年）1頁以下は、所有権留保付き自動車割賦売買の実態を緻密に分析したうえで、担保的構成による理解を示しつつも、現実の所有権留保が債権担保手段としての機能を喪失しており、背任罪で保護されるべき担保権としての実体すら有しないとして、犯罪の成立を否定しており、大変興味深い。

[第23講]

私の物は家族の物？
――親族の財産をめぐる諸問題

内田幸隆

1 問題の所在

　財産をめぐって親族間でもめ事が起きるのはよくあることである。このことは、ドラマや小説の主題となり、また、その背景となることも少なくない。例えば、夏目漱石の『こころ』では、「先生」が相続した財産について、「先生」が高等学校に進学した後、「先生」の叔父が自らのために使い込んでしまったことが作中において示唆されている。(旧制) 高等学校は1894年に設置され、同年から翌年にかけて起きた日清戦争の終結後には「先生」は帝国大学に入学している。したがって、「先生」の財産が叔父に横領（？）されたのは、1880年に制定された旧刑法の施行時であったと推定されるのであるが、この出来事が1907年に制定された現行刑法の施行後のものであれば、どのように処理されるであろうか。

2 基本ツールのチェック

[1] 親族相盗例の基本構造
　刑法は、親族間で窃盗罪などが犯された場合について、いわゆる親族相盗例によって通常とは異なる処理を行っている。すなわち、244条1項によると、配偶者、直系血族または同居の親族との間でなされた窃盗、不動産侵奪については刑の免除となり、同条2項によると、それら以外の親族との間でなされた窃盗、不動産侵奪については親告罪として扱われる。なお、同条3項によると、これらの規定は、親族でない共犯については適用されない。また、同条の規定は、251条によって、詐欺罪、電子計算機使用詐欺罪、背任

罪、恐喝罪が成立する場合に準用され、255条によって、横領罪、業務上横領罪、占有離脱物横領罪が成立する場合にも準用される。親族相盗例が問題になる事例としては次のようなものが想定される。

> [事例1]
> Aの長男Xは、隣の家に住むAの姉の長男Y、さらにXとYの同級生Zと一緒に日ごろから遊んでいたが、遊ぶお金がなくなると、Xら3人はAの財布から現金を抜き出すことにした。そこで、Aが犬と散歩に出かけているすきに、YとZが見張り役を務める中、Xは自宅に置かれていたAの財布から5千円札1枚を抜き出すと、Xら3人はそのお金をカラオケに使った。

親族の範囲は民法725条によって定まる。同条によると、6親等内の血族、配偶者、3親等内の姻族が親族と規定されている。したがって、Aにとって、Xは1親等の直系血族（同居の親族にも当たる）、Yは3親等の傍系血族であり、両者は親族となるが、Zは親族ではない。そこで、この事例において、Xら3人は、Aに対する関係において窃盗罪（235条）の共犯に問われることになるが、Xには244条1項が適用されて、仮に起訴されても刑の免除となる。他方で、親族であっても同項所定の親族には当たらないYには同条2項が適用されて、告訴がない限りは起訴されることはない。X、Yと共犯関係にあるZには同条3項が適用され、刑の免除、親告罪といった有利な取扱いを受けることはない。また、冒頭で紹介した『こころ』の「先生」の叔父は、「先生」が東京に出ている間に「先生」の財産を「胡魔化した」とあるので、横領罪の成立が疑われるが、現行刑法によれば255条によって244条が準用され、親告罪として処理されることになろう[1]。

[2] 刑の免除、親告罪となる根拠

窃盗犯人などと被害者が親族関係にある場合に、なぜ通常とは異なる処理になるのであろうか。判例は、親族相盗例の法的性格、特に刑の免除が認められる根拠について、「244条1項は、親族間の一定の財産犯罪については、国家が刑罰権の行使を差し控え、親族間の自律にゆだねる方が望ましいという政策的な考慮に基づき、その犯人の処罰につき特例を設けたにすぎず、そ

の犯罪の成立を否定したものではない」と述べており（最決平成20・2・18刑集62巻2号37頁）、「法は家庭に入らず」という政策説に基づくものと理解されている[2]。すなわち、犯罪の成立（有罪）は認めるが、一身的処罰阻却事由として244条1項を理解していることになる。しかし、なぜ財産上の紛争について親族間の自律に委ねる方が望ましいのかについて理由は明らかではない。具体的にみても、同条1項が適用される局面では、被害者が法による介入を望んでいる場合にも必然的に刑の免除になること、また、同条2項が適用される局面では、被害者の告訴があれば法が家庭に介入し得ることの実質的根拠が問題になる。

　ところで、刑法による介入、つまり刑罰権の行使には、犯罪の抑止という展望的な側面の他に、紛争の事後的な処理という回顧的な側面もある。この回顧的な側面に着目すると、刑罰権の行使に代えて、より穏当な紛争の解決手段があれば、まずそちらを優先させるべきことになろう。そこで親族間の財産上の紛争をみてみると、その利益侵害性の程度は他の利益に対する侵害と比較して高くはない場合が多いことから、まずは親族間の自律性により解決を図る方がより穏当な紛争の処理に至ると想定される。また、刑法による介入により、家族の生活基盤が破壊されることもひとまずは回避することができる[3]。他方で、被害額が少なくない場合など、親族間の自律性による解

---

1) ただし、「先生」は叔父を相手取って公け沙汰にすることはしなかった。ところで、旧刑法も親族相盗例の原型となる規定を有しており、窃盗罪については、旧刑法377条1項において「祖父母父母夫妻子孫及ヒ其配偶者又ハ同居ノ兄弟姉妹互ニ其財物ヲ窃取シタル者ハ窃盗ヲ以テ論スルノ限ニ在ラス」と規定されていた。同様の規定は、遺失物埋蔵物に関する罪について設けられており（旧刑法387条）、また、詐欺取財の罪、受寄財物に関する罪についても設けられていた（旧刑法398条）。したがって、「先生」の叔父の行為については、旧刑法による場合、叔父は「祖父母父母夫妻子孫及ヒ其配偶者又ハ同居ノ兄弟姉妹」に当たらないために、旧刑法398条が適用されることはなく、通常の処理に委ねられると思われる。なお、『こころ』の参照は、1984年改版の新潮文庫によった。

2) 支持する学説として、山口厚『刑法各論〔第2版〕』（有斐閣、2010年）210頁、伊東研祐『刑法講義各論』（日本評論社、2011年）160頁、大谷實『刑法講義各論〔新版第4版補訂版〕』（成文堂、2015年）221頁以下、前田雅英『刑法各論講義〔第6版〕』（東京大学出版会、2015年）181頁、井田良『講義刑法学・各論』（有斐閣、2016年）222頁など。なお、高橋則夫『刑法各論〔第2版〕』（成文堂、2014年）252頁は、（本文で後述する）違法・責任減少を考慮した上で政策説を支持している。

3) 今井猛嘉ほか『刑法各論〔第2版〕』（有斐閣、2013年）164頁参照〔小林憲太郎〕。

決が望めない局面では、被害者側の訴えに基づき刑法による介入を図る方が適切であろう。このような刑論的な観点から、親族相盗例において親告罪として処理することの根拠が導き出されるのではないかと思われる[4]。しかし、このような根拠だけでは、244条1項において刑の免除となることを十分に説明することはできず、さらに犯罪論的な観点が必要になろう。

そこで、形式的にみると、「刑の免除」は有罪判決の一種であるとされる（刑事訴訟法333条、334条、335条）。したがって、犯罪論的な観点を取り入れたとしても、244条1項所定の親族関係がある場合に、違法阻却ないしは責任阻却を認めて犯罪が不成立になると解することはできない。すなわち、せいぜい違法減少ないしは責任減少という点から処罰阻却に至ると理解するべきであろう。まず、違法減少に着目する見解によると、近しい親族間では、財産の所有、占有が誰に帰属するのか明確に区別されておらず、また、財産が合同的に所有、占有されていることから、親族による財産侵害について違法性が低いとされる[5]。これに対して、責任減少に着目する見解によると、近しい親族間では、その特有の誘惑的状況があるために、盗むなと期待することが困難であり、類型的に非難可能性が低いとされる[6]。244条3項が親族関係の一身的効果を規定していることすると、連帯的に作用する違法減少の観点から同条1項を基礎づけることは困難であろう。また、現在では、財産が家族全体に共有されている場合が多いとはいえないと思われるし、侵害された財産が実際にある親族の1人に個別に帰属していたとしても、同条1項を適用すべきであることからすると、同条1項は責任減少説によって基礎づけることが妥当である。

さて、同条1項を責任減少によって基礎づけ、同条2項を刑罰論的な観点によって基礎づけるにしても、この両規定による処理には事実上の不均衡が

---

4) 内田幸隆「現代社会における刑罰の限界」法律論叢83巻2＝3号（2011年）18頁。他方で、刑罰論において犯罪の抑止という側面を強調すると、親族間において財産犯が成立する場合に刑法による介入を控えるべきという根拠は見出し難い。

5) 平野龍一『刑法概説』（東京大学出版会、1977年）207頁、中森喜彦『刑法各論〔第4版〕』（有斐閣、2015年）118頁。

6) 林幹人『刑法各論〔第2版〕』（東京大学出版会、2007年）203頁、西田典之『刑法各論〔第6版〕』（弘文堂、2012年）164頁以下、曽根威彦『刑法各論〔第5版〕』（弘文堂、2012年）126頁、松原芳博『刑法各論』（日本評論社、2016年）224頁以下。

存在する。例えば、次のような場合において問題になる。

> **[事例2]**
> Aの長男Xは、遊ぶ金欲しさにAの財布から現金を抜き出し、そのことを隣の家に住むAの姉の長男Yに自慢した。Yは、Xの家に遊びにいった際に、Xのその自慢話を思い出し、自分もAの財布から現金を抜き出して遊興費に当てた。後日、Aは、XとYが自分の財布から現金を抜き出したのではないかと疑ったが、外聞が悪いので自ら警察に通報することなどはしなかった。

この事例において、Yの窃取行為は、同条2項により、Aの告訴がない限り、事実上、不問に付されるのに対して、Xの窃取行為は、同条1項により、Aの告訴の有無にかかわらず、起訴されて有罪判決を受けるおそれがある。このような、より近しい親族が不利益となる不均衡について、学説は、同条1項の適用の際にも、「勿論解釈」によって同条2項との関係から親告罪として扱うべきとの指摘がある[7]。あるいは、同条1項について実質的に犯罪の成立を認めない効果を持たせることにより、前述の不均衡を解消しようとする指摘もある[8]。しかし、これらの見解をとり得ないとすると、同条1項については、必然的に刑の免除になるのであるから、実務上は不起訴になるのであって、このような処理で十分であるとも思われる。ただ、立法論的には、親族関係において処理の違いを設けず、すべて親告罪として処理すること、また、刑の免除も任意的なものに止めることも検討するべきであろう。

[3] 親族関係を必要とする範囲
244条の適用・準用に際して、行為者と被害者が二者関係である場合には、この両者の間において親族関係の有無を検討すれば足りる。これに対して、財物の所有者と占有者が異なるなど、被害に関係する者が複数人いる場合に、行為者と誰との間に親族関係を必要とするのかが問題となる。例えば、窃盗

---

[7] 山口・前掲注2) 208頁、伊東・前掲注2) 159頁、高橋・前掲注2) 255頁。
[8] 松原・前掲注6) 225頁は、244条1項について可罰的責任阻却事由を定めたものと理解する。また、中森・前掲注5) 120頁は、起訴されたとしても、公訴棄却(刑事訴訟法339条1項2号)の扱いを認めれば足りるという。

罪の事例について、次のような場合を検討する必要がある。

> [事例3]
> 　Aは自らが所有する現金100万円の保管をBに依頼し、Bはこれを受けて自らの金庫に当該現金を保管していた。ところが、Bの長男Xは、このことを聞きつけると、Bの金庫を開け、当該現金を奪って遊興費に当てた。なお、Xは、Aと面識があったが、XとAとの間に親族関係はなかった。

　この事例においてXは、当該現金を奪取することによって、Bの占有を侵害するとともに、Aの所有権も侵害する行為をなしている。Xの当該行為については窃盗罪が成立すると思われるが、244条1項を適用することができるであろうか。判例は、「窃盗犯人が所有者以外の者の占有する財物を窃取した場合において、刑法244条1項が適用されるためには、同条1項所定の親族関係は、窃盗犯人と財物の占有者との間のみならず、所有者との間にも存することを要するものと解するのが相当である」と述べている（最決平成6・7・19刑集48巻5号190頁）。この判例は、行為者と占有者との間に、同居していない6親等の血族関係があった事例を扱っており、244条を適用して親告罪として処理するべきかが争われたのであるが[9]、行為者と所有者との間、行為者と占有者との間といった双方に親族関係が必要であると解している。おそらく判例は、[事例3]のように、同条を適用して刑の免除として処理するべきかが問題になる場合についても同様に扱うであろう。すなわち、判例によると、[事例3]について、Xは占有者であるBとの関係で直系血族に当たるが、所有者であるAとの関係では親族に当たらないので、244条の適用はないということになる。
　学説には、「法は家庭に入らず」という政策説を前提として、第三者を家庭内の財産上の紛争に巻き込んだ場合には、刑の免除という効果を認めるべきでないとして、判例の結論を支持するものがある[10]。これに対して、窃盗

---

[9]　なお、当時の条文は、現行の条文の改正前のものであり、244条1項前段において、近しい親族関係がある場合に刑の免除となる旨が規定され、同項後段において、その他の親族関係がある場合に親告罪となる旨が規定されていた。

罪における被害者は、その保護法益を前提に決定されるべきだとしても、判例の結論を支持するべきであろう。本権説の立場にあっても、占有は本権を保護するために副次的に保護されるべきであるし[11]、占有説の立場にあっても、占有自体を保護する背景には本権の保護が想定されているからである[12]。

次に、横領罪の成否が問題になる場合に、行為者と誰との間に親族関係があれば、255条によって244条の準用を認めることができるであろうか。行為者と財物の所有者との間に親族関係が必要になることは確かであると思われるが、財物の所有者と財物の委託者が分離している場合が問題となる。例えば、次のような事例が想定される。

[事例4]
資産家Aよりその財産の管理・運用を委ねられていたBは、その財産を使って、値上がり確実と見込んだ貴金属を貴金属販売・保管業者であるXより購入し、その貴金属の保管をXに委託した。ところがXは、販売業の資金繰りが悪化すると、A所有にかかわる当該貴金属をCに売却して運転資金に当てた。なお、Xは、Aと同居はしていないものの、Aの弟の長男に当たる親族であった。他方で、XとBとの間に親族関係はなかった。

この事例でXは、業務上横領罪（253条）に問われると思われるが、Xと財物の所有者Aとの間には親族関係があるが、Xと財物の委託者Bとの間には親族関係がない。かつて判例は、行為者がその親族である委託者より預かった物を横領したのではあるが、その物の所有者と行為者の間に親族関係が

10) 伊東・前掲注2) 162頁、高橋・前掲注2) 254頁、大谷・前掲注2) 223頁、前田・前掲注2) 182頁以下。
11) 曽根・前掲注6) 126頁。
12) 井田・前掲注2) 224頁は、占有者および所有者のいずれもが窃盗罪の被害者である旨を指摘する。さらに、前記最高裁平成6年決定の原審である、福岡高判平成6・2・3刑集48巻5号197頁参照。なお、かつての判例には、244条の趣旨について、窃盗罪の直接被害者である占有者と行為者との関係について規定したものであって、所有者と行為者との関係について規定したものではないと判示するものがあるが（最判昭和24・5・21刑集3巻6号858頁）、このような結論は、占有それ自体のみが窃盗罪の保護法益であるとの見解を前提とするようにみえる。

なかった場合について、244条の準用・適用を否定した（大判昭和6・11・17刑集10巻604頁）。この判例については、行為者と所有者との間に親族関係があってはじめて244条の準用・適用を認めるものと理解することができる。他方で、この判例は、行為者と委託者との間にも親族関係を要するのかという点については明示的に検討しているわけではない。いずれにせよ、横領罪の場合において問題となるのは、行為者と所有者との間に親族関係があるだけでなく、行為者と委託者との間に親族関係があってはじめて244条の準用・適用を認めるべきなのかということである。

「法は家庭に入らず」という政策説の観点からは、前述のように、第三者を家庭内の財産上の紛争に巻き込んだ場合には、244条の準用・適用を認める前提を欠くことになり、行為者と所有者および委託者相互の間に親族関係を必要とすることになろう[13]。また、保護法益論的な観点からも、横領罪においては所有権だけでなく、副次的に委託信任関係も保護されているのであれば、行為者と所有者との間だけでなく、委託者との間においても親族関係が必要になる[14]。これに対して、財物の所有者以外の委託者には、委託後は財物について刑法上保護すべき財産的な利益が存在しないとして、行為者と所有者との間に親族関係があれば、244条の準用・適用を認めるに足りるとの指摘がある[15]。しかし、所有者でない委託者であっても、所有者に代わって、当該財物を間接的に管理・支配しているといえるのであるから、委託者も横領罪において保護されるべき地位にあると思われる[16]。したがって、244条の準用・適用を認めるためには、行為者と所有者の間だけでなく、委託者との間においても親族関係が必要なのであり、**[事例4]** では、行為者

---

13) 井田・前掲注2）315頁。また、本文のような趣旨を判示した下級審の裁判例として、秋田地判平成18・10・25判タ1236号342頁、その控訴審判決である仙台高秋田支判平成19・2・8判タ1236号104号、また、福島地判平成18・10・25刑集62巻2号63頁がある。なお、前記福島地裁平成18年判決は、後述する最決平成20・2・18刑集62巻2号37頁の第一審判決にあたる。

14) 山口・前掲注2）290頁、西田・前掲注6）230頁、曽根・前掲注6）179頁、今井猛嘉ほか『刑法各論〔第2版〕』（有斐閣、2013年）223頁〔島田聡一郎〕。

15) 堀内捷三「判批」法教325号（2007年）15頁。さらに、松宮孝明『刑法各論講義〔第4版〕』（成文堂、2016年）293頁参照。

16) 内田・前掲注4）22頁。さらに、山口厚『新判例から見た刑法〔第3版〕』（有斐閣、2015年）323頁参照。

と委託者との間に親族関係がない以上、244条の準用・適用は否定されるべきである。

3 規範と事実のブリッジ

[1] 内縁の配偶者と親族相盗例の適用

前述したように、親族の範囲は民法725条によって定まるが、配偶者としての実質がありながら、「内縁」関係にとどまっている者についても、親族相盗例の（類推）適用を認めるかが問題になる。例えば、次の事例を検討してみたい。

[事例 5]
　Xは、約4ヶ月の間に、同居していたAの金庫を開け、前後7回にわたってAが所有する現金合計725万円を持ち去った。当該行為当時、XとAは既に離婚していたものの、Aは、ホームレスになってしまったXを哀れに思って、自宅に住まわせていた。

この事例において、Xには窃盗罪の成立が認められるが、Xは、被害者であるAと内縁関係にあり、244条1項の規定は内縁の配偶者についても適用されると主張することができるであろうか。判例は、「刑法244条1項は、刑の必要的免除を定めるものであって、免除を受ける者の範囲は明確に定める必要があることなどからして、内縁の配偶者に適用又は類推適用されることはないと解するのが相当である」と判示している（最決平成18・8・30刑集60巻6号479頁）。この判例の趣旨は、どのような基準によって内縁関係を認めるのかという実質的な判断を避け、同項が規定する「配偶者」を法律上のそれに形式的に限定することによって、刑事罰に関する法的安定性を維持することにした点にある[17]。しかし、そのような形式的な観点だけでは、同項が規定する「配偶者」には内縁関係のそれが含まれるのではないかという実質的な解釈を否定することはできない。というのも、そのような解釈は行為者にとって有利なものになり得るからである。むしろ、「法は家庭に入

---

17) 芦澤政治「判解」最判解刑事篇平成18年度（法曹会、2009年）341頁参照。

らず」という政策的な観点からみて、実質的に家庭内の関係といえる内縁関係については、家庭の自律性に基づき処理することが適当ともいえる[18]。あるいは、犯罪論的な観点からみても、違法減少、責任減少の事実的前提が認められるような内縁関係については、同項の（類推）適用が認められるともいえよう[19]。したがって、**[事例5]** については、同項の規定が内縁の配偶者についても（類推）適用されることを認めつつ、XとAとの間に夫婦類似の生活共同体が形成されていたのかを改めて検討すれば足りると思われる[20]。

[2] 親族関係の錯誤

　行為者と被害者との間に親族関係がないにもかかわらず、それがあると誤信して窃取行為にでた場合、このような親族関係の錯誤をどのように処理するべきであろうか。例えば、次の場合に問題になる。

> **[事例6]**
> 　Xは、A方の押入れから衣類数点を持ち去ったところ、その衣類はAの所有物であると認識していた。しかし、実際は、その衣類はAが預かったBの所有物であった。なお、Aは、Xにとって母の再婚相手（1親等の姻族）であり、当時、XはAと同居していたが、XとBとの間に親族関係はなかった。

　この事例においても、Xには窃盗罪の成立が認められるが、AはXにとって「同居の親族」にあたる。しかし、244条1項を適用するためには、前述のように、行為者と所有者との間に親族関係が必要になることから、この事例では同項の適用は認められないようにみえる。また、Xは、行為者と所有者との間に親族関係があると誤信しているが、同項について政策的な観点から処罰阻却事由にすぎないと解すると、そのような錯誤は犯罪論上の意味を持たず、通常の窃盗罪としての故意を阻却しないことになるはずである[21]。

---

18) 大谷・前掲注2) 222頁参照。
19) 松原・前掲注6) 226頁参照。
20) 内海朋子「判批」刑ジャ7号（2007年）78頁は、このような考え方によりつつ、結論的に事実婚といえるだけの関係が認められないとして、同項の類推適用を否定する。
21) 大谷・前掲注2) 225頁以下、井田・前掲注2) 224頁。

これに対して、下級審の裁判例には、**[事例6]** について、「刑法第38条第2項により重い普通窃盗としてこれを処断すべきではなく、畢竟親族相盗の例に準じて処断するのを相当とする」としたものがある（福岡高判昭和25・10・17高刑集3巻3号487頁）。学説の中にも、一身的刑罰阻却事由の誤信について責任主義の趣旨を及ぼし、その錯誤について過失もない場合には刑が免除されるとの指摘がある[22]。しかし、重い罪の認識がない場合にその重い罪によって処断することができないとする38条2項の趣旨に照らして責任主義が問題になるのであれば、重い通常の窃盗罪の場合と軽い親族相盗例が適用される場合との間には、犯罪論的な観点から何らかの差異があるというべきであろう[23]。したがって、244条1項の「刑の免除」という効果について、違法減少ないしは責任減少から基礎づける立場からすると、その前提事実に錯誤がある以上、通常の窃盗罪の故意もしくは責任がないとして、親族相盗例の限度で責任を問うべきことになる[24]。すると、**[事例6]** におけるXには「刑の免除」が認められよう。

さて、**[事例6]** とは異なり、行為者と所有者、占有者との間に244条1項所定の親族関係がありながら、行為者がその点を認識していない場合も問題となる。政策的な観点からみると、行為者の認識にかかわらず、同項によって刑の免除を認めることになろう。これに対して、犯罪論的な観点からみると、違法減少ないしは責任減少を基礎づける事実の認識がない以上、通常の窃盗罪の責任を認めるべきであるようにも考えられる。しかし、同項が行為者の個別具体的な事情を考慮しているのでなく、同項所定の親族関係があることによって類型的に違法減少ないしは責任減少を認めているとするのであれば、その親族関係の存在について認識のない行為者についても同項によって刑の免除を認めるべきであろう[25]。同項所定の親族関係の錯誤について

---

22) 松宮・前掲注15) 222頁。他方で、前記福岡高裁昭和25年判決の趣旨を支持するものとして、前田・前掲注2) 182頁参照。
23) 曽根・前掲注6) 126頁。
24) 違法減少の観点によるものとして、中森・前掲注5) 119頁。責任減少の観点によるものとして、林・前掲注6) 204頁、西田・前掲注6) 166頁、曽根・前掲注6) 126頁、松原・前掲注6) 229頁以下。なお、同項につき、可罰的責任の減少に基づく刑罰阻却を認める見解は、錯誤に陥ったことが無理もないといえる場合に、親族相盗例に準じて刑の免除を認めている（山中敬一『刑法各論〔第3版〕』（成文堂、2015年）302頁）。
25) 松原・前掲注6) 230頁参照。

は、以上のように理解することができるが、244条2項所定の親族関係の錯誤については処理が異なるように思われる。なぜならば、親告罪を規定する同項については、前述のように、犯罪論的な観点というよりも、政策的な観点ないしは刑罰論的な観点から、親族間の自律的な紛争の解決が問題になっているからである。したがって、同項所定の親族関係に対する認識の有無にかかわらず、当該親族関係がある場合には同項の適用を認めるべきであるし、当該親族関係がないにもかかわらず、それがあると行為者が誤信したとしても、親告罪として処理する必要はないと思われる[26]。

[3] 後見人が親族である場合

 昨今、後見制度が活用されるにしたがい、後見人が被後見人の財産を勝手に使い込む事例が社会問題化している。そのような事例について、刑法上は（業務上）横領罪の成否を検討すれば足りるが、横領を行った後見人が被後見人の親族である場合に、親族相盗例を準用・適用することは適当であろうか。具体的には、次の事例が問題となった。

[事例7]
　Xは、家庭裁判所より選任されて、未成年者Aの後見人となり、Aの預貯金の保管等の業務に従事していたが、Y及びZと共謀して、当該預貯金の口座から現金を引き出し、これを生活費などに当てた。なお、Xは、Aの母の母、つまり祖母であり、Yは、Aの母の兄、つまり伯父であり、ZはYの妻であったが、YとZはAと同居していなかった。

 この事例において、Xら3人には（業務上）横領罪の共犯の成立が認められるが、Xには、255条に基づいて準用される244条1項によって刑の免除が認められ、YとZには、同じく準用される244条2項によって親告罪としての取扱いが認められるようにみえる。しかし、判例は、前述したように、同条1項の趣旨について、親族間の自律的な紛争の解決が望ましいという政策的な考慮に基づくものと指摘しつつ、「民法上、未成年後見人は、未成年被後見人と親族関係にあるか否かの区別なく、等しく未成年被後見人のため

---

26) 西田・前掲注6) 166頁参照。

にその財産を誠実に管理すべき法律上の義務を負っていること」からすると、「未成年後見人の後見の事務は公的性格を有するものであって、家庭裁判所から選任された未成年後見人が、業務上占有する未成年被後見人所有の財物を横領した場合に、上記のような趣旨で定められた刑法244条1項を準用して刑法上の処罰を免れるものと解する余地はない」と指摘した（前記最高裁平成20年決定）。また、判例は、家庭裁判所により選任された未成年後見人（民法840条）だけでなく、同じく家庭裁判所により選任された成年後見人（民法843条）による横領の事例についても、その後見の事務に公的性格があることを理由に、244条1項を準用して刑の免除をなすことを否定している（最決平成24・10・9刑集66巻10号981頁）。判例がこのような理論構成をとって親族相盗例の準用・適用を排除したのは、結論の妥当性を求めたからだけでなく、家庭裁判所が被後見人の財産に関して独自の財産的な利益を持っていない点や、家庭裁判所が後見人に対する関係において委託者とみることが困難である点から、「後見人と家庭裁判所の関係」に着目して親族相盗例の準用・適用を排除することが困難であると考えたからであろう[27]。すなわち、親族相盗例の準用・適用を認めるためには、行為者と所有者との間だけでなく、委託者との間にも親族関係が必要であるとの前提に立って、家庭裁判所が委託者としての地位にあるといえるのであれば、**[事例7]** についてXらに対して親族相盗例の準用・適用を否定することができるが、判例はそのような理論構成によることなく事例の解決を図ったといえる。

　学説には、判例と同様に、「後見事務の公的性格」に着目する理論構成を支持しているものもあるが[28]、判例の理論構成に問題がないとはいえない。まず244条の文言をみても、親族が家庭裁判所によって選任された後見人である場合に、親族相盗例の準用・適用が排除されていると読み取ることができず、罪刑法定主義の観点から疑問が生じる。また、**[事例7]** のように、選任後見人である親族とそうではない親族が共同して横領を行った場合に、

---

27) 家令和典「判解」最判解刑事篇平成20年度（法曹会、2012年）42頁以下、石田寿一「判解」最判解刑事篇平成24年度（法曹会、2015年）405頁以下参照。
28) 奥村正雄「判批」同法341号（2010年）222頁以下、平山幹子「判批」松原芳博編『刑法の判例 各論』（成文堂、2011年）204頁、松澤伸「判批」論究ジュリ2号（2012年）266頁、林陽一「判批」刑法判例百選Ⅱ各論〔第7版〕（2014年）73頁、前田雅英『最新重要判例250刑法〔第11版〕』（弘文堂、2017年）171頁、山口・前掲注16) 322頁など。

前者に対する親族相盗例の準用・適用の排除効果が後者にも及ぶのかという問題もある。下級審の裁判例には、成年後見人以外の親族が、成年後見人の横領行為に加担した場合、成年後見人の法律上の義務違反行為に加担していることに帰するのであるから、成年後見人と同じく、家庭間の自律に委ねる趣旨の244条が準用される余地はないと判示したものがある（東京高判平成25・10・18LEX/DB25505995）。しかし、義務違反行為に加担することによって、その義務のない親族に共犯の成立を認めることができるとしても、そもそも公的性格を有する後見人の地位にはない親族にも親族相盗例の準用・適用が排除されるとは直ちにいえない。また、後見事務の公的性格に着目する前記最高裁平成20年決定の趣旨は、指定未成年後見人（民法839条）の場合にも及ぶと考えられるが、「任意後見契約に関する法律」に基づく任意後見人の場合や、親権者（民法818条）の場合にも及ぶかは議論の余地がある。親権者は、法に基づき子の財産の管理をなし（民法824条）、場合によっては家庭裁判所が親権喪失・停止、管理権喪失の審判を行い（民法834条、834条の2、835条）、また、家庭裁判所の許可があってはじめて親権または管理権を辞することができること（民法837条）からすると、親権の行使にも「公的性格」があることは否定しがたい。しかし、この点から親権者が子の財産を窃取、横領した場合に親族相盗例の準用・適用を排除することは、親族相盗例の趣旨を覆すことになって疑問が生じる[29]。

　以上のような、「後見事務の公的性格」に着目する理論構成において生じる疑問を解決するためには、改めて「後見人と家庭裁判所の関係」に着目する理論構成に立ち返ることも検討するべきであろう。すなわち、後見人の下にある自己の財産に「間接的な支配」を及ぼすことのできない被後見人に代わって、家庭裁判所は当該財産に「間接的な支配」を及ぼしている。この点では委託者と家庭裁判所の役割において違いはない。それゆえ、親族である選任後見人による横領は、選任後見人ではない親族と共同していた場合も含めて、親族関係にない第三者である家庭裁判所の「間接的な支配」を侵害することにもなるのであるから、親族相盗例の準用を認める要件を満たしてい

---

[29] 以上につき、詳しくは、松原・前掲注6）228頁参照。また、特に罪刑法定主義の観点から疑問を提起するものとして、松宮孝明「判批」法セミ647号（2008年）128頁、川口浩一「判批」平成20年度重判解（2009年）193頁、岡上雅美「判批」判セレ2013［Ⅰ］（2014年）36頁。

ないとみるべきなのである[30]。この見地から、**[事例7]** において、Xら3人には244条1項、2項の準用・適用を否定することが妥当と思われる。

4 事実を処理するメソッド

　親族相盗例において、刑の免除、親告罪が認められる根拠につき、「法は家庭に入らず」という政策的な観点だけで説明するのは不十分である。財産上の紛争については、親族間の自律性による解決を図るのがより適当であるとする刑罰論的な観点から親告罪としての扱いを根拠づけ、さらに、刑の免除については、違法減少ないしは責任減少という犯罪論的な観点から基礎づけることを検討するべきである。犯罪論的な観点からは、244条1項が規定する「配偶者」について、違法減少ないしは責任減少を基礎づける生活関係にある「内縁の配偶者」も含むと解釈する、あるいはそのような生活関係のある「内縁の配偶者」に対して244条1項を類推適用することによって、「刑の免除」を認めることになろう。また、同項所定の親族関係がないのにあると誤信した場合でも、違法減少ないしは責任減少を基礎づける事実について誤信があるのであれば、通常の窃盗罪の故意ないしは責任を認めることができず、親族相盗例が適用される限度において責任を問うべきことになる。逆に、同項所定の親族関係があるのに、これを認識していない場合には、同項が行為者の個別具体的な事情を考慮して刑の免除を基礎づけているのでなく、同項所定の親族関係があることによって類型的に違法減少ないしは責任減少を認めた上で刑の免除を基礎づけているとして、このような場合においても刑の免除を認めるべきである。他方で、同条2項所定の親族関係の有無について錯誤があっても、そのような錯誤は考慮しなくてもよいと思われる。親告罪を規定する同項については、犯罪論的な観点というよりも、政策的な観点ないしは刑罰論的な観点から、その行為後における、親族間の自律的な紛争の解決が問題になっているからである。

　さて、親族相盗例の適用を認める要件として、窃盗罪が問題になる場合は、行為者と所有者との間に親族関係があるだけでなく、行為者と占有者との間にも親族関係があることが必要となる。このことは、「法は家庭に入らず」

---

30) 内田幸隆「判批」判評607号（2009年）30頁、同「判批」平成24年度重判解（2013年）162頁。さらに、高橋・前掲注2) 392頁注(78)参照。

という政策的な観点から、親族以外の第三者を家庭内の紛争に巻き込む場合には親族相盗例の適用が排除されるべきであるからと説明されている。しかし、いかなる範囲で第三者を巻き込むことが問題になるのかを明らかにするためには、保護法益論的な観点から窃盗罪において誰が被害者になるのかを検討する必要があろう。この観点からは、窃盗罪では、本権と占有の双方が保護されているとして、所有者だけでなく占有者も被害者に位置づけられることになる。他方で、横領罪が問題になる場合には、行為者と所有者との間に親族関係があるだけでなく、行為者と委託者との間にも親族関係があることが必要になると思われる。このことは、横領罪において、所有権だけでなく、副次的に委託信任関係も保護されていると解することによって基礎づけられるであろう。親族関係を必要とする範囲の問題に関連して、家庭裁判所によって選任された後見人が被後見人の財産を横領したが、そのような後見人が被後見人の親族である場合が問題となる。横領された財物につき、家庭裁判所は独自の財産的な利益を有しておらず、また、家庭裁判所は委託者としての地位もないと解するのであれば、家庭裁判所による介入がある場合であっても親族相盗例の準用・適用を排除することは困難となる。これに対して、「後見事務の公的性格」に着目することによって、選任後見人である親族に対して親族相盗例の準用・適用を否定することが可能となる。しかし、このような理論構成は罪刑法定主義に反するおそれがあること、共犯関係にある選任後見人でない親族についても親族相盗例の準用・適用が否定されるべきか明らかでないこと、「後見事務の公的性格」に着目する趣旨を敷衍すると、親権者による子の財産の窃盗、横領についても親族相盗例の準用・適用が否定されるおそれがあることが指摘されている。そこで、むしろ「後見人と家庭裁判所の関係」に着目する立場に立ち返り、家庭裁判所は被後見人に代わって、後見人の下にある財産に対して「間接的な支配」を及ぼしていることに根拠に、選任後見人はこの「間接的な支配」をも侵害しているとして、そもそも親族相盗例の準用・適用を認める要件を満たしていないとみるべきであろう。

[第24講]

「どのみち支払う金」は被害金か
―― 権利行使、被害の範囲をめぐる諸問題

杉本一敏

1 問題の所在

　金銭債権を有している者が、その債権の行使を意図して、または債権の行使を単なる口実に使って、債務者に対し恐喝や欺罔という行為に出た。そして、それによって畏怖や錯誤の心理状態に陥った債務者が、債権者に金銭を交付したとする。この場合に、債権者には、恐喝罪や詐欺罪が成立するだろうか。債権を有する行為者側としては、これは正当な権利（債権）の行使である、債務者側は民法上その金銭債務を履行しなければならない（どのみち金銭の交付を拒否できない）立場にあるのだから、債務者から金銭の交付を受けたからといって刑法上の財産犯に問われるいわれはない、と主張するだろう。このような行為者の主張は認められるだろうか。そして認められるとすれば、その根拠および範囲はどのようなものになるか。

　この問題は、従来「権利行使と恐喝罪・詐欺罪」という名前で呼ばれてきた古典的論点であり[1]、この論点をめぐっては、大審院時代から現在に至るまでの判例の蓄積と変遷がある。更に最近でも、この議論は、特に詐欺罪において「被害金額はいくらか」（詐欺罪が成立する範囲）という問題に場を移

---

1) このほか、他者が占有している「自己の所有物」を恐喝・欺罔手段を用いてその他者から奪い返した、という場合も、行為者は自分の行為が「権利行使」（例えば「所有権に基づく物権的請求権」や「不当利得返還請求権」の実現）であると主張する余地がある。しかしこの場合は、刑法251条（刑法242条）の適用・解釈（いわゆる本権説と占有説をめぐる対立）の問題に帰するので、今回の検討対象とはしない。また、金銭債権者が債務者から金銭を窃取・強取したという場合（「権利行使と窃盗罪・強盗罪」）も今回の検討対象からは除外する。

して再燃しているようである。今回は、これらの古くて新しい問題について議論状況を確認し、検討を加えることにしたい。

2　基本ツールのチェック

[1] 昭和 30 年判決
　この問題に関して、現在の裁判実務の「判断枠組み」を作ったのが、下の**[事例 1]** に関する最判昭和 30・10・14 刑集 9 巻 11 号 2173 頁（以下、昭和 30 年判決）である。

> **[事例 1]**
> 　X は、A と創立した会社を退社する際、自分は会社に 18 万円出資したと主張し、A から同額の支払いを受けることになった。しかし、A が 15 万円だけ支払って残額を支払わないので、X は知人 3 人と連れだって、要求に応じないときは身体に危害を加えるような態度を示して A を畏怖させ、A から 6 万円の交付を受けた。

　この事案について、最高裁は次のような判断を示した。これが今回の「基本ツール」である。

> 「他人に対して権利を有する者が、その権利を実行することは、その権利の範囲内であり且つその方法が社会通念上一般に忍容すべきものと認められる程度を超えない限り、何等違法の問題を生じないけれども、右の範囲程度を逸脱するときは違法となり、恐喝罪の成立することがあるものと解するを相当とする」。そして、X らは「身体に危害を加えるような態度を示し」A を畏怖させたのだから、これは「権利行使の手段として社会通念上、一般に忍容すべきものと認められる程度を逸脱した手段」に他ならず、「従って、原判決が右の手段により A をして金六万円を交付せしめた X 等の行為に対し、債権額のいかんにかかわらず、右金六万円の金額について恐喝罪の成立をみとめたのは正当」である。

　昭和 30 年判決が示したこの「判断枠組み」の意義を理解するには、昭和

30年判決が出る前の「判断枠組み」であった大審院判例とこれを比較してみる必要がある。

[2] 大審院判例の判断枠組み

> [事例2]
> Xは、銀行で、預金口座の残高全額である300円の払戻しを求めたが、銀行員Aが残高を3000円と誤認したので、その錯誤を利用して金銭を取得しようと考え、故意に3000円と答えて、Aから3000円の交付を受けた。

これは詐欺罪の事件であるが、大（連）判大正2・12・23刑録19輯1502頁（以下、大正2年判決）は、詐欺罪・恐喝罪に共通する次の3つの原則（①～③）を提示した上で、3000円についてXに詐欺罪の成立を認めた原判決を破棄し、Xには2700円についてのみ詐欺罪が成立する、と判示した（以下、大審院判例は現在の仮名づかいに直して引用する）。

> ①「法律上他人より財物の交付を受け、又は財産上の利益を領得すべき正当の権利を有する者が、其権利を実行するに当り、欺罔又は恐喝の手段を用いて義務の履行を為さしめて財物の交付を受け、又は財産上の利益を領得するも、詐欺恐喝の罪を構成することなきは…現行刑法の解釈に於ても亦之を是認すべきものとす」。
> ②そのため、そのような「正当なる権利を有する者が、之を実行するに当り、其範囲を超越し義務者をして正数以外の財物を交付せしめ、又は正数以上の利益を供与せしめたる場合に於ても、亦同一の精神に従い、詐欺恐喝の罪は、……犯人が正当なる権利の範囲外に於て領得したる財産又は利益の部分に付きてのみ成立する」。もっともこの原則は、領得された財物・利益が「法律上可分なる」場合（金銭、米穀など）にだけ妥当し、「法律上分割を許さざるもの」であるときは「其全部に付き」詐欺罪・恐喝罪が成立する。
> ③しかし、以上のような「正当な権利を有する場合と雖も、犯人に之を実行するの意思なく、只名を其実行に仮託し、之を手段として相手方

> を欺罔恐喝し不正に財物又は利益を領得したる場合、及び、犯人が相手方より財物又は財産上の利益を領得したる所以の原因が、其正当に有する権利と全然相異なる場合に於ては、詐欺恐喝の罪は……領得したる財物又は財産上の利益の全部に付き」成立する。

①原則は、財物交付を受ける法的権利（例えば金銭債権）を実行する場合には、その手段が恐喝・欺罔でも恐喝罪・詐欺罪は成立しない、と宣言するものである。ではそのように言える根拠は何だろうか。恐喝・欺罔行為が「正当な権利行使」の一環としてなされているから、違法性が阻却される、という理論構成がまず考えられる（権利行使としての違法阻却）。しかし他の理由づけもあり得る。例えば、大判大正11・11・7刑集1巻642頁（647～648頁）は、「被恐喝者〔＝金銭債務者〕が其の財物を恐喝者〔＝金銭債権者〕に交付……するは被恐喝者の当然の義務に属し、被恐喝者に於て法律上其の財物の交付……を拒否すべき意思決定の自由を享有せざるを以てなり。」と述べている[2]。これは、債務者は仮に恐喝を受けなくても、どのみち債務の履行として金銭を交付すべきことになっていたのだから、恐喝行為と金銭交付との間の因果関係（恐喝行為がなければ金銭の交付もなかったという関係）が欠ける（因果関係の不存在）、という理由づけを示唆したものとも理解できる。また、現在でもなお大審院の示した①原則を支持する見解は、恐喝・欺罔の手段が用いられても、それによって債務者が（どのみち）消滅を目指していた金銭債務が消滅したのであれば、債務者側には恐喝罪・詐欺罪が予定する「財産的損害」が生じていない（財産的損害の不発生）、という論拠を挙げている[3]。

ただし、大審院判例の考え方に従っても、債権の実行のために使用した手段それ自体が別途、脅迫罪などの犯罪を構成する余地はある[4]。そのため、大審院の判断枠組みを支持する見解は「脅迫罪説」と呼ばれることもある。

2) 同じ論理を述べるものとして、福岡高判昭和24・10・6高刑判特1号247頁（248頁）、藤木英雄「判研（最判昭和30・10・14）」警研29巻5号87頁（1958年）参照。
3) 曽根威彦『刑法の重要問題〔各論〕〔第2版〕』（成文堂、2006年）212頁、西田典之『刑法各論〔第6版〕』（弘文堂、2012年）227-228頁、田山聡美「権利行使と財産犯」『野村稔先生古稀祝賀論文集』（成文堂、2015年）355頁以下、また林幹人『刑法各論〔第2版〕』（東京大学出版会、2007年）165-166頁参照。

②原則は、①原則からの必然的な帰結といえる。債権の行使であれば恐喝罪・詐欺罪が成立しない（①原則）、とすれば、債権額以上の金銭を喝取・詐取した場合に恐喝罪・詐欺罪が成立するのも「債権額を超えた部分」だけだからである。

③原則は、行為者に債権それ自体は存在するが、行為者がその債権の実行を口実にして、（実質的に見て）他の目的を遂げようとしている場合には、結局それは当該債権の実行ではないから恐喝罪・詐欺罪の成立が認められる、とするルールである。

この③原則を適用した大審院判例は多数に上る。例えば、大判大正3・4・29刑録20輯673頁は、AがXの松1本（価格1円未満）を抜き取り持ち帰ったので、Xがそれに乗じ、損害賠償と称して「45円出さなければ告訴する」と脅迫しAから45円を取得した事案につき、Xは「名を損害賠償に藉りて不当の利得を為した」ものであり、「権利を実行して損害賠償を為さしめたるにあらざること洵に明なれば、其交付せしめたる全額に関し恐喝罪を構成」するという。大判昭和9・5・28刑集13巻679頁は、X（植木露天商）の植木鉢等をAが損壊したので（被害額は約3円余）、XがAの父親のもとに行き、暴行に出るかのような気勢を示して20円の支払いを要求し、その場で10円の支払いを受けたという事案につき、Xは「真実、相手方に対し損害賠償請求権を行使するの意思なく、只名を其の権利の行使に藉り、之を手段として……不正に財物を領得」したと認められるから、領得金「全部」につき恐喝罪が成立する、としている。いずれの事件でも、Xが要求・取得した金額が、想定されるXの債権額を大幅に超過しており、そのような事情から、Xは実のところ当該債権を実行する目的で当該行為に出たものでない、ということが認定されている（「権利仮託」事例）[5]。

このほか、Xが電力会社A社の高圧電線下にあった土地を地上げして、その土地に工場を建設するかのように偽装し、電線路線変更などを危惧して工事中止を懇請してきたA社に対し、「工事中止による損害補償金」と称して1300円の支払いを要求し、450円を取得した事件（大判昭和9・6・25刑集13

---

4) 例えば、大判昭和5・5・26刑集9巻342頁（債権取立のために恐喝手段を用いた事例につき、身体に危害を加える態度を示した行為は、恐喝罪は構成しないが脅迫罪〔暴力行為等処罰に関する法律1条1項〕に当たるとする）。
5) 大判昭和11・6・25刑集15巻827頁の判断も同様である。

巻880頁)、Xが、Aの署名のある約束手形に基づいてAに1500円の支払いを要求し、Aの側はその手形が偽造によるものとして支払いを拒絶していたところ、Xは約束手形金につき仮差押決定を受けて執達吏らとともにAの住居に赴き、Aが現金を差し押さえてほしいと申し出たにもかかわらず敢えて畳・建具類の差押えに着手し、畏怖したAから、和解名義の下に1500円の借用証書1通、額面450円の約束手形1通、現金50円を取得した事件(大判昭和9・8・2刑集13巻1011頁)において、大審院は、Xの行為は「権利の濫用」であるとして恐喝罪の成立を認めている(「権利の濫用」事例)。これらも、③原則を適用した判例と見られる。

　以上が大審院の「判断枠組み」である。そうすると、昭和30年判決は、少なくとも大審院の②原則を否定したように見える。**[事例1]**のXは、Aに対して3万円の金銭債権を持っていたのに、取得額から債権額を差し引いた差額である3万円ではなく(②原則からすれば「可分」である金銭については差額の3万円についてのみ恐喝罪が成立するはずである)、取得した全額の6万円について恐喝罪に問われているからである。そうすると、昭和30年判決は、判文中で明言してはいないが、大正2年判決(及びそれに従った大審院判例)を「判例変更」したとも考えられ(大審院の判例は、最高裁の小法廷でも変更することができる。最高裁判所裁判事務処理規則9条6項を参照)、現にその後の最高裁判例は、大審院判例は昭和30年判決によって「既に変更された」と判示し、弁護人からの判例違反の主張を退けているのである[6]。それでは、大審院判例を変更して昭和30年判決が示した「判断枠組み」とはどんなものなのか。大審院判例とは一体何が違うのか。

[3] 昭和30年判決は何を「変更」したのか

　実は、大審院判例と昭和30年判決の違いは、必ずしも明確でない。違いがはっきりしない理由として、次の2点が挙げられる。

　第1に、昭和30年判決は大審院の②原則を否定した、と上で述べたが、②原則は、③原則によって既に「骨抜き」だった可能性がある。「権利仮

---

[6] 最判昭和39・6・26裁判集刑151巻517頁、最判昭和39・8・28裁判集刑152巻653頁、最判昭和40・3・26裁判集刑155巻289頁、最決昭和52・1・21裁判集刑203巻5頁(いずれも最高裁判所刑事裁判集に掲載されているに止まる)。

託」事例として③原則が適用された上記の事件は、いずれも、行為者の取得額が債権額を大きく超過している事件だった。金銭は「可分」だから、②原則によれば、債権額を差し引いた差額だけが、行為者の恐喝罪を基礎づけるはずである。しかし、「行為者の行為は、およそ債権の行使とはいえない」として、いったん③原則の適用領域に入れられてしまうと、その事件では取得金「全額」について恐喝罪の成立が肯定される。そうすると、「金額の超過」を1つの有力な根拠（間接事実）として「行為者の行為は、およそ債権の行為とはいえない」という認定・評価をするならば[7]、②原則はその適用領域をほとんど失ってしまうことになる。実際、「恐喝罪」に関する限りでは、大審院判例において②原則を明示的に適用し、超過額についてのみ恐喝罪が成立すると積極的に判示したものは見当たらない[8]。そうすると、②原則は、恐喝罪に関する限り、大審院時代から既に、実際に機能する場面がほとんどなかったのかもしれない。

　第2に、③原則を適用した「権利の濫用」事例の大審院判例が、既に次のような判断枠組みを示していた、という点である。「権利行使の意図に出でたる行為と雖も、……法律の認むる範囲を逸脱する方法を以て之を行いたる為、他人の権利を害したるときは、是れ権利の濫用にして、権利の行使と言うを得ず。」そして、そこに言う「法律の認むる範囲を逸脱するや否は、社会観念上被害者に於て忍容すべきものと一般に認めらるる程度を踰越したりや否に依りて決すべき」である（上記大判昭和9・8・2）。これは、用いた「方法」が「社会観念上被害者において忍容すべきものと一般に認められる」範囲内にあるかを問題にする点で昭和30年判決の判断基準と酷似している。両者の何が違うのかは、一見したところよく分からない。だからこそ最高裁自身も、上で触れたように、昭和30年判決に含意された判例変更を事後に初めて明確に確認することになったのではないだろうか。

　では、昭和30年判決は何を「変更」したのか。単に②原則を変更した、というわけではないだろう[9]。昭和30年判決は、債権の存在する範囲で恐喝罪・詐欺罪の成立が否定されるという、大審院の「判断枠組み」の根幹をな

---

7) 木村光江『財産犯論の研究』（日本評論社、1988年）438頁も大審院判例のそのような傾向を指摘する。
8) 恐喝罪に関し、②原則を明示的に適用した判例としては、戦後の福岡高判昭和24・10・6高刑判特1巻247頁が目につく程度である。

す①原則（ひいては、それを前提にして成り立つ②、③原則も含めた「判断枠組み」全体）を変更したものと見ることができる。大審院判例はあくまで、行為者による金銭取得・要求が、①原則が適用されるべき「権利の行使」に当たるのか、③原則が適用されるべき「権利の濫用」の場合に当たるのかを問題とし、行為者の用いた「手段」の相当・不相当などの事情はその振り分けのための判断資料に位置づけていた。これに対し、昭和30年判決は、権利の行使は、(1)それが「権利の範囲内」にあり、かつ、(2)「その方法が社会通念上一般に忍容すべきものと認められる程度を超えない限り」で違法でなくなるとして、(1)「権利の存在」と(2)「手段の相当性」とを違法阻却のための別個独立の要件とした。従って、債権が存在しても、債権実行のための「手段」が不相当であれば、恐喝の結果である取得金「全額」について恐喝罪が成立する[10]。つまり、行為者の「行為態様」が社会通念に照らして許容可能か否か、という点が、権利の存否それ自体とは独立に、違法阻却の可否を左右し得ることになったのである。

[4] 昭和30年判決の「判断枠組み」

このような「判断枠組み」は、これまで「権利行使と恐喝」として問題とされてきた事例領域に照らして、合理的なものだと思われる。判例に現れた多くの事案においては、行為者の債権の債権額（場合によっては、債権の存否それ自体）が未確定であり、行為者は相手方の出方次第で要求を変化させ、相手方との駆け引きの中で請求額を固めている。そして、行為者のこのような交渉の一こまが、「恐喝」に当たるとして起訴されているのである。このような事例において、何が行為者の確固たる「権利」として存在しているのかを、最初から厳密に確定するのは困難である。むしろこれらの判例は、行

9) 判例変更を事後的に確認した、上記注6)の最高裁判例の事案では、弁護人から特に②原則に対する判例違反の主張がなされているわけではない。
10) 伊達秋雄「権利行使と恐喝罪の成否」法律のひろば9巻2号（1956年）46頁、同「権利行使と恐喝罪の成否」法学志林53巻3・4合併号（1957年）179-181頁、戸田弘「判解」最判解刑事篇昭和30年度（1969年）279頁、木村・前掲注7) 443-444頁、同「権利行使と詐欺・恐喝罪」阿部純二ほか編『刑法基本講座 第5巻 財産犯論』（法学書院、1993年）213-214頁、伊藤真「権利行使と恐喝罪」佐藤道夫編『刑事裁判実務大系 第8巻 財産的刑法犯』（青林書院、1991年）430頁、小野上真也「権利行使と恐喝」松原芳博編『刑法の判例〔各論〕』（成文堂、2011年）154頁。

為者の行った交渉が、問題の取引領域において「社会通念上この程度の駆け引き・要求までは相手方にその忍容を求めることができる」といえる限度内にある限り、取引上の「(法的に)放任された行為」として許容している、というのが実態なのではないだろうか[11]。この場合、どのような行為が「放任」に値するかを判定するにあたっては、まず、(1)行為者が、自分にどのような「権利」があると確信してしかるべきだったか、という点が問題となる。そして、そのような「権利」の存在（についての相当な理由に基づく確信）が認められたならば、次に、(2)その権利の実現のためにとられた「方法が社会通念上一般に忍容すべきものと認められる程度を超えない」ものかという「手段の相当性」が、諸事情を総合考慮しながら判定されることになる[12]。

3 規範と事実のブリッジ

それでは、昭和30年判決の判断枠組みに則って、違法阻却の判断がどのようになされるかを具体的に考えてみよう。

[1] 権利の存在

権利行使としての違法阻却のためには、まず(1)「権利の存在」が必要である。この要件は、原則として民事法上の請求権原の存在を意味する。

---

[11] 問題領域は異なるが、いわゆる「子の奪い合い」の場合に関する最決平成17・12・6刑集59巻10号1901頁の判断枠組みは、ここで参考になる。同決定は、親権者が他の親権者の下にいる子を連れ去る行為について、略取罪の違法阻却が認められるのは、①連れ去りが現に必要とされるような特段の事情〔他の親権者の下での虐待などが考えられよう〕がある場合か（親権の正当な行使）、②そのような状況はないが、連れ去りが「家族間における行為として社会通念上許容され得る枠内にとどまる」場合かのいずれかである、とした。そして、②の正当化の判断においては、行為者に親権があることを前提に、略取の「行為態様」、子の年齢・判断選択能力、略取後の監護養育について行為者に確たる見通しがあったかなどの諸事情が総合考慮されている。これは、厳密な「権利（親権）の行使」としての違法阻却ではなく、社会通念上この限度までは許容されるという、親権者の「(法的に)放任された行為」としての違法阻却を問題にしているのだと考えられる（前田巌「判解」最判解刑事篇平成17年度〔2009年〕694頁参照）。

[12] 昭和30年判決が示したのは、このような抽象的な判断枠組みにすぎず、具体的な判断のあり方は個々の事例処理の場面に委ねられている。油田弘佑「恐喝の成否」小林充＝香城敏麿編『刑事事実認定（下）』（判例タイムズ社、1992年）266頁、川田宏一「権利行使と恐喝罪」池田修＝金山薫編『新実例刑法［各論］』（青林書院、2011年）160頁。

[事例3]
　商事会社Ａ社の取締役Ｂは、Ａ社の了解なくＡ社取締役Ｂとして約束手形に裏書したところ、その手形が金融ブローカーの手に渡ってしまった。そこでＢは手形の返還交渉を暴力団組長Ｘに依頼し、Ｘは手形の回収を行った。ＸはＡ社社長Ｃに対し、「ボランティアをやっとるんやない」「誠意を見せなさい」などと申し向け、金員要求に応じないときはＡ社の信用・業務、Ｃ及び家族の生命・身体等に危害を加えるかも知れない気勢を示し、畏怖したＣから現金5000万円と小切手（額面5000万円）1通の交付を受けた。

　[事例3]につき、神戸地判平成15・6・19（裁判所ウェブサイト）は、Ｂから「自発的に供与された道義的な意味での報酬ないし謝礼を受領することはともかく、Ｘが民事法上の請求権として、本件手形回収等の委託関係においては第三者に当たるＡ社に謝礼等の支払を求め得るものではな」いから、Ａ社やＣに対するＸの報酬・謝礼請求権は存在しないとして、権利行使としての違法阻却の主張を退けている。
　なお、これに対して、権利が存在しなかったとしても、行為者が権利の存在を「誤信」していたという場合には、「誤想による」権利行使として故意が阻却される余地があることになろう（正当化事情の錯誤）[13]。
　更に、「権利の存在」要件に関して重要な判断を示した裁判例として、「ユーザーユニオン事件」に関する東京高判昭和57・6・28判時1047号35頁が挙げられる。本件の被告人2名（自動車の欠陥摘発や自動車消費者運動を行っていた団体の顧問弁護士とエンジニア）は、自動車会社Ａ社の製造する自動車「Ｂ」に欠陥があると確信し、自動車「Ｂ」でのＣの死亡事故は「Ｂ」の欠陥に起因する典型的事故だと考え、Ｃの遺族から委任を受けてＡ社に対して損害賠償を請求し、Ａ社との示談交渉を経てＡ社から8000万円の小切手1通の交付を受けた。東京高裁は、昭和30年判決の示した判断枠組みは「権利の存在が明確である場合」だけでなく、「他人に対して権利を有すると確

---

[13]　大阪地判平成17・5・25判タ1202号285頁（302頁）は、このような論理を明示的に指摘する。

信し、かつ、そう信ずるについて相当な理由（資料）を有する場合にも同様に妥当しなければならない。けだし、権利の有無及び数額は、殊に本件のような特殊な損害賠償請求事件においては、終局的には、民事裁判で確定されるべき性質のものだからである」、とする。その上で、被告人らは、自動車「Ｂ」が欠陥車で、Ｃの事故につきＡ社に対して１億円程度の損害賠償請求権があると「確信」しており、そう信じる「相当な理由（資料）」を持ち「権利行使の意図をもって本件示談交渉に当った」と認定して、（手段の相当性も認めた上で）恐喝罪の成立を否定した。上記の通り、この種の権利行使においては債権額や債権の存否自体が確定していない（民事訴訟を経なければ確定しない性質のものである）、という事情に照らせば、「権利の存在」要件のこのような緩和には十分な理由があると言えよう[14]。

[2] 手段の相当性

次に、(2)「手段の相当性」要件についてである。ここではまずもって、①「行為者の行為態様（告知する害悪の重大性）」が問題となる。

> [事例4]
> 　Ｘらは、ＹからＡ社に対する代金債権の取立を依頼され、Ａ社取締役Ｂらに支払いを要求し、「俺のところには若い者が大勢いる」「こんな会社をぶっ潰すのはわけがない」「社長の家を知っているから今晩咆鳴りこむ」「日本刀を突きつけて借金を取ったこともある」などと申し向け、どんな危害を加えるかも知れない気勢を示し、畏怖したＢらから現金及び小切手の交付を受けた。
>
> [事例5]
> 　Ｘ（組織暴力団員）は、ＹからＡに対する宿泊代金債権の取立委任を受け、Ａに暴力団員としての名刺を示して支払いを要求し、Ａが「Ｙに直接支払う」と言うと、「Ｙとはもう関係ないのや、Ｙに話をするとは何事や」「わしが来ているのに払わんというのか、そんなら明日から毎日若衆を来させる」などと申し向け、畏怖したＡから６万円の交付を受

---

[14] 名誉毀損罪における「真実性の誤信」の場合の判断基準との類似性を指摘するものとして、林幹人『現代の経済犯罪』（弘文堂、1989年）98頁。

けた。

　[事例4] に関する東京地判昭和 37・3・23 判時 294 号 57 頁、**[事例5]** に関する名古屋高金沢支判昭和 45・7・30 刑月 2 巻 7 号 739 頁は、いずれも恐喝罪の違法阻却を否定している。これらの事例のように、要求に応じなければ、相手（及びその家族）の生命・身体、相手会社の業務・信用等にいかなる危害を加えるかもしれないという気勢を示して相手を畏怖させたと認められる場合には、手段の相当性が否定される。暴力組織の後ろ盾があることを明示する行為の存在も、このような判断を裏付ける事情となる。

　更に、②「行為者の請求権が発生した経緯」も、その実行手段の相当性の判断に影響を及ぼし得る。一概には言えないが、もともとの債権の発生原因と全く関係を持たず、端的に「金銭債権」としてその取立を受任した行為者については、債権者本人による取立の場合よりも手段の相当性が厳格に判断される余地があるように思われる。**[事例5]** の裁判例も、Xは「Xの暴力的威力に着目した」Yから取立委任を受けたものであって「本来の債権者でもな」い、という点を手段の相当性を否定する事情に挙げる。

　手段の相当性の判断にあたって重要な意味を持つもう 1 つの要素が、③「相手方の出方・態度」である。

[事例6]
　X（Y社従業員）はY社のA社に対する 4 億円の貸金債権につき、その支払を要求していたが、A社社長Bが返済を拒否し、他社の融資念書を偽造した上「他社から融資が受けられる」との虚言を弄したことから、「偽造までして人を騙してどういうつもりや、ただでは済まさんぞ」「逃げたら殺すぞ」などと申し向け、畏怖したBから印鑑、預金通帳、小切手等の交付を受けた。

　[事例6] につき京都地判平成 10・2・25 無罪事例集 5 集 150 頁（LEX/DB25420523）は、「四億という多額の債権が焦げつき、にもかかわらず融資念書を偽造するなどの詐巧を弄するなどし、その支払のための真摯な対応を示さないBの態度に、Xらが腹を立て、返済を強く迫る余り、興奮して穏当を欠く強迫的、威嚇的な言動に出たとしても……社会通念上債務者（A商事

B）の受忍すべき限度を超えるような違法なもの」ではない、として手段の相当性を認めている。このように、手段の相当性は本来的に「交渉の相手方の対応」（真摯・誠実なものか、悪質・不誠実なものか）との相関関係で判断される[15]。また同判決は、Xの債権回収が他の債権者からの取立委任によるものではなく、Y社従業員としての自らの業務行為であった、という点（上記②の「行為者の請求権が発生した経緯」）も考慮事情に挙げている。

4 基本ツールの再考——被害額

最後に、基本ツール（昭和30年判決の判断枠組み）に関して近時生じた1つの問題に触れておきたい。

[事例7]
　Aは、銀行B1に、Cの預金口座への振込みを依頼するつもりで、誤って振込先としてXの預金口座を指定した結果、銀行B2のX名義の預金口座に、Aからの振込みとして75万31円の入金記帳がなされた。Xは、誤った振込みによって預金残高が92万3253円に増えていることに気づいたが、借金の返済のため、誤った振込みがあった旨を告げることなく、B2の窓口で現金88万円の払戻しを受けた。

[事例7]は、第15講172頁で登場した、誤振込金の払戻しに関する最決平成15・3・12刑集57巻3号322頁の事案である。同決定はXに詐欺罪が成立することを認めたが、その被害額（詐欺罪の成立範囲）には言及していない。同決定の調査官解説は、本件の被害額は払戻しを受けた全額（88万円）ではなく、最高でも誤振込相当額（75万31円）に止まると説明している[16]。このような解釈は、Xの取得した金銭を、「Xが払戻請求できる部分」（Xのもともとの預金債権額）と、「誤振込みの事実を告知しないまま払戻しを受けることが許されない部分」（誤振込相当額）とに分け、後者の取得の

---

15) 相手方の態度を考慮に入れて「手段の相当性」を認めた裁判例として、東京高判昭和36・11・27東京刑時報12巻11号236頁、佐賀地判武雄支判昭和36・12・19下刑集3巻12号1219頁、福岡地小倉支判昭和47・4・28判タ279号365頁、東京地判平成14・3・15判時1793号156頁など。

16) 宮崎英一「判解」最判解刑事篇平成15年度（2006年）143-144頁。

みが詐欺罪を構成すると考えるものである。

そこで生じてくるのは、取得手段が端的に「欺罔」であって、権利行使としての「手段の相当性」がおよそ認められない場合に、このように金銭の「可分」論に基づき詐欺の成立範囲を限定するのは、昭和30年判決が否定したはずの大審院判例の②原則の復活なのではないか、という疑問である。このような金銭の「可分」的処理は、近時の高裁判例にも見られる。

> [事例8]
> 障害者のための就労継続支援事業所を運営していたXは、就労継続支援を提供しなかった障害者5名についても支援を提供したとして「水増し請求」を行い、市から給付費を受け取った。

[事例8]に関する東京高判平成28・2・19判タ1426号41頁は、Xが市から一度に取得した給付費合計4204万円余ではなく、水増し請求した5名分の給付費に当たる1217万円余についてだけ、Xに詐欺罪が成立すると結論づけている。

しかし結論から言えば、これは、「権利の範囲外」についてのみ詐欺罪が成立するという②原則の復活ではなく、行為者の欺罔行為と取得金額との間に「因果関係」が認められるか否かを問題にしたものだと解される。従って、このような処理は、昭和30年判決の判断枠組みと矛盾しないのである。

[事例7]の銀行B2は、Xの口座に誤振込みがあっても、誤振込相当額以外のXの預金残高に関しては、預金契約上直ちにXの払戻請求に応じなければならない。したがって、仮にXが誤振込みの事実を告知していたとしても（つまりXの欺罔行為がなかったとしても）、B2は、誤振込相当額以外の部分については払戻しに応じたと考えられる。そうすると、欺罔がなくてもどのみち交付される「誤振込相当額以外の部分」の交付は、Xの欺罔行為との間に因果関係を持たない。だから、Xの欺罔行為がおよそ「権利行使」として正当化されるものでなくても、「誤振込相当額以外の部分」については詐欺罪が成立しないのである[17]。

---

17) このように、因果関係の存否によって結果が「可分」になると解する解釈論の詳細については、上嶌一高「詐欺罪の成立範囲」研修759号（2011年）10頁以下を参照。

[事例8] に関して、東京高裁も同様に、「因果関係」の存否に関する論理を次のように展開する。本件給付費の請求は、障害者ごとに「介護給付費・訓練等給付費等明細書及び就労継続支援提供実績記録票」等を添付して行い、市の支給決定も、障害者ごとにその審査・金額算定が行われていた。このような事情の下では、「詐欺罪は、内容虚偽の請求と因果関係のある就労継続支援等の提供をしなかった障害者に係る給付費について成立し、交付を受けた給付費全額について成立するものではない」。ここでは、Xの給付費の請求行為が、障害者ごとに個々独立のものだと認定されている。その結果、Xの「水増し請求」行為は（それ自体は正当化の余地はないが）、給付費の正当な取得部分との関係では「因果関係」を持っていない、という結論になるのである[18]。

---

18) 実は、詐欺罪に関する大審院時代の判例も、客体が「可分物」（金銭）でありさえすれば常に、②原則によって「超過部分についてだけ」詐欺罪が成立する、と考えていたわけではない。例えば、大判昭和9・7・2刑集13巻935頁の事案では、町の行った工事において、測量に関する出費（70円）を立て替えていたX（町の土木技手）が、町からはその費用が出ないと言われたことから、「工事用にMから購入した釘の代金」という名目で町から金銭を取得しようと考え、釘の代金を「98円」とするM名義の偽造請求書・領収書を作成して町の収入役Aに提出し、Aから98円の交付を受けたとして詐欺罪で起訴されている。Xは、実際に工事用として50円分の釘をMから購入しており、その分については町に対して正当な代金請求権があるから、町から詐取した金額は（98円から50円を引いた）48円にすぎない、と主張した。Xの主張に対して、大審院は、「収入役にして代金請求書及領収書の偽造なることを知りたらんには、九十八円は勿論、五十円をも交付せざるべかりしものなるに、被告人〔X〕は右請求書及領収書を偽造し、之を行使することに因りて収入役を欺罔し、一括して九十八円を交付せしめたるものなれば」98円全額について詐欺罪が成立する、との判断を示している。ここでは、仮に、Xによる請求書の偽造がAに発覚したとしても、その場合でもAは、Xが請求権を有しているという50円分の支払いは行っただろうか、という点（すなわち、Xの欺罔行為とAの交付行為との間の「因果関係」）が問題となっているのであり、Aは、もしXの本件欺罔が発覚していれば、50円分についても支払いをしなかっただろう（Xの欺罔行為の因果関係は、Xが取得した98円全額に及んでいる）、という判断が下されたことになる。このような判断の仕方を見ると、現在の裁判所の態度と、大審院判例の態度との間には、実はそれほど大きな違いはない、と言えるかもしれない。

あとがき

田山聡美

　今回の企画では、財産犯事例で絶望しかけているかもしれない学生の皆さんに、少しでもわかりやすく伝えることが第一の目標であった。そのため、体系的にまとめられた教科書類とは異なる切り口から攻めることを強く意識し、とりわけ横断的な視点から整理し直す作業が多かったように思う。そのような作業を通して、自分自身の中でもこれまで見えていなかった問題がはっきりと浮かび上がってくることも多々あり、そういった難しい問題を、いかにしてわかりやすく伝えるか、その闘いこそが、私の中での「バトル」であったといってよいであろう。そのようなバトルの成果が、少しでも読者の皆様に届いてくれたのであれば、望外の幸せである。

　法学セミナーでの連載時には、毎回、締切とのバトルで大変なご迷惑をおかけした。当初は、担当者が書き上げた後に全員で検討をする時間を設け、執筆者同士のバトルとなることをも想定していたはずが、「今回は時間がないので……」という言い訳が重なり、結局は、執筆者同士のバトルを反映させる余裕はほとんどないまま活字にしてしまったことを、大変悔しく、また申し訳なく思っている。

　末筆ながら、この企画にお誘い下さり、どのようなときも絶えず温かいお励ましを下さった高橋先生には、心から御礼申し上げたい。また、（年齢的には私の方が上であるものの、研究面においては圧倒的に先輩として尊敬している）内田先生、杉本先生には、優しくも鋭いご指摘を多々いただき、感謝の念にたえない。さらに、折に触れて連載の感想を聞かせて下さった学会関係の先生方、読者の皆様、そして何より日本評論社の柴田さん、小野さんに、この場を借りて御礼を申し上げる。

＊　　＊　　＊

内田幸隆

　財産犯の事例を検討するとあまりに難しくて「絶望」的な気持ちになるのはなぜであろうか。1つの原因は、財産保護の断片性にあると考えている。つまり、財産を侵害する行為があったからといって必ず処罰の対象になるというわけではなく、また、処罰の対象になりそうであっても、行為客体、行為態様、主観的態様の違いに応じて成立する財産犯も異なってくる。こうした見極めは、初学者でなくても非常に難しいであろう。具体例の微妙な差異に応じて適切な結論を導き出すようになるまでには相当な勉強量が必要になる。こうしてみると、本書第1部基礎編で個別の財産犯ではなく、財産犯相互の関係を主に取りあげたのは、控えめにいっても画期的であるし、読者にとって多少なりとも理解の助けになるのではないだろうか。
　また、「絶望」的な気持ちになる、もう1つの原因は、罪数の処理にもある。例えば、個別財産に対する罪であっても、同一の被害者から3つの財物を奪ったからとって必ず3個の財産犯が成立するわけでもなく、異なる3人の被害者からそれぞれ財物を奪っても場合によっては1個の財産犯しか認めないという結論もあり得る。成立する財産犯に時間的な前後関係がある場合も、実態的には結局1つの財産侵害しかないのであれば、そのことも考慮して罪数の処理をしなければならない。こうした見極めは骨が折れるが、本書第1部基礎編では罪数だけで3つの講を用意してあり、具体例を通じて罪数の処理に少しでも慣れることができればと考えている。
　さらに、「絶望」的な気持ちになる、大きな原因は、民法など他の法領域との関係、あるいは、預金やクレジットカードなどといった経済上の手段・制度の特質を踏まえて具体例の解決を図らなければならないことにある。本書第2部応用編では、こうした複合的な論点についても、様々な現代的な事例を通じて検討している。
　もちろん本書で示された判例・学説の位置づけ、新たな分析の視角が正しいとは限らない。本書の記述にひっかかりを感じつつも、財産犯の理解が全体的に進めば幸いである。最後に、個人的な感想をいうと、担当した講の題を考えるのが一番辛かった。本文は完成しているのに、題だけが決まらないのである。センスがないとのご指摘は甘受する他ない。

＊　＊　＊

杉本一敏

　上のあとがきで、内田先生が、財産犯の勉強において「絶望」的な気持ちになってしまう理由を分析されている。それによると、絶望する理由は、①それぞれの財産犯規定が適用される範囲を確定することの難しさ、②罪数処理の難しさ、③民法その他、刑法以外の法制度についての知識が前提として要求されること、の3点だということである。これは、財産犯の議論が、直観や感覚では太刀打ちできない「高度に技術的な性格」を持っている、という指摘に他ならないと思われる。つまり、複雑（怪奇）な網の目のように張りめぐらされている事例処理の現状を「端的に知って」いなければ、財産犯の議論にはおよそついていくことができない。財産犯の議論では、現状に関する精確な「知識」に基づいて、「このような事実関係がある場合には、こう処理することになる。」「今度は、さっきの事例と比べてみて、事実関係のこの部分がこのように違っているのだから、その処理もこのように変わってくるだろう。」といったように、それぞれの事例の事実関係に即した精密な議論を展開することが求められるのである。

　しかし逆に、この性格のおかげで、財産犯は苦手意識を一気に克服することができる分野だということができるように思われる。刑法の議論というのは、「有価証券法や会社法といった分野のように高度に技術化された法領域」とは違って、専門技術性が薄く、むしろ「一般倫理的な議論と強い類似性」を持っている、という分析がなされることもある（ウルフリット・ノイマン〔亀本洋ほか訳〕『法的議論の理論』〔法律文化社、1997年〕136頁参照）。がしかし、この分析は、（特に）財産犯の議論の現状にはもはや当てはまらないと思う。刑法の解釈論にも、端的な「専門技術性」が押し寄せている。現状を精確に「知る」という苦労さえ惜しまなければ、財産犯の分野は比較的簡単に「得意分野」になり得るのである。

　もっとも、「事例処理の現状はこうなっている。」というだけでは、現状の説明・追認で終わってしまう。本当の理論的な検討はそこから「スタート」なのかもしれない。本書においては、現状が何故そのようになっているのか、

その現状は理論的に説明可能なものなのか（説明可能だとしたら、それはどのように？）という点についても可能な限りで分析を試みたが、まだまだ不十分だろう。これらの点については、本書を読んで下さった方においても、どうか引き続き一緒に考えていただければと思う。

事項索引

あ

IC カード	238
握持	3
欺く行為	38
新たな法益侵害	113
新たな暴行脅迫	62, 64, 66

い

意識的処分行為説	45
遺失物	3
意思表示の取消	265
一罪	133
一連の行為	154, 164, 170
1個の行為	139
居直り強盗	127
違法状態維持説	260, 261
違法身分	155
因果関係	164

う

受け子	188

お

横領後の横領	116, 246
置き忘れ事例	7

か

書かれざる構成要件要素	149, 157
架空取引	229
科刑上一罪	128, 133, 138
割賦販売	286
観念的競合	98, 128, 138
還付金詐欺	192

き

機会説	161
毀棄	27
危険の現実化	165, 166
キセル乗車	47, 210
器物損壊罪	34, 139
欺罔	211, 217, 222, 228, 229, 243
挙動による――	175, 177
不作為の――	175
客体の抽象化・概括化	46
吸収一罪	123
共同占有	14, 18
脅迫罪説	307
脅迫による傷害	162
共罰的事後行為→不可罰的事後行為	
共罰的事前行為→不可罰的事前行為	
虚偽の情報	105, 204, 211, 240, 243
虚偽の電磁的記録	207, 243
金額所有権	76
禁制品	267

く

組戻し	178, 179, 183
クレジットカード	214
クレジット販売	231

け

計算	90, 102
形式的個別財産説	115
継続犯	108, 271
刑の免除	288, 291
結合犯	151
結果的――	156
現実的支配の回復可能性	10
現場回帰型	152, 154
現場滞留型	152
権利仮託事例	308
権利(の)行使	310, 311, 313, 317
――と恐喝罪・詐欺罪	304, 310

権利者排除意思 …………………… 25
権利の存在 ……………… 311, 312, 314
権利の濫用 ……… 180, 181, 182, 197, 310
　　――事例 …………………… 309, 310
牽連犯 ……………………… 129, 138

こ

行為の一体性 …………………… 122
公園ポシェット事件 ………………… 2
後見人 ……………………………… 299
口座の取引停止措置 …………… 191
口座の犯罪利用防止 …………… 174
口座売買 ………………………… 195
強取 ………………………………… 55
強盗の機会 ……………………… 160
交付の判断の基礎となる重要な事項 …… 173
誤記帳 ………………… 178, 179, 182
告知義務違反 ……… 175, 178, 180, 185
異なる構成要件間の錯誤 ………… 11
誤発信 ………………… 178, 179, 182, 184
誤振込み …… 177, 178, 179, 182, 183, 185, 317
誤振込金の払戻し ……………… 172
混合的包括一罪 ……… 124, 221, 224, 233

さ

サーバ管理型電子マネー …………… 239
財産上の利益 …………… 87, 206, 240
財産的損害 ……… 115, 219, 224, 228, 231
罪数 ……………………… 133, 243
財物 ………………… 87, 237, 238, 248
債務の一時猶予 ………………… 45
債務免脱 ………………………… 44
詐欺罪等の犯行の一環を成す場合 … 180, 197
詐欺的手段を用いた恐喝 ………… 81
錯誤 ……………………… 201, 217, 222
　　詐欺と恐喝の―― ………… 82
　　親族関係の―― ……………… 297
　　同一構成要件内の行為態様の―― …… 82
殺傷能力ある凶器 …………… 56, 58
三角詐欺 ……………… 219, 231, 256

し

時間的・場所的近接性 ……………… 9

事後強盗「異質」状況 …………… 169
事後強盗「同質」状況 …………… 166
事後強盗罪の共犯 ……………… 150, 155
事後従犯 ………………………… 264
自己の名義・計算 ………………… 86
事実上の現金化可能性 ……… 190, 191
事実上の支配 ……………………… 3
事実の支配 ……………………… 3, 251
　　――の回復可能性 …………… 10
死者の占有 ………………………… 4
死傷結果の原因行為 ……………… 160
施設管理者の占有 ………………… 19
質権 ……………………………… 279
実質的個別財産説 ……………… 115
支配の移転 ……………………… 39, 41
支払用カード電磁的記録不正作出罪 …… 241
社会通念上別個の交付 …………… 173
社会通念上別個の払戻し ………… 183
集金業務 ………………………… 78
集合犯 …………………………… 123
修正機会説 ……………………… 161
修正手段説 ……………………… 161
重要事項 ………………………… 78
手段説 …………………………… 161
手段の相当性 ……………… 311, 312, 314
上下・主従関係 ………………… 16
状態犯 …………………………… 108, 271
譲渡担保 ………………………… 281
処分意思 ………………………… 40
処分行為 ………………………… 39, 100
所有権の構成 …………………… 282
所有権留保 ……………………… 285
信義則 ……………………… 178, 180
親権者 …………………………… 301
親告罪 ……………………… 288, 291
人身危険 ………………………… 54, 61
真正身分 ………………………… 75
真正(構成的)身分犯 ………… 75, 151
親族相盗例 ……………………… 288
侵奪 …………………………… 252
心理的強制 ………… 52, 53, 54, 56, 61
心理的(な)反抗抑圧
　　　　　　… 58, 59, 60, 67, 68, 69, 72, 73

す

随伴行為 …………………………………… 123
数罪 ………………………………………… 133

せ

生活口座 …………………………………… 196
清算義務 …………………………………… 282
正常な回復 ………………………………… 268
静的安全 …………………………………… 76
責任転質 …………………………………… 280
窃取 ………………………………………… 249
接続犯 ……………………………… 123, 136
絶対的強制 ………………………… 52, 53, 58, 60
窃盗罪の保護法益 ………………………… 141
窃盗の機会 ………………………………… 168
　——の継続中 …………………… 149, 152
占有
　——と所有の一致 ……………………… 75
　——の意思 ……………………………… 3, 252
　——の弛緩 ……………………………… 39, 41
　——の事実 ……………………………… 3
　——の所在 ……………………………… 12
　——の存否 ……………………………… 5, 12
　——を離れた他人の物 ………………… 3
占有説 ……………………………………… 12
占有補助者 ………………………………… 5
占有離脱物 ………………………………… 3

そ

贓物 ………………………………………… 260
即時取得 …………………………………… 265

た

択一関係 …………………………… 95, 99
出し子 ……………………………………… 192
他人の事務 ………………………………… 277
他人の占有 ………………………………… 3
他人の物の占有者 ………………………… 83
他人名義口座 ……………………… 195, 196
騙されたふり作戦 ………………………… 188
騙し役 ……………………………… 192, 193
単純一罪 …………………………… 134, 136

担

担保価値維持義務 ………………………… 277
担保的構成 ………………………………… 282

ち

中間最低残高 ……………………………… 186
貸借権 ……………………………………… 255

つ

追求権 ……………………………… 260, 263
追求権説 …………………………………… 260

て

抵当権 ……………………………………… 274
典型担保 …………………………………… 274
電子マネー ………………………………… 236

と

登記協力義務 ……………………………… 276
盗取罪 ……………………………… 50, 203
逃走追跡型 ………………………………… 152
動的安全 …………………………………… 76
取引上重要な事実 ………………………… 211

な

内縁の配偶者 ……………………………… 296

に

二重抵当 …………………………… 88, 276
入金記帳 …………………………………… 176

は

背信的悪意者 ……………………………… 275
媒体型電子マネー ………………………… 237
背任未遂 …………………………………… 94
場所的支配圏内 …………………… 17, 23, 42
バス・ストップ事件 ……………………… 7
払戻権限 …………………………… 176, 185
反抗抑圧 …………………………… 51, 52, 53

ひ

被害額 ……………………………………… 316
被害金額 …………………………… 184, 304
被害者の承諾 ……………………………… 228

事項索引　325

被害者への返還 ……………………… 267
被害法益の一体性 …………………… 122
ひったくり …………………………… 60
非典型担保 …………………………… 274
秘密資料 ……………………………… 238
漂流物 ………………………………… 3

ふ

封緘物 ………………………………… 21
不可罰(共罰)的事後行為
　……80, 106, 108, 110, 123, 233, 244, 245, 246
不可罰(共罰)的事前行為 …80, 111, 221, 224
不作為の欺罔 ………………………… 175
不実の電磁的記録 ……………… 205, 207
不真正身分 …………………………… 75
不真正身分犯 ………………………… 151
普通預金規定ひな型 ………………… 195
物的庇護説 …………………………… 261
物理的強制 ……………………… 52, 53, 61
物理的反抗抑圧 ……………67, 70, 71, 72, 73
不動産 ………………………………… 248
　──の二重売買 …………………… 95
不法原因給付 ………………………… 266
不法領得の意思 ……………… 24, 88, 238
振込委託 ……………………………… 176
振込制度の運営者 …………………… 183
振込の取消制度 ……………………… 184
振り込め詐欺 ………………… 187, 188, 264
　──救済法 ………………………… 198
　──取得金 …… 193, 194, 195, 196, 197, 199
プリペイド式電子マネー …………… 236

へ

併合罪 …………………… 133, 134, 221, 245

ほ

包括一罪 ………………… 110, 120, 135, 136, 246
暴行脅迫後の奪取意思 ……………… 62
法条競合 …………………… 99, 109, 126
法人の所有物 ………………………… 6

法は家庭に入らず …………………… 290
保護法益 ………………………… 294, 295
ポストペイ式電子マネー …………… 236
本人確認 ……………………………… 174
本人の名義・計算 …………………… 86
本犯助長性 …………………………… 263
本来的一罪 ……………………… 120, 138

み

水増し請求 …………………………… 318
未登記不動産 ………………………… 257

む

無意識的処分行為説 ………………… 46

め

名義 …………………………………… 90

も

目的犯 ………………………………… 157

よ

預金による占有 ……………………… 189

り

利益横領 ……………………………… 208
利益関与性 …………………………… 263
利益窃盗 ………………………… 37, 208
利用処分意思 ………………………… 25
領得 ……………………………… 102, 104
領得意思の実現 ……………………… 78
領得行為 ………………………… 86, 88
領得罪 ………………………………… 33

れ

連続的包括一罪 ……………………… 137
連続犯 ………………………………… 136

ろ

ローン販売 …………………………… 231

判例索引

大審院

大判明 36・5・21 刑録 9-874 ………… 249
大判明 42・1・22 刑録 15-27 ………… 140
大判明 43・12・16 刑録 16-2214 ……… 86
大判明 43・12・16 刑録 16-2227 ……… 129
大判大 2・8・19 刑録 19-817 …………… 6
大判大 2・12・23 刑録 19-1502 ……… 306
大判大 3・4・29 刑録 20-673 ………… 308
大判大 3・5・30 刑録 20-1062 ………… 79
大判大 3・6・20 刑録 20-1313 ……… 100
大判大 3・10・21 刑録 20-1898 ………… 6
大判大 4・5・21 刑録 21-663 ………… 25
大判大 5・5・1 刑録 22-672 …………… 7
大判大 6・2・26 刑録 23-134 ………… 140
大判大 6・10・15 刑録 23-1113 ………… 21
大判大 8・4・4 刑録 25-382 …………… 6
大判大 8・11・19 刑録 25-1133 ……… 273
大判大 11・1・17 刑集 1-1 …………… 75
大判大 11・11・7 刑集 1-642 ………… 307
大判大 11・12・15 刑集 1-763 ………… 256
大判大 12・3・1 刑集 2-162 …………… 79
大判大 12・4・14 刑集 2-339 ………… 265
大判大 13・6・10 刑集 3-473 …………… 6
大決大 14・7・14 刑集 4-484 ………… 280
大判大 15・11・2 刑集 5-491 …………… 6
大判昭 4・10・14 刑集 8-477 ………… 259
大判昭 5・5・17 刑集 3-2-83 ………… 82
大判昭 5・5・26 刑集 9-342 ………… 308
大判昭 5・12・12 刑集 9-893 ………… 140
大判昭 6・11・17 刑集 10-604 ……… 295
大判昭 7・6・29 刑集 11-974 ………… 100
大判昭 8・3・16 刑集 12-275 ………… 86
大判昭 8・9・11 刑集 12-1599 ………… 75
大判昭 9・5・28 刑集 13-679 ………… 308
大判昭 9・6・25 刑集 13-880 ………… 308
大判昭 9・7・2 刑集 13-935 ………… 318
大判昭 9・7・19 刑集 13-983 ………… 86
大判昭 9・8・2 刑集 13-1011 …… 309, 310
大判昭 10・7・3 刑集 14-745 ………… 86
大判昭 11・3・30 刑集 15-396 ……… 285
大判昭 11・6・25 刑集 15-827 ……… 308
大判昭 13・12・23 刑集 17-980 ……… 137
大判昭 14・5・25 刑集 18-294 ………… 21
大判昭 19・11・24 刑集 23-252 ……… 63

最高裁判所

最判昭 23・3・9 刑集 2-3-140 ……… 168
最判昭 23・10・26 集刑 4-535 ……… 142
最判昭 23・11・9 刑集 2-12-1504 …… 269
最判昭 23・11・18 刑集 2-12-1614 …… 52
最判昭 23・12・24 刑集 2-14-1916 … 140
最判昭 24・2・8 刑集 3-2-75 …… 51, 55
最判昭 24・2・8 刑集 3-2-83 ………… 81
最判昭 24・3・8 刑集 3-3-276 ………… 27
最判昭 24・3・24 刑集 3-3-376 ……… 162
最判昭 24・5・21 刑集 3-6-858 ……… 294
最判昭 24・5・28 刑集 3-6-873 ……… 167
最判昭 24・7・23 刑集 3-8-1373 … 121, 136
最判昭 24・7・30 刑集 3-8-1418 …… 113
最大判昭 24・12・21 刑集 3-12-2048 … 140
最判昭 24・12・24 刑集 3-12-2114 …… 68
最判昭 25・2・24 刑集 4-2-255 ……… 113
最判昭 25・4・21 刑集 4-4-655 ……… 27
最判昭 25・11・10 裁判刑 35-461 …… 272
最判昭 25・12・14 刑集 4-12-2548 … 163
最判昭 26・1・30 刑集 5-1-117 ……… 269
最判昭 26・8・9 刑集 5-9-1730 ……… 143
最判昭 26・12・14 刑集 5-13-2518 …… 42
最決昭 27・7・10 刑集 6-7-876 ……… 268
最決昭 28・2・19 刑集 7-2-280 ……… 162
最判昭 28・5・8 刑集 7-5-965 ……… 100
最決昭 30・7・7 刑集 9-9-1856 ……… 44
最判昭 30・10・14 刑集 9-11-2173 …… 77

最判昭 30・10・14 警研 29-5-87············307
最判昭 30・10・14 刑集 9-11-2173·········305
最判昭 31・6・26 刑集 10-6-874·········118
最決昭 31・8・22 刑集 10-8-1260·········116s
最判昭 31・12・7 刑集 10-12-1592····89, 276
最決昭 32・1・24 刑集 11-1-270············6
最判昭 32・4・25 刑集 11-12-3061·······7, 28
最判昭 32・7・16 刑集 11-7-1829·············7
最判昭 32・7・18 刑集 11-7-1861·········167
最判昭 32・11・8 刑集 11-12-3061·········251
最判昭 33・4・17 刑集 12-6-1079············29
最決昭 34・2・9 刑集 13-1-76·········265-266
最決昭 34・2・13 刑集 13-2-101············91
最判昭 34・3・23 刑集 13-3-391·········149
最決昭 34・5・22 刑集 13-5-801·········167
最判昭 35・4・26 刑集 14-6-748·········285
最決昭 35・9・9 刑集 14-11-1457············30
最決昭 35・12・27 刑集 14-14-2229·······259
最決昭 37・3・16 集刑 141-511·············7
最決昭 37・6・26 集刑 143-201············30
最判昭 38・5・17 刑集 17-4-336·········115
最判昭 39・6・26 集刑 151-517·········309
最判昭 39・8・28 集刑 152-653·········309
最判昭 40・3・26 集刑 155-289·········309
最判昭 41・4・8 刑集 20-4-207·······31, 71
最決昭 42・11・2 刑集 21-9-1179·········253
最決昭 42・12・21 刑集 21-10-1453·······256
最判昭 45・3・26 刑集 24-3-55·········220
最決昭 45・12・22 刑集 24-13-1882······50
最判昭 46・3・25 民集 25-2-208······282, 285
最大判昭 49・5・29 刑集 28-4-114·········139
最決昭 50・6・12 刑集 29-6-365·········271
最決昭 52・1・21 刑集 203-5·········309
最判昭 55・7・15 判時 972-129·········286
最決昭 56・2・20 刑集 35-1-15·············7
最判昭 57・9・28 判時 1062-81·········283
最判昭 61・11・18 刑集 40-7-523·········124
最決昭 62・4・10 刑集 41-3-221············6
最決平元・7・7 刑集 43-7-607·········287
最決平 6・7・19 刑集 48-5-190·········293
最決平 8・4・26 民集 50-5-1267······177, 179
最決平 11・5・17 民集 53-5-863·········283
最判平 11・11・24 民集 53-8-1899·········277

最決平 11・12・9 刑集 53-9-1117·········251
最判平 12・6・27 民集 54-5-1737·········266
最判平 12・12・15 刑集 54-9-923·········253
最決平 13・7・19 刑集 55-5-371·········174
最決平 13・11・5 刑集 55-6-546·········92
最決平 14・2・14 刑集 56-2-86·········150
最決平 14・7・1 刑集 56-6-265·········268
最決平 15・3・12 刑集 57-3-322······173, 316
最決平 15・3・18 刑集 57-3-356·········279
最大判平 15・4・23 刑集 57-4-467
··116, 124, 246
最決平 15・12・9 刑集 57-11-1088·········230
最決平 16・2・9 刑集 58-2-89·········223
最決平 16・7・7 刑集 58-5-309·········278
最決平 16・8・25 刑集 58-6-515·············2
最決平 16・11・30 刑集 58-8-1005·········33
最判平 16・12・10 刑集 58-9-1047·········153
最判平 17・4・14 刑集 59-3-283·········140
最判平 17・12・6 刑集 59-10-1901·········312
最判平 18・2・14 刑集 60-2-165······204, 239
最判平 18・3・17··195
最判平 18・7・20 民集 60-6-2499·········283
最判平 18・8・30 刑集 60-6-479·········296
最判平 18・12・21 民集 60-10-3964·········277
最判平 19・4・13 刑集 61-3-340·········116
最決平 20・2・18 刑集 62-2-37······290, 295
最判平 20・10・10 民集 62-9-2361
··180, 182, 197
最決平 21・6・29 刑集 63-5-461·········116
最決平 21・10・8 判タ 1336-58·········159
最決平 22・3・17 刑集 64-2-111······132, 144
最決平 22・7・29 刑集 64-5-829·········173
最決平 24・10・9 刑集 66-10-981·········300
最決平 24・11・28·········195
最決平 26・3・17 刑集 68-3-368·········135

高等裁判所

仙台高秋田支判昭 33・4・23 高刑 11-4-188
··154
東京高判昭 45・12・25 高刑 23-4-903·····154
福岡高判昭 24・10・6 高刑判特 1-247
··307, 310
福岡高判昭 25・7・21 高刑判特 11-146····16

札幌高函館支判昭 25・7・3 高刑判特 13-203
　　　　　　　　　　　　　　　　……………… 164
福岡高判昭 25・10・17 高刑 3-3-487 …… 298
東京高判昭 26・12・26 判決特報 25-125・138
東京高判昭 27・6・26 高刑判特 34-86 …… 150
仙台高判昭 28・2・14 高刑判特 35-13 ……… 5
札幌高判昭 28・5・7 高刑判特 32-26 …… 6, 149
広島高判昭 28・5・27 高刑判特 31-15
　　　　　　　　　　　　　　　……………… 149-150
東京高判昭 28・6・12 高刑 6-6-769 ……… 78
福岡高判昭 29・3・31 高刑判特 26-76 …… 141
大阪高判昭 30・4・22 高刑裁特 2-9-361 …… 6
仙台高判昭 30・4・26 高刑 8-3-423 ………… 9
東京高判昭 30・7・19 高刑 8-6-817 ……… 73
高松高判昭 31・4・17 高刑裁特 3-19-901
　　　　　　　　　　　　　　　……………… 64, 141
東京高判昭 32・8・26 東刑 8-9-293 ……… 142
東京高判昭 33・3・10 高刑裁特 5-3-89 …… 5
東京高判昭 33・7・7 東高刑時報 9-7-179
　　　　　　　　　　　　　　　……………… 45
仙台高判昭 34・2・26 高刑 12-2-77 …… 126
名古屋高判昭 34・4・22 高刑 12-6-565 … 143
東京高判昭 36・8・8 高刑 14-5-316 ……… 10
東京高判昭 36・11・27 東時 12-11-236 … 316
東京高判昭 37・4・12 東京刑時報 13-4-81
　　　　　　　　　　　　　　　……………… 58
東京高判昭 37・8・30 高刑 15-6-488 …… 63
東京高判昭 38・6・17 東高刑時報 14-6-95
　　　　　　　　　　　　　　　……………… 49
東京高判昭 40・5・21 高刑 18-3-175 …… 130
東京高判昭 41・9・12 東時 17-9-179 …… 57
東京高判昭 42・4・28 判タ 210-222 ……… 80
名古屋高金沢支判昭 45・7・30 刑月 2-7-739
　　　　　　　　　　　　　　　……………… 315
東京高判昭 47・8・24 警論 26-12-201 …… 70
東京高判昭 48・3・26 高刑 26-1-85 ……… 63
札幌高判昭 51・11・11 刑月 8-11=12-453
　　　　　　　　　　　　　　　……………… 176
大阪高判昭 55・7・29 刑月 12-7-525 …… 284
東京高判昭 57・6・28 判時 1047-35 …… 313
東京高判昭 57・8・6 高刑速 ……… 65, 66
東京高判昭 59・11・19 判タ 544-251 …… 219
大阪高判昭 60・2・6 判タ 555-342 …… 162

大阪高判昭 61・10・7 判時 1217-143 …… 70
大阪高判昭 62・7・17 判時 1253-141 …… 151
東京高判昭 63・11・17 判時 1295-43 …… 143
大阪高判平元・3・3 判タ 712-248 …… 69, 317
東京高判平 3・4・1 判時 1400-128 ………… 9
東京高判平 5・6・29 高刑 46-2-189 …… 105
福岡高判平 6・2・3 刑集 48-5-197 ……… 294
東京高判平 6・9・12 判時 1545-113 …… 176
東京高判平 7・3・14 高刑 48-1-15 ……… 129
札幌高判平 7・6・29 判時 1551-142 … 70, 72
東京高判平 7・11・14 東高刑時報 42-1=
　　12-84 ……………………………………… 59
大阪高判平 11・7・16 研修 641-26 ……… 73
東京高判平 12・5・15 判時 1741-157 …… 32
東京高判平 12・8・29 東高刑時報 51-1〜
　　12-93 ……………………………………… 43
大阪高判平 13・3・14 高刑 54-1-1 ……… 34
東京高判平 14・11・28 金法 1667-94 …… 198
東京高判平 17・12・15 東時 56-107 …… 195
東京高判平 18・10・10 東時 57-53 …… 195
東京高判平 19・12・19 判例集未登載 … 159
東京高判平 20・3・19 判タ 1274-342
　　　　　　　　　　　　　　　……………… 69, 71, 72
広島高松江支判平 21・4・17 高刑速報
　　（平 21）205 ………………………………… 28
東京高判平 21・7・1 判タ 1308-308 ……… 7
東京高判平 22・7・23 金法 1921-109 …… 199
東京高判平 23・1・25 判タ 1399-363 …… 167
東京高判平 23・10・19 判例集未登載 …… 58
名古屋高判平 24・7・5 高刑速 …… 195, 200
東京高判平 25・9・4 判時 2218-134 …… 195
東京高判平 25・10・18LEX/DB25505995
　　　　　　　　　　　　　　　……………… 301
東京高判平 28・2・19 判タ 1426-41 …… 317
名古屋高判平 28・9・21LEX/DB25544184
　　　　　　　　　　　　　　　……………… 188

地方裁判所

神戸地姫路支判昭 35・12・12 判タ 119-108
　　　　　　　　　　　　　　　……………… 165
東京地判昭 36・6・14 判時 268-32 ……… 114
旭川地判昭 36・10・14 下刑 3-9=10-936
　　　　　　　　　　　　　　　……………… 70

判例索引　329

佐賀地判武雄支判昭 36・12・19 下刑
　3-12-1219…………………… 316
東京地判昭 37・3・23 判時 294-57……… 315
浦和地判昭 37・9・24 下刑 4-9・10-879
　………………………………………… 114
福島地判昭 38・2・12 下刑 5-1＝2-88 …… 68
岡山地判昭 44・8・1 刑月 1-8-813………… 49
大阪地判昭 47・3・22 判タ 283-329 …… 50
福岡地小倉支判昭 47・4・28 判タ 279-365
　………………………………………… 316
広島地判昭 50・6・24 刑月 7-6-692 ……… 28
京都地判昭 51・10・15 判タ 349-282…… 150
千葉地木更津支判昭 53・3・16 判時 903-109
　………………………………………… 150
千葉地判昭 58・11・11 判時 1128-160 …… 78
東京地判昭 59・6・28 刑月 16-5＝6-476
　………………………………………… 238
東京地判昭 60・3・19 判時 1172-155…… 151
東京地判昭 62・10・6 判時 1259-137…… 31
東京地八王子支判平 2・4・23 判時
　1351-158 …………………………… 104
東京地八王子支判平 3・8・28 判タ 768-249
　………………………………………… 43
東京地判平 4・4・21 判時 1424-141 …… 129
浦和地判平 4・4・24 判時 1437-151
　…………………………… 189, 190, 191
東京地判平 4・7・7 判時 1435-142……… 129
大阪地判平 4・9・22 判タ 828-281…… 55, 82
千葉地判平 6・8・8 判タ 858-107 ……… 168
東京地判平 7・2・13 判時 1529-158 …… 206
大阪地判平 9・6・11 判時 1658-190 …… 56
大阪地判平 9・10・27 刑集 57-3-351…… 184

京都地判平 10・2・25 無罪事例集 5 集 150
　………………………………………… 315
東京地判平 14・3・15 判時 1793-156…… 316
神戸地判平 14・3・19LEX/DB28075157
　………………………………………… 165
東京地判平 15・3・6 判タ 1152-296 …… 165
神戸地判平 15・6・19 裁判所ウェブサイト
　………………………………………… 313
福島地いわき支判平 16・7・27 …………… 71
大阪地判平 17・3・29 判タ 1194-293…… 256
大阪地判平 17・5・25 判タ 1202-285…… 313
千葉地判平 17・11・16LEX/DB28110308
　………………………………………… 169
東京地判平 17・12・15 警論 59-6-214 …· 190
大阪地判平 18・4・10 判タ 1221-317 …… 128
函館地判平 20・4・10LEX/DB28145301
　………………………………………… 163
東京地八王子支判平 20・6・27 ………… 192
東京地判平 24・6・25 判タ 1384-363
　…………………………………… 48, 211
横浜地判平 25・11・22LEX/DB25502790
　…………………………………… 203, 204
広島地判平 26・8・5LEX/DB25504745 … 57
横浜地判平 27・6・9 裁判所ウェブサイト
　………………………………………… 211
名古屋地判平 28・3・28LEX/DB25544199
　………………………………………… 188
福岡地判平 28・9・12LEX/DB25543872
　………………………………………… 188
神戸地判平 28・9・23 裁判所ウェブサイト
　………………………………………… 188

高橋則夫（たかはしのりお）　早稲田大学法学部教授。法学博士（早稲田大学）。
〔主要著書〕
『共犯体系と共犯理論』（成文堂、1988年）、『規範論と刑法解釈論』（成文堂、2007年）、『刑法総論〔第3版〕』（成文堂、2016年）、『刑法各論〔第2版〕』（成文堂、2014年）など。

田山聡美（たやまさとみ）　早稲田大学法学部教授。
〔主要論文〕
「財産犯の保護法益―いわゆる中間説をめぐる一考察―」神奈川法学43巻1号（2011年）、「詐欺罪における財産的損害」『曽根威彦先生田口守一先生古稀祝賀論文集［下巻］』（成文堂2014年）など。

内田幸隆（うちだゆきたか）　明治大学法学部教授。
〔主要論文〕
「盗品移転の可罰性」『野村稔先生古稀祝賀論文集』（成文堂、2015年）、「併合罪における統一的評価の限界について」『川端博先生古稀祝賀論文集［上巻］』（成文堂、2014年）、「窃盗罪における窃取行為について」『曽根威彦先生・田口守一先生古稀祝賀論文集［下巻］』（成文堂、2014年）など。

杉本一敏（すぎもとかずとし）　早稲田大学大学院法務研究科教授。
〔主要論文〕
「規範論から見たドイツ刑事帰属論の二つの潮流（上）（中）（下）」比較法学37巻2号～38巻2号（2004～2005年）、「『帰属を阻害する犯罪』の体系と解釈(1)(2)―自由に対する罪について―」愛知学院大学論叢法学研究48巻1号、50巻1号（2007、2009年）など。

財産犯バトルロイヤル――絶望しないための方法序説（ざいさんはん／ぜつぼう／ほうほうじょせつ）

2017年5月25日　第1版第1刷発行

著　者――高橋則夫、田山聡美、内田幸隆、杉本一敏
発行者――串崎　浩
発行所――株式会社日本評論社
　　　　　〒170-8474　東京都豊島区南大塚3-12-4
　　　　　電話03-3987-8621（販売：FAX -8590）
　　　　　　　　03-3987-8592（編集）
　　　　　https://www.nippyo.co.jp/　振替　00100-3-16
印刷所――平文社
製本所――難波製本
装　丁――図工ファイブ

©2017　Norio Takahashi, Satomi Tayama, Yukitaka Uchida, Kazutoshi Sugimoto　　検印省略
ISBN978-4-535-52266-4　　　　　　　　　　　　　　　　　　　　　Printed in Japan

JCOPY　〈（社）出版者著作権管理機構　委託出版物〉
本書の無断複写は著作権法上での例外を除き禁じられています。複写される場合は、そのつど事前に、（社）出版者著作権管理機構（電話03-3513-6969、FAX03-3513-6979、e-mail: info@jcopy.or.jp）の許諾を得てください。また、本書を代行業者等の第三者に依頼してスキャニング等の行為によりデジタル化することは、個人の家庭内の利用であっても、一切認められておりません。